개정판

교양법학

교양법학

개정판

박상식

…것이 정의의 여신상 'Dike'이다. 'Dike'의 오른손에는 저울을, … 또는 법전을 들고 있으며, 일부 여신상은 눈을 감거나 눈가리개를 하고 있다. 저울이 의미하는 것은 형평성, 즉 평등이다. 법 앞에서는 누구라도 저울의 양쪽에 섰을 때 그 무게가 같아야 한다는 의미이다. 즉 저울 위에 올려진 물건이 값비싼 금이라고 해서 눈금이 더 올라가는 것도 아니고 값이 싼 돌이라고 해서 눈금이 내려가지 않는다. 칼은 부당함을 치유하는 힘, 법의 힘을 즉, 모든 이가 법을 따르게 하는 힘을 의미한다. 또는 법의 위하력을 의미한다는 견해도 있다. 법전은 말 그대로 법전에 의한 법적용을 의미하는 것을 말한다.

경상대학교출판부

본 도서는 (재)경상대학교 춘추연구장학재단의 지원을 받아 출판되었습니다.

개정판 저자의 말

독자 여러분의 도움으로 새로운 개정판을 내게 되었다. 그동안 본 책을 교양교재로 채택한 학교, 학생들에게 고맙게 생각한다. 책을 편찬하고 보니 많은 부분에서 부족한 면이 있었다. 사실 광범위한 법학의 내용을 단권으로 내는 일은 쉽지 않다. 그러나 나름대로 독자들, 특히 교양과목으로 배우는 학생들을 위해 최선을 다하였다.

이번 개정판에서는 오탈자를 교정하였고, 보다 알기 쉬운 문장으로 수정하였다. 특히 초판에서 미비했던 헌법재판소, 대법원의 사건번호를 모두 찾아 명기하였다. 이번 개정판의 구체적인 내용은 다음과 같다. 우선 법학 일반론에서 요즘 이슈가 되고 있는 공정, 정의의 가치 실현을 위해 법학이 나아갈 길에 대한 고민을 담았다. 헌법 분야에서는 선거제도, 주민소환, 기본권의 내용과 최근의 헌법재판소, 대법원 판결을 추가하였다. 그리고 형사법 분야에서는 형벌, 전과의 효과, 국민참여재판에 대한 내용들을 대폭 추가하였고, 노동법 분야도 최근의 법률과 대법원 판례를 반영하였다.

필자는 개정판에서도 초판과 마찬가지로 난해한 법학의 내용을 가능한 알기 쉽게 풀었고, 더불어 독자들의 법적사고legal mind를 고양시키는데 노력하였다. 앞으로도 필자는 독자 여러분들의 비판과 질책을 겸허하게 받아들일 것이며, 부족한 점은 개정판을 통해 보충하고자 한다.

마지막으로 어려운 출판 환경에서도 개정판을 발간할 수 있도록 아낌없는 지원을 해준 경상대학교출판부, 경상대학교법학연구소연구원, 경상대학교 학생들에게 진심으로 고마움을 표한다. 전공 또는 교양지식을 함양하기 위해 법학을 공부하는 모든 분들의 앞날에 건강과 행운이 항상 함께하기를 기원하며 이 책을 상재上梓한다.

2020년 2월

경상대학교 해양누리관 연구실에서

저자 박상식 교수

저자의 말

이 책은 경상대학교 교양 강좌 법학개론 강의 교재로 사용하기 위해 편찬한 것이다. 저자가 대학 강단에서 법학개론 강의를 한 지도 15년이 흘렀다. 대학강의 교재로 법학개론이라는 명칭을 달고 출판한 책은 많다. 하지만 현장에서 직접 강의를 하는 데 있어 어떤 책들은 너무 이론에 치우쳤고, 어떤 책들은 너무 실무에 가까워 이론과 실무를 겸하기에는 부족한 책들이 많았다. 이러한 실정에서 학생들이 이론과 실무를 모두 익힐 수 있는 책을 만들어 쉽게 가르치고자 이 책을 출판하게 됐다.

처음에는 『법학개론』이라는 이름으로 출판을 했지만, 이름이 너무 진부하여 『교양법학』이라는 이름으로 출판하고자 한다. 이 책의 초판이 출간된 지 몇 년이 지나지 않았다. 당시 의욕이 넘쳐 대학생들을 위한 교양법학을 만들어 쉽게 가르치고자 했지만 여러모로 부족한 점이 많았다는 것을 알 수 있었다. 다행히 그동안 사회에 이슈가 될 만한 법이 많이 개정되어 이번 기회에 개정법을 보충하고 초판의 아쉬운 부분을 다듬었다.

먼저 법의 개정 분야에서는 형법의 성범죄에 있어 친고죄 폐지, 강간죄의 객체를 부녀에서 사람으로 개정된 부분을 추가했고, 민법의 성년연령, 피성년후견인 피한정후견인, 친권회복 가칭 최진실법 부분을 추가했다. 즉, 민법의 정신장애인 등이 독자적으로 법률행위를 할 수 없도록 한 금치산·한정치산 제도가 폐지됐고, 대신 후견인이 본인의 의사와 사무처리 능력을 최대한 반영해 법률행위를 도와주는 성년후견제를 도입했다.

형식면에 있어서는 초판의 필요 없는 부분을 과감히 삭제했고, 어려운 부분은 도표를 통하여 알기 쉽게 정리했으며, 최신 헌법재판소, 대법원 판례를 추가했다. 특히 현 국회의원 선거구, 해저보물의 소유권, 주소가 없는 유언 등의 최신 판례와 이론들을 추가했다.

필자는 가능한 최신의 법을 통하여 수강생들에게 교양인으로서 반드시 알아야 할 법 지식을 전달하려고 노력했다. 그렇지만 실현될지 두려움이 앞선다. 수강생·독자 여러분들의 비판과 질정叱正을 겸허히 받아들여 지속적으로 부족한 점을 보충하고자 한다.

마지막으로 이 책이 발간될 수 있도록 아낌없는 지원을 한 경상대학교출판부, 경상대학교 법학연구소 연구원, 경상대학교 해양경찰시스템학과 학생들에게 진심으로 고마움을 표한다.

2014년 12월

경상대학교 해양누리관 연구실에서

박 상 식

차례

제2부 개별법

제1부 법학일반론

제1장

현대사회와 법

제1절 법의 개념과 어원

1. 일상생활과 법

인간은 공동생활을 하는 사회적 동물로서 각자 자신을 위한 사회활동을 한다. 만약 이 과정에서 서로 충돌하게 되면 법으로 해결을 한다. 만약 이러한 충돌을 해결하는 규율이 법에 없다면, 홉즈가 말한 "만인의 만인에 대한 투쟁"인 약육강식이 지배하는 사회가 될 수밖에 없다.

원시시대에는 종교나 도덕만 가지고도 사회질서를 유지하였다. 그러나 오늘날처럼 복잡한 사회에서는 이러한 것만으로 인간의 외적 행위를 규율할 수 없다. 이렇게 인간의 행위를 강제적으로 제재할 수 있는 것이 바로 법이다. 즉 사회 공동체의 질서를 유지하는 데 가장 강력한 실현방법이 법이다. '사회 있는 곳에 법이 있고', 법이 없는 국가·사회는 존재할 수 없다. 즉 법과 사회는 필연적으로 불가분의 관계에 있다. 괴테는 "지옥에도 법이 있다."라고 했다.

일생생활에 있어 법은 항상 우리들을 따라 다닌다. 인간이 태어나면 호적법에 따라 출생신고를 하여야 하고, 유아시절에는 아동이 건강하고 행복하게 자랄 수 있도록 하는 아동복지법이 있고, 학교에 입학하면 교육에 관한 교육법, 급식과 관련해서는 학교급식법, 학교 내의 폭력에 관해서는 학교폭력예방및대책에관한법, 학교 주위의 환경과 위생에 관해서는 학교환경위생법 등을 맞게 된다.

그리고 대학을 졸업하고 취직을 하게 되면 모든 근로자가 각자의 능력을 개발·발휘할 수 있는 직업에 취직할 기회를 제공하고, 산업에 필요한 노동력의 충족을 지원함으로써 근로자의 직업안정을 도모하는 직업안정법과 헌법에 따라서 근로조건의 기준을 정함으로써 근로자의 기본적 생활을 보장·향상시키며 균형 있는 국민경제의 발전을 도모하기 위해 제정한 근로기준법을 맞게 된다.

또한 결혼을 하게 되면 민법, 자동차 운전을 하게 되면 도로교통법·교통사고처리특례법, 부동산을 매매하면 부동산등기법, 몸이 아프면 의료법·국민건강보험법·약사법, 퇴직을 하게 되면 연금법을 적용받는다. 마지막으로 최후로 죽음을 맞게 되면 매장·화장 및 개장에 관한 사항과 묘지·화장장·납골시설 및 장례식장의 설치·관리 등에 관한 사항을 규정한 '장사등에관한법률', 사망신고 시 필요한 호적법을 적용받는다. 이렇게 인간은 출생부터 사망까지 법의 적용을 받게 된다.

그러나 항상 법이 우리 일상생활을 규제하지는 않는다. 예컨대, 층간소음으로 발생한 이웃 간의 다툼에 관해서는 법의 규제보다는, 거주자의 생활태도에 맡기고 있다. 특히 최근 문제되고 있는 아동학대자의 부모에 대한 친권박탈의 경우도 부모의 의사에 좌우되고 있다. 즉, 아동학대가 발생하면 판사는 직권 또는 피해아동, 그 법정대리인, 변호사, 아동보호전문기관의 장의 청구에 따라 피해아동의 보호를 위하여 1년 동안 친권정지를 통한 피해아동보호명령을 할 수 있다. 1년 후에는 3개월 단위로 연장최장 4년할 수 있지만 대부분 부모의 의사에 따라 아동은 가정으로 복귀하고 이 시기에 부모의 아동학대가 발생하는 경우가 많다. 따라서 아동학대가 심한 경우 부모의 의사보다 객관적인 판단을 통한 친권박탈을 위해 제도적인 보완책이 필요하다.

한편 법은 인간에게 행복과 존엄성을 부여한다. 대부분의 국가에서는 인간의 존엄성을 법체계 일반 및 헌법의 최고원칙규범으로 규정하고 있다. 우리나라 헌법 제10조에서도 이를 보장할 의무로 규정하고 있다. 비록 범죄인이라 할지라도 인간으로서의 존엄성은 부인할 수 없다.

그리고 모든 인간이 스스로의 인간으로서의 존엄성과 인격성을 성취할 수 있도록 누구에게나 예외 없이 기본적으로 향유되어야 할 자유를 부여한다. 기본권이라 불리는 것이 바로 그것이다. 이러한 기본권은 천부적인 인간의 권리이며, 타인이나 국가에 의해 무시되거나 침해될 수 없을 뿐만 아니라 타인이나 국가에 이를 양도할 수 없는 불가침·불가양의 권리이다.

2. 법의 개념

국회 앞 해태상

법을 한마디로 정의하기란 어렵다.[1] 법 철학자 칸트는 법학자들은 끊임없이 법의 개념에 관한 정의를 탐구하고 있다고 하고 있다. 그러나 어렵지만 법을 정의하면, 인간의 공공생활에 있어서 행위의 준칙으로서 국가에 의하여 강제되는 사회규범이라고 할 수 있다. 즉 법은 동서양을 막론하고 정당한 것을 지향하는 규범이라 할 수 있다. 규범norm이란 일정한 가치적 목적에 도달하기 위하여 따르지 않으면 안 되는 의사와 행위의 절차 내지 규칙을 말한다.

이러한 법의 개념을 구체적으로 열거해 보면, ①법은 규범이고, ②법은 정치적으로 조직된 사회규범이고, ③법은 국가에 의해 승인된 규범이고, ④법은 국가의 권력에 의하여 강제되는 규범이라 할 수 있다.

3. 법의 어원

3-1. 그리스

법의 기원은 기원전 5세기의 그리스에서 찾을 수 있다. 즉 그리스의 nomos에서 유래된

1) 라드브루흐는 법은 "법이념에 봉사하는 의미 있는 현실"이라 정의하고, 카우프만은 "법은 존재와 당위의 일치"라고 정의하고 있다.

다. nomos는 '인간이 스스로의 편의와 이익을 위해 누리기 위하여 인간의 생래적 자유를 제한하는 합의'를 말한다. 오늘날 규범norm을 의미한다.

3-2. 로마

로마시대부터 법은 법률과 구분되었다. 즉 추상적이고 일반적인 법을 jus라 하였고,[2] 권위 있는 기관에 의해 제정된 실정법규나 명령을 Lex라 하였다.[3]

3-3. 동양

동양에서는 물이 흐른다는 것에서 법法이라는 용어를 사용하였다. 법은 곧 형벌을 의미하고 형벌은 물을 어떠한 그릇에 부어도 평평한 것처럼 공평을 의미한다.

원래 법은 氵+廌+去灋로 이루어져 있다. 즉 氵은 수水로서 '물과 같이 고른' 것을 상징하고, 치廌는 해태廌가 죄인에게로 가서 뿔로 쳐 받아 시비를 가려 공평公平을 이루는 시비곡직是非曲直을 가리는 신수神獸, 거去는 해치가 잘못한 자를 뿔로 들이받아서 쫓아버린다는 의미이다. 따라서 법法의 옛글자는 해치라는 동물이 범죄자를 뿔로 들이받아서 쫓아버리는 것과 같은 형벌刑罰의 의미로도 사용되었다. 결국 법法이란 물과 같이 공평하게 정의가 실현되는 것을 의미한다고 할 수 있다. 즉 형평·정의로 보아도 무방하다고 할 수 있다. 서울 광화문의 해치해태거리가 있다.

3-4. 서양

라틴어의 Jus, lex는 명령을 따르는 것에서 유래하였다. 독일어의 Recht, 프랑스어의 Droit, 영어의 Law는 모두 옳은 것 · 정의를 실현하는 것을 말한다.

고대 그리스의 신화에 따르면, 여신 테미스Themis는 제우스Zeus의 아내로서 '법'의 상징이었다. 그녀의 세 딸인 Dike정의의 여신, Eirene평화의 여신, Eunomia규율의 여신가 있었다. 그들의 적인 불법으로는 Eris투쟁의 여신, Bias폭력의 신, Hybris무절제의 신가 있었다. 이것을 보면 고대 그리스에 서 법은 불법투쟁, 폭력, 무절제에 반대되는 의미로서 정의, 평화, 규율로 특정 지워 진다. 결국 법이란 동양과 서양을 막론하고 형평·정의·준칙·강제 등의 내용을 담는 개념이라

---

2) 오늘날 Law, Recht, droit로 변천.

3) 오늘날 Statute, Gesetz로 변천.

할 수 있다. 서양에서 법을 상징하는 동물로 보통 '유니콘스'를 말한다.

제2절 정의의 여신상

만인은 법 앞에 평등하다. 이 평범한 진리를 상징하는 것이 정의의 여신상 'Dike'이다. 'Dike'의 오른손에는 저울을, 왼손에는 칼 또는 법전을 들고 있으며, 일부 여신상은 눈을 감거나 눈가리개를 하고 있다.[4] 저울이 의미하는 것은 형평성, 즉 평등이다. 법 앞에서는 누구라도 저울의 양쪽에 섰을 때 그 무게가 같아야 한다는 의미이다. 즉 저울 위에 올려진 물건이 값비싼 금이라고 해서 눈금이 더 올라가는 것도 아니고 값이 싼 돌이라고 해서 눈금이 내려가지 않는다.

칼은 부당함을 치유하는 힘, 법의 힘을 즉, 모든 이가 법을 따르게 하는 힘을 의미한다. 또는 법의 위하력을 의미한다는 견해도 있다. 법전은 말 그대로 법전에 의한 법적용을 의미하는 것을 말한다.

한편 정의의 여신이 눈을 가리고 있는 이유는 눈을 뜨고 세상을 바라보게 되면 어쩔 수 없이 편견을 가지게 됨을 경계하기 위함이다. 이는 곧 학연이나 혈연, 지연 등 우리사회에서 문제가 되는 편견을 막고지 함에 있다. 즉 돈이 있는 사람이든, 돈이 없는 사람이든 눈을 가리게 되면 그것을 볼 수 없기에 편견을 가질 수 없게 하고자 하는 것에 의의가 있다. 정의의 여신상 후부에는 "Let justice be done though heaven fall"라는 글귀가 적혀 있다.

예링은 '권리를 위한 투쟁'에서, "법은 단순한 사상이 아니라 생동하는 힘이다. 그러므로 정의의 여신은 한 손에는 권리의 무게를 달 수 있는 저울판을 쥐고 있다. 다른 손에는 권리를 주장할 수 있는 검劍이 있다. 절제를 모르는 검은 하나의 폭력이다. 반대로 검을 갖지 못

---

4) 우리나라 대한변호사협회, 법원에 있는 정의의 여신상에는 왼손의 칼 대신 법전을 들고 있으며, 또한 두 눈을 가리지 않고 있다. 'Dike'의 변형된 모습이라 할 수 있다. 칼과 법전, 눈의 가림 여부가 중요한 것이 아니라 궁극적으로 중요한 것은 사회의 정의와 평등이다.

대법원의 정의의 여신상

한 절제는 법의 무력을 뜻한다. 즉 이 두 가지는 한 쌍을 이루는 것이다. 그러므로 완전한 법의 실현이란 검을 찬 정의의 여신이 검을 사용하는 힘의 저울판을 잘 조정하는 숙련에 의해서만 가능하다"고 하였다.

정의의 여신상이 의미하는 대로만 법이 공평하게 집행된다면, '유전무죄 무전유죄有錢無罪 無錢有罪', '유권무죄 무권유죄有權無罪 無權有罪'라는 말은 필요 없다.

제3절 법과 법학의 필요성

법학은 생계를 위한 학문이다. 하이네Heine가 말한 것처럼 가장 압제적인 학문이라는 비판이 있지만, 법학은 인간사회에서 바르게 사는 원리와 지식을 터득하는 학문임과 동시에 정의의 학문이다. 뿐만 아니라 법학은 사회과학을 고찰하는 데 있어 반드시 필요하며, 무엇보다도 법을 몰라 죄를 짓는 행위를 예방하는 학문이라 할 수 있다.

법이 필요한 이유는 인간의 존엄성을 확보하고, 사회를 위협하는 혼란을 미연에 방지하고 질서를 유지하기 위해서이다. 사람은 선한 본성을 지니고 있기도 하지만, 나쁜 본성을 지니고 있기도 하다. 사람에 따라서는 자신의 이익을 위해 타인의 본래적 권리를 위협하기도 하는 행위를 하기도 한다. 또한 실수를 할 수도 있다. 이런 경우 누군가 피해를 입는데, 그 피해에 대한 책임이 누구에게 있는가를 공정하게 가려낼 필요가 있다.

또한 법은 '법의 부지不知는 용서받지 못한다'는 법언처럼, 법을 모르기 때문에 죄를 범하고 불이익을 받는 것을 막는 역할을 한다. 괴테가 무질서한 것보다 불평등한 것이 낫다고 한 것처럼 법은 사회질서를 유지하며, 정당한 권리행사를 하고 수호하기 위한 실익을 주고, 사회개량의 실익입법에 의한 법률적 개량을 주고, 마지막으로 사회과학을 고찰하는 데 있어 학문상의 실익을 준다.

제4절 법규범과 자연법칙

법은 앞서 본 바와 같이 사회질서를 유지하기 위하여 인간에게 일정한 작위·부작위를 명하는 당위의 법칙이라 할 수 있다. 사회생활이 미분화된 고대사회에서는 사회규범도 단순하여 종교상의 계율과 관습에 의하여 사회질서가 유지·형성되었다. 그러나 오늘날에는 이러한 단순한 사회규범으로는 공동생활의 질서를 유지할 수 없게 되어 사회규범의 분화가 일어나게 된다.

법은 '당위當爲를 명하는 명제'이다. 당위Ought to, Sollen라 함은 '사람이 마땅히 하여야 할 것'을 의미한다. 예컨대, "도둑질하지 말라, 명령에 복종하라, 폭리[5]를 내지 말라, 사람을 살해한 자는 사형에 처한다." 등을 들 수 있다. 이러한 것들은 모두 인간에게 일정한 행위를 해야 할 것작위, 또는 하면 안 되는 것부작위을 의미한다. 즉 법은 반드시 해야만 하는 당위의 법칙이며, 예외가 존재하는 예외의 법칙이 지배한다. 예컨대 누구도 타인의 재물을 훔치지 않으면 절도죄의 의의는 상실하게 되는 것과 같다. 즉 누군가가 타인의 물건을 훔침으로써 절도죄가 빛을 발하게 된다는 것이다.

이와 달리 자연법칙은 자연현상이 실제로 어떻게 있는가에 관한 것을 우리에게 알려주는 법칙, 즉 존재is, Sein의 법칙이다. 따라서 자연법칙은 '필연의 법칙', '인과의 법칙'이 지배한다. 필연의 법칙이란 '현실적으로 존재하는 세계의 모습'을 그대로 기술하는 법칙을 말하며, 인과의 법칙은 인과관계에 의해 지배되는 법칙이다. 즉 자연의 법칙은 지켜지지 않으면 법칙이라고 할 수 없으나 법규범은 지켜지지 않는다고 해서 법규범이 아니라고 할 수 없다.

---

5) 대법원은 2007년 2월 15일, "돈을 빌려준 대주가 사회통념상 허용되는 한도를 초과하는 고율의 이자를 약정해 지급받은 것은 우월한 지위를 이용해 부당한 이득을 얻고 차주에게 부당한 부담을 지우는 것으로 대주의 불법성이 차주의 불법성보다 현저히 크다"며 "차주는 이자의 반환을 청구할 수 있다"고 판시했다. (대법원 2007. 2. 15. 선고 2004다50426 전원합의체 판결)

법과 자연법칙의 구별

법규범Sollen, ought to	자연법칙Sein, is
당위법칙Sollen: '-해야 한다'는 법칙	존재법칙Sein: '-하다'는 법칙
규범법칙 행위의 기준이 되는 법칙	인과법칙: 원인이 있으면 결과가 발생
목적법칙: 예외가 당연히 예상되는 법칙	필연법칙: 우연이나 예외가 있을 수 없는 법칙
자유법칙: 자유의지가 작용하는 법칙	구속법칙: 자유의지로 변경할 수 없는 법칙

제5절 법의 구조

법은 입법·행정·사법 기관이 재판을 통하여 인간의 행위를 규율하는 구조로 되어 있다.

1. 행위규범

법은 인간의 행위를 규율한다. 여기에서 말하는 행위는 '~을 하여야 한다'고 명령하거나 '~해서는 안 된다'고 당위의 법칙을 말한다. 행위규범은 사회질서를 유지하는 데 있어 1차적 기능을 하며 수범자는 국민이다.

2. 강제규범

법은 행위규범을 위반했을 경우 재판을 통해 강제한다. 따라서 강제규범을 재판규범이라고도 한다. 이렇게 법은 어떠한 작위, 부작위를 어기는 자를 처벌을 받을 것이라고 예고함으로써 법질서를 보장하고 있다.

이같이 법의 강제규범성은 법의 본질적 요소 중의 하나이며 예링Jhering은 "강제를 수반하지 않는 법은 타지 않는 불, 비치지 않는 등불, 빛이 없는 광선이나 마찬가지로 그 자체가 모순"이라고 하였다. Kelsen도 법규범의 본질은 강제규범이라 하고 있다. 강제규범은 사회질서를 유지하는 데 있어 2차적 기능을 하며 수범자는 법관이다.

3. 조직규범

행위규범이나 강제규범이 실효성을 가지기 위해서는 정치적으로 조직된 제도적 뒷받침이 있어야 한다. 이와 같은 기관 또는 제도를 조직하는 규범을 조직규범이라 한다. 조직규범은 일반 국민의 사회생활을 규율하는 것이 아닌 점에서 행위규범과도 다르고, 또 법률 위반행위에 대하여 직접적인 강제력을 행사하지 않기 때문에 강제규범과도 다르다. 수범자는 국가기관의 구성자이다.

제6절 법의 기능

법의 기능에 대하여 다양한 견해가 있다. 그 가운데 가장 보편적인 기능은 분쟁해결 기능, 사회질서 유지 기능, 정의와 인권의 수호 기능, 응보와 억제의 기능 등을 들 수 있다.

1. 사회질서 유지

법은 사회의 평화와 질서를 유지하는 기능을 한다. 이 기능을 선도하는 법에는 범죄로부터 시민의 생명과 재산을 보호하는 형법이 있다. 형법은 범죄와 형벌을 규율하는 법으로서 범죄 행위로 사회의 질서가 흔들리는 것을 막을 뿐 아니라, 나아가 형벌권을 국가가 독점함으로써 범죄의 피해자가 사적으로 보복하려 할 때 발생할 수 있는 혼란과 무질서도 막는다. 이외에도 사회의 경제질서를 유지하는 민사법, 헌정질서를 유지하는 헌법 등이 있다.

사회질서 유지를 위하여 경찰은 수사와 체포, 검찰은 공소유지, 법관은 형을 선고는 역할을 한다.

2. 분쟁해결기능

분쟁해결에 있어 도덕이나 관습, 종교 등을 생각해 볼 수도 있지만, 이러한 사회규범으로는 오늘날의 복잡하고 다양한 사회 현상에서 비롯되는 각종 형태의 분쟁을 합리적으로 해결하기란 불가능하다. 왜냐하면 도덕이나 관습, 종교는 그 내용이 명확하지 않고 상대적인 경우가 많아서 일반적으로 모든 경우에 일관되게 적용되기 힘들기 때문이다. 따라서 객관적인 분쟁 처리 기준으로 이성에 따라 제정된 법이 필요한 것이다.

법은 사람들이 자주적으로 이해관계를 조정할 수 있도록 사전에 일반적인 법적 규준에 따라 권리·의무 관계를 가능한 한 명확히 규정하고 분쟁방지에 노력할 뿐만 아니라, 어떤 구체적인 분쟁이 발생해 당사자 간에 자주적으로 해결할 수 없는 경우에 대비해 최종적인 공권적 분쟁해결기구로서 법원을 설치하고 재판의 규준·절차 등을 상세히 규정하고 있다.[6]

3. 정의와 인권 수호

법은 정의와 인권을 보호하는 기능을 한다. 일찍이 근대 시민 혁명에서 시민들이 정의와 인권을 법의 형식으로 약속받았던 것에서도 볼 수 있듯이, 전통적으로 법의 역사는 인권 보장의 역사이기도 했다. 특히 법이 정하고 있는 각종 재판 제도와 청원 제도 등은 정의와 인권의 수호를 위한 공식적인 절차라고 할 수 있다. 공권력에 의한 중대한 인권 침해에서부터

---

6) 브리태니커 사전 인용.

일상적인 거래 관계에서 발생할 수 있는 부당한 금전적 손해에 이르기까지, 시민들은 이러한 공식적 절차에 따라 국가 등의 권력기구로부터 정의와 인권을 보장받을 수 있다.

4. 범죄예방 기능

법은 범죄를 예방하는 기능을 한다. 예방에는 일반예방과 특별예방이 있다. 일반예방은 범죄자를 엄하게 처벌함으로써 잠재적인 범죄자들로 하여금 죄를 짓지 못하게 하는 것을 말하고, 특별예방은 교육·계몽으로 범죄자들을 재사회화시키면서 다시는 죄를 짓지 못하게 하는 것을 말한다. 따라서 일반예방은 강력한 법이 필요하고 특별예방은 훌륭한 교화자가 필요하디.

5. 기타의 기능

법은 또한 담합, 불공정거래행위 등을 규율하면서 부의 재분배를 달성하고자 하고, 선한 행위를 한 자에 대해서는 보상금을 주고 범죄자에게는 형벌을 가하면서 개혁을 시도하는 기능을 한다.

제2장

법과 다른 사회규범과의 관계

인간은 서로 모여 사회생활을 하고 그 사회생활을 유지·발전시키기 위해서 일정한 질서가 필요하다. 그 질서를 위해서 필요한 것이 사회규범이다. 영국의 법학자인 '비노그라도프 Vinogradoff'[7]가 "바둑이나 테니스와 같은 경기에도 일정한 규칙이 있는데, 하물며 국가사회에서는 더 말할 나위가 없다."라고 하였듯이 공동사회질서를 유지하기 위해서는 일정한 규칙이 필요하다. 이러한 의미에서 "사회가 있는 곳에 법이 있다."라는 말이 생겨나게 되었다. 여기서 말하는 '법'이란 사회규범을 뜻하는 것으로, 여기에는 종교, 관습, 도덕, 법 등이 있다.

이러한 사회규범들이 제대로 지켜진다면 우리 사회는 유토피아가 될 것이지만, 이러한 상황이 실현되기란 쉽지 않다. 고대로부터 수많은 규칙이 만들어졌다가 없어지고 또다시 만들어졌다. 특히, 과거에 종교, 관습, 도덕과 같은 사회규범이 엄격히 지켜진 적도 있으나, 대체로 그와 같은 사회규범의 위반에 대해서는 제재가 미약하였다. 따라서 국가권력에 의해 강행되는 사회규범인 법의 중요성이 강조되고 있다.

7) 영국계 러시아의 법학자(1854. 11. 30. ~ 1925. 12. 19.)로서 저서로는 미완성에 그친 『역사법학의 개요(Outlines of Historical Jurisprudence)』가 있다.

제1절 법과 도덕의 구별

고대사회에서는 도덕도 종교와 같이 법과의 관념적 분화가 없었다. 하지만 사회규모가 확대되고 복잡, 다양한 사회에서는 법과 도덕을 구별하지 않을 수 없게 되었다. 구체적으로는 자연법이 지배하던 18세기 말까지는 대체로 법과 도덕의 관련성을 인정하고 법은 도덕적 질서의 한 부분으로 생각하였다.

법과 도덕의 구별에 있어 자연법론자들은 자연법Natural Law은 실정법을 초월한 영구불변의 인륜의 태도로 보고, 실정법Positive Law은 이상계의 자연법이 반영된 것으로 보고 있기 때문에 법과 도덕을 구별하지 않고 법을 곧 자연법으로 보았다.

이에 반해 법실증주의자들은 법과 도덕을 구별하고 있으며, 본격적인 구별은 토마지우스Christian Thomasius[8]부터이다. 그는 법은 정正, 도덕은 선善으로 보면서 법은 인간의 외적 행위를 규율하고, 도덕은 인간의 내면적 마음을 규율한다고 하였다. 옐리네크Georg Jellinek는 법은 도덕의 최소한도라고 보면서 도덕규범 중 꼭 지켜져야 할 부분만 법으로 강제하면 된다고 보았다. 예링Rudolf von Jhering[9]은 법과 도덕을 강제성 유무에 따라 구별하고 있지만, 법과 도덕의 구별이 매우 어렵다고 한다. 예링은 법과 도덕의 구별을 Cape Horn에 비유하였다.

제2절 법과 도덕의 구별기준

1. 법의 외면성, 도덕의 내면성

법은 외면에 나타난 행위만을 규율하는 데 반해, 도덕은 내심만을 대상으로 한다. 즉 '생

8) 독일의 철학자(1655. 1. 1. ~ 1728. 9. 23.)로서 철학을 신학과 분리하였다.

9) 독일의 법학자(1818. 8. 22 ~ 1892. 9. 17.)로서 법사회학의 아버지라고도 불린다. 대표적인 저서는 『로마법의 정신』, 『목적에 대한 수단으로서의 법』 등이 있다. 예링은 특히 법의 목적을 개인의 이익과 사회의 이익을 조정하고 보호하는 데 있다고 하였다.

각만으로는 누구도 벌을 가할 수 없다'라는 말이 있듯이, 법은 인간의 외부적 행위만을 규율하고, 도덕은 '마음속의 간음'도 가능하다는 것이다.

이러한 구별은 국민의 자유를 국시로 보는 근대자유주의국가에서는 별 문제가 없었다. 즉 이 시대에서는 법은 사회질서유지를 위한 최소한도의 행위만을 규율하고, 나머지는 개인의 양심에 맡겼다.

그러나 현대국가에서는 법도 행위자의 외면적인 행위보다 내면성을 강조하고 있다. 예컨대 동기, 고의, 과실, 선의, 악의 등이 대표적이다. 또한 도덕도 외부로 나타나지 않는 내심은 높게 고려하지 않고 있다. 따라서 오늘날 '법의 외면성, 도덕의 내면성'이라는 구별기준은 그 의의를 상실하였다.

2. 법의 양면성과 도덕의 일면성

법은 국가와 국민, 권리와 의무, 채권과 채무와 같이 대립되는 양면을 규제하는 데 반해, 도덕은 권리는 없고 의무만을 규제하는 일면성을 가진다. 즉, 법적 의무에는 이에 상응한 권리가 있으나, 도덕적 의무에는 이에 대응하는 권리가 없다는 것이다. 그러나 도덕도 사람과 사람 사이에서 지켜야 할 도리인 이상, 그 의무도 사회라는 대상이 있다고 해야 한다. 예컨대, 헌법 제34조 2항[10)]의 국가의 사회보장 의무와 헌법 제32조 2항[11)]의 국민의 근로의 의무가 구체적인 상대방에게 구체적인 권리를 부여하지 않는다 하더라도 추상적으로 과념過念하는 것까지 불가능한 것은 아니다.

3. 법의 타율성과 도덕의 자율성

법은 타인을 지향하는 규범이고, 도덕은 항상 자기 자신에 대한 규범이다. 그러나 자기와 타인과의 관계란 항상 상호적·상대적이므로 법과 도덕을 그 어느 한 쪽에만 국한하여 생각

10) 국가는 사회보장·사회복지의 증진에 노력할 의무가 있다.

11) 모든 국민은 근로의 의무를 진다. 국가는 근로의 의무의 내용과 조건을 민주주의원칙에 따라 법률로 정한다.

해서는 안된다. 법도 도덕도 모두 함께 지켜야 할 규범인 것이다. 법은 남에게만 요구하는 것이고, 자기와는 관계없다고 생각한다면 큰 잘못이다. 특히 권력자와 법률가가 그렇게 생각할 때 막대한 피해와 억압을 주는 것이다. 법은 복종자에 대하여 밖에서 의무를 이행하도록 하는 타자의 의지, 즉 타율성의 규범이고, 도덕은 고유한 인격을 통한 자발적인 자율성의 규범이다.

4. 법의 강제가능성, 도덕의 강제불가능성

법에는 강제가 있으나, 도덕에는 강제가 없다는 구별방식으로서 대부분의 학자들이 지지하고 있다. 법에 위반되는 행위가 있었을 때에는 강제범죄에 대한 형벌, 불법행위에 대한 강제집행가 따르지만, 도덕의 명령을 위반했을 때에는 이러한 강제가 따르지 않는다.

이러한 구별은 법과 도덕을 형식적인 면에서 볼 때에만 가능하다. 즉 도덕은 "살인하지 말라"라고 명하는 데 대하여, 법은 "살인하면 사형에 처한다"라는 식으로 규정한다. 이와 같이 법과 도덕의 구별을 형식상으로 본다면, 도덕은 직접 제재를 규정하지 않는 데 반하여 법은 일정한 제재를 직접 규정하고 있다. 따라서 형식의 면에서만 보는 한, 법은 강제규범이라 할 수 있다.

제3절 법과 도덕의 상호관계

법과 도덕은 강제력의 유무에 따라 차이가 있지만, 양자는 본래 하나의 사회규범이었다. 따라서 법은 그 본질에 있어 도덕과 밀접한 관련을 가지고 있다. 옐리네크Georg Jellinek[12]는 '적

12) 독일의 법철학자·정치철학자(1851. 6. 16. ~ 1911. 1. 12.). 저서『인간과 시민의 권리선언(1895)』에서 미국 독립전쟁의 토대가 된 이론들을 기초로 서술하였다.

법·불법·형벌의 사회·윤리적 의미'에서 '법은 도덕의 최소한'이라고 하여 도덕 중에서 그 실현을 강제할 필요가 있는 것만 법으로 보자고 하였다. 또한 슈몰러Gustav von Schmoller 1838–1917는 '법은 최대한의 도덕'이라고 하여, 도덕이 사회생활의 전면에 걸쳐 확대됨을 지적했다. 즉 법은 도덕의 요구를 사회생활에 넓게 미치게 한다는 뜻이다. 구스타프 라드브루흐Gustav Radbruch[13]는 법과 도덕은 분리될 수는 없고 구별될 수 있을 뿐이라 하였다. 즉 라드브루흐는 "도덕의 왕국에의 법의 귀화"와 "법의 왕국에의 도덕의 귀화로의 귀화"가 가능함을 설명하고 있다. 전자의 예는 도시의 교통법규가 생활화되어 교통도덕으로 되는 것을 말하고, 후자는 공서양속, 신의성실 등을 들 수 있다. 이러한 개념들은 서로 관점은 다르나 법과 도덕의 양자 관계를 말한 것이다.

1. 내용면

법은 많은 도덕적 규범을 내포하고 있다. 절도나 살인을 하면 안 된다는 도덕적 규범은 절도나 살인을 처벌하는 형법의 규정형법 제250조~제156조, 제329조~제346조과 같은 의미를 가진다. 또 민법의 신의성실의 원칙민법 제2조 1항[14]이나 공서양속의 규정민법 제103조[15]은 도덕이 법의 내용으로 옮긴 것이고, 차마車馬의 우측통행도로교통법 제11조 3항이나 보행자의 좌측통행도로교통법 제8조 2항은 법이 도덕으로 옮겨 왔다고 할 수 있다.

하지만 법과 도덕은 그 내용에 있어서 완전히 융합된다고 할 수 없다. 예컨대, "부부는 서로 사랑해야 하고, 자녀는 부모에게 효도해야 한다." 등의 도덕률은 법으로 강제할 수 없다. 반대로 다수결의 원리, 소멸시효 완성민법 제162조[16], 증여계약의 해제민법 제555조[17] 등의 법규정은 도덕적 견해로는 이해가 안 될 수 있다. 그러므로 법과 도덕은 그 내용에서 서로 교차하는 두 개의 원과 같은 관계를 가지고 있다고 할 것이다.

---

13) 독일의 형법·법철학자, 바이마르 공화국 법무장관(1878. 11. 21. ~ 1949. 11. 23.)을 역임하였고, 그의 핵심사상은 법 개념(Rechtsbegriff)과 법 이념(Rechtsidee)의 학설이다.

14) 권리의 행사와 의무의 이행은 신의에 좇아 성실히 하여야 한다.

15) 선량한 풍속 기타 사회질서에 위반한 사항을 내용으로 하는 법률행위는 무효로 한다.

16) ① 채권은 10년간 행사하지 아니하면 소멸시효가 완성한다. ② 채권 및 소유권 이외의 재산권은 20년 간 행사하지 아니하면 소멸시효가 완성한다.

17) 증여의 의사가 서면으로 표시되지 아니한 경우에는 각 당사자는 이를 해제할 수 있다.

2. 실효면

도덕은 양심이 박약한 자, 사회적 비난에 개의치 않는 자에게는 별 실효성이 없다. 하지만 법은 국가권력의 강제력에 의하여 그 실효성이 뒷받침되고 있다. 따라서 법에 의한 강제는 도덕에 의한 비난보다도 실효적이라고 할 수 있다. 그래서 도덕규범 중에서 특히 필요하다고 판단되는 것은 법에 의하여 강제되어 실효성이 주어진다. 반대로 법은 강제력에 의해 지켜지기를 요구하지만 도덕과 같은 준법정신의 뒷받침이 없이는 아무리 엄벌에 처한다 해도 실효성을 가질 수 없다. 이러한 의미에서 도덕은 법의 후견인이라 할 수 있다. 법과 도덕은 그 효력에 있어 상호 보완적 역할을 수행하고 있다고 할 수 있다.

제4절 법과 관습

1. 관습의 의의

관습은 한 사회내부에서 역사적으로 발생하여 장기간 계속 반복됨으로써 발생하는 일종의 사회규범을 말한다. 사회가 부족 상태나, 종족 상태에 머물러 아직 국가라는 것이 존재하지 않았던 원시사회에서는 법과 도덕, 관습이 다 같이 관습으로 존재하였다. 그러나 사회규모가 점차 확대되고, 개인의식이 고양되고, 경제생활이 점차 복잡해짐에 따라 단순한 관습만으로는 사회생활의 질서를 유지할 수 없게 됨에 따라 관습은 도덕과 법으로 분화하게 되었다.

2. 법과 관습의 차이점

첫째, 관습은 부분사회에서 관행으로부터 성립하고 타당성을 가지는 데 반하여, 법은 국가사회의 규범이다.

둘째, 관습을 위반하면 사회적 비난에 그치지만, 법을 위반하면 국가권력에 의한 강제력이 행사된다. 즉 법은 강제성이 있는 규범이며, 관습은 강제성이 없는 규범이라 할 수 있다. 그러나 관습에도 강제를 수반하는 경우가 있기 때문에 그와 같은 구별은 정당하다고 볼 수 없다.

셋째, 관습은 비조직적 사회를 기반으로 임의적이고 자발적인 모방에 의해 성립하는 규범인 데 반하여, 법은 철저한 조직적 사회를 기반으로 성립하는 규범이다. 그러나 이러한 구별은 소위 군대 내에서의 복장의 통일과 같이 조직화된 사회에서 조직의 힘에 의해 관습이 발생하는 경우도 적지 않기 때문에 올바른 구별이라고 할 수 없다.

3. 법과 관습과의 관계

많은 부분에 있어 법은 관습을 기반으로 하여 만들어지는 경우가 많다. 예컨대, 민법 제103조에 "선량한 풍속 기타 사회질서에 위반한 사항을 내용으로 하는 법률행위는 무효로 한다."라고 규정한 것이 그 단적인 예이다. 또한 '가정의례에 관한 법률'과 같이 관습의 지지를 받지 못하는 법은 그 실효성을 잃게 된다.

결국 법과 관습은 국가전체와 부분, 강제성 유무에 따른 차이가 있지만 서로 밀접한 연관성도 가진다. 즉 관습법은 관습이 법규범화된 것이고민법 제1조[18], 사실인 관습도 일정한 요건 밑에서는 법적 효력을 가진다민법 제106조[19].

한편 관습은 사회구성원의 법적 확신에 관습법이 되며, 관습에 이르지 않았으나 얼마 동안 되풀이하여 반복된 사례들을 '관례'라 하며, 버릇 즉 반복행위를 습관habit이라 한다.

18) 민사에 관하여 법률에 규정이 없으면 관습법에 의하고 관습법이 없으면 조리에 의한다.

19) 법령 중의 선량한 풍속 기타 사회질서에 관계없는 규정과 다른 관습이 있는 경우에 당사자의 의사가 명확하지 아니한 때에는 그 관습에 의한다.

4. 법이 된 관습

관습법이란 어떤 일정한 구역 내에 거주하는 사회구성원들이 반복하여 행한 행위가 그 사회 전체의 법적 확신을 통하여 법으로서의 효력을 갖는 것을 말한다. 문제는 관습법과 불문법과의 관계이다. 보통 관습법은 문자화 되어 있지 않다. 하지만 문자로 만들어지지 않는 경우가 많기 때문에 관습법을 불문법과 동일시하는 경우가 있지만 문자화되었다고 해서 관습법이 아닌 것은 아니다. 예를 들어 조선시대의 향촌·향약·촌락에서는 계가 생성되었는데 촌락에서는 향약과 계의 규약이 문자화되는 경우가 많았다. 향약과 계의 규약은 당시의 관습을 문자화한 것에 불과하다. 하지만, 단지 성문법이란 이유만으로 관습법이 아니라고 주장하는 것은 이치에 맞지 않은 일이며 향약과 계의 규약은 조선시대의 관습법을 이해하는데 중요한 사료가 된다.

하지만, 현재로선 한국에서 인정받는 관습법이라고 해 봐야 거의 민법상에서만 적용될 뿐이다. 왜냐 하면, 한국은 철저한 성문법 체계이므로 법률에 저촉되지 않는 범위 내에서만 보충적으로 적용되며 관습법이 성문법을 대체할 수 없고, 기존 질서와 충돌할 경우에도 효력이 없기 때문이다. 그래도 인정되는 몇몇 관습법이 있는데, 분묘기지권, 명인방법, 법정지상권 등을 들 수 있다

5. 묘지의 설치와 분묘기지권

5-1. 분묘의 의의

분묘란 그 내부에 사람의 유골, 유해, 유발 등 시신을 매장하여 사자를 안장한 장소를 말하고, 장래의 묘소로써 설치하는 등 그 내부에 시신이 안장되어 있지 않은 것은 분묘라 할 수 없다.

5-2. 분묘기지권의 성립요건

분묘기지권이 성립하기 위해서는 봉분 등 외부에서 분묘의 존재를 인식할 수 있는 형태를 갖추고 있어야 하고, 평장되어 있거나 암장되어 있어 객관적으로 인식할 수 있는 외형을

갖추고 있지 아니한 경우에는 분묘기지권이 인정되지 않는다.

판례에 의하면 분묘기지권이 성립하는 경우는 세 가지가 있다.

첫째, 소유자의 승낙을 얻어 그의 소유지 안에 분묘를 설치한 때대법원 1967. 10. 12. 67다1920이고, 둘째, 타인소유의 토지에 그의 승낙 없이 분묘를 설치한 경우에는 20년간 평온·공연하게 그 분묘의 기지를 소유자가 점유함으로써 분묘기지권을 시효취득한다대법원 1969. 1. 28. 68다1927. 그러나 2001년 1월 13일부터는 장사 등에 관한 법률이 적용되므로 그 후에 설치되는 분묘에 대하여는 분묘기지권의 시효취득이 인정되지 않는다. 분묘기지권을 시효취득하는 경우에는 지료를 지급할 필요가 없다. 셋째, 자기소유의 토지에 분묘를 설치한 자가 후에 그 분묘기지에 대한 소유권을 보유하거나 분묘도 함께 이전한다는 특약을 함이 없이 토지를 매매 등으로 처분한 때에는, 그 분묘를 소유하기 위하여 분묘기지권을 취득하게 된다대법원 1967. 10. 12. 67다1920.

5-3. 분묘기지권의 소멸

분묘기지권이 미치는 범위 내에서 이장 등으로 인하여 더 이상 분묘수호와 봉제사에 필요 없게 된 부분이 생겨났다면 그 부분에 대한 만큼은 분묘기지권이 소멸한다.

제5절 법과 종교

1. 종교의 의의

종교란 절대자, 신에의 귀의를 본질로 하는 인간의 생활현상을 말하며, 사회에 대하여 일정한 태도를 가지고 생활할 것을 요구하는 생활방식에 관한 사회규범이다. 원시시대로부터 중세시대에 이르기까지 종교규범은 법규범으로서의 기능을 해 왔다. 중세에서는 정의를 오직 신의 뜻에 따라 행하는 규범으로 생각되어 왔으나, 근세에 들어와서부터 종교는 인간의 영적인 문제만 다루게 되었다. 하지만 현세까지도 종교규범은 여전히 종교인들에게 강한 강제적 규범을 행사한다.

예컨대, 고대 유태인에게는 신의 계시가 곧 그들의 사회생활 규범이었고, 중세시대에서도 교회법이 유럽 사회를 지배하였다. 우리나라에서도 신라시대 화랑도의 세속오계가 대표적인 종교규범이라 할 수 있다. 그러나 근대국가 성립되면서 정교 분리의 원칙이 확립됨에 따라 점차적으로 종교규범과 법규범은 분화하게 되었다.

2. 법과 종교의 차이점

종교도 법과 마찬가지로 특수한 규범의식을 수반하는 일종의 사회 규범이라는 점에서는 동일하다. 그러나 법과 종교는 다음과 같은 차이점이 있다.

첫째, 종교는 신불에 대한 일정한 신앙을 기초로 하여 유지되는 규범이고안심입명의 달성, 법은 사회에 의하여 인정되고 국가의 강제력에 의하여 유지되는 규범이다사회질서의 유지. 둘째, 종교는 신불에 내한 봉사를 내용으로 하며내면적인 규범, 법은 외부 행위를 규율한다. 셋째, 법은 국가와 국민, 권리와 의무, 채권과 채무와 같이 대립되는 양면성을 가지는 규범인 반면에, 종교는 신을 대상으로 하여 신에 대한 봉사라는 일방통행적인 일면성을 가지는 규범이다.

3. 법과 종교의 연관성

법과 종교는 어느 정도 구별이 가능하지만 상호관련성을 많이 내포하고 있다. 즉 법과 종교 모두 강한 권위에 복종하는 점에서 같고, 종교규범이 국가권력에 강제될 경우 종교규범이 곧 법이 될 수 있다. 예컨대, 모세의 10계명인 “살인하지 말라.”, “간음하지 말라.”, “남의 물건을 훔치지 말라.”, “거짓 증언을 하지 말라.” 등은 법규범에서도 살인죄, 간통죄, 절도죄, 위증죄 등으로 각각 처벌하도록 되어있다.

또한 법과 종교는 내용면에서도 일치하는 경우가 있다. 예컨대, 대통령 취임선서[20] 등과 같이 실정법에서 그 실효성을 확보하기 위하여 종교적 감정을 이용하는 경우 등을 들 수 있다. 따라서 법과 종교는 사회의 정의나 평화를 실현하려는 공통의 목적을 가지고 있기 때문에 양자 간의 조화가 필요하다.

20) 미국의 대통령은 취임선서에서 성경 위에 손을 얹어, "하나님이여 나를 도우소서."라는 문구를 사용하고 있다.

제3장

법의 이념

제1절 서설

1. 일반적 법의 이념

법의 이념은 법의 내용적, 실재적, 법의 목적 중에서 최고의 목표를 말한다. 즉 법의 이념은 법의 존재근거 내지 타당근거인 동시에 법이 추구하고 달성해야 할 최고의 목적 또는 가치라 할 수 있다. 따라서 법의 이념을 파악하지 못하면 결코 그 본질을 파악할 수 없다.

법의 이념은 법의 개념과 밀접한 관련을 맺고 있다. 법의 개념이 법의 외형적 문제라면, 법의 이념은 법의 내용과 실재에 관한 법의 근원에 관한 문제라 할 수 있다.

법의 이념에 대해서는 과거부터 지금까지 많은 학자들에 의하여 다양하게 설명되어 왔다. 이러한 학자들의 주장들 가운데 개인주의를 지향하는 법률관에 따르면 개인의 권리와 복지가 법 최고의 이념이고, 국가주의를 지향하는 법률관에 따르면 국가의 안전과 질서유지를 법의 이념으로 보고 있다.

이들 가운데 플라톤과 아리스토텔레스는 정의를, 루소는 개인의 자유와 평등을, 칸트는 개인인격 유지를 위한 봉사를, 피히테는 민족유지와 발달을, 벤덤은 최대다수의 최대행복을 법의 이념이라 하였다. 그러나 이러한 주장들은 대개 법의 어느 한 면과 하나의 가치만을 가지고 설명하고 있다.

이러한 단면만을 떠나 다방면에 걸쳐 법의 이념을 서술한 자는 독일의 법학자 라드브루흐Radbruch라고 할 수 있다. 그는 정의正義, 합목적성合目的性, 법적 안정성法的 安定性 세 가지를 법의 이념으로 보고 있다.

2. 개별적 법이념

개별적 법이념은 법 제정 당시 그 법이 달성하려고 하는 목적을 말한다. 대부분의 법은 제1조에 그 법의 목적을 규정하고 있다. 예컨대, 교육기본법 제1조는 "이 법은 교육에 관한 국민의 권리·의무 및 국가·지방자치단체의 책임을 정하고 교육제도와 그 운영에 관한 기본적 사항을 규정함을 목적으로 한다."라고 규정하고 있으며, 범죄피해자보호법 제1조는 "이 법은 범죄피해자 보호·지원의 기본시책 등을 정하고 범죄피해자에 대한 국가 및 지방자치단체의 보호·지원과 국민의 범죄피해자 지원활동을 촉진함으로써, 범죄피해자의 손실 복구, 정당한 권리 행사 및 복지증진에 기여함을 목적으로 한다."라고 구체적으로 규정하고 있는 것이 그것이다.

그러나 모든 법들이 이렇게 구체적으로 법의 목적을 규정하고 있는 것은 아니다. 예컨대, 헌법, 민법, 형법 등은 그 목적을 규정하고 있지 않다. 그렇다고 하여 이러한 법들이 목적이 없는 것은 아니다. 즉 개개의 법은 그 목적을 반드시 명시적으로 서술 하고 있지 않더라도 묵시적인 목적은 가지고 있다. 예컨대, 형법은 개개의 범죄로부터 사회를 방위하고, 법익에 대한 불법한 침해로부터 국민을 보호하는 것을 목적으로 한다.

제2절 라드브루흐[21]Radbruch의 법이념

1. 정의正義

라드브루흐Gustav Radbruch는 법의 이념을 정의定義, 합목적성合目的性, 법적안정성法的安定性 세가지로 구분하여 설명하였다.

정의의 사전적 의미는 '사회나 공동체를 위한 옳고 바른 도리'이고, 플라톤의 철학에서는 '지혜와 용기와 절제의 완전한 조화'로 말하고 있다. 정의는 종종 "불의를 보면 참지 말고 정의 앞에 용감한 사람이 되어라."라는 식의 말로써 회자되고 있다. 칸트는 "세계가 망하더라도 정의는 행해져야 한다."라고 하였다. 이는 정의의 실현을 위해서는 국가나 사회의 멸망도 불사한다는 뜻을 내포한다.

정의는 사회질서의 이상화와 결부된 것으로 그리스에서는 준다dike것과 성의dikaion란 말이 결부된 것이다. 로마에서는 법ius은 정의justitia에서 유래한 것으로 보았으며, 법은 "정의와 형평의 術"이라고 하였다. 독일어의 Recht란 말도 법이란 뜻과 정의라는 뜻을 함께 지니고 있고, 영어의 Justice도 정의란 뜻을 가진다.[22] 즉 정의와 법은 서로 밀접한 관계가 있다고 할 수 있다.

따라서 법은 정의의 표현자이며 법에 적합한 것이 곧 정의라고 할 수 있다. 또는 법은 정의를 실현하는 것을 고유의 사명으로 한다고 말할 수 있다. 그러나 정의의 개념에 대해서는 학자마다 서로 다른 견해를 가지고 있어 매우 다의적 개념이라 할 수 있다. 일반적으로 정의는 공동생활을 하는 모든 사람에게 각자가 받아야 할 정당한 몫을 주는 것을 말한다. 따라서 선한 행위를 한 사람은 그에 대한 대가를 받고, 악한 행위를 한 사람은 그에 따른 처벌을 받거나 손해를 배상하게 하는 것을 말한다.

1-1. 아리스토텔레스Aristoteles의 정의론

아리스토텔레스는 정의를 "德 가운데 가장 秀絕한 것이며, 새벽과 저녁에 빛나는 별보다

---

21) 구스타프 라드브루흐(Gustav Radbruch, 1878–1949)는 독일의 형법·법철학자로서 바이마르 공화국 법무장관, 국회의원, 하이델베르크대학 교수 등을 역임하면서 독일 형법 초안을 기안했다. 독일 나치 정권을 비판한 이유로 1933년 추방되었다가 1945년 복직하였다. 라드브루흐 법철학의 핵심사상은 법의 이념(Rechtsidee)이다.

22) Right, Recht, Droit 등은 원래 정의의 의미로 사용되었다.

더 美麗하다."라고 하고 있다. 그는 '니코마코스 윤리학 제5권[23]'에서 최초로 정의 개념을 이론화하였고, 정의를 크게 광의, 협의로 나누어 설명하고 있다. 광의로는 일반적 정의, 협의로는 특수적 정의라고 분류하면서, 특수적 정의는 다시 평균적 정의와 배분적 정의로 분류하고 있다.

일반적 정의는 법규의 준수를 절대적으로 보며, 인간의 심정 및 행동을 공동생활의 일반원칙에 적합하게 하는 것을 말한다. 예컨대, 국가를 위한 순국 등이 이에 해당한다.

특수적 정의는 법의 구체적 원리에 따라 각 개인의 물질적 및 정신적 이해를 평등하게 하는 것을 말한다. 이것은 다시 평균적 정의와 배분적 정의로 나누어진다.

평균적 정의는 절대적, 산술적 평등을 의미하는 것으로서 대등관계에 있는 정의를 말한다. 이러한 의미에서 평균적 정의는 사법私法의 정의라 할 수 있다. 즉 모든 인간은 동일한 인격적 가치를 가지고 있으므로 항상 절대적·기계적으로 평등하게 취급되어야 한다는 것이다. 이는 일반적으로 범죄에는 형벌을, 급부에는 반대급부를, 손해에는 배상이라는 개인상호간의 평균평등을 의미하는 것으로 인류사회에서 필요한 기본적 정의관이라 할 수 있다. 이외에도 선거권과 피선거권, 국민투표권 등을 들 수 있다.[24]

배분적 정의는 상대적, 비례적 평등을 의미는 것으로서 상하관계에 있는 정의를 말한다. 이러한 의미에서 배분적 정의는 공법公法적 정의라 할 수 있다. 즉 경험·능력·재능·인격 등에 따라 "평등한 것은 평등하게, 불평등한 것은 불평등하게like for like, unlike for unlike" 취급하는 것을 말한다. 예컨대 성년과 미성년, 건강한 사람과 정신장애자를 같은 선상에 세우는 것은 평등하지 않다는 것이다. 따라서 임금지불의 경우 성과급에 의하거나, 훈장을 주는 경우 그의 공적에 의하는 것, 담세능력에 따라 조세를 부과해야 한다는 것이다.

결국 아리스토텔레스의 정의론은 개인주의와 전체주의의 양 측면을 고려하였다고 볼 수 있다.

---

23) 아리스토텔레스(Aristoteles)는 '니코마코스 윤리학'을 제10권으로 나누어 설명하고 있다. 제1권은 인간을 위한 선, 제2권·제3권은 도덕적인(윤리적인, 성격적인) 덕, 제4권은 다른 도덕적인 덕, 제5권은 정의(正義), 제6권은 지적인 덕, 제7권은 자제와 자제하지 못한 쾌락, 제8권은 우정·우애, 제9권은 우정·우애의 근거, 제10권은 쾌락·행복이다. 이에 대한 자세한 사항은, 아리스토텔레스(조대웅 역), 니코마코스 윤리학, 돋을새김, 2008, 384쪽 참조.

24) Pythagoras(BC 580~550)도 정의를 균분·공정이라 하면서 범죄에는 형벌이, 손해에는 배상이 정방형의 대각선상에 있어야 한다고 하였다.

선거권과 정의

선거권에는 평균적 정의와 배분적 정의가 함께 나타난다. 우선, 선거권은 만 18세 이상부터 주어지는데, 이것은 인간의 능력에 따라 다르게 대우해 주는 배분적 정의, 즉 상대적 평등이라고 볼 수 있다.
그리고 선거권은 누구나 1표씩 행사할 수 있는 권리를 말한다. 18세 이상의 국민은 누구나 1표씩 행사할 수 있는 것. 즉 이것은 모든 인간을 같게 취급하는 것이므로 평균적 정의, 즉 절대적 평등이라고 할 수 있다.

1-2. 라드브루흐의 정의

라드브루흐Gustav Radbruch는 아리스토텔레스의 정의의 개념을 수용하여 현대적 정의론을 주창하였다. 그는 정의의 본질을 "같은 것은 같게, 다른 것은 다르게"라는 평등의 관점에서 보며, 특히 기회의 평등을 강조하면서 정의의 기준으로 사물의 본성이론을 주장하였다. 여기서 말하는 평등은 형식적인 평등을 의미하며, 라드브루흐의 정의 그 자체는 어떤 실질적인 기준을 담고 있지 않으며, 그 평가의 척도에 대하여는 말해주지 않고 있다. 이러한 형식적 정의는 법의 개념에서 이미 내재되어 있다. 따라서 '같은 것'과 '다른 것'을 구별케 하는 척도가 있어야 한다. 이러한 척도를 알기 위한 것이 바로 합목적성이다.

2. 합목적성

법의 이념 중에서 정의는 법 개념의 방향을 제시할 뿐 무엇이 같은 것이며 무엇이 다른 것인가라는 법 내용에 대한 지침을 제시하지 못하고 있다. 이런 문제에 대해 해답을 주는 것이 바로 법의 목적이므로, 합목적성이 법이념의 두 번째 요소이다. 즉 합목적성은 같은 것과 같지 않은 것을 구별해 주는 구체적 기준을 제시한다.

2-1. 개념

합목적성이라는 말은 목적에 맞추어 방향을 결정하는 원리라는 뜻인데, 법에서 합목적성이란 어느 국가의 법질서가 어떠한 가치관價値觀에 의하여 구체적으로 제정制定·실시實施되는 원리라는 뜻이다. 또한 합목적성은 법이 따라야 할 가치나 기준을 말하는 것이며, 시간과 장소에 따라 그 내용이 달라지는 특징이 있다. 예컨대, 중세시대에는 '神'의 섭리, 근대에는 개인의 자유, 현대 초에는 개인의 자유보다는 국가의 이익[25], 오늘날에는 공공복리公共福利를 들 수 있다. 일반적으로 민주주의 국가에서는 법을 개인의 자유와 권리를 보장하기 위한 것으로 보고 있다. 그러나 이러한 자유와 권리의 보장은 동시에 공공복리와도 합치되어야 한다. 민주주의적인 법의 목적은 개인의 인권보장과 공공복리 증진에 있다.

한편 공익을 지나치게 강조하는 전체주의적인 이념하에서는 사익私益이 억압당하게 되고, 반대로 사익이 강조되는 개인주의하에서는 공익公益이 희생될 수 있다. 따라서 공익과 사익을 조화시키지 않으면 법의 또 하나의 이념인 합목적성이 위협을 받게 된다.

2-2. 라드브루흐의 가치관

라드브루흐Radbruch는 인간이나 국가가 선택하고 결정할 수 있는 가치관의 종류로 개인주의, 단체주의, 문화주의를 들고 있다.

첫째, 개인주의적 가치관에서는 인간의 궁극적 가치가 개인의 자유와 행복에 있다고 보고 이것이 최대한으로 보장되도록 법이 제정되어야 한다는 것이다. 따라서 국가나 단체의 가치는 개인보다 하위下位에 있게 되며, 모든 개인이 평등하게 존중되는 평균적 정의를 강조한다.

둘째, 단체주의초개인주의적 가치관에서는 국가의 존립과 번영을 최고의 가치로 두고 있으며, 개인의 가치는 단체의 부분으로 또는 단체의 가치를 실현하는 범위 내에서만 인정된다는 것이다. 그러므로 단체를 유지·발전시키기 위하여 개인에게 비례적 평등을 실현시키면서 배분적 정의를 강조한다.

셋째, 문화주의초인격주의적 입장에서는 개인도 단체도 아닌 인간이 만든 문화 혹은 작품을 최고의 가치로 신봉한다. 문화주의에서는 배분적 정의에 의한 차별은 인정되지만, 그 차별의 표준은 문화 업적의 창조에 공헌하는 범위 안에서만 인정된다.

아무튼 합목적성의 이념은 국가 또는 법의 궁극적인 목적이 무엇인가를 확인시켜 주거나

25) 히틀러는 개인보다는 국가의 이익을 최우선적으로 여겨 독일이라는 나라를 전체주의 국가로 만들었다. 당시에 독일 국민들은 이것이 바로 정의라고 생각했다.

확정시켜 주는 실체적인 이념이 아니라 국가 또는 법의 목적이 결정된 후에 모든 법의 내용이나 국가의 정책이 이러한 목적 달성을 위하여 규정되어야 한다는 것을 요구하는 수단적 의미를 가지고 있다. 따라서 하나의 독립된 법이념으로 되기에는 부적당하다는 견해도 있다.

3. 법적 안정성

3-1. 개념

법의 제1차적 기능은 질서유지를 통해 국민들의 행복한 삶을 유지하는 데 있다. 괴테의 "부정의不正義로운 법도 무질서보다 낫다."라는 말이나, 법언法諺에 "제 아무리 악법일지라도 무법보다 낫다."라고 하는 것은 모두 법적 안정성을 강조하는 말이다.

법적 안정성이라는 것은 법적으로 보장된 사회질서의 안정성이라는 뜻으로 사용되기도 하고, 법 그 자체의 안정성, 즉 법의 안정성이라는 뜻으로 사용되기도 하며, 후자의 뜻으로 사용되는 것이 보통이다.

법적 안정성과 관련된 규정으로는 시효소멸시효·취득시효·공소시효, 사법상의 점유占有보호, 국제법의 현상유지이론 등이 있다.

즉 민법·상법은 재산권보호라든가 거래질서의 안정, 가족생활유지 등을 위한 기능을 하고 있다. 헌법도 국가안전보장·질서유지를 중요한 목적으로 들고 있으며 민주적 기본질서를 유지하기 위해 위헌정당의 해산제도 등을 규정하고 있다. 형법은 개인적 법익, 사회적 법익, 국가적 법익을 침해하는 행위를 처벌하여 시민질서와 사회질서 및 국가질서의 유지를 목적으로 한다.

3-2. 요건

법적 안정성을 유지하기 위해서는 다음과 같은 네 가지 요건이 필요하다.

첫째, 법의 내용이 명확해야 한다. 불명확한 법에 의해 처벌되거나 단속을 받게 되면 국민생활은 불안해진다. 이는 죄형법정주의의 파생원칙 중의 하나이다.

둘째, 법이 자주 변경되어서는 안 된다. 특히 집권자의 자의恣意에 의한 개정이라면 더욱 법적 안정성을 해하게 된다.

셋째, 법은 실행 가능한 것이어야 한다. 너무 높은 이상만 추구하여 실제 실현 가능성이 없는 것은 법이 될 수 없다. 왜냐하면 법은 사회규범이므로 성인, 영웅이 아닌 평균인을 표준으로 하기 때문이다.

넷째, 법은 국민의 법의식에 합치되어야 한다. 법이 국민의 법 감정과 일치될 때 잘 준수되며, 법으로서 규범력이 강해진다. 국민의 법의식과 유리遊離된 법은 사문화死文化되고 만다.

4. 법이념 서로의 관계

법의 이념으로 정의·합목적성·법적 안정성의 관계는 상호모순 되면서도 상호보완되는 관계에 있다고 하겠다. 정의는 일반화하는 경향이 있는 데 비하여 합목적성은 개별화하는 경향이 있다. 정의와 합목적성은 이념적인 것인 데 비하여 법적 안정성은 실질성을 요구한다. 또한 정의와 합목적성이 이념적이라고 해서 같은 것은 아니며, 정의는 넓은 뜻에서 윤리적 가치와 결부된 법이념인 데 비하여 합목적성은 공리적 가치와 맺어진 법이념이라고 하겠다. 정의는 주로 법의 내용에 관한 법이념이지만, 법적 안정성은 주로 법의 기능법질서의 정립에 관한 법이념이다.

정의만을 강조하게 되면 법적 안정성이 해쳐지고, 안정성만을 강조하면 정의를 실현할 수 없게 되는 수가 있다. 인간이 이 세상에 살아가는 동안 모든 가치를 한꺼번에 누릴 수는 없으며, 하나의 가치를 추구하는 만큼 다른 하나의 가치를 희생하게 되는 경우가 많다는 점을 아는 것이 중요하다. 따라서 정의를 위해 법적 안정성을 포기해서는 안 된다.

합목적성과 법적 안정성의 충돌 사례

제1차 세계대전 직후 독일은 극심한 인플레이션으로 전쟁 전의 1마르크로, 1달러가 1,000조 2천억 마르크로 각각 화폐 가치가 폭락하였다. 이에 따라 전차비가 1억 5천 마르크, 우표 값이 1천억 마르크가 되었다.

따라서 대여금 청구 소송에서 독일 최고법원은 '사정변경의 원칙'에 입각하여 빌려 줄 당시의 가치로 증액하여 갚아야 한다고 하였다. 이는 채권자와 채무자 간의 진실한 권리 관계를 중시한 것이며, 법의 이념 가운데 합목적성을 중시한 결과이다. 그러나 결과적으로 수많은 채권자들이 소송을 제기하여 사회적 혼란을 초래하자 다시 독일 최고법원은 이후에 판례를 변경하여 변제할 금액은 대여원금에 한정된다는 판결을 내렸다. 이 판결은 합목적성을 희생하더라도 법적 안정성을 추구하고자 하는 독일 최고법원의 결단이었다.

5. 우리 헌법상의 법이념

법이념 사이의 이러한 모순·충돌에 대하여 우리 헌법 제37조 2항은 "국민의 모든 자유와 권리는 국가안전보장·질서유지 또는 공공복리를 위하여 필요한 경우에 한하여 법률로써 제한할 수 있으며 제한하는 경우에도 자유와 권리의 본질적인 내용을 침해할 수 없다."라고 규정하고 있다. 이 규정은 법의 이념인 자유와 권리·공공복리·질서유지·국가안전보장의 상관관계를 규정한 것으로 중요한 의의가 있다. 즉 헌법 제37조 2항의 전단에서 규정하고 있는 국가안전보장·질서유지는 법적 안정성, 공공복리는 합목적성과 관련이 있고, 단서는 정의와 관련이 있다.

우리 헌법은 정의·합목적성·법적 안정성이 충돌하는 경우에 이의 조화로운 조정을 원칙으로 하면서 궁극적으로는 정의의 원칙인 인간의 자유와 권리의 본질적 우선을 규정하고 있다고 보아야 할 것이다.

대법원의 법적 안정성과 구체적 타당성

한 칠순 노인이 딸이 임대사업자로부터 임차한 아파트에서 혼자 살고 있었다. 임대사업자는 임대의무기간이 지나자 위 아파트를 분양전환하기로 결정하였다. 그러자 노인은 임대사업자에게 위 아파트를 본인에게 분양해 줄 것을 요청하였다. 그러나 임대사업자는 노인이 계약서상의 임차인이 아니라는 이유로 노인의 요청을 거절하고, 도리어 딸과 노인을 상대로 위 아파트를 돌려 달라는 소송을 제기하여 부녀가 피고로 법정에 서게 된 것이다.

1. 1심은 임대사업자 승소(계약존중),
1심은 계약은 존중하여야 한다는 원칙을 내세워 임대사업자의 편을 들었다.

2. 2심은 피고(부녀)승소(합목적성 중시)
2심 법원은 딸 명의로 맺었지만, 이는 병든 아내를 위해 피고를 대신해 딸이 계약을 맺는 과정에서 사소한 법 지식의 부족으로 인한 실수로 판단하였다. 피고는 이 주택에 임차를 위해 본인의 돈으로 보증금을 내고, 실제로 이 주택에 살았다. 또한 2심 법원은 피고는 사회통념상 실질적인 임차인으로 충분히 생각될 수 있으니, 법적으로도 임차인으로 보는 것이 공익적 목적과 일치한다고 하면서 법 절차를 몰라 딸 명의로 임대주택을 얻어 살아온 노인에게 우선분양권이 있다며 다음과 같은 판결문을 낭독하였다.

> 가을 들녘에는 황금물결이 일고, 집집마다 감나무엔 빨간 감이 익어 간다. 가을걷이에 나선 농부의 입가엔 노랫가락이 흘러나오고, 바라보는 아낙의 얼굴엔 웃음꽃이 폈다. 홀로 사는 칠십 노인을 집에서 쫓아내 달라고 요구하는 원고의 소장에서는 찬바람이 일고, 엄동설한에 길가에 나앉을 노인을 상상하는 이들의 눈가엔 물기가 맺힌다(대전고등법원 2006. 11. 1. 2006나1846).

3. 대법원(법적 안정성 중시)
법적 안정성을 우선시할 것인가, 아니면 구체적 타당성을 먼저 내세울 것인가를 따지는 것은 어렵다. 항소심은 임대주택법을 합목적적으로 해석할 경우 노인을 임차인으로 대우하는 것이 마땅하다고 한다. 이에 반해 대법원은 항소심의 판결은 임대주택법을 변경·확장 해석하는 것이 되어 법적 안정성을 훼손한다고 하여 임대사업자의 편을 들었다. 즉, 대법원은 '임차인'이란 어디까지나 그 법률이 정한 요건과 절차에 따라 임대주택에 관하여 임대사업자와 임대차계약을 체결한 당사자 본인으로서의 임차인을 의미하고, 이와 달리 당사자 일방의 계약 목적, 경제적 부담이나 실제 거주 사실 등을 고려한 '실질적 의미의 임차인'까지 포함한다고 변경, 확장 해석하는 것은 법률 해석의 원칙과 기준에 어긋나는 것으로서 받아들일 수 없다(대법원 2009. 4. 23. 2006다81035).

제4장

자연법과 실정법

일반적으로 우리가 법이라고 말할 때에는 이른바 실정법을 말한다. 실정법은 인간이 사회적 경험을 통해 그들의 편의를 위해 만든 경험적인 법으로 때와 장소에 따라 변하는 상대적인 규범이다. 한편 자연법주의자들은 실정법의 배후에는 자연법이 존재한다고 주장해 왔다. 이들에 의하면 자연법이란 인간이 제정한 법이 아니라 때와 장소를 초월한 보편타당한 법이며 선험적인 규범이라고 한다.

제1절 자연법론

자연법은 모든 인간에게 공통으로 부여된 권리를 뜻한다. 자연법론자들은 자연법은 절대적 정의를 보여 주는 법으로 실정법이 효력을 가지는 근거가 되는 상위의 법이라고 한다. 따라서 실정법에 불만이 있으면 자연법에 호소할 수 있다.

아리스토텔레스는 '자연의 정의'와 '법의 정의'가 언제나 일치하지는 않는다고 주장했다. 그의 주장에 따르면, 자연의 정의는 어느 곳에서나 똑같은 효력을 갖고서 존재하며, 사람들이 어떻게 생각하느냐에 따라 존재하는 것이 아니라고 한다. 이에 반하여 스토아학파들은 자연법을 인간의 정신 속에 있는 '올바른 이성' 또는 로고스에 따르는 완전히 평등한 법으로 정의하고 있다. 키케로는 '진정한 법은 모든 인간 안에 편재한 영원불멸의 올바른 이성'이라고 했다. 또한 토마스 아퀴나스는 "인간이 정한 모든 법은 자연법에서 도출된 한에 있어서만 법의 본질을 지닌다. 그러나 어떤 면에서든 자연법에서 이탈하면 그것은 더 이상 법이 아니라 법의 타락인 것이다."라고 하였다.

자연법 주장자들은 다음과 같이 분류할 수 있다. 즉 종교적 자연법론, 소크라테스·플라톤·아리스토텔레스 등이 주장한 이념적 자연법론, 토마스 아퀴나스·아우구스티누스 등이 주장한 신학적 자연법론, 그로티우스·홉스·로크·루소 등이 주장한 합리적 자연법론 등이다. 특히 이 가운데 로크·루소 등의 근대자연법론은 사회계약설과 결부되어 시민혁명의 사상적 원동력이 되었다. 이들의 주장은 다음과 같다.

1. 그로티우스Hugo Grotius

'전쟁과 평화의 법'에서 인간의 본성에 기초를 둔 자연법을 최초로 전개하였다. 그는 신이 존재하지 않는다거나 신이 인간사에 관여하지 않는다고 가정하더라도 자연법은 효력을 가진다고 주장했다.

2. 홉스Hobbes

Leviathan에서 국가가 있기 전의 자연 상태를 "만인의 만인에 대한 투쟁 상태"라고 하였다. 즉 성서의 에덴동산에서 인간이 누리던 '순결한 상태'에서가 아니라 자유롭고 평등한 권리를 지닌 인간들 각자가 서로에 대해 외로운 전쟁을 벌이던 야만적 '자연 상태'에서 인간 사회가 시작되었다고 주장했다.

3. 몽테스키외Montesquieu

'법의 정신'에서 삼권분립을 주장하면서 "사건의 본성에서 발생하는 필연적인 관계"가 법자연법이라고 설명하였다.

4. 로크J.Locke

국가 이전의 자연 상태는 자유평등의 상태이며 인간은 자연권을 가지고 있다. 이러한 권리를 확실히 보장하기 위하여 사회계약에 의하여 통치권을 통치자에게 위임하였으며 여기에 만들어진 실정법은 어디까지나 자연법에 맞아야 한다고 설명하였다.

5. 루소J.J. Rousseau

사회계약론을 주장하고 국민주의사상을 완성하였다. 그는 홀로 덕을 지키면서 자기보존과 동정타인을 해치는 데 본능적으로 거부감을 갖는 것이라는 '이성에 앞선' 두 원리에 따라 행동하는 원시인을 가정했다.

제2절 법실증주의法實證主義

19세기에 들어와서 근대국가의 체제가 확립되고 근대 법체계가 정비되면서 자연법의 이름으로 주장되었던 여러 이념이 실정법화 되었다. 이러한 실정법일원론을 주장하는 자들을 법실증주의라 한다. 즉 실증법주의는 실정법實定法의 시야를 한정하는 법사상 또는 경향이라 할 수 있다.

법실증주의는 자연법사상과 마찬가지로 다의적인 개념이며, 학자들에 따라서 다르게 설명되고 있다. 법실증주의가 하나의 법 이론으로서 지배적 지위를 확립한 것은 19세기 유럽이다. 당시의 법실증주의자들은 정당한 절차에 따라 성립하는 법률만이 법이라고 하고, 실정법을 초월하는 고차원의 법을 인정하지 않는 것이 특징이었다.

법실증주의도 자연법론주의자들과 마찬가지로 생각의 차이에 따라 다양하게 분류할 수 있다. 즉 실정 법규의 완전 무결성을 강조하는 개념 법학적 법실증주의, 법학의 대상을 실정법에 한정하고 객관적으로 실정법을 분석하는 오스틴 등의 분석법학적 법실증주의와, 법에 대한 사회학적·심리학적 고찰에서 법학을 분리하여 일체의 정치적·논리적 가치판단을 배제하는 켈젠 등의 비판적 법실증주의 등을 들 수 있다. 이 가운데 현대 법실증주의의 조류는 켈젠의 '법의 일반이론'과 하트의 '현대분석법리학' 및 그 비판적 계승운동 등을 들 수 있다. 하지만 이들은 초경험적인 자연법의 존재를 부정하고 오로지 경험적인 실정법에 시야를 한정하는 점에서는 공통된다.

제3절 자연법론과 법실증주의에 대한 평가

법실증주의는 형식적·합리적으로 법적 안정성을 확보함으로써 근대사회에서 합리화를 추진하는 기능을 했을 뿐만 아니라 법치국가에서 합법성의 원리 및 이에 기초한 법체계를 확립하는 데 중요한 역할을 하였지만, 다음과 같은 점에서 비판을 받고 있다.

첫째, 법률물신성法律物神性과 법률만능주의를 야기해 각 기능이 자율의 경향을 저해하고 전체주의를 야기하고 있다.

둘째, 독일의 나치스에 볼 수 있듯이 독재자가 법을 왜곡시키고 법적 권위로써 부정의를 행하는 것을 막을 수 없다.

셋째, 자연법주의자들이 주장하고 있는 절대적인 도덕적 기준은 존재하며 또한 발견될 수 있다는 것이다.

한편 자연법사상은 입법자의 자의恣意를 넘은 정正·부정不正의 객관적 기준을 제시하여, 구미歐美 사회의 법질서·정치질서의 도덕적 원리를 형성하는 도움이 되었다. 특히 자연법사상은 미국 연방 대법원에서 적법절차원리로 인정해 주고 있고, 오늘날 많은 인권선언 속에서 천부인권, 자연권 등의 용어로 수용, 인정되고 있다. 하지만 자연법사상은 아래와 같은 비판을 받고 있다.

첫째, 자연법은 그 내용을 확인하기 어렵다는 것이다.

둘째, 법이 자연법에 반한다고 하여 각 개인이 법의 준수를 거부하게 된다면 사회질서의 유지가 불가능해진다는 비판이 가해진다.

제2차 대전 이후 독일에서는 나치스의 악법에 대한 비판에서 '자연법의 부활' 현상이 나타났고, 특히 슈타믈러Rudolf Stammler가 '내용불변의 자연법'을 주장한 이후 현대자연법은 자연법의 역사적 상대성을 인정하고 자연법사상에 경험적 요소를 도입하는 방향으로 발전해 오고 있다.

자연법과 실정법의 예 1

Q. 형제가 싸움을 벌이다가 죽게 되었다. 왕은 한 사람은 국가에 대한 공을 높이 사서 장례를 치러 주었고, 다른 한 사람은 장례조차 치르지 못하게 하며 짐승들의 먹이가 되도록 버려두었다. 동시에 장례를 치러 주는 사람은 엄벌에 처한다는 법을 제정하였다. 하지만, 그 형제의 동생인 '안티고네'는 왕의 법을 어기고 장례를 치러 주었고, 왕은 법대로 그녀를 엄벌에 처하려 한다. 과연 안티고네의 행동은 부당한 것일까, 정당한 것일까?

A. 실증주의자들에 의하면 안티고네는 왕이 제정한 실정법을 어겼기 때문에 처벌을 받아야 할 것이고, 자연법논자들에 의하면 왕이 제정한 실정법은 악법이기 때문에 안티고네를 처벌하는 것은 부당하다고 할 수 있다.

자연법과 실정법의 예 2

Q. 1944년 독일에서 남편과 헤어지기를 바라는 한 부인이 당국에 남편이 히틀러를 비방하는 말을 했다고 고발하였다. 남편은 체포되어 사형선고를 받았지만 집행되지는 아니하고 최전방으로 보내졌다. 이듬해 히틀러 정권이 무너지고 1949년 남편이 그 여인을 감금죄로 고발하여 서독법원에 기소되었다. 이 여인은 어떻게 처리되어야 하는가?

A. 부인은 당시의 실정법이 히틀러를 비방하는 자를 고발하도록 되어 있었기 때문에 자신은 무죄라고 주장하였다. 그러나 서독법원은 자연법적 근거에 의하여 부인에게 유죄를 선고하였다. 이 사건은 독일법원이 나치스 법에 대하여 자연법을 근거로 '라드브루흐의 악법공식(Radbruchsche Formel)'을 적용한 사례로 널리 알려져 있다. 즉 라드브루흐(Radbruch)가 주장하는 이 공식은 "극도로 부정의한 실정법은 법이 아니다"라고 하는 것을 말한다. 그는 1946년 『실정법의 외양을 띤 불법과 실정법을 넘어서는 법』이라는 유명한 논문에서 실정법을 제정함에 있어 정의와 근본을 이루는 평등이 의도적으로 부인되고 침해되는 경우에는 그 실정법은 정당하지 못한 법(악법)조차도 못되며 법으로서의 자격 그 자체가 박탈된다고 하였다.

제5장

법의 효력

제1절 법의 효력의 의의

법이 제정되어도 그 효력을 발휘하지 못하면 아무 의미가 없다. 하지만 법이 사실상 실현되지 않는다고 하더라도 당장 법규범으로서의 의미를 상실하는 것은 아니다.[26] 법은 실현되든 안 되든 간에 준수되어야 하는데, 이것을 법의 '실정성'이라 한다. 법의 '실정성'은 타당성과 실효성이 합치될 때 효력을 발하는 법의 실질적 효력과 실정법이 시간적·공간적·인적으로 한정되는 범위 안에서 효력을 갖는 형식적 효력으로 구분할 수 있다. 이 가운데 법의 실질적 효력이란 현실을 규율하는 법규범 속에는 그 내용이 사실상 실현되든 안 되든 '그 규범의 의미 내용대로 실현되어야 한다.'라는 강행성의 요구를 말한다.

이에 반해 법의 형식적 효력이란 법의 시간적 효력과 장소적 효력을 의미한다. 즉 법은 시행일부터 폐지일까지만 효력이 있으며, 또한 국가의 주권이 미치는 영역 내에서만 효력이 있는 것을 말한다.

26) 형법 제269조에 낙태를 한 자를 처벌하고 있지만 실제 처벌되는 사람은 거의 없다. 그렇다고 해서 낙태죄가 당장 법규범으로서의 의미를 상실한 것은 아니다.

제2절 법의 실질적 효력

1. 법의 타당성

법은 행위규범으로 우리들에게 금지나 명령의 형식을 통하여 행위의 준칙을 제공한다. 즉 법이 사람들에게 요구하는 것은 현실상 그 규정대로 실현되기를 요구하는 것이다. 이와 같이 법 자체가 실현되어야 한다는 당위성의 요구를 법의 타당성이라 한다.

2. 법의 실효성

법의 실효성은 국가권력에 의하여 강제규범으로서 법이 실현되는 것으로 궁극적으로는 국민에 의해 보장되는 것이라 할 수 있다. 예컨대, 형법 제250조는 사람을 살해한 자는 5년 이상의 징역에 처한다고 규정하여 살인행위를 금하고 있는 동시에 이를 위반하면 5년 이상의 징역에 처할 것을 정하고 있다. 이와 같이 법 위반에 대한 강제규범으로서의 형벌을 가함으로써 법으로 실효성을 갖게 된다.

실효성을 보장하는 것은 국가이지 사인이 아니다. 고대에는 사적복수가 가능하였지만 근대에 들어와서는 금지되고 있다. Kant는 '대등보복은 정의의 실현이다.'라고 하고 있지만, 이렇게 되면 국가권력의 존재 자체가 무의미하게 되며, 오히려 국가가 약육강식이라는 혼란에 빠지게 된다. 다만 특별한 경우 예외적으로 자력구제, 정당방위 등의 형태로는 가능하다.

3. 타당성과 실효성의 관계

법이 실질적 효력을 갖기 위해서는 규범적 타당성과 실효성을 동시에 가져야 한다. 이 가운데 하나라도 결여되면 실정법으로서의 가치를 상실하게 된다. 즉 법이 타당성은 있으나 실효성이 없으면 '사문화死文化'될 것이고, 이와 반대로 실효성은 있으나 타당성이 없으면 '악법惡法'에 지나지 않게 된다. 이렇게 되면 국민들의 저항에 부딪히게 된다.

제3절 악법의 문제

타당성이 없는 법이 실효성을 가질 때 이를 악법이라고 한다. 이에 대하여서는 다음의 세 가지 문제가 있다. 즉 '악법이란 무엇인가?', '악법도 법인가?', '국민은 악법에 대하여 어떠한 행동을 하여야 하는가'이다.

1. 악법이란 무엇인가

악법이 무엇인가에 대한 문제는 법의 가치기준에 속하는 법철학상의 근본문제로서 객관적으로 보편타당한 기준을 정하는 것은 쉽지 않다. 그러나 대체로 그 시대나 상황에 따른 보편적인 법이념에 비추어 판단하고 있다. 대체적으로 그 시대나 상황에 따라서 법의 목적에 어긋나는 법을 악법으로 보고 있다. 자연법론자들은 자연법에 합치되지 않는 법은 악법으로 보고 있다. 기본적 인권의 보장을 최대 이념으로 하는 현대에서는 특히 인권을 침해하는 법률을 악법으로 보고 있다.

2. 악법도 법인가

로마법 이후 '악법도 법이다.'라는 법언이 있다. 이 말은 법의 타당성이 절대적이지 않다는 것을 의미한다. 따라서 악법도 폐지될 때까지는 지켜져야 한다. 그러나 '악법도 법이다'라고 하여 부정한 법에 무조건 복종을 강요한다면 극단적으로 전제주의로 빠질 염려가 있으며, 단순히 개인적·주관적으로 악법이라고 단정하여 법의 준수를 거부한다면 결국 무정부주의로 빠질 것이다. 특히 법실증주의자들은 법의 타당성보다는 법적 안정성을 중요시하여 악법도 법이라고 하고 있다. 그러나 자연법주의자들은 악법은 타당성이 결여되어 있기 때문에 지키지 않아도 된다고 하고 있다.

3. 악법에 대한 국민의 태도

악법에 대하여 국민들은 복종해야 해야 할지, 저항해야 할지 판단하기 쉽지 않다. 많은 사람들이 악법으로 생명을 잃었다. 대표적으로 Socrates 사망, 나치정권의 유태인 학살 등을 들 수 있다. 앞서 본 바와 같이 실증주의자와 자연법주의자들의 생각이 다르지만, 일반적으로 타당성이 없는 악법에 대하여는 폭력적인 행동을 통한 저항보다는 먼저 민주주의를 위한 국민적 자세와 책임 있는 비판정신이 필요하다고 본다. 이렇게 비판을 통해 악법의 폐지를 주장해도 국민들의 요구가 받아들여지지 않으면 저항권의 행사도 옳다고 본다. 예컨대, 1960년에 일어난 4.19, 1987년에 일어난 6.29 항쟁이 대표적이다. 또한 Radbruch는 나치정권의 독재를 체험한 후 '악법에 복종하는 것은 범죄행위'라고 하였고, Jaspers1883~1969[27]는 '나치정권의 악법에 복종한 독일군 전체가 전범자'라고 하였다. 이는 법의 실효성보다는 타당성을 중요시하여 악법에 대한 저항권을 강조한 것이다.

제4절 법의 형식적 효력

1. 법의 시간적 효력

1-1. 법의 시행과 폐지

법은 시행일로부터 폐지일까지만 효력이 있다. 이를 법의 시행기간이라 한다. 관습법은 성립과 동시에 효력을 가지나 실정법은 시행에 앞서 국민에게 널리 알리기 위하여 공포를 해야 한다. 실정법의 경우 공포일로부터 시행일까지의 기간을 주지周知기간이라 한다. 법률은 특별한 규정이 없으면 공포한 날로부터 20일을 경과함으로써 효력을 발생한다헌법 제53조

27) 실존철학의 대표자로서, 아내가 유대인이라는 이유로 교수직을 박탈당했으며, 1945년 미군의 하이델베르크 점령으로 교수직에 복귀하여 대학 재흥에 힘썼으며, 또한 전쟁 중에 독일인들이 범한 죄를 반성한 '죄의 문제'를 강의했다.

7항.

법의 폐지란 법이 그 효력을 잃는 것으로 이에는 목적사항의 소멸, 신법에서 구법의 일부, 전부를 폐지한다고 명시할 경우에 하는 명시적 폐지와 기존의 법령과 모순·저촉되는 신법의 제정에 의한 묵시적 폐지가 있다. 후법우선의 원칙, 특별법우선의 원칙, 상위법우선의 원칙 등에 의하여 구법, 일반법, 하위법의 동일사항은 적용되지 않는 것을 묵시적 폐지라고 한다.

1-2. 법률불소급의 원칙

법률불소급의 원칙은 모든 법률은 행위 시의 법률을 적용하고, 사후입법事後立法으로 소급해서 적용할 수 없다는 원칙을 말한다. 이 원칙은 모든 법률에 공통된 원칙이지만, 주로 형법에서 문제된다. 즉 죄형법정주의의 파생원칙의 하나로서 '형법불소급의 원칙' 또는 '소급입법금지의 원칙'이라고도 하고, 영미법에서는 '사후입법의 금지'라고도 한다.

헌법 제13조는, "모든 국민은 행위 시의 법률에 의하여 범죄를 구성하지 아니하는 행위로 소추訴追되지 아니하며…, 모든 국민은 소급입법에 의하여 참정권의 제한 또는 재산권의 박탈을 받지 아니한다, 모든 국민은 자기의 행위가 아닌 친족의 행위로 인하여 불이익한 처우를 받지 아니 한다."라고 규정하여 이 원칙을 보장하고 있다. 또한 형법 제1조 1항에서도 "범죄의 성립과 처벌은 행위 시의 법률에 의한다."라고 규정하여 형법상의 기본원칙으로 하고 있다.

하지만 이 원칙은 사회의 실정, 국민의 정의, 형평관념에 부합될 때는 예외를 인정하는 경우가 있다.[28] 이 원칙의 파생원칙으로 사후법제정금지의 원칙과 기득권존중의 원칙이 있다. 그러나 이 원칙은 절차법인 소송법에는 적용되지 아니한다.

1-3. 경과규정

구법 사항이 신법과 같이 진행될 경우 어떤 것을 적용할 것인가에 대하여 그 법령의 부칙 또는 시행법령의 특별한 경과규정을 두는 것을 말한다. 예컨대, 민법부칙 제4조에서는 "이

---

28) 범죄 후 법률의 변경에 의하여 그 행위가 범죄를 구성하지 아니하거나 형이 구법보다 경한 때에는 신법에 의한다(형법 제1조 2항). 재판확정 후 법률의 변경에 의하여 그 행위가 범죄를 구성하지 아니하는 때에는 형의 집행을 면제한다(형법 제1조 3항). 외교특권: 외교사절(대사, 공사, 특사, 전권대사 등)이 그 주재국에서 가지는 특권과 면제이다. 이는 국제관습에 따른 것으로 주재국의 재판권, 경찰권, 과세권의 면제를 내용으로 하는 치외법권과 외교사절의 신체와 명예, 공관 외교문서와 통신의 불가침을 내용으로 하는 불가침권 등이 있다.

법 시행 전의 혼인에 종전의 규정에 의하여 혼인의 무효 또는 취소의 원인이 되는 사유가 있는 경우에도 이 법의 규정에 의하여 혼인의 무효 또는 취소의 원인이 되지 아니하는 경우에는 이 법 시행 후에는 혼인의 무효를 주장하거나 취소를 청구하지 못한다."라고 규정하고 있다.

2. 법의 장소적 효력

한 나라의 법은 원칙적으로 그 국가의 주권이 미치는 모든 영역에 걸쳐 적용된다. 그러나 지방자치단체의 조례, 규칙 또는 도시계획처럼 특정한 지역에만 적용되는 경우, 외국점령지, 조차지 등에서 그 적용이 제한되는 경우가 있고 자국의 선박, 항공기 등은 공해상은 물론 타국의 영역 내에서도 자국법이 적용된다.

3. 법의 대인적 효력

3-1. 원칙

법이 어떠한 범위의 사람에게 적용되는가의 문제로 속지주의와 속인주의가 있다. 속지주의屬地主義는 영토고권에 의해 자국의 영토 내에 거주하는 한 국적을 불문하고 자국법을 적용하는 것이고, 속인주의는 대인고권에 의해 자국의 국적을 가지는 한 그 소재지를 불문하고 자국법을 적용하는 것으로 국적주의라고도 한다. 속인주의屬人主義는 속지주의만을 고집할 경우 자국의 영역 외에서 발생한 범죄에 대해서는 자국의 형법을 적용할 수 없다는 문제점을 해결하기 위해 나타난 것이다. 현행 형법에서도 "본법은 대한민국의 영역 외에서 죄를 범한 내국인에게 적용한다."라고 하여 속인주의를 명문화하고 있다.

헌법상 규정된 대한민국의 영토는 한반도와 그 부속도서로서 북한도 대한민국의 영토에 해당하므로 북한 주민도 대한민국의 국민에 해당하는가의 문제가 발생하지만 북한이 형법의 적용범위에 해당하지 않는 이상 북한 주민은 대한민국 국민이라고 할 수 없다.

역사적으로 속인주의에서 속지주의로 변천해 왔으며 오늘날 국제사회에서 영토의 상호

존중과 상호평등원칙이 적용되므로 속지주의가 원칙이며 예외적으로 속인주의가 가미된다. 형법 제5조는 내란죄, 외환죄, 국기에 대한 죄, 통화에 관한 죄, 유가증권, 우표, 인지에 관한 죄 등 일정한 범죄에 대하여는 대한민국의 영역 밖에서 그 죄를 범한 외국인에 대하여도 대한민국형법을 적용하고 있다.

3-2. 예외

(1) 대통령과 국회의원

대통령은 내란 또는 외환의 죄를 범한 경우를 제외하고는 재직 중 형사상의 소추를 받지 아니하며헌법 제84조, 국회의원은 현행범인인 경우를 제외하고는 회기 중 국회의 동의 없이 체포 또는 구금되지 아니하며, 국회의원이 회기 전에 체포 또는 구금된 때에는 현행범인이 아닌 한 국회의 요구가 있으면 회기 중 석방된다헌법 제44조. 또한 국회의원은 국회에서 직무상 행한 발언과 표결에 관하여 국회 외에서 책임을 지지 아니한다헌법 제45조.

(2) 치외법권자[29]

외국의 원수와 그 가족 및 수행원, 외교사절ambassador, minster 등[30] 과 그 가족 및 수행원, 국제기구의 직원, 군함의 승무원 등이다. 문제는 영사領事, consul도 치외법권자에 해당하는지가 문제이다. 영사는 외국에서 자기 나라의 통상과 국민의 보호를 담당하는 공무원으로서 본국에서 파견되는 파견영사와 그 나라에서 거주하는 사람 중에 선임되는 명예영사가 있다. 영사는 총영사, 영사, 부영사 3종류로 나뉘며, 영사는 외교사절이 아니다.

---

29) 외교사절(대사, 공사, 특사, 전권대사 등)이 그 주재국에서 가지는 특권과 면제이다. 이는 국제관습에 따른 것으로 주재국의 재판권, 경찰권, 과세권의 면제를 내용으로 하는 치외법권과 외교사절의 신체와 명예, 공관 외교문서와 통신의 불가침을 내용으로 하는 불가침권 등이 있다.

30) 1961년의 '외교관계에 관한 빈협약'에서는 외교사절의 계급을 ① 국가원수에 대하여 파견된 대사, 로마교황대사 및 이와 동등한 지위를 가지는 기타 사절단의장 ② 국가원수에 대하여 파견되는 공사 및 로마교황공사 ③ 외무부장관에 대하여 파견되는 대리공사의 3계급으로 구분하였다.

제6장

권리와 의무

제1절 법률관계

1. 법률관계의 의의

사람은 다른 사람과 서로 유대 관계를 맺으면서 생활을 하고 있다. 이러한 유대 관계는 사회에서 생활관계로 나타난다. 이러한 생활관계 중에 법에 의하여 규율되는 것을 법률관계라고 한다. 즉 법률관계는 법률이 규율하는 사람과 사람 간의 행위 관계를 말한다. 법률관계는 행위 관계의 종류에 따라 자연적인 친자·부부관계와 인위적인 재산 관계로 나눌 수 있다. 또한 인위적인 것에도 일시적인 매매관계와 예속적인 고용관계·회사관계가 있다.

대부분 사람과 사람과의 법률관계는 당사자 측에서 본다면 대개는 권리·의무관계로 나타난다. 가장 단순한 유형은 갑甲과 을乙이 채권 채무관계를 가지는 단일한 법률관계이다. 그러나 매도인과 매수인 사이의 권리·의무관계처럼 대부분 복합적인 법률관계가 많다.

2. 호의관계好意關係와의 구분

호의관계好意關係란 법적으로 구속받으려는 의사 없이 행하여진 생활관계를 말한다. 호의관계는 법률관계와 구별되는 생활관계로 원칙적으로 법률문제가 생기지는 않는다. 호의관계에 수반하여 손해가 발생하는 경우, 법률의 문제로 발전될 수 있다. 예컨대, 호의로 자동차를 무료로 태워 주고 가다가 과실로 사고가 나 탄 사람이 상해를 입거나 사망한 경우가 이에 해당한다. 이 경우 피해자의 강제이행청구권은 인정되지 않는다. 다만 호의동승에 의해 차량 운행 시 교통사고의 원인이 운전자뿐만 아니라 동승자에게도 과실이 있는 경우 동승자의 과실만큼은 손해배상 청구액이 상계된다. 이러한 점에서 법률관계와 구별된다.

3. 법률관계의 변천

사회의 변천, 발전과 함께 법률관계의 내용도 변화하여 왔다. 즉 중세봉건사회에 있어서는 지배·복종의 관계가 형성되었으나, 근대에 들어와서는 자유와 평등 관계로 변화되어 법률관계도 권리본위로 전환하였다.

그러나 20세기에 들어오면서 복지국가이념이 대두되면서 권리보다는 의무 쪽이 다시 강조되게 되었다. '소유권은 의무를 수반한다'는 바이마르 헌법 제11조도 이를 잘 대변해 준다.

제2절 권리

1. 권리의 개념

권리Recht는 법익을 향수하게 하기 위하여 법이 허용하는 힘이다. 독일어의 Recht는 법과 권리의 두 가지 의미를 가진다. '법'을 가리키는 데는 Recht를 사용하고, '권리'를 가리키는 데는 주관적 의미의 Recht를 사용한다.

2. 권리의 본질

권리의 본질이 무엇인가에 관해서는 의사설, 이익설, 법력설, 권리부인설 등이 있다.

2-1. 의사설

권리의 본체는 의사이며, 의사의 힘 혹은 의사의 지배가 권리의 본질이라고 한다. 그러나 이 설에 의하면 의사가 없는 유아나 정신병자 등은 권리를 갖지 못하는 결함이 있다.

2-2. 이익설

이익이 권리의 본질이며 법에 의해 보호되는 이익이 권리의 본체라고 한다. 의사설에 대한 비판으로 Jhering에 의하여 제창되었다. 이 설에 의하면 친권과 같이 권리자에게 아무런 이익을 주지 않는 권리는 권리가 아닌 것으로 되는 데, 반사적 이익은 사람에게 이익을 주는 이상 권리에 속한다고 하므로 서로 모순을 초래한다는 비판을 받고 있다.

2-3. 법력설

법력설에서는 권리를 특정의 이익을 누릴 수 있는 법률상의 힘이라고 한다. 이는 위의 의사설과 이익설을 종합하여 발전시킨 것이다. 이 설은 의사능력 없는 자도 권리의 주체가 가능하고, 이익을 바로 권리로 보지 않고 이익을 향수하는 수단을 권리로 본다. 결국 이 설은 권리의 본질을 권리의 목적인 생활이익의 향수 내지 보호를 달성하기 위한 수단으로써 법에 의해 인정된 힘이라고 보는 것으로 현대의 지배적인 학설이다.

3. 권리와 구별되는 개념

3-1. 권한

권한이란 단체의 기관 또는 개인의 대리인이 법률상 또는 계약에 의하여 부여된 행위능력이나 그 범위를 말한다(예: 민법 제59조의 이사의 대표권, 국무총리의 권한).

3-2. 권능

권리에서 파생되는 개개의 기능을 권능이라 한다. 예컨대, 소유권자는 그 소유물에 대하여 사용·수익·처분을 할 수 있는데 이것이 바로 권능이다.

3-3. 권력

일정한 개인 또는 집단이 공익을 달성할 목적으로 다른 개인 또는 집단을 강제 또는 지배하는 힘을 가리킨다. 오늘날 권력은 헌법에 의하여 조직화된 국가권력이나 정치적 권력으로 나타난다.

3-4. 권원

어떤 법률적 또는 사실적 행위를 하는 것을 정당화시키는 법률상의 원인을 말한다. 예컨대, 지상권·임대차권 등을 근원으로 하여 타인의 물건을 정당하게 사용할 수 있는 경우가 대표적이다.

3-5. 반사적 이익

이는 법이 일정한 사실을 금지하거나 명하고 있는 결과, 어떤 사람이 저절로 받게 되는 이익으로 그 이익을 누리는 사람에게 법적인 힘이 부여된 것이 아니다. 따라서 영업허가를 받은 영업자가 받는 이익 또는 공원·도로 등을 자유로 사용할 수 있는 데서 오는 이익 등은 반사적 이익에 불과하다. 그러므로 이러한 허가를 제3자에게도 허가함으로써 관계인에게 불이익이 발생하였을 경우 또는 도로의 변경이나 폐지로 인하여 불이익을 받게 되는 경우라도 법적으로 자기의 이익을 주장할 수 없다.

4. 권리의 분류

법을 공법, 사법 및 사회법으로 분류하는 것과 대응하여 권리도 공권공법상의 권리, 사권사법상의 권리 및 사회권사회법상의 권리으로 분류할 수 있다.

4-1. 공권

공권이라 함은 공법상 부여된 권리를 말한다. 공권은 국내법상과 국제법상의 공권으로 나누어진다.

(1) 국내법상의 공권

① 국가적 공권

국가나 공공단체가 가지는 공법인으로서 그 자체의 존립을 위하여 가지는 권리와 국민에 대하여 가지는 권리를 말한다. 이는 작용에 따라 입법권, 행정권, 사법권으로 나누어지고, 그 목적에 따라 재정권, 형벌권, 군정권, 경찰권 등으로 나누어지며, 그 내용에 따라 강제권, 명령권, 형성권 등으로 나누어진다.

② 개인적 공권

국민이 국가나 공공단체에 대하여 가지는 권리로서 참정권, 수익권, 자유권 등이 있다.

(2) 국제법상의 공권

일반 국제법에 의해 독립적인 법주체로서의 국가에 인정되는 권리를 말한다. 독립권, 평등권, 국내문제에 타국의 간섭을 받지 않을 권리, 자위권 등이 있고, 그 외에 개별조약에 의한 것도 있다.

4-2. 사권

사법에 의해 인정되는 권리로서 다음과 같이 나누어진다.

(1) **내용에 따른 분류**생활이익을 기준

① 재산권

금전으로 평가될 수 있는 경제적 이익을 내용으로 하는 권리로서 일신전속적인 것이 원칙이다(예: 물권, 채권, 무체재산권 등).

② 가족권

친족관계에서 발생하는 신분적 이익을 내용으로 하는 권리친권, 부양청구권, 상속권 등로서 양도 또는 타인의 대리행사가 허용되지 아니한다.

③ 인격권

권리자의 생명·신체·자유·정조·성명 등을 목적으로 하는 사권私權이다. 민법은 타인의 신체·자유·명예를 침해하면 불법행위를 구성한다고 규정751조함으로써 소극적으로 그 보호를 규정할 뿐이다. 그 이상의 규정은 없으나, 그 밖의 다른 인격적 이익도 이를 침해하면 불법행위가 성립한다. 예컨대, 타인의 성명이나 초상의 무단사용, 정소의 침해, 생활방해 등도 불법행위가 되는 것과 같다. 입법례에 따라서는 일반적으로 인격권을 인정하고, 타인의 침해에 대한 보호를 규정하는 예도 있다(예: 스위스 민법 등).

④ 사원권

사단법인의 사원인 자격에서 그 법인에 대하여 갖는 권리를 말한다(예: 의결권, 소수사원권, 업무집행권, 감독권, 시설이용권, 이익배당청구권 등).

(2) **작용에 의한 분류**법률상의 힘의 정도에 따른 분류

① 지배권

권리의 객체를 직접적, 배타적으로 지배할 수 있는 권리를 말한다(예: 물권, 무체재산권, 친권 등).

② 청구권

타인에 대하여 일정한 급부 또는 행위를 요구하는 권리를 말한다(예: 채권, 부양청구권 등).

③ 형성권

권리자의 일방적인 의사표시에 의하여 일정한 법적 효과를 발생케 하는 권리를 말한다(예: 취소권, 해제권, 추인권 등).

④ 항변권

청구권의 행사에 대하여 급부를 거절할 수 있는 권리를 말한다(예: 보증인의 최고 및 검색의 항변권, 동시이행의 항변권 등).

(3) 사회권

국민이 인간다운 생활을 확보하기 위하여 필요한 일정한 국가적 배려를 요구할 수 있는 권리를 말한다. 사회법이 공법과 사법을 혼합한 성질을 가지고 있으므로 사회법에 의해 선정되는 사회권도 공권과 사권을 혼합한 성질을 가진다.

헌법상의 인간다운 생활을 할 권리, 교육을 받을 권리, 근로의 권리, 노동자의 단결권, 단체교섭권, 단체행동권 등의 권리는 공권이나 그것이 개별적인 법령에 의해 구체화될 때에는 공권과 사권이 혼합된 각종의 사회권이 된다.

5. 권리행사와 의무의 이행

5-1. 권리의 행사

권리의 내용을 그 권리의 주체를 위하여 직접 실현하는 것을 말하며, 넓은 의미로는 권리를 처분하는 것도 포함한다. 권리의 행사는 신의성실에 좇아, 그 권리를 남용하여서는 안된다민법 제2조. 또 권리의 행사는 주체는 물론, 대리인이나 관리인 등 타인에 의해서도 행해진다. 권리행사의 형태는 그 권리의 내용에 따라 지배권물권의 경우는 사실행위, 청구권채권의 경우는 급부요구와 수령행위, 형성권의 경우는 의사표시이다.

5-2. 권리남용금지의 원칙

권리는 남용하지 못한다민법 제2조 2항. 권리는 사회공동생활의 향상 발전을 위하여 인정되는 것이므로 그 행사는 신의성실에 좇아서 행해져야 하고 그렇지 않을 경우에는 불법한 것으로서 금지되어야 한다는 원칙이다. 권리자유의 원칙을 근본적으로 수정하는 진정한 권리남용금지가 확립된 것은 권리의 공공성·사회성이 인정되면서부터이다. 즉 권리자의 주관적 의사방해의 의사나 목적를 표준으로 하는 '시카아네Schikane금지[31]'의 법리와는 달리 객관적 입장에서 권리가 본래의 사회적 목적을 벗어난 행사가 있었는지 여부를 표준으로 권리남용을 인정할 수 있게 되었기 때문이다.

대법원판결 **권리남용**

甲은 노령의 병든 아버지를 두고 혼자만 외국으로 이민을 갔다. 그리고 한국에서 자신의 집에 살고 있는 아버지와 아버지를 간호하는 남동생이 마땅히 따로 거처할 곳이 없는 상황에서 아버지와 남동생을 상대로 주택의 명도 및 퇴거를 요구하는 소송을 제기했다. 이 소송에서, 대법원은 "甲의 권리 행사는 인륜에 반하는 행위로 권리남용에 해당한다"라며 甲의 청구를 기각한다고 판결했다(대법원 1998. 6. 12. 96다52670).

5-3. 신의성실의 원칙

신의성실이란 사회공동생활의 일원으로서 상대방의 신뢰를 헛되이 하지 않도록 성의를 가지고 행동하는 것을 말한다. 민법 제2조 1항은 "권리의 행사와 의무의 이행은 신의에 좇아 성실히 하여야 한다"고 규정하고 있다. 이 원칙은 민법 제2조 2항의 '권리남용금지의 원칙'과 함께 우리 민법의 기본원리로서 권리행사 자유의 한계를 정한 것으로 보고 있고, 민법을 포함한 사법영역은 물론 사회법에도 적용되며, 민사소송법·행정법·세법 등 공법분야에도 적용된다.

한편 이 원칙은 로마법에서 기원하였으며 특히 당사자의 신뢰관계를 기반으로 하는 채권법의 영역에서 채권행사와 채무이행에서 발생·발전한 법리이다. 근대사법에 있어서는 프랑스민법에서 처음으로 규정하였다. 공공의 질서와 선량한 풍속의 내용을 정하는 데에도 신의성실의 원칙을 적용한다. 권리의 행사가 신의성실에 반하는 경우에는 권리남용權利濫用이 되는 것이 보통이며, 의무의 이행이 신의성실에 반하는 경우에는 의무이행의 책임을 지게 된다. 신의나 성실의 구체적인 내용은 때나 장소가 변함에 따라 변화하는 것으로 결국 그 사

---

31) 권리자가 자기에게는 아무런 이익이 없는 데도 오로지 타인을 해칠 목적으로 권리를 행사하는 것을 말한다. 로마법 이후로 금지되었고, 독일 민법도 '시카아네 금지'의 규정이 있다.

회의 상식이나 일반통념에 따라 결정된다. 따라서 금반언의 원칙, 사정변경의 원칙, 실효의 원칙과 같은 원칙이 파생된다. 그 중심은 권리의 공공성·사회성을 존중하려고 하는 데 있다.

(1) 파생원칙

① 금반언禁反言의 원칙

자신의 선행행위에 모순되는 행위는 허용되지 않는 것으로서 영미법에서는 에스토펠estoppel의 원칙이라고 한다. 우리 민법 제452조에서 이 법리를 명문으로 규정하고 있다. 즉 민법 제452조는 "양도인이 채무자에게 채권양도를 통지한 때에는 아직 양도하지 아니하였거나 그 양도가 무효인 경우에도 선의인 채무자는 양수인에게 대항할 수 있는 사유로 양도인에게 대항할 수 있다."라고 하고 있다.

대법원은 "사용자로부터 해고된 근로자가 퇴직금 등을 수령하면서 아무런 이의의 유보나 조건을 제기하지 않았다면 해고의 효력을 인정하지 아니하고 이를 다투고 있었다고 볼 수 있는 객관적인 사정이 있다거나 그 외에 상당한 이유가 있는 상황하에서 이를 수령하는 등의 특별한 사정이 없는 한 그 해고의 효력을 인정하였다고 할 것이고, 따라서 그로부터 오랜 기간이 지난 후에 그 해고의 효력을 다투는 소를 제기하는 것은 신의칙이나 금반언의 원칙에 위배되어 허용될 수 없다."라고 하여 금반언의 원칙을 인용하고 있다.[32]

② 사정변경의 원칙

계약체결 당시의 사회적 사정이 변경되면 계약은 그 구속력을 잃는다고 하는 원칙이다. 일단 계약을 한 이상 이것을 당연히 지켜야 한다. 그러나 어떤 경우를 막론하고 계약을 지키라고 한다면 때로는 신의공평에 반하는 부당한 결과가 발생할 수도 있다. 이와 같이 첫째, 당사자의 책임 없는 사유인플레 등, 둘째, 계약 당시에는 당사자가 미처 예상할 수도 없었던 것, 셋째, 현저한 사정의 변경이 발생하였을 경우에는 신의·공평의 견지에서 계약내용을 개정하던가지대의 증액 등. 만약에 그것이 불가능할 때는 계약의 해제를 인정해야 한다는 것이다.

법문상 일반적으로 이 원칙을 승인한 규정은 없지만 학설상 주장되고 있으며 판례에도 이 원칙을 적용한 것이 있다. 그러나 계약의 변경을 안이하게 인정하게 되면 거래계去來界는

32) 대법원 2000. 4. 25. 선고 99다34475 판결

혼란에 빠질 우려가 있기 때문에 이 원칙은 구체적 사정에 따라 신축성 있게 해석해야 할 것이다.

③ 실효의 원칙

권리자가 그의 권리를 장기간 행사하지 않았고, 그로 인하여 상대방이 권리자가 권리를 행사하지 않을 것으로 믿을 만한 정당한 사유가 있는 경우에, 권리자가 새삼스럽게 권리를 행사하는 것이 신의칙에 반한다고 인정되는 때에는 그 권리의 행사는 권리남용으로 되어 허용되지 않는다는 원칙이다.

권리의 행사여부는 권리자의 임의에 맡기고 어떠한 강제도 따르지 않음이 원칙이다. 다만 일정한 기간 권리를 행사하지 않으면 소멸시효에 의해 권리 그 자체가 소멸하는 경우가 있다.

또 권리의 행사는 법이 설정한 한계 내에서 해야 하며, 사회성에 반하는 경우에는 권리의 행사를 제한하게 된다.

(2) 적용한계

행위무능력자 제도는 신의성실의 원칙에 우선하며, 강행법규는 신의성실의 원칙이 적용되지 않는다.

신의성실의 원칙

Q. 돈이 필요했던 미성년자 甲은 아버지 乙의 집을 몰래 丙에게 매매하였다. 매매대금을 주고 소유권이전 등기를 받으려던 丙은 이 집이 甲의 소유가 아님을 알게 되어, 甲의 아버지인 乙에게 계약의 이행을 최고하였다. 그러나 최고 이후에 乙은 사망하였고 甲이 乙의 재산을 상속받게 되었다. 집을 상속받은 甲은 계약의 이행을 하려고 보니 전에 매매했을 당시와 달리 해당 지역이 개발된다 해서 가격이 폭등한 사실을 알게 되어, 사망한 아버지 乙의 입장으로서 매매계약의 추인을 거절하려고 한다. 가능한가?

A. 불가능하다. 왜냐하면 상속재산뿐만 아니라 권리능력도 포괄적으로 이전이 되므로 乙의 추인·거절 권한도 있다고 봐야 하지만 이를 그대로 적용하면 자신이 팔아 놓고 입장이 달라지자 안 팔겠다고 하는 것은 모순됨으로 신의성실에 반하여 안 된다. 그런데 만약 위 예에서 甲이 미성년자라면 가능하다. 왜냐하면 신의성실의 원칙은 행위무능력자에게는 적용되지 않기 때문이다.

제3절 의무

1. 의무의 개념

의무란 권리자의 권리에 대비되는 개념으로 자기의사여하에 불구하고 일정한 행위행위 또는 부작위를 강제당하는 법률상의 구속을 말한다. 의무에는 적극적으로 일정한 행위를 하여야 할 작위의무, 일정한 행위를 하지 아니하여야 할 부작위의무, 다른 사람이 하는 일정한 행위를 승인해야 할 수인의무 등이 있다.

보통 국민의 의무로 4대 의무라고 부른다. 여기에는 고전적 의무로 국방의 의무와 납세의 의무가 있고, 사회에 대한 의무사회적 의무로 교육의 의무와 근로의 의무가 있다. 준법의 의무를 추가해서 5대 의무라는 의견도 있다.

2. 의무의 본질

의무의 본질에 관해서는 의사의 구속력이라고 하는 의사설, 법률상의 책임이라고 하는 책임설, 일정한 행위 또는 부작위를 하여야 할 법적 구속력이라고 하는 법적 구속력설 등의 대립이 있으나 법적 구속력설이 통설이고 타당하다. 즉 의사설에 의하면 의사무능력자가 의무를 지는 것을 설명할 수 없으며, 책임설에 대해서는 책임은 의무 위반에 의하여 일정한 제재를 받을 수 있는 바탕을 말하며 의무 자체와는 다르다는 점에서 난점이 있다.

따라서 의무에는 책임이 따르는 것이 보통이나 소멸시효완성 후의 채무이른바 자연채무와 같이 의무에 책임이 따르지 않는 것도 있다. 예컨대, 타인에게 돈을 빌려 10년이 지나면 소멸시효가 완성되어 갚지 않아도 된다. 이 경우 채무자가 돈을 갚지 않아도 책임이 따르지 않는다.

3. 의무의 종류

3-1. 공의무

공법에 의해 받은 의사의 구속으로서 국가의 공의무와 사인의 공의무로 나눌 수 있다. 특히 헌법상 규정된 사인의 공의무에는 교육, 근로, 납세, 병역의 의무 등이 있다.

3-2. 사법상의 의무

사법관계에 의해 받는 의무로서 사인상호간에 성립하는 것이 보통이나 국가 또는 공공단체가 사인과 대등한 지위에서 법률행위를 하는 경우에도 성립한다. 예컨대, 채권에 대한 채무와 같은 재산법상의 의무와 부부간의 동거의무와 신분법상의 의무가 있다.

3-3. 사회법의 의무

사회법상의 권리에 대응하는 의무로서 국가가 부담하는 것과 노동법상 사용자와 근로자가 부담하는 의무가 있다. 국가의 의무로는 국가의 사회보장증진의무, 생활 무능력자 보호의무, 근로자의 고용증진의무 등이 있다. 사용자의 의무로는 취업규칙 작성·신고 의무, 의견청취의무 등이 있고, 근로자는 근로의무, 비밀유지의무, 경업피지의무, 수뢰금지의무 등이 있다.

4. 권리와 의무

권리와 의무는 마치 하나의 물건의 양면처럼 서로 대응하는 것이 보통이다(예: 채권과 채무). 그러나 권리가 대응하지 않는 의무(예: 법인의 등기의무, 납세, 국방의 의무)도 있고, 의무가 대응하지 않는 권리(예: 취소권, 해제권, 동의권, 추인권, 형성권)도 있다.

5. 의무의 이행

의무는 반드시 이행하여야 하며 의무불이행의 경우에는 이행이 강제되거나민법 제389조 손해배상민법 제390조 또는 형법상의 처벌형법 제271조을 받게 된다. 의무이행에 있어서도 신의성실이 요구되며민법 제2조 신의성실에 위반한 의무이행도 의무불이행이 된다.

제4절 권리 · 의무의 주체와 객체

1. 권리·의무의 주체

권리를 가지며, 의무를 질 수 있는 자를 권리·의무의 주체라고 하며 권리 · 의무의 주체가 될 수 있는 자격을 법적 인격 혹은 권리능력·의무능력이라고 한다.

1-1. 자연인

민법 제3조에 의하여 모든 자연인은 출생과 동시에 권리능력이 인정된다. 그러나 공권은 일정한 범위 내의 자에게만 인정되는 경우가 많다.

1-2. 법인

사단이나 재단으로서 법에 의해 법적 자격이 인정된 것이 법인이다. 법인에는 사단법인과 재단법인이 있고, 공법인과 사법인, 영리법인과 공익법인 등으로 나눌 수 있다. 재단법인에는 공익법인만 인정된다.

2. 권리·의무의 객체

권리·의무의 객체란 권리·의무의 목적이 되는 것을 말한다. 객체에는 유체물과 무체물이 있다. 유체물은 형체가 존재하는 것으로 부동산과 동산이 대표적이고, 무체물은 형체가 없는 것으로 생명, 자유행위 또는 권리 등이 대표적이다.

3. 권리능력과 행위능력

3-1. 권리능력

권리능력은 자연인自然人과 법인法人에 대하여 인정된다. 자연인은 생존하는 동안 권리와 의무의 주체가 된다민법 제3조. 사람은 출생으로 권리능력을 취득한다. 출생의 시점에 관하여는 태아胎兒가 모체母體로부터 전부 노출된 시기를 기준으로 하는 데에 이론異論이 없다. 다만 태아는 사인증여死因贈與:민법 제562조, 불법행위로 인한 손해배상청구권민법 제762조, 재산상속민법 제1000조, 대습상속代襲相續:민법 제1001조, 유증遺贈:민법 제1064조 등의 경우에는 출생한 것으로 본다. 사람은 사망으로 권리능력을 상실한다. 사망은 호흡과 혈액순환의 영구적 정지를 말하지만, 뇌사腦死의 문제가 있다. 법인은 특별한 규정이 없는 한 일정한 설립절차를 거쳐서 주된 사무소의 소재지에서 설립등기設立登記를 함으로써 권리능력을 취득한다민법 제33조. 법인의 권리능력에는 제한이 따른다. 법인은 성질상 재산권뿐만 아니라 성명권·명예권·신용권과 같은 인격권을 가질 수 있으나, 생명권·신체권·가족권 등은 가질 수 없다.

3-2. 행위능력

행위능력이 없는 자를 행위무능력자라고 한다. 사람은 출생하면 누구나 평등하게 권리능력을 가지고, 정상적인 성년은 모두 행위능력도 가진다. 그러나 미성년자·성년후견인·한정후견인은 행위무능력자로서 행위능력이 없거나 제한된다. 이처럼 행위무능력자제도를 두는 이유는, 사물의 판단능력이 불완전한 자는 재산적 법률행위를 하는 데에 불리한 경우가 많으므로 그들을 보호하려는 것이며, 또한 획일적인 무능력자제도를 둠으로써 행위무능력자의 상대방에게도 이에 대처할 수 있게 하기 위한 것이다.

제7장

법의 체계

제1절 서설

1. 의의

법의 체계란 일반적으로 법규범들을 논리적인 체계에 따라서 구체적으로 법률생활의 안전, 신속, 적정을 도모할 수 있도록 원활하게 형성하는 것을 의미한다. 법은 크게 국내법과 국제법, 성문법과 불문법, 입법법, 행정·사법법으로 나눌 수 있다. 국내법은 다시 공법, 사법, 사회법으로, 국제법은 조약과 국제관습법 등으로 다시 나눌 수 있다.

2. 국내법체계

국가를 단위로 구성되는 법체계를 통틀어 국내법체계라 한다. 국내법의 체계는 크게 자본주의적 법체계와 공산주의적 법체계의 대립된다. 국제사법 또는 섭외사법은 국내법의 일부로서, 통설은 공법도 사법도 아닌 제3종의 법으로 본다.

제2절 공법과 사법

1. 공법과 사법의 구별과 변천

공법과 사법의 구별은 로마법에서 시작되었다. 로마인들은 공적인 내용에 관한 것은 공법이고 개인의 이해관계에 관한 것은 사법이라고 보았다. 19세기 자유방임주의하에서는 사법의 영역이 확대되었다. 그러나 20세기 복지국가에서는 사적 자치의 제한으로 공법의 영역이 확대되었고, 중간적인 법의 영역으로 사회법이 등장하게 되었다.

대륙법계의 국가에서는 행정재판소와 사법 재판소의 관할권분배의 필요상 공법과 사법의 구별이 요구되었으나, 영미법계의 국가에서는 대륙법계와 같은 행정재판제도를 두지 않았으므로 그 구별의 필요성이 절실하지 않았다.

2. 공법, 사법의 구별기준

공법과 사법의 구별기준에 관해서는 크게 보아 다음 3가지 학설이 있다.

2-1. 주체설

법률관계의 주체에 착안하여, 공적 권력을 가진 자가 그 복종자에 대하는 수직선적 관계를 규율하는 법이 공법이고, 쌍방이 권력을 갖지 않고 대등한 당사자 간의 수평선적 관계를 규율하는 법이 사법이라고 한다.

그러나 이 설은 국가 기타 공공단체에 대해서는 왜 사인과 다른 취급을 하지 않으면 아니 되느냐하는 비판이 제기된다. 또한 국가 기타 공공단체와 사인 간의 법률관계는 보통 권력복종관계가 아니라 대등한 관계에서 이루어지므로 사법관계로 보아야 하는데 이 설에 의하면 공법관계로 보는 문제점이 있다.

2-2. 이익설

법이 보호하는 이익을 기준으로 하여, 공익을 보호하는 법이 공법이고, 사익을 보호하는 법이 사법이라고 한다. 그러나 법은 원래 국가, 사회생활에 관한 규범이기 때문에 한편으로는 공익을, 다른 한편으로는 사익을 동시에 보호하는 것을 목적으로 하므로 법이 보호하는 이익을 공익과 사익으로 구별하기 어렵다.

2-3. 법률관계설

법에 의해 규율되는 생활관계 그 자체에 구별의 표준을 두어, 불평등관계 또는 권력·복종관계를 규율하는 법을 공법이라 하고, 평등관계를 규율하는 법을 사법이라고 한다.

그러나 이 설에 의하면 국제법은 공법인데도 국가 간의 평등한 관계를 규율하는 것이기 때문에 사법으로 보는 모순이 생긴다. 또한 민법상 부모와 자를 규율하는 친족법은 사법인데도 이 설에 의하면 불평등한 관계를 규율하는 것이기 때문에 공법으로 간주되는 모순이 생긴다.

2-4. 생활관계설

이 설은 인간의 생활관계를 기준으로 하여 국민으로서의 국가생활관계를 규율하는 법을 공법이라 하고, 사인으로서의 사회생활관계를 규율하는 법을 사법이라고 한다.

이 설에 의하면 정치적 권력자로서의 지위에 있는 국가 기타 공공단체 상호 간 및 그들과 사인 간의 관계를 규율하는 법은 정치적 생활관계를 규율하는 것으로서 공법이고, 국가 기타 공공단체 상호 간 및 사인상호간의 관계를 규율하는 법은 사법이다. 이 설이 오늘날 가장 유력한 설이다.

제3절 기타의 법체계

1. 일반법과 특별법

이 구별은 법의 효력범위가 일반적인가 또는 특수적인가에 의한 분류로서, 대체로 일반법은 그 효력범위가 넓고 특별법은 비교적 좁은 효력범위를 갖는다. 특별법은 법 자체에 특별법이라는 용어가 있는 경우가 있지만 그렇지 않은 경우도 있다. 예컨대, 5·18민주화운동에 관한 특별법 등이 있고, 상법은 민법에 대한 특별법이다.

1-1. 사람을 표준으로 하는 구별

모든 국민에 대하여 효력이 미치는 법을 일반법이라 하고민법, 형법 등, 국민 중에서 어떤 특정한 직업이나 신분을 가진 사람에 한해서만 적용되는 법을 특별법이라 한다군형법, 공무원법, 소년법 등.

1-2. 장소를 표준으로 하는 구별

국토의 전반에 걸쳐 적용되는 법이 일반법이고헌법, 법률, 명령 등 국토 내의 한정된 일부 지역에만 적용되는 법이 특별법이다도의 조례, 규칙 등.

1-3. 사항을 표준으로 하는 구별

어떤 사항 전반에 걸쳐서 효력이 미치는 법이 일반법이고, 특정한 사항에 대해서만 효력을 갖는 법이 특별법이다민법에 대한 상법.

2. 강행법과 임의법

2-1. 의의

이 구별은 법의 효력이 강행적인가의 여부에 따른 것으로 당사자의 의사여하에 불구하고 적용되는 법이 강행법이고[33], 당사자의 의사표시에 의하여 그 적용을 배제할 수 있는 법이 임의법으로 주로 당사자의 의사를 보충하는 작용을 한다.

2-2. 양자의 구별

대체적으로 민법 및 상법과 같은 사법 분야에서는 임의법규가 많고, 이에 대하여 국가사회관계의 규율을 목적으로 하는 공법분야에서는 강행법규가 많다고 할 수 있으나 반드시 그러한 것은 아니다. 즉 민법 제185조의 물권법정주의, 상법 제33조의 상업 장부의 보존의무는 강행규정인데 반해, 민사소송법 제26조의 합의관할규정은 임의규정이다.

2-3. 구별방법

법규의 강행법성여부는 법조문에 명문화되는 경우도 있고 그렇지 않은 경우도 있다. 법조문에 명백히 나타나 있지 않은 경우에는 법규의 각 조항의 내용·성질·입법 정신 등을 종합적으로 검토하여 그 규정이 주로 공익을 위한 것이면 강행법규로, 주로 사익을 위한 것이면 임의법규로 보는 것이 통설이다. 대체적으로 '~하여야 한다'라는 문구가 있으면 강행법이고, '당사자의 특별한 의사표시가 없으면' 또는 '다른 의사표시가 없으면'이라는 문구가 있으면 임의법이다.

2-4. 구별의 실익

의사표시 기타의 행위가 임의법규의 내용과 상이한 때에는 유효하거나 또는 적어도 불법한 것이 되지 않는다. 그러나 강행법규에 반한 것인 경우에는 무효이거나 취소할 수 있고 또한 일정한 제재를 받게 된다.

33) 그러나 민법 제100조의 '종물은 주물의 처분에 따른다.'라는 규정은 임의법이다.

3. 실체법과 절차법

3-1. 실체법과 절차법의 의의

실체법은 권리와 의무의 실체로 형성된 것으로서, 권리 의무의 발생·변경·소멸·성질내용 및 범위 등을 규율하는 법이다헌법, 민법, 형법, 상법 등. 이에 반해, 절차법은 권리 의무를 실현하는 절차 등을 규율하는 법으로 수단적 기술적 성격을 가진다민사소송법, 형사소송법, 파산법, 부동산등기법 등.

3-2. 실체법과 절차법과의 관계

실체법은 절차법을 통하여 그 목적을 달성할 수가 있으므로 실체법이 목적인데 대하여 절차법은 수단이라 할 수 있다. 또 절차법을 형식법이라고 말하고, 다시 실체법을 주법, 절차법을 조법이라고도 한다.

4. 국내법과 국제법

4-1. 국제법의 의의

국제법은 국제관계를 규율하는 법이다. 원칙적으로 국가와 국가 간의 관계를 대상으로 하나 최근에는 국제기구 또는 조약상 권리의무가 부여되어 있는 개인이나 단체도 국제법에 의해 직접 규율을 받는 경우가 많다. 국제법에는 성문국제법인 조약과 불문의 국제관습법이 있다. 종전에는 후자가 차지하는 비율이 많았지만, 최근에는 차츰 성문화가 추진됨에 따라 입법조약도 증가추세에 있다.

그러나 국내법에 비해서 법의 효력을 강행하는 조직적 사회력이 약하고, 위반을 판정하는 재판기구나 국제법 위반에 의한 제제도 국내법에 비해 매우 약하고 불안정하여 국제법을 부인하는 견해도 있다.[34)]

34) 하지만 국제법은 약하기는 하나 법규범으로서의 강행성을 지니고 있으며, 국제사회가 발전함에 따라 국제연합 등의 단체 등을 통해서 범 규범성이 강해지고 있다.

4-2. 국내법과의 비교

(1) 법을 인정하는 주체

국제법은 다수의 국가에 의해서 인정되고 국내법은 한 국가에 의해서 인정된다.

(2) 법이 효력을 가지는 지역적 범위

국제법은 다수의 국가 간에 효력이 인정됨에 반해, 국내법은 효력을 인정한 국가 내에서 국가와 국민 또는 국민 상호간의 권리, 의무 관계에 효력을 가진다.

(3) 국제법과 국내법의 우위관계

국제법과 국내법의 관계에 관하여는 국내법 우위의 일원론, 국제법 우위의 일원론, 양자의 절대적 구별을 인정하는 이원론 등이 있으나, 우리나라 헌법 제5조는 양자의 동등성을 인정하고 있다.

4-3. 국제사법의 법적성격

국제사법은 국가 간의 상호관계를 규정하는 것이 아니라 한 국가 안에서의 국민과 외국인 간의 법률관계를 정하는 데에 자국법을 적용하는가 아니면 해당 외국인의 본국법을 적용하는가를 정하는 법이 대부분이므로 국제사법은 국내법이다.

5. 원칙법과 예외법

원칙법이란 어떤 사항에 대하여 일반적으로 적용되는 법이고[35], 예외법이란 원칙법의 예외를 정하는 법으로서 대개의 경우 법령 중의 단서가 여기에 해당한다.[36] 양자의 구별실익에 대해 예외법은 엄격히 해석해야 한다는 원칙 때문에 예외규정을 함부로 확장해석하는 것은 인정되지 않으며, 입증 책임에서도 원칙법의 경우는 원고의 부담이고 예외법의 경우는 피고의 부담으로 하는 것이 원칙이다.

---

35) 구민법 제811조 본문의 '여자는 혼인관계의 종료한 날로부터 6월을 경과하지 아니하면 혼인하지 못한다.'라는 규정은 원칙법의 예이다. 그러나 이 조항은 2005년 3월 폐지되었다.

36) 구민법 제811조의 단서인, '그러나 혼인관계의 종료 후 해산한 때에는 그러하지 아니한다.'라는 규정은 예외법이다.

제8장

법의 연원, 법원法源

제1절 서설

법의 연원 또는 법원source of law, 法源이란 말은 다양한 의미로 사용되고 있다. 즉 철학적으로는 법의 타당근거라는 뜻으로 사용되고 있고,[37] 형식적으로는 법의 존재형식이라는 의미로 사용되고 있다. 이외에도 법을 제정하는 힘, 법의 구성 재료, 법률지식의 획득 재료 등으로 사용되기도 한다. 오늘날 일반적으로 사용되고 있는 것은 법의 존재형식이다. 즉, 제정법, 판례법, 관습법과 같이 경험적으로 인식할 수 있는 존재형식을 말한다. 법의 존재형식을 법원으로 볼 때 크게 성문법과 불문법으로 나눌 수 있다.

우리나라는 대륙법계의 성문법주의를 원칙으로 하고 있는데, 헌법, 법률, 명령과 규칙, 자치법규, 조약 등이 그것이다. 법의 역사를 보면 불문법이 성문법보다 먼저 탄생하였다고 할 수 있다. 성문법과 불문법은 절대적인 구별은 아니며, 성문법과 불문법 중에서 어느 것에 더 큰 비중을 두느냐 하는 데 차이가 있을 뿐이다.

대체로 대륙법계에서는 성문법주의를 취하고 영미법계에서는 불문법주의를 취하는 것이 원칙이다. 하지만 영국과 미국에서도 많은 성문법을 제정하고 있다. 이들 국가는 보통법

37) 철학적 법원은 구속의 근원을 말하기 때문에 주장하는 자에 따라 그 내용이 다를 수 있다.

common law이라는 불문법을 기본으로 하면서 성문법을 보충하고 있다.

제2절 성문법

성문법written law은 문서의 형식을 갖춘 법을 말한다. 성문법은 또한 일정한 절차를 거쳐 일정한 형식으로 공포되는 것이 일반적이다. 따라서 국가 측면에서 보면 성문법은 모두 제정법이라 할 수 있다.

우리나라를 비롯한 대부분의 국가는 이 성문법을 법원으로 삼고 있다. 이러한 이유는 성문법을 장점을 보면 알 수 있다. 성문법의 장점은 법이 문서화되어 있기 때문에 그 내용이 명백할 뿐만 아니라, 국민에게 예측가능성과 법적 안정성을 준다는 것이다.

하지만 성문법도 법이 형식에 고정되어 있어 유동하는 사회변화에 적응하지 못하며, 법이면 된다는 법률만능의 폐단이 생길 우려가 있고 법이 너무 추상적이고 어려워 일반 국민들이 이해하기가 어렵다는 단점이 있다. 이러한 이유로 영미법계에서는 불문법을 원칙으로 하고 있다. 우리나라의 성문법에는 헌법·법률·조약·명령·규칙·자치법규 등이 있다.

불문법주의는 법이 문자로 고정되지 아니하여 변천하는 사회현실에 적응하기 쉽다는 장점이 있는 반면에, 국가의 법을 통일정비하기 어렵고 법질서의 안정성을 확보하기 곤란하며 법의 존재가 명확치 못하다는 단점이 있다.

1. 헌법

헌법은 국가최고기관의 조직과 작용, 국가기관 상호간의 관계, 국가와 국민의 관계에 관한 기본원칙을 정한 국가의 기본법이다. 따라서 헌법은 그 나라의 내용법원 중에서 최상에 위치하여 모든 하위법규의 근거, 기준 한계가 되는 법이다.

성문법의 형식을 갖춘 헌법을 성문헌법이라 하며, 대부분의 국가는 성문헌법을 가지고 있다. 그러나 영국과 같이 단일 헌법전을 가지고 있지 않는 불문헌법을 갖고 있는 국가도 있다. 이러한 불문헌법은 그 나라의 고유한 제도가 자연적으로 발달하여 관습법의 형태나 일반 법률의 형태로 존재하는 것을 말한다.

영국의 경우 비록 단일헌법전은 없으나, 마그나 카르타Magna Carta·권리청원법·인신보호법·권리장전·왕위계승법 등 많은 법령이 제정법statute 형태로 변모해 가는 추세에 있다. 미국의 헌법은 성문헌법으로서의 헌법전과 불문헌법으로서의 판례법을 포함하는 소위 헌법률을 의미한다.

우리나라의 경우 헌법재판소는 우리나라의 수도가 서울이라는 사실이 불문헌법을 형성하고 있어 수도를 이전하려면 헌법 개정에 준하는 절차를 밟아야 한다고 하고 있다.[38)]

우리나라 헌법은 1948년 7월 12일에 제정되고, 동년 7월 17일에 공포되어 시행되었다. 지금까지 9차에 걸쳐 개정되었다. 그 가운데 제3차 개헌 때만 의원내각세를 채택하였고, 그 외에는 모두 대통령제를 채택하였다.

구체적 개헌과정과 특징을 보면 다음과 같다. 제1차 개헌1952년 7월은 발췌개헌, 제2차 개헌1954년 11월 사사오입개헌, 제3차 개헌1960년 6월은 의원내각제 채택, 제4차 개헌1960년 11월은 반민주행위처벌특별법제정소급입법, 제5차 개헌1962년 12월은 대통령직선제, 제6차 개헌1969년 10월은 대통령의 삼선허용, 제7차 개헌1972년 12월 통일주체국민회의, 영도적 대통령제, 제8차 개헌1980년 10월 대통령간선제단임제, 제9차 개헌1987년 10월은 대통령직선제, 헌법재판소 신설이 주요 내용이다.

현행 헌법상의 개정절차는 다음과 같다. 즉 헌법 개정의 제안은 대통령 또는 국회의원재직의원 과반수의 찬성이 할 수 있다헌법 제128조. 제안된 헌법개정안은 20일 이상의 기간 동안 공고하여야 한다헌법 제129조. 헌법개정안은 공고한 날로부터 60일 이내에 국회의 의결재적의원 3분의 2 이상의 찬성을 거쳐, 국회의결 후 30일 이내에 국민투표에 의해 확정되면 대통령은 즉시 이를 공포하여야 한다헌법 제130조. 대통령 임기에 관한 개정은 당해대통령에게는 적용되지 아니한다.

---

38) 헌법재판소가 헌법 제130조에 따라 헌법 개정에 준하는 절차를 밟아야 한다고 결정을 내린 이상, 신행정수도 이전이 계획대로 추진되려면 정부는 대통령과 국회의 발의에 따라 국회의원 과반수 출석과 3분의 2 이상 찬성을 거쳐 국민투표를 실시해야 한다.

2. 법률

법률이란 실질적으로는 법을 말하나, 형식적으로는 국회의 의결을 거쳐 대통령이 서명·공포하여 제정된 법률을 말한다. 따라서 행정기관이나 사법기관에 의하여 정립된 명령·규칙과는 구별된다. 법률 형성과정을 보면 다음과 같다.

국회의원과 정부가 법률안을 제출하면헌법 第52조, 국회에서 재적의원 과반수의 출석과 출석의원 과반수의 찬성으로 의결한다헌법 第49조. 의원발의법률안은 발의자를 포함하여 10인 이상의 찬성으로 발의하며국회법 第79조 1항, 정부제출 법률안은 국무회의의 심의를 거쳐 대통령 명의로 제출하되 국무총리와 관계 국무위원이 부서하여야 한다헌법 第82조, 第89조.

국회에서 통과된 법률안은 정부에 이송되어 15일 이내에 대통령이 공포여부를 결정한다. 대통령은 법률안에 이의가 있을 때에는 15일 이내에 이의서를 붙여 국회로 환부하고, 그 재의를 요구할 수 있다.[39] 대통령은 법률안의 일부에 대하여 또는 법률안을 수정하여 재의를 요구할 수 없다.

대통령은 정부에 이송된 날로부터 15일 이내에 공포나 재의의 요구를 하지 아니하면 그 법률안은 법률로 확정된다. 재의의 요구가 있을 때에는 국회는 재의에 붙이고, 재적의원 과반수의 출석과 출석의원 3분의 2 이상의 찬성으로 전과 같은 의결을 하면 그 법률안은 법률로 확정된다. 대통령은 확정된 법률을 지체 없이 공포하여야 한다. 확정법률이 정부에 이송된 후 5일 이내에 대통령이 공포하지 아니할 때에는 국회의장이 이를 공포한다. 법률은 특별한 규정이 없는 한 공포한 날로부터 20일을 경과함으로써 효력을 발생한다헌법 第53조.

법률이 헌법에 위반되는 여부가 재판의 전제가 된 경우에는 법원은 헌법재판소에 제청하여 그 심판에 의하여 재판한다헌법 第107조 1항.

39) 이를 대통령의 거부권(right of veto)이라 한다. 거부권에는 환부거부와 보류거부가 있는데 우리나라에서는 환부거부만 인정된다.

3. 명령과 법규

3-1. 명령

명령은 국회의 의결을 거치지 않고 행정기관에 의하여 제정되는 성문법규이다. 따라서 법률보다 하위에 있는 법으로서 명령에 의하여 헌법 또는 법률을 개폐하지 못한다. 하지만 대통령의 긴급명령과 비상명령은 법률과 같은 효력이 있다. 따라서 이와 같은 명령은 법률이 정한 효력을 개폐할 수 있다.

즉 헌법 제76조 1항은 "대통령은 내우·외환·천재·지변 또는 중대한 재정·경제상의 위기에 있어서 국가의 안전보장 또는 공공의 안녕질서를 유지하기 위하여 긴급한 조치가 필요하고 국회의 집회를 기다릴 여유가 없을 때에 한하여 최소한으로 필요한 재정·경제상의 처분을 하거나 이에 관하여 법률의 효력을 가지는 명령을 발할 수 있다."라고 규정하고 있고, 또한 제76조 2항은 "대통령은 국가의 안위에 관계되는 중대한 교전상태에 있어서 국가를 보위하기 위하여 긴급한 조치가 필요하고 국회의 집회가 불가능한 때에 한하여 법률의 효력을 가지는 명령을 발할 수 있다."라고 규정하고 있다.

명령의 필요성은 사회적 법치국가의 출현과 위기정부 내지 비상사태의 일반화현상에서 찾아볼 수 있다. 명령은 제정권자를 기준으로 대통령령, 총리령, 부령으로 나눌 수 있다. 대통령령은 총리령과 부령보다 우위에 있지만, 총리령과 부령은 동등한 위치에 있다. 또한 명령의 성질에 따라 법규명령[40]과 행정명령[41]으로 나뉘고, 법규명령은 다시 위임명령[42]과 집행명령[43]으로 나누어진다.[44]

명령·규치 또는 처분이 헌법이나 법률에 위반되는 여부가 재판의 전제가 된 경우에 대법원은 이를 최종적으로 심사할 권한을 가진다. '유신정권의 긴급조치 위헌심판' 권한을 둘러싸고 헌법재판소와 대법원이 갈등의 양상을 보이고 있다. '긴급조치 위헌심판' 권한은 긴급

---

40) 법규명령은 행정기관이 국민의 자유와 권리에 관한 사항을 정하는 것으로 대외적·일반적 구속력이 있는 법규의 성질을 가진다.

41) 행정명령은 행정기관이 헌법상의 근거 없이 고유한 권한으로서 국민의 자유와 권리와 관계없는 사항을 정하는 것으로 행정배부에서만 효력이 있고 대외적 구속력이 없는 명령이다. 그러나 헌법재판소와 대법원은 행정규칙도 법규성을 인정하는 경향을 보이고 있다(헌법재판소 1992년 6월 26일 결정 91헌마25, 대법원 1987년 9월 29일 판결 86누484).

42) 위임명령은 헌법상의 일반적 근거만으로는 제정할 수 없고 "구체적으로 범위를 정하여" 수권한 상위법령에 근거하여야 발할 수 있다.

43) 집행명령은 새로운 법규사항을 포함하지 아니하기 때문에 명시적 수권규정이 없더라도 직권으로 발할 수 있다.

44) 대통령은 법률에서 구체적으로 범위를 정하여 위임받은 사항과 법률을 집행하기 위하여 필요한 사항에 관하여 대통령령을 발할 수 있다(헌법 제75조).

조치를 '법률'로 볼 것이냐, 대통령령으로 볼 것이냐에 따라 달라진다.

헌법재판소와 대법원은 '긴급조치 위헌심판' 권한이 자신들에게 있다고 주장하고 있다. 그 이유로 헌법재판소는 "긴급조치는 법률로 현행 헌법상 법률의 위헌결정권은 헌재에 있다."라는 것을 내세우고 있고, 대법원은 "긴급조치는 대통령령으로 명령·규칙의 위헌결정권이 대법원에 있다."라는 점을 들고 있다.

법조계 다수의 견해는 헌법재판소에 있다고 보고 있다. 이유는, 유신헌법하의 긴급조치는 법률의 효력을 가진 현행 긴급명령권보다 훨씬 강력한 효력을 가지기 때문에 헌법재판소에 있다는 것이다.

한편 2013. 3. 21. 헌법재판소는 유신체제하에서 민주화 운동을 탄압하는 도구가 되었던 긴급조치 1호, 2호, 9호에 대해 재판관 전원 일치로 위헌 결정을 내렸다. 대법원도 2010년 긴급조치 1호에 대해 위헌·무효를 선언하였고, 2013년에는 긴급조치 9호헌재 2013. 3. 21. 2010헌바132에 위헌·무효 선언을 하였다. 이러한 결정에 따라 대법원은 또한 2013. 7. 3. 윤보선·김대중 대통령, 함석헌, 함세웅, 문정현 등이 긴급조치 제9호 위반 혐의로 유죄가 확정된 지 36년 만에 무죄판결을 하였다.

3-2. 규칙

규칙은 입법·행정·사법의 각 부에서 제정하며, 명령의 성질을 가지는 국가기관의 규칙과 법규의 성질을 가지지 않는 공법상의 특별권력관계 또는 국가기관 내부의 사항을 규율하는 규칙이 있다. 전자는 국회규칙, 대법원규칙, 중앙선거관리위원회규칙 등을 말하며, 후자는 영조물규칙 등을 말한다.

4. 자치법규

자치법규란 지방자치단체의 의회에서 제정되는 법규를 말한다. 여기에는 지방의회가 법령의 범위 내에서 그 사무에 관하여 정하는 조례와 지방자치단체의 장이 법령과 조례의 범위 내에서 그 권한에 속하는 사무에 관하여 정하는 규칙이 있다.

지방의회에 의한 조례는 법령에 의하여 위임된 경우뿐만 아니라 지방자치단체 자체의 발의에 의한 제정도 가능하다는 점에서 지방자치단체의 장에 의해 제정되는 규칙과는 구별된다.

지방자치단체의 조례는 자치권의 전권능성 때문에 자치업무의 수행에 관한 모든 사무 분야를 대상으로 하는 포괄성을 갖는다. 그러나 법질서의 통일성을 위하여 '법령의 범위 안에서'헌법 제117조 1항, 지방자치법 제24조만 조례의 제정이 인정되며, 시·군 및 자치구의 조례는 시·도의 조례나 규칙에 위반되어서는 아니 된다지방자치법 제17조. 또한 주민의 권리제한 또는 의무부과에 관한 사항이나 벌칙을 정할 때에는 법률의 위임이 있어야 한다지방자치법 제22조 단서.

대법원은 지방의원시, 도의원에게 보좌관을 둘 수 있도록 정한 조례는 법적 근거가 없어 무효라고 하였다. 이 사례는 박원순 서울시장이 서울시의회를 상대로 "지방의회 의원에게 보좌관을 둘 수 있도록 한 서울시의회 조례안은 무효"라며 낸 소송이었다. 대법원은 "지방의회 의원의 입법 활동을 지원하기 위해 보좌관을 두는 것은 의원의 신분, 지위 및 그 처우에 관한 현행 법령상의 제도에 중대한 변경을 일으키는 것으로 국회에서 법률로 정해야 할 입법사항"이라 하였다. 대법원은 이어 "지방자치법에서 지방의회의 사무를 처리하기 위해 사무처나 사무국 등을 둘 수 있도록 하고 있지만 이는 지방의회의 행정 사무를 처리하기 위한 것이지 지방의원 개인의 활동을 보좌하라는 게 아니다."라고 덧붙였다.

또한 대법원은 마트 주차장 내 주유소 건축을 금지한 순천시와 여수시 조례가 무효라고 하였다. 대법원 전원합의체는 2012년 11월 22일 신세계와 롯데쇼핑이 각각 순천시장과 여수시장을 상대로 낸 건축불허가처분 취소 소송에서 전원일치로 마트 주차장 내 주유소 건축을 허가토록 한 원심을 확정했다. 재판부는 "순천시와 여수시의 주차장 조례는 재산권 행사를 제한하는 규정이어서 법률의 위임이 있어야 하나 해당 조례는 법률 위임 없이 정한 것으로 무효"라고 하였다.

5. 국제조약과 국제법규

5-1. 국내법과의 관계

헌법 제6조 1항은 "헌법에 의하여 체결·공포된 조약과 일반적으로 승인된 국제법규는 국내법과 같은 효력을 가진다"고 명시함으로써 조약과 국제법규를 법원성을 인정하고 있다.

국제조약과 국제법규는 헌법에 규정하고 있지 않더라도 국제질서의 존중을 위하여 법원성을 인정하여야 할 것이다. 문제는 국제조약·국제법규가 국내법이 충돌하는 경우에 해결책이 문제이다. 이에 대해서는 국제법과 국내법은 서로 같은 선상에 있다는 일원론一元論이 오늘날 학계의 일반적 주장으로, 국제법 우위설과 국내법 우위설로 나뉜다.

국내법 우위설은 국제법, 국내법이 모두 국가의사라는 점에서 동일하고, 조약의 체결 권한이 각국 헌법에서 유래하므로 조약의 성립근거가 헌법에 있다는 점에 근거를 두고 있다.[45] 국제법 우위설은, 국내법의 타당범위를 결정할 때 국제법을 전제로 하고, 국제법에 위반된 국내법은 위반의 한도 내에서 배제가 요구됨으로, 국내법의 타당성·유효성의 근거가 국제법에 있다는 것이다.[46]

헌법재판소는 "헌법 제6조 1항의 국제법 존중주의는 우리나라가 가입한 조약과 일반적으로 승인된 국제법규가 국내법과 같은 효력을 가진다는 것으로, 조약이나 국제법규가 국내법에 우선한다는 것은 아니다."라고 판결하였다.[47] 또한 국내 일반 법률이 국제인권법을 위반하는 경우에는 국제인권법이 그 법률에 대한 위헌심사의 기준이 될 수 있다고 한다. 일반적으로 학계에서는 국제법과 국내법은 동일함으로 국내법의 원칙에 따라 신법우위의 원칙, 특별법우위의 원칙 등을 따라야 한다고 한다.

5-2. 조약treaty

그 명칭 여하를 불문하고 문서에 의한 국가 간의 합의를 조약이라 한다.[48] 대한민국이 체결·공포한 조약은 국내법과 같은 효력을 가진다. 조약은 강화·동맹·영토할양·화해·군축조약과 같은 정치적 조약, 관세·영사·어로·항해 협정을 포함하는 통상조약, 국제 범죄를 정의하고 범인 인도를 규정하는 등 형사재판에 관한 조약 등이 있다.

우리나라는 헌법 제73조에서 대통령이 조약을 체결·비준하고, 제89조 3호에서 국무회의의 심의사항으로 규정하고 있다. 조약과 구별되는 행정협정executive agreemen[49]은 입법부의 참

---

45) 이한기, 국제법강의, 박영사, 1997, 125쪽.

46) 이한기, 위의 책, 125쪽~127쪽.

47) 헌재, 99헌가13.

48) 조약이라는 용어는 보다 중요한 국제협약에 한정되어 사용되고 있으며, 그보다 덜 중요한 협약들에 대해서는, 보통 협약(convention), 규약(covenant), 헌장(charter), 의정서(protocol), 양해각서(memorandum) 등의 명칭으로 사용된다

49) 대표적인 것으로 한·미 행정협정(SOFA, Status of Forces Agreement in Korea)을 들 수 있다. 이는 한·미 상호 방위 조약 제4조에 의거하여 1966년 7월 한국과 미국 사이의 행정 협정을 말한다. 주한 미군이 사용하는 시설이나 구역의 제공, 반환, 유지 및 미군과 그 가족의 출입국, 관세, 외환 관리, 형사 재판 따위에 관하여 규정하고 있다.

여하에 조약이 체결되는 체제를 일반적으로 취하고 있는 국가에 있어서 의회의 동의 없이 정부가 외국과 체결하는 것을 말한다.

조약은 또한 국가 간의 수에 따라 양자조약, 다자조약으로 분류할 수 있다. 조약은 보통 양국 간 문안합의가서명, 관계부처 합의, 법제처 심사, 무회의 상정, 대통령 재가, 조약서명, 국회비준동의필요시[50], 비준서 교환, 국내공포조치관보게재, 대통령 공포의 순으로 진행된다.

제3절 불문법

불문법unwritten law은 문장으로 표현되어 있지 않고, 일정한 절차에 따라 제정되어 있지 않는 법을 말한다. 따라서 불문법의 내용이 문서에 기재되어 있더라도 입법기관에 의하여 제정되어 있지 않는 한 성문법으로 되는 것은 아니다. 불문법을 비제정법非制定法이라고도 한다.

불문법에는 법원의 판결인 판례, 법적인 확신 또는 인식을 가지고 관행적으로 행해지는 관습을 내용으로 하는 관습법, 사물의 합리성 또는 본질적 법칙을 말하는 조리 등이 있다.

1. 관습법common law

1-1. 의의

관습법이란 사회의 법적 확신 내지 법적 인식에 의하여 지지되고 법으로서의 가치를 갖는 관습을 말한다. 따라서 법적 확신에 의하여 지지되지 않는 단순한 관행으로의 성격만 가지는 사실인 관습[51]과는 구별된다.

---

50) 국회는 상호원조 또는 안전보장조약, 중요 국제조직에 관한 조약, 우호통상항해조약, 주권제약에 관한 조약, 강화조약, 국가나 국민에게 중대한 재정적 부담을 지우는 조약 또는 입법사항에 관한 조약의 체결·비준에 대한 동의권을 갖는다(헌법 제60조1항).

51) 사실인 관습은 당사자의 의사가 불분명한 경우에 한하여 당사자의 의사를 확정하는, '의사표시해석의 기준'이 된다.

대법원도 '관습법'은 바로 법원으로서 법령과 같은 효력을 갖는 관습으로서 법령에 저촉되지 않는 한 법칙으로서의 효력이 있는 것이며, 이에 반하여 '사실인 관습'은 법령으로서의 효력이 없는 단순한 관행으로서 법률행위의 당사자의 의사를 보충함에 그치는 것으로 보고 있다.[52]

1-2. 관습법 성립에 관한 학설

관습법이 성립하기 위해서는 첫째, 동일행위가 오랫동안 관행되면 그 관행이 관습법이 된다는 관행설, 둘째, 사회다수가 어떤 관습적인 것을 법이라고 확신함으로써 관습법이 된다는 법적 확신설, 셋째, 국가가 어떤 관습의 내용을 법으로 승인함으로써 관습법이 성립한다는 국가 승인설로 구분할 수 있다. 이 가운데 법적확신설이 통설이다.

1-3. 관습법의 성립요건

관습법이 성립하기 위해서는, 첫째, 관행이 어떤 행위가 상당한 기간 동안 반복되어 일종의 사회규범화 되어 있는 관행이 존재하여야 한다. 둘째, 사실로서의 관습이 일반에 의해 법규범이라 인식될 정도의 법적확신 내지 법적인식이 있어야 한다. 셋째, 관행이 선량한 풍속 기타 사회질서에 반하지 않아야 한다민법 제103조.

1-4. 관습법의 효력

(1) 보충설

관습법은 성문법을 보충하는 효력이 있다민법 제1조.[53] 따라서 관습법은 성문법이 없는 경우에 한하여 보충적으로 적용됨에 그치며 성문법이 존재하는 곳에서는 인정될 수 없다. 대법원은 가족의례준칙 제13조의 규정과 배치되는 관습법의 효력을 인정하는 것은 관습법의 제정법에 대한 열후적, 보충적 성격에 비추어 민법 제1조의 취지에 어긋나는 것으로 보고 있다.[54] 이 학설이 다수설로서 민법 제1조를 근거로 삼는다.

---

52) 대법원 1983. 6. 14. 선고 80다3231 판결.

53) 민사에 관하여 법률에 규정이 없으면 관습법에 의하고 관습법이 없으면 조리에 의한다(민법 제1조).

54) 대법원 1983. 6. 14. 선고 80다3231 판결.

(2) 대등설변경설

관습법은 성문법과 대등하다는 설이다. 즉 관습법은 성문법과 대등한 지위를 가지고 있으며, 관습법에 의하여 성문법을 개폐할 수 있다는 것이다. 이 설은 관습법 생성의 불가피성과 일정한 경우에 성문민법이 관습에 의하여 개폐되고 있는 현실관습법상의 법정지상권, 미분리과실의 수목의 집단의 소유권이전에 관한 명인방법에 비추어 볼 때 관습법은 성문법을 개폐하는 효력을 갖는다고 한다. 또한 상법 제1조의 "상사에 관하여 본법에 규정이 없으면 상관습법에 의하고 상관습법이 없으면 민법의 규정에 의한다."라는 규정을 그 근거로 보고 있다.

2. 판례법Case law

판례법이라 함은 법원이 판례를 통하여 형성된 법규범을 말한다. 이러한 판례는 법관에 의해 형성·변화되기 때문에 법관법 또는 사법법司法法이라고도 불린다. 이러한 판례법은 영미법체계가 오랫동안 형성해 온 보통법common law의 전통에서 유래한다. 따라서 영미법계에서는 법률분쟁 시 그 해결점을 선판례에서 찾으며, 선판례가 없는 경우에는 유사한 사건의 판례에서 유추하여 해결한다. 이처럼 영미법계에서는 먼저의 재판이 나중 재판의 선례가 되어 사실상 구속력을 발휘하게 된다.

판례가 법원으로서 기능하려면 법적 구속력을 지녀야 하는데, 이를 뒷받침하는 기본적인 원리들이 선례구속의 원칙이다. 선례구속의 원칙은 하급심이 상급심의 판결에 구속되는 원칙을 말한다.

문제는 우리나라와 같은 성문법 국가에서의 판례를 법원으로 볼 것인가이다. 이에 대하여는 판례가 다만 법률해석의 기준을 제시하는 데 그치고, 판례 그 자체는 구속력이 인정되지 않기 때문에 판례를 법원의 일종으로 보기에는 무리가 있다고 할 수 있다. 또한 판례에 법원성을 인정하면 법원法院에 입법권을 인정하는 셈이 되어서 삼권분립의 이론에 어긋나게 된다. 이러한 이유로 우리나라의 학설과 판례가 판례의 법원성을 부인하는 것이 다수설이다. 따라서 대법원의 판례는 재판규범이 될 수 없고, 단지 수범자의 행동지침이 될 뿐이다.

그러나 상급법원의 재판에 있어서의 판단은 당해사건에 관하여 하급심을 기속하고법원조직법 제8조, 성문법 규정의 흠결이나 추상성을 보충하는 작용을 판례법이 수행하고 있으므로,

상급법원의 판례는 하급법원의 판결에 대하여 법적인 구속력이 아닌 사실상의 구속력은 가진다고 볼 수 있다.

3. 조리법law of nature

조리란 문자 그대로 사물의 본질적 법칙, 사회 통념상 또는 정의의 관념상 반드시 그래야만 한다는 인식을 말한다. 사회적 타당성, 공서양속, 신의성실, 정의형평 등으로 표현되기도 한다. 이러한 자연법 원리를 국가가 재판에 적용하는 것을 조리법이라 한다. 법관은 재판을 할 때에 성문법과 불문법관습법, 판례법에 따라 재판해야 하지만 만약 이러한 법이 없다면 재판을 할 수 없는 경우가 발생한다. 즉 이러한 경우를 법의 흠결이라 하는데, 형사사건에 있어서는 무죄판결을 하면 되지만, 민사재판에서는 판단을 해 주어야 한다. 따라서 적용할 법이 없다고 하여 재판을 거부할 수 없다. 조리는 이와 같은 법의 흠결의 경우에 최후의 법원으로서 재판의 준거가 되는 것이다. 민법 제1조에서도 성문법과 관습법이 없을 때에는 조리에 의하여 재판한다고 규정하고 있다.

조리법은 특히 행정법관계에서는 매우 중요한 의의를 갖는다. 즉 견해가 일치하지 않지만 행정법의 일반원칙인 비례의 원칙, 평등의 원칙, 자기구속의 법리, 신뢰보호의 원칙, 부당결부금지의 원칙 등을 조리의 내용으로 보고 있다. 우리 법상의 조리 규정을 보면, 신의성실민법 제2조 1항, 공서양속민법 제103조, 재산권행사의 공공복리헌법 제23조 2항 등을 들 수 있다.

그러나 범죄와 형벌을 다루는 형법에서는 적용할 법 규정이 없으면 무죄를 선고해야지 법관이 조리를 적용하여 판단하면 안 된다. 이는 형법이 죄형법정주의를 적용하고 있기 때문이다형법 제1조.

제4절 제정법 상호간의 관계

1. 상위법우선의 법칙

성문법은 헌법–법률–명령–조례–규칙이라는 단계적 구조로 이루어져 있다. 따라서 하위 법규는 상위 법규에 저촉되면 안 된다. 즉 조례보다는 명령이, 명령보다는 법률이, 법률보다는 헌법이 상위법이 된다. 만약 이러한 단계적 구조에 저촉되는 법을 제정하면 헌법재판소 또는 대법원의 판결에 의해 무효화될 수 있다.

2. 특별법우선의 원칙

동일한 사항에 대하여 특별법은 일반법에 우선하여 적용된다는 것이다. 예를 들어 주택임대차에 관한 규정은 민법의 규정보다 주택임대차보호법이 우선이고 상가의 임대차에 관하여는 상가건물임대차보호법이 우선이며 상사에 관한 사항에는 상법이 우선이다. 또한 형법보다는 군형법이 우선한다. 예컨대, 공무원이 뇌물죄를 저지르면 형법상의 경한 형벌5년 이하의 징역에 처해지는 것이 아니라 특가법상의 무거운 형벌이 적용된다. 특정범죄가중처벌법 제2조는 수뢰액이 1억 원 이상일 때는 무기 또는 10년 이상, 수뢰액이 5천만 원 이상 1억 원 미만인 때에는 7년 이상의 유기징역, 3천만 원 이상 5천만 원 미만인 경우에는 5년 이상의 유기징역에 처하고 있다.

3. 신법우선의 원칙

동일한 문제에 대하여 구법과 신법이 서로 어긋나는 경우에 신법을 우선적으로 적용한다는 원칙을 말한다. 즉 법령이 제정되거나 개정된 경우에는 후법신법은 전법구법에 우선한다. 시대적 변화에 대한 대응, 법의 발전, 국민의 법정서·감정에 신법이 타당하다는 원리에서 유래한다.

그러나 형사사건에서는 신법보다는 구법을 적용하는 경우가 있다. 범죄 시의 형벌보다 재판 시의 형벌이 무겁게 개정된 경우이다. 예컨대, 갑의 범죄가 행위 시에는 1년형에 해당하였으나, 재판 중 2년형으로 개정이 된 경우에 신법이 적용되면 갑에게 불리함으로 이 경우에는 구법이 적용된다. 또한 일반법과 특별법 사이에는 법규성립의 선후가 아니라 특별법 우선의 원칙에 따라 효력이 정해진다.

4. 법률불소급의 원칙사후입법금지의 원칙

모든 법률은 행위 시의 법률을 적용하고, 사후입법事後立法으로 소급해서 적용할 수 없다는 원칙을 말한다. 일반적으로 법적 안정성의 확보와 기득권 존중을 위하여 모든 법률에서 공통으로 인정하고 있다. 특히 형법에서 문제되며, 죄형법정주의의 파생원칙의 하나로 형법불소급의 원칙 또는 소급입법금지의 원칙이라고도 하고, 영미법에서는 사후입법의 금지라고도 한다.

우리 헌법상으로도 소급입법에 의한 참정권의 제한 또는 재산권의 박탈을 금지하고 있다.[55] 형법 제1조 1항에서도 "범죄의 성립과 처벌은 행위 시의 법률에 의한다."라고 규정하여 형법상의 기본원칙으로 하고 있다.

그러나 이 원칙은 전쟁 또는 혁명 후 등 사회적 변혁이 있을 때는 잘 지켜지지 않는 경우가 있다. 예컨대, 4·19혁명 후 3·15부정선거 관련자와 반민주행위자 및 부정축재자 등을 특별법에 의하여 소급하여 처벌한 일, 5.18 민주화운동 등에 관한 특별법으로 전직 대통령을 처벌한 경우 등을 들 수 있다.

55) 모든 국민은 소급입법에 의하여 참정권의 제한 또는 재산권의 박탈을 받지 아니한다(헌법 제13조 2항).

제9장

법의 해석

제1절 법해석의 의의와 필요성

아무리 법을 완벽하게 제정한다 할지라도 인간의 창조능력의 한계와 현대 사회의 다양하고 복잡한 법률관계를 완전무결하게 만든다는 것은 무리다. 이러한 이유로 법을 쉽게 설명하는 작업이 필요하다. 이를 법의 해석이라 한다. 특히 법은 일반적이고 추상적으로 되어 있어[56] 법의 해석이 필요하다. 예컨대, 공공복리헌법 제37조, 신의성실민법 제2조 1항, 공서양속민법 제103조 등은 그 개념의 추상성 때문에 해석이 필요하다.

법의 해석에 있어 중요한 것은 법 해석자가 주관적·감정적으로 해석하기보다는 객관적이고 이론적으로 하여야 하고, 법의 목적 내지 이념을 고려하여야 한다. 예컨대, 사람의 시기를 형법에서는 산모의 진통 시[57]로 보고 민법에서는 태아가 산모로부터 전부노출 할 때로 보고 있는데, 이는 민법은 당사자의 권리귀속관계의 명확성을 중요시하고 형법에서는 생명존중을 그 목적으로 하고 있기 때문이다.

---

56) 예컨대, 절도죄의 객체인 '타인의 재물'을 해석함에 있어 재물의 범위, 공연음란죄에 있어 '공연 혹은 음란' 등을 들 수 있다.

57) 사람의 생명과 신체의 안전을 보호법익으로 하고 있는 형법의 해석으로는 규칙적인 진통을 동반하면서 분만이 개시된 때(소위 진통설 또는 분만개시설)가 사람의 시기라고 봄이 타당하다(대법원 1982. 10. 12. 선고 81도2621 판결, 1998. 10. 9. 선고 98도949 판결).

제2절 법해석의 방법

1. 유권해석

법해석의 권한이 있는 국가기관에 의한 해석으로 일정한 구속력이 있는 해석이며 강제해석이라고도 한다. 유권해석은 입법해석·행정해석·사법해석으로 다시 나눌 수 있다.

유권해석이라 하여 항상 절대적인 것은 아니다. 예컨대 선거운동을 하는 선거원이 본인이 하는 행위가 선거법에 위반되는지 여부를 선거관리위원회에 유권해석을 문의해 본 결과 선거관리위원회가 선거법 위반에 해당되지 않는다는 답변을 했을 때, 이 선거원은 선거관리위원회의 유권해석에 따라 선거운동을 하였으므로 별 문제가 없다. 하지만 그 유권해석에 따라 불이익을 받는 당사자가 소송을 제기하여 법원이 그 선거운동은 불법이라고 판단하면 선거관리위원회의 유권해석은 무효화 될 수 있기 때문이다.

1-1. 입법해석

입법기관이 법을 만들 때 법률 용어를 구체적으로 명확하게 정의하는 것을 말하며, 입법해석은 그 자체가 독립된 법규이기 때문에 법규해석이라고도 한다. 예컨대, 민법 제98조의 물건의 정의,[58] 동법 제32조의 비영리법인[59]의 예를 들 수 있다.

1-2. 행정해석

행정해석은 행정관청이 법을 집행하기 위하여 하는 해석을 말한다. 보통 이것은 행정관청에서 법을 집행하는 형식이나 상급관청이 하급관청에 대하여 회답·훈령·지령 등을 하는 형식으로 나타난다. 물론 행정관청은 최종적인 권위가 있는 해석은 할 수 없다. 잘못된 법의 집행에 대해 법원을 통하여 해결할 수 있다. 따라서 행정해석은 행정기관 상호 간에만 구속력이 있고, 일반 국민에 대해서는 구속력이 없다.

---

58) 본법에서 물건이라 함은 유체물 및 전기 기타 관리할 수 있는 자연력을 말한다.

59) 학술, 종교, 자선, 기예, 사교 기타 영리 아닌 사업을 목적으로 하는 사단 또는 재단은 주무관청의 허가를 얻어 이를 법인으로 할 수 있다(민법 제32조).

1-3. 사법해석

구체적인 소송사건에서 재판을 통하여 이루어지는 법해석으로 재판해석이라고도 한다. 본 해석은 영미법계에 있어서는 절대적인 구속력을 가지지만, 우리나라를 비롯한 대륙법계 국가에서는 판례가 절대적 구속력을 가지지 못한다. 따라서 본 해석을 유권해석에서 제외하려는 자도 있지만, 상급법원의 해석은 하급법원을 구속하므로 유권해석으로 보아야 한다. 또한 본 해석은 소송당사자를 구속함은 물론 판례로서 정착되면 소송당사자 외의 자에게도 간접적으로 강제력이 있다고 할 수 있다.

2. 학리해석무권해석

학리해석은 권한 있는 국가기관의 해석인 유권해석과는 달리 학자들의 학문 연구를 통해 이루어지는 해석을 말한다. 학리해석은 유권적 구속력을 인정받지 못하기 때문에 무권해석이라고도 한다. 이렇게 학리해석은 구속력은 없으나, 일반여론에 대한 영향력이 강하여 유권해석에 대해 강한 영향력을 미친다. 대부분의 유권해석은 이 학리해석을 기초로 삼는다고 할 수 있다. 따라서 보통 해석이라 함은 이 학리해석을 뜻한다.

학리해석은 법문에 나타난 글자 그대로 해석하는 문리해석과 법질서 전체의 유기적·논리적 관계와 입법정신연혁 등을 고려하여 해석하는 논리해석으로 나뉜다.

보통 법률을 해석할 때에 우선 제1단계로 법문에 충실한 문리해석을 하고, 그 바탕 위에서 제2단계로 그 법문과 다른 법문과의 관계라든지, 나아가서는 그것이 법체계 전체에서 차지하고 있는 상관적인 위치 등을 고려한 논리해석을 한다.

2-1. 문리해석

법규의 문자나 문장의 의미를 그 언어의 사용법이나 문법의 규칙에 따라 하는 해석을 말한다. 따라서 전문용어나 기술적 용어에 대해서는 사용상의 약속이나 관례에 따라 해석한다. 문리해석에서 문제되는 것은 법 제정 당시의 의미로 해석할 것인지 해석 당시의 의미로 해석할 것인지에 대해서 논란이 있으나 후자가 통설이다. 예컨대 민법 제103조의 '선량한 풍속'의 의미는 시대와 장소에 따라 다르다. 이러한 경우 법 제정 시보다 해석 당시의 일반적인 도덕적 표준에 해석하여야 할 것이다.

2-2. 논리해석

논리해석은 법문의 자구에 구속되지 않고, 어떤 법규와 다른 관계 법규와의 관련, 전체 법체계 속에서의 지위 등 해석의 대상인 법규의 체계적 연관성을 고려하여 행해지는 해석이다. 이 해석에는 확대해석, 축소해석, 물론해석, 반대해석, 유추해석, 변경해석 등이 있다.

(1) 확대해석

법의 의미를 확대하여 해석하는 것을 말한다. 예컨대, 성년인 고등학생에 대한 유흥업소 출입제한, 마차통행금지를 우·마차통행금지로 해석하는 것을 말한다.

(2) 축소해석

법의 의미를 축소 또는 한정하여 해석하는 것을 말한다. 예컨대, 제차통행금지 푯말에 유모차나 자전거 통행, 미성년자 유흥업소 출입금지에 대학생인 경우는 출입을 허락하는 해석을 말한다.

(3) 유추해석

유추해석은 어떤 사안의 해결에 있어 그 사실을 직접적으로 규정한 법규가 없는 경우, 그것과 유사한 성질이나 관계를 가진 사안에 대해 규정한 법규를 간접적으로 적용하는 해석을 말한다. 예컨대, "차·마의 통행을 금한다."라는 법문이 있는 경우에 말의 통행을 금하는 것과 유사한 이유에서 사슴의 통행을 금지한다고 해석하는 것을 말한다. 이러한 유추해석은 죄형법정주의를 대원칙으로 하는 형법에서는 금지하고 있다. 하지만 형법에서도 그 유추해석이 피의자에게 유리한 경우에는 적용된다.

유추해석은 확대해석과 비슷하지만, 확대해석은 법조문의 범위 내에서 넓게 해석하는 것이고, 유추해석은 법조문의 범위 외에서 유사한 성질을 동일시하는 해석을 말한다. 또 유추해석은 반대해석과도 다르다. 입법자가 문제된 사항에 관하여 규정을 두지 아니한 것이 법규의 취지와 반대로 해석하기 위한 것이라고 판단되는 경우에는 반대해석을 하고, 그렇지 않고 단순한 법규의 부존재에 지나지 않는 경우에는 유추적용을 하여야 할 것이다. 예를 들면 "이곳에 말을 매는 것은 금한다."라는 푯말이 붙어 있는 경우에 소라면 매어 두어도 무방한 것인가가 문제이다. 이것을 해결하기 위해서는 그 푯말이 세워진 취지를 검토하여야 한다. 만일 말은 사람을 차는 버릇이 있으므로 매는 것을 금한 것이라고 한다면 차는 버릇이 없는 소를 매어 두는 것은 무방하다고 반대해석을 할 것이다. 이에 반하여 그곳에 항상 말을 매어 두는 자가 많으므로 귀찮아서 우선 말을 매는 것을 금한 것이라면 소를 매는 것도 금한다는 유추적용을 하여야 할 것이다.

(4) 보정해석

잘못된 법규를 보완하여 해석하는 것을 말한다. 민법 제7조의 "법정대리인은 미성년자가 아직 법률행위를 하기 전에는 전2조의 동의와 허락을 취소할 수 있다."라고 규정하고 있는데, 여기서의 취소는 철회로 해석하여야 한다.

제10장
법의 적용

제1절 의의

구체적인 사실을 일정한 법규의 내용과 일치하는지 여부를 판단하는 과정을 말한다. 즉 일반적, 추상적인 규범인 법이 실효성을 가지기 위해서는 구체적 사실에 적용시켜야만 한다. 이것을 '법의 적용'이라고 한다. 법의 적용은 보통 법원의 재판 형태로 나타난다. 그러나 반드시 재판에만 한정되는 것은 아니다. 즉 개인의 일상적인 법률생활이나 국가나 지방자치단체의 행정에서도 법의 적용이라는 법적 작용이 행해지고 있다.[60] 법의 적용은 두 단계를 거치는데, 첫 번째 단계가 '사실의 확정'이고 두 번째 단계가 '법의 해석'이다.

60) 행정심판, 해양안전심판 등이 대표적이다.

제2절 사실의 확정

법을 적용하기 위해서는 일정한 사실이 존재하여야 한다. 예컨대, 살인사건의 경우 가해자와 피해자의 관계, 고의·과실여부, 살해방법, 살해도구 등 살인과 관련된 모든 사항들을 명백히 밝혀야 한다. 이를 사실의 확정이라 한다. 이렇게 사실을 확정하지 않으면 오판으로 당사자의 인권이 침해당할 수 있다. 이렇게 오판으로 발생하는 인권침해를 예방하려면 가장 중요한 것이 입증책임이다. 형사소송법은 제307조에서 증거재판주의를 규정하고 있다. 일반적으로 입증책임은 그 사실을 주장하는 자의 부담으로 하고 있다. '입증책임은 주장하는 자에게 있지 부정하는 자에게 있지 않다.'라는 법언은 이를 잘 대변한다. 형사사건에서는 원칙적으로 검사가 부담한다. 따라서 피고인은 죄를 짓지 않았다는 사실을 입증할 의무는 없다. 다만 추정사실에 대한 부존재에 대해서만 입증하면 된다. 하지만 민사사건에 있어서는 사안에 따라 원고 혹은 피고 모두 입증해야 될 수도 있다. 입증책임은 입증해야 하는 자가 항상 불리하다.[61] 이렇게 모든 사실의 확정은 증거를 기초로 결정하여야 하고, 그 증거는 주장하는 측에서 입증하여야 한다. 하지만 경우에 따라서는 입증이 불가능하거나 곤란한 경우가 발생할 수 있다. 이 경우 사실확정을 쉽게 하기 위해서 적당한 편법을 사용하고 있는데 그것은 바로 추정과 간주이다.

제3절 추정과 간주

1. 추정

추정이란 불명확한 사실을 일단 존재하는 것으로 정하여 법률효과를 발생시키고, 추후

61) 최근 '의료사고피해구제법안'에 의하면 의료사고의 경우 의사가 입증책임을 져야 한다는 법안이 나와 논란이 되고 있다.

반증이 있을 때에는 그 효과를 발생시키지 않는 제도를 말한다. 즉 법률관계의 존재를 다투는 자가 입증책임을 지고 그에 따라 번복될 수 있다. 우리 민법상 추정의 예로는 민법 제153조 1항기한의 이익,[62] 제262조 2항공유자의 지분,[63] 민법 제844조 1항혼인 중의 자,[64] 민법 제30조동시사망[65] 등이 있다. 한편 형법상의 무죄추정의 원칙은 억울한 죄인을 만들지 않기 위해 확실한 증거가 나올 때까지 무죄로 추정하는 것을 말한다.

동시사망과 상속

아버지(甲)와 아들(A)이 함께 등산을 하다 추락하여 사망하였다. 가족으로는 甲의 아내(乙), 父(丙), 母(丁)가 있다. 이 경우 아버지(甲)와 아들(A)의 사망은 동시사망으로 추정되어 甲의 재산은 아내(乙)와 父(丙), 母(丁)가 공동으로 상속한다. 그런데 만약 아내(乙)가 본인의 남편(甲)이 먼저 사망하였다는 증거를 제시하면, 이 동시사망의 추정규정은 번복되고, 甲의 재산은 아내(乙)와 아들(A)이 상속하게 된다. 그런데 아들(A)이 사망하였음으로 결국 甲의 재산은 아내(乙)가 모두 상속하게 된다.

2. 간주의제

간주는 법규에 의한 의제를 말한다. 예컨대 갑이라는 사실과 본질적으로 다른 을이라는 사실을 법률상 갑이라는 사실과 동일하게 취급하는 것을 말한다. 따라서 추정과 달리 당사자가 그 반대의 사실을 입증한다 할지라도 그것만으로는 발생된 효과를 번복시키지 못하며 보통 법문에 '~로 본다'라고 규정되어 있다. 민법상 간주의 예로는 민법 제28조실종선고의 효과, 제115조본인을 위한 것임을 표시하지 아니한 행위, 제19조, 제29조, 제21조[66] 등이 있다. 예컨대

62) 기한은 채무자의 이익을 위한 것으로 추정한다.
63) 공유자의 지분은 균등한 것으로 추정한다.
64) 처가 혼인 중에 포태한 자는 부의 자로 추정한다.
65) 2인 이상이 동일한 위난으로 사망한 경우에는 동시에 사망한 것으로 추정한다.
66) 실종선고를 받은 자는 5년(보통실종), 1년(특별실종)이 만료한 때에 사망한 것으로 본다.

누군가 실종되어 5년 동안 소식이 없으면 사망한 것으로 간주되어, 혼인의 취소·상속의 개시 등의 효과가 발생한다. 그런데 5년 후에 그 실종선고가 사실과 다르다는 것이 입증되더라도 그 실종선고를 취소하지 않는 한 사망이라는 법률적 효과를 소멸시키지 못한다.

실종선고와 상속

乙의 아버지 甲이 집을 나가 소식이 없자, 아들 乙이 실종선고를 청구하여 판결을 받았다. 집을 나간 후 5년이 경과되자 乙은 아버지 재산을 상속받았다. 그런데 상속 후 아버지 甲이 살아 돌아왔다. 이 경우 아버지가 살아 돌아왔다는 것만으로 상속의 효력이 소멸되는 것은 아니고 반드시 실종선고취소판결을 받아야 한다. 만약 실종선고취소판결을 받았다면 상속을 받은 아들은 선의인 경우 현존이익을 반환하여야 하고, 악의의 경우 받은 이익에 이자를 가산하여 반환하고 손해가 있으면 배상해야 한다. 그러나 이 경우 만약 아버지(甲)의 실종선고는 부재자의 사법상의 법률관계만을 종료시키는 것이지 권리 능력 자체를 박탈하는 제도는 아니다. 따라서 부재자의 새로운 주소지에서의 법률관계나 공법상의 법률관계에는 아무런 영향이 없다.

제11장

법의 제재

사회질서 유지와 정의 구현을 위해 법을 위반한 자에게 가하여지는 처분을 말한다. 여기에는 국내법상의 제재와 국제법상의 제재가 있는데, 국내법상의 제재는 다시 공법상 제재와 사법상 제재로 나눌 수 있다. 공법상 제재로는 헌법상 제재, 형법상 제재, 행정법상 제재가 있고, 사법상 제재에는 민법상 제재, 상법상 제재가 있다.

제1절 국내법상의 제재

1. 헌법상의 제재

헌법은 국가 최고 법규로서 국민의 기본권을 보장하고, 국가 권력의 조직과 행사 방법을 규정한 법이다. 헌법상 제재에는 크게 정당해산, 탄핵, 국회의원징계 등이 있다.

1-1. 정당해산제도

헌법 제8조 4항은 "정당의 목적이나 활동이 민주적 기본질서에 위배될 때에는 정부는 헌법재판소에 그 해산을 제소할 수 있고, 정당은 헌법재판소의 심판에 의하여 해산된다."라고 하여 정당해산제도를 규정하고 있다. 헌법재판소는 2014년 12월 19일 통합진보당이 "국가기간시설 파괴 도모, 애국가 태극기 거부, 비례대표 부정경선 등의 자유민주적 기본질서에 위배된다"는 이유로 해산하였다헌재 2014. 12. 19. 2013헌다1.

(1) 위헌정당해산의 실질적 요건

민주적 기본질서를 위배하여야 한다. 이 민주적 기본질서를 자유민주적 기본질서만을 의미한다고 하는 것과 사회민주적 기본질서도 포함한다는 설이 대립되고 있다.

(2) 위헌정당해산의 절차적 요건

정당이 민주적 기본질서에 위배되는 행위를 하면 정부는 국무회의의 심의를 거쳐 헌법재판소에 그 해산을 제소하여야 한다. 이 제소에 관하여 헌법 제8조 4항의 문언 형식(…을 청구할 수 있다)과 강제해산보다는 민주적인 공개경쟁을 통해 정당의 지지층을 붕괴시키는 것이 민주주의 보호에 효과적이라는 점을 논거로 정부의 제소여부는 재량으로 보아야 한다는 재량설다수설과, 정부의 권한이자 의무라고 보는 견해의 대립이 있다. 정부가 제소하면 헌법재판소는 심판하여야 한다. 심판결과 재판관 6인 이상의 찬성이 있으면 해산된다. 헌법재판소가 위헌이 아니라고 결정한 경우에는 동일한 정당에 대하여 동일한 사유로 다시 제소할 수 없다.

(3) 강제해산의 효과

정당이 헌법재판소의 결정으로 해산된 때에는 그 정당의 대표자 및 간부는 해산된 정당의 강령또는 기본정책과 동일하거나 유사한 것으로 정당을 창당하지 못한다정당법 제42조. 또한 해산된 정당의 명칭과 같은 명칭은 정당의 명칭으로 다시 사용하지 못한다정당법 제43조.

문제는 소속국회의원의 의원직 상실여부이다. 3공화국헌법은 소속정당이 해산된 때 소속국회의원의 자격상실규정을 두고 있었으나, 현행법에서는 이러한 규정을 두고 있지 아니하여 학설이 대립하고 있다. 이에 대하여 자격유지설은 대의제 민주주의에서 국회의원은 자유위임이고 정당과는 별도로 정당성을 가진다는 것을 이유로 한다. 자격상실설은 오늘날의 정당제 민주주의에서 유권자는 선거에서 후보자가 개인보다는 정당을 투표의 기준으로 하는 것이 일반적이라는 점과 위헌정당으로 해산된 정당의 소속국회의원의 의원직을 계속 보유케 한다면 정당제 민주주의 및 방어적 민주주의의 원리에 위배되고 위헌결정 자체가 무의미하게 된다는 점을 이유로 한다.

1-2. 탄핵제도

(1) 탄핵의 의의

탄핵이란 일반적인 사법절차나 징계절차에 따라 소추하거나 징계하기가 곤란한 고위직 공무원이 직무상 중대한 비위를 범한 경우에 이를 국회가 소추하여 처벌하거나 파면하는 제도를 말한다.[67] 이는 해임에 중점을 두는 미국·독일·한국, 처벌에 중점을 두는 영국이 있다. 의원내각제 국가에서는 내각불신임결의권이 있으므로 행정부에 대한 국회의 감독으로는 별 의미가 없으나, 대통령제 국가에서는 국회의 중요한 정부감독의 수단이 될 수 있다.

미국은 하원의 소추와 상원의 심판이라는 두 가지 절차로 이루어진다. 하원의 소추에도 불구하고 무죄추정의 원칙을 존중하여 그 권한은 정지되지 아니한다. 이후 상원에서 전적으로 탄핵 여부를 심사하며 연방대법원의 관여는 없다. 탄핵 시 사면을 금지하는 명문의 규정을 두고 있다.[68]

(2) 탄핵소추기관과 대상자

소추기관은 국회이고 대상자는 대통령·국무총리·국무위원·행정각부의 장·헌법재판소 재판관·법관·중앙선거관리위원회위원·감사원장·감사위원 기타 법률이 정한 공무원이다헌법 제65조 1항. 여기에서 문제되는 것은 기타 법률이 정한 공무원이다. 여기에는 검찰총장, 처장, 검사, 외교관, 서울특별시장, 광역시장, 도지사, 정부위원, 각 군 참모총장, 합동참모총장 등이 해당될 수 있다는 견해가 있다. 검사는 검찰청법 37조에서 "탄핵 또는 금고 이상의 형의 선고에 의하지 아니하고는 파면되지 아니하며, 징계처분 또는 적격심사에 의하지 아니

---

67) 1925년 이승만은 대한민국 임시정부 의정원의 탄핵 의결로 대통령직에서 면직되었고, 그 후 2004년 3월 12일 국회는 노무현 대통령에 대한 탄핵소추안을 가결하였지만, 헌법재판소에가 기각결정을 하였다.

68) 미국은 1868년 애드루 존슨 대통령이 처음으로 탄핵재판을 받았고, 그 후 1974년 닉슨 대통령이 워트게이트 사건으로 탄핵되었고, 1998년 빌 클린턴 대통령이 탄핵 대상이 되었다.

하고는 해임·면직·정직·감봉·견책 또는 퇴직의 처분을 받지 아니한다."라고 규정함으로써 법률이 정한 탄핵대상자라 할 수 있다.

(3) 탄핵소추사유

첫째, 대상자가 직무집행에 있어서 헌법이나 법률을 위반한 때이다헌법 제65조 1항. 이때 직무집행에 관한 위법행위를 현직만 해당할 것인지 전직도 해당할 것인지가 문제된다. 긍정설은 탄핵소추의 목적이 그로 하여금 공직으로부터의 추방에 있으므로 현직뿐만 아니라 전직의 공무수행에 있어서의 위헌·위법행위도 탄핵사유가 된다는 것이다. 즉 직무집행을 그의 '공직집행'으로 본다. 이에 반하여 부정설은 '현직의 공무수행'에만 한정하고 더구나 현직 중의 행위라도 직무에 관련되어야만 탄핵의 대상이 된다고 하는 견해이다. 부정설이 다수설이다. 헌법재판소는 직무행위를 넓게 해석하고 있으나, 전직의 행위는 포함되지 않는다고 하고 있다.[69]

둘째, 헌법과 법률을 위반하여야 한다. 여기의 헌법은 관습헌법도 포함하며, 법률은 형식적 의미의 법률은 물론 법률과 같은 효력을 가지는 조약, 일반적으로 승인된 국제법규, 긴급명령, 긴급재정, 경제명령 등을 포함한다. 그러나 헌법과 법률의 위반행위가 아닌 단순한 정치적 실책·부당행위 등은 탄핵소추의 대상이 되지 않는다. 이 점이 해임건의사유와 다르다.

(4) 탄핵소추의 절차

국무총리·국무위원·행정각부의장·헌법재판소 재판관·법관·중앙선거관리위원회 위원·감사원장·감사위원 기타 법률이 정한 공무원에 대한 탄핵소추는 국회재적의원 3분의 1 이상의 발의가 있어야 하며, 그 의결은 국회재적의원 과반수의 찬성이 있어야 한다. 다만, 대통령에 대한 탄핵소추는 국회재적의원 과반수의 발의와 국회재적의원 3분의 2 이상의 찬성이 있어야 한다. 탄핵소추의 의결은 국회에서 무기명투표로 한다.

(5) 효과

탄핵소추의 의결을 받은 자는 탄핵심판이 있을 때까지 그 권한행사가 정지된다. 따라서

---

69) 헌재 2004. 5. 14. 2004헌나1.

이 기간 중의 직무행위는 무효라 보는 것이 일반적이다. 소추의결서가 송달되면 임명권자는 피소추자의 사직서를 접수하거나 해임할 수 없다.

탄핵심판은 헌법재판소에서 한다. 헌법 재판관 9인 중 6인의 찬성이 있으면 탄핵된다. 탄핵된 자는 공직으로부터 파면함에 그친다. 그러나 이에 의하여 민사상이나 형사상의 책임이 면제되지는 아니한다. 탄핵에 의해 파면된 자는 5년을 경과하지 아니하면 공무원이 될 수 없다.

2. 행정법상의 제재

2-1. 공무원에 대한 제재

행정법상 공무원의 비리에 대해서는 국가공무원법에 의한 징계와 고발, 감사원법에 의한 변상책임 및 몰수제도가 있다. 하지만 이 같은 제재로는 별 효과가 없다고 판단한 정부는, 공무원이 공금 횡령이나 금품 향응을 받으면 형사처벌과는 별도로 해당금액의 5배까지 물어내야 하는 '징계부가금제'와 공금 횡령 또는 유용 행위에 대해서도 1년 이하의 징역이나 2천만 원 이하의 벌금에 처하도록 국가공무원법을 개정하였다.[70]

특히 2009년 4월1일부터는 공무원 징계종류에 중징계에 해당하는 '강등'제도가 새로 시행되고, 금품비리에 대한 징계시효가 현행 3년에서 5년으로 연장되며, 징계를 받은 공무원이 소청이나 법원에서 징계양정의 과다를 이유로 무효 또는 취소의 결정이나 판결을 받은 경우의 재징계를 의무화하는 규정을 시행하였다.

(1) 공무원의 징계

공무원이 의무를 위반하였을 때, 공무원관계의 질서유지를 위해 공무원법에 따라 당해 공무원에게 벌징계벌을 가하는 경우를 말한다. 이에는 공무원의 직무행위에 대한 제재와 공무원의 신분상 제재가 있다. 전자는 공무원의 직무상의 명령·처분이 위법·부당한 경우에

70) 현행 국가공무원법상의 징계 처분으로는 신분상 징계만 가능할 뿐 재산에 관계된 제재를 할 수 없는 데다 횡령의 형사고발비율도 41.7%에 그치고 있다. 또한 실제 고발이 이뤄지더라도 500만 원 이하 금품수수나 300만 원 이하 횡령 사건은 대가성 입증이 어렵다는 이유로 대부분 기소유예나 선고유예 결정이 내려지는 실정이다.

이를 취소·변경하는 것을 말하고, 후자는 파면, 해임, 강등, 정직, 감봉, 견책을 말한다.

징계벌은 형벌과는 목적·내용 등에 있어서 달라, 양자를 병과할 수 있다. 따라서 양자를 병과하더라도 일사부재리 원칙에 위반되지 않는다. 한편 징계벌은 동일한 징계원인으로 거듭 징계될 수 없다는 의미에서 일사부재리 원칙이 적용된다. 하지만 직위해제와 징계처분은 그 성질이 서로 다르므로 가능하다.

(2) 징계의 원인국가공무원법 제78조 1항

국가공무원법 및 동법에 따른 명령을 위반한 경우, 직무상의 의무다른 법령에서 공무원의 신분으로 인하여 부과된 의무를 포함한다를 위반하거나 직무를 태만히 한 때, 직무의 내외를 불문하고 그 체면 또는 위신을 손상하는 행위를 한 때이다. 징계의결의 요구는 기속적이다. 단 징계의 종류 선택은 재량적이다. 고의과실을 불요하지만, 불가항력에 기인하는 경우 면제될 수 있다.

(3) 징계의 종류

징계는 파면·해임·강등·정직停職·감봉·견책譴責 등이 있다.

① 파면

파면은 임면권자의 일방적 의사에 의하여 공무원 관계를 소멸시키거나 관직을 박탈하는 행정 처분을 말한다. 파면은 5년 동안 공직 취임 제한되고, 공무원연급법상 퇴직급여와 퇴직수당이 감액된다. 5년 이상 근무했을 경우 퇴직 급여액의 2분의 1만 지급된다. 경찰공무원은 영원히 경찰공무원이 될 수 없다.

② 해임

해임도 공무원의 신분을 박탈하는 처분이다. 하지만, 퇴직급여금의 제한은 없고, 3년간 공무원에 임용될 수 없다. 경찰공무원은 영원히 경찰공무원이 될 수 없다.

③ 강등

강등은 공무원의 직위 등급이나 계급이 낮아지게 하는 중징계이다. 2009년 4월부터 기존의 징계에 추가되었다. 따라서 4급 서기관이 5급 사무관으로, 총경경찰서장이 경정경찰서 과

장으로 교장이 교감으로 강등될 수 있다. 특히, 금품 및 향응수수, 공금횡령·유용으로 강등 처분을 받은 경우 다시 종전 직급으로 승진하기 위해서는 2년이 경과하여야 한다.

④ 정직

공무원의 신분은 유지하되, 1월 이상 3월 이하 기간 동안 직무를 하지 못하고 보수의 3분의 2를 감하는 중징계이다.

⑤ 감봉

1월 이상 3월 이하 기간 동안 보수의 3분의 1 감하는 경처분이다.

⑥ 견책

전과에 대해 훈계하고 뉘우치게 하는 가장 약한 징계처분이다. 판례는 실무상 행하여지는 단순한 경고는 징계에 해당하지 아니한다고 본다.

(4) 징계처분에 대한 불복

① 소청

징계처분 기타 자신의 의사에 반하는 불이익처분을 받은 공무원이 그 처분에 불복하는 경우 관할소청심사위원회에 심사를 청구하는 행정심판을 말한다.

소청의 대상은 징계처분·강임降任·휴직·직위해제·면직처분 기타 본인의 의사에 반하는 불리한 처분이다. 소청심사위원회는 소청을 심사할 때 반드시 소청인 또는 그 대리인에게 진술의 기회를 주어야 하며, 진술의 기회를 주지 않고 한 결정은 효력이 없다. 소청심사위원회는 소청사건을 심사한 후 원칙적으로 접수 후 60일 이내에 결정을 해야 한다국가공무원법 제76조 4·5항. 다만, 불가피하다고 인정되면 소청심사위원회의 의결로 30일을 연장할 수 있다. 소청심사위원회는 독립적인 합의제적 기관으로 국회사무처·법원행정처에 둔다. 행정기관 소속 공무원의 징계처분, 그밖에 그 의사에 반하는 불리한 처분이나 부작위에 대한 소청을 심사·결정하게 하기 위하여 행정안전부에 소청심사위원회를 둔다. 국회, 법원, 헌법재판소 및 선거관리위원회 소속 공무원의 소청에 관한 사항을 심사·결정하게 하기 위하여 국회사무처, 법원행정처, 헌법재판소사무처 및 중앙선거관리위원회사무처에 각각 해당 소청심사위원회를 둔다.

헌법재판소 판결 **경찰공무원의 재임용**

Q. 파면·해임된 경찰을 다시 경찰로 임용할 수 없도록 규정한 경찰공무원법 제7조 2항은 헌법에 위반될까?

A. 헌법재판소는 임용취소통보를 받고 해임된 전직 경찰관 황00 씨가 "공무담임권을 침해당했다."라며 낸 헌법소송에서 4(합헌):4(위헌)의 의견으로 관련 법률조항에 합헌결정을 내렸다. 뿐만 아니라 "경찰공무원은 국민의 생명·신체와 재산에 대한 보호, 범죄의 예방과 수사를 주된 임무로 하는 바, 그러한 직무의 성격상 고도의 직업적 윤리성이 요청된다."라고 밝혔다. 또 "해임은 파면과 더불어 중징계 중 하나로서 그 행위에 대한 비난가능성이 크며 징계절차를 거쳐 해임처분을 받은 이상 직무의 수행이 부적절하다고 판단된 것으로 볼 수 있다"고 밝혔다.
또한 헌법재판소는 "경찰공무원직의 특수성과 중요성을 고려할 때 이 조항은 과잉금지의 원칙에 위배돼 공무담임권에 대한 과도한 제한이라 할 수 없다"고, "임용결격사유를 규정함에 있어 다른 법률보다 경찰공무원법의 규정이 다소 강화돼 있더라도 이는 자의적인 차별이 아니다"고 하였다(헌재, 2009헌바122).

② 행정소송

행정소송은 소청심사위원회의 심사·결정을 거치지 아니하면 제기할 수 없어 필요적 전치주의를 취하고 있다. 행정소송을 제기할 때에는 대통령의 처분 또는 부작위의 경우에는 소속 장관을, 중앙선거관리위원회위원장의 처분 또는 부작위의 경우에는 중앙선거관리위원회 사무총장을 각각 피고로 한다.

교육공무원의 경우 교육부에 설치된 '교원소청심사위원회'를 거쳐 행정소송을 제기할 수 있다.

2-2. 일반국민에 대한 제재

(1) 행정벌

① 행정벌의 의의와 다른 벌과의 차이점

행정법상의 의무위반, 즉 행정법규에 의한 명령 또는 금지의 위반에 대한 제재로서 일반 통치권에 의거하여 부과하는 처벌을 말한다. 따라서 행정벌도 형벌 기타의 처벌에 해당함으로 법적근거가 필요하며, 행정형벌의 경우 죄형법정주의가 적용된다.

행정벌은 과거의 의무위반에 대한 제재이다. 따라서 장래의 의무이행을 직접적으로 확보하는 수단인 행정강제와는 구별된다. 또한 일반권력관계에서 일반사인에 대해 통치권의 발동이라는 점이 특별권력관계에 있는 자에 대해 특별권력의 발동으로 부과되는 징계벌과는 차이가 있다. 우리나라에서는 행정벌에 대한 통칙적 규정은 없다. 다만 각 단행법에서 행정법의 특수성을 고려하여 개별적 특칙을 두고 있을 뿐이다.

② 행정벌의 종류

행정벌은 처벌의 내용에 따라 행정형벌과 행정질서벌로 나누어진다. 이 중 행정형벌은 형법 제41조의 형벌을 과하는 것으로 고의과실을 요건으로 한다. 즉 사형, 징역, 금고, 자격상실, 자격정지, 벌금, 구류, 과료, 몰수 등을 과하는 것을 말한다. 따라서 원칙적으로 형법총칙이 적용된다. 또한 행정형벌은 원칙적으로 형사소송절차에 따른다. 그러나 통고처분[71]과 즉결심판[72]은 형사소송절차에 따르지 아니한다.

오늘날 행정형벌의 과잉으로 전과자가 양산되는 문제가 발생하자 불필요한 형사처벌을 하지 말자는 탈범죄화 운동이 일어나고 있다. 즉 단기자유형6개월 미만이나 벌금형을 가능한 행정질서벌과태료로 전환하자는 것을 말한다.

다음으로 행정질서벌이란 행정벌로서 과태료를 과하는 경우를 말하며, 고의·과실을 요건으로 하지 않는다.[73] 이 경우 형법총칙은 적용되지 않으며, 절차는 특별한 규정이 없는 한

---

71) 조세, 관세, 출입국 관리, 도로 교통 등에 관한 사건에서 형사 소송에 대신하여 행정청이 벌금이나 과료(科料)에 상당하는 금액의 납부를 명할 수 있는 행정 처분을 말한다. 행정청의 명령에 금액을 납부하면 일사부재리의 원칙상 다시 처벌할 수 없다. 만약 행정청의 명령에 불복하면 행정청의 고발에 의하여 형사심판을 받게 되고, 통고처분 자체는 그 효력이 소멸되므로 행정소송의 대상이 되는 '처분'에 해당되지 않는다는 것이 판례이다.

72) 20만 원 이하의 벌금, 구류 또는 과료에 처할 경미한 사건에 대하여 공판절차에 의하지 않는 것을 말한다. 선고 고지일로부터 7일 이내에 정식재판을 청구할 수 있다.

73) 신고·등록·서류비치 등의 의무를 태만히 하는 경우 등을 들 수 있다.

비송사건절차법非訟事件節次法에 의한다. 현행 지방자치법은 조례의 의한 과태료의 벌칙을 규정하고 있다. 하지만 지방자치단체의 규칙으로는 벌칙에 관한 규정을 제정할 수 없다. 지방자치법 제27조 1항은 "지방자치단체는 조례를 위반한 행위에 대하여 조례로써 1천 만 원 이하의 과태료를 정할 수 있다."라고 규정하고 있다. 동법 제139조 1항과 2항은 사용료·수수료 또는 분담금의 징수에 관한 사항은 조례로 정하며, 사기나 그밖의 부정한 방법으로 사용료·수수료 또는 분담금의 징수를 면한 자에 대하여는 그 징수를 면한 금액의 5배 이내의 과태료를, 공공시설을 부정사용한 자에 대하여는 50만 원 이하의 과태료를 부과하는 규정을 조례로 정할 수 있다.

(2) 행정강제

행정강제란 행정청이 행정목적의 실현을 확보하기 위하여 사람의 신체 또는 재산에 실력을 가하여 의무를 이행시키거나 의무가 이행된 것과 동일한 상태를 실현하는 사실적 작용을 말한다. 이는 장래에 의무의 이행을 강제하기 위한 수단인 점에서 과거의 의무위반에 대한 제재수단인 행정벌과 구별된다. 한편 과거에는 어떤 의무를 부과하는 법적근거만 있으면 그 의무를 집행하는 경우에는 별도의 법적근거를 요하지 않는다고 하였지만, 오늘날은 강제집행 시에도 법적근거가 있어야 한다는 것이 통설이다. 대집행에 관한 일반법은 행정대집행법이고, 행정상 강제징수의 일반법은 국세징수법이다.

3. 형법상의 제재

3-1. 사형

(1) 사형의 의의

범죄인의 생명을 박탈하여 그를 사회로부터 영구히 제거시키는 형벌이다. 사형의 본질은 생명의 박탈에 있으므로 이를 생명형이라고도 하고, 형벌 중에서 가장 무거운 형벌이기 때문에 극형으로 불리기도 한다. 사형은 가장 오랜 역사를 지닌 형벌로, 고대와 중세의 주된 형벌이었다.

(2) 사형의 역사

함무라비 법전이나 우리나라 고조선의 8조 법금에서는, 훔친 사람은 그 손목을 자르고 남을 죽인 사람은 사형에 처하였다. 물론 문자시대 이전에도 사형제도는 있었다. 사람이 사람을 죽이는 형벌은 인류역사와 맥을 같이 한다고 볼 수 있다.

우리나라는 1948년 정부수립 이후 1997년 말까지 902명이 사형집행을 당해 사형선고 수치가 세계 13위에 올라 있다. 하지만 김대중 대통령이 집권한 1998년 2월 이래 사형 집행을 하지 않아 사실상의 사형폐지국으로 불리고 있다. 또한 1998년 이후 15년간 잔혹한 방법으로 살인을 저지른 사람에 대한 사형 확정 판결도 2010년 7월 이후 나오지 않고 있다. 전남 보성에서 관광객 4명을 바다에 빠뜨려 숨지게 한 70대 어부가 마지막 사형 확정자였다. 살인자 오원춘의 경우도 사형이 무기징역으로 대체되었다. 2020년 현재 한국의 미집행 사형수는 61명이다.

(3) 사형의 방법

교수·참수[74]·총살[75]·화형·투석형[76] 등이 있는데, 우리나라의 현행법은 교수형絞首刑으로 집행한다.[77] 현행 형법은 법정형으로 사형을 규정하고 있다제41조. 미국의 경우 독살, 전기살 등으로 사형을 집행하고 있다. 독살은 의사, 전기살은 전기기사들이 시행하고 있는데 이들은 이 형들이 인권에 반한다고 거부하고 있는 것이 현실이다. 우리나라에서는 교도관이 집행하고 있지만 사형을 집행한 교도관들의 고통이 심하다고 한다.

(4) 사형범죄와 절차

절대적 법정형으로 사형을 과할 수 있는 죄는 여적죄與敵罪뿐이다. 내란죄·외환죄·살인죄 등은 상대적 법정형으로 법관의 재량에 따라 선택적으로 자유형을 과할 수 있다. 그 밖에 '특정범죄가중처벌 등에 관한 법률'과 '국가보안법', '군형법' 등의 특별법에서도 일정 유형의 범죄에 사형을 인정하고 있다.

---

74) 사우디아라비아, 카타르 등이 대표적이다.

75) 베트남, 벨라루스, 소말리아, 엘살바도르, 우즈베키스탄, 북한, 중국 등이 대표적이다.

76) 아프카니스탄, 이란, 소말리아 등은 투석형을 취하고 있다.

77) 싱가포르, 요르단, 이라크, 이란, 이집트 ,일본, 파키스탄 등도 교수형이다.

사형은 법관의 판결이 있은 날로부터 6개월 이내에 법무부장관이 명령하여야 하며, 이 명령일로부터 5일 이내에 검사가 집행한다. 범행 당시 18세 미만인 소년에 대하여는 사형이 인정되지 않는다소년법 제59조. 또한 심신장애자 및 임부에 대해서는 법무부장관의 명령에 의해서 사형의 집행을 정지한다. 심신장애의 회복 또는 출산 후 법무부장관의 명령을 기다려 집행한다.

(5) 각국의 사형

사형에 대해서는 전 세계적으로 존폐론이 대립하고 있다. 대개 서양 선진국가에서는 폐지국가가 많고, 한국, 일본, 중국을 비롯한 동양에서는 아직 존치하는 국가가 많다.

사형제도는 거의 모든 국가에서 존재하는 형벌이었지만 20세기부터 많은 국가에서 폐지하여 무기징역 또는 무기금고형으로 전환하였다. 세계적으로 보면 법이나 관행으로 사형제도를 유지하고 있는 국가는 58개국, 사형제도를 안전히 폐지한 국가는 95개국, 일상적인 범죄에도 사형제도의 집행을 허가하는 법을 유지하고 있으나 적어도 지난 10년간 사형이 집행되지 않고 있는 국가는 35개국이다. 즉 197개 국가 중에서 139개국이 사형제도를 실시하지 않고 있다.

(6) 사형존치와 폐지의 논거

사형폐지론자의 논거는, ①사형은 야만적이고 잔혹하여 인도주의적 견지에서 허용될 수 없으며, ②사형은 일반인이 기대하는 것보다 위하력이 적으며, ③재판은 인간이 행하는 것이기 때문에 항상 오판의 가능성이 존재한다는 것이다. 한편 사형존치론자들의 논거는, ①생명은 인간이 가장 애착을 느끼는 것이므로 사형이 예비적으로 범죄를 예방하는 위하적 범죄억제에 효과가 있으며, ②오판의 경우는 사형뿐만 아니라 자유형에도 존재하며, 특히 사형의 경우에는 과거 군사정권시대와는 달리 신중을 기하기 때문에 오판의 염려가 없으며, ③흉악 범죄인의 생명을 박탈하는 것은 피해자의 권리보장이고, 사회적 정의라는 것을 그 논거로 삼는다. 헌법재판소는 2010년 사형제 합헌 결정을 하면서 "인간의 생존본능과 죽음에 대한 근원적인 공포까지 고려하면 사형은 무기징역이나 가석방이 불가능한 종신형보다 강력한 범죄억지력을 갖는다"고 하면서 사형은 합헌이라고 하였다.

사형집행과 직무유기

Q. 甲은 흉악한 범죄를 저질러 사형선고를 받았는데도 불구하고 법무부장관은 사형을 집행하지 않았다. 이에 乙은 "법무부 장관은 2010년 헌법재판소의 사형제 합헌 결정에도 불구하고 취임한 지 1년이 지나도록 사형을 집행하지 않아 미결 사형수에게 국민의 세금이 낭비되고 있다. 이는 직무유기"라며 서울중앙지검에 법무부장관을 고발했다. 이 경우 법무부 장관에게 직무유기죄가 성립할까?

A. 이에 대하여 서울중앙지검 형사1부는 사형 집행은 신중한 사회적 합의가 필요하고, 형 미집행을 '공무원이 정당한 이유 없이 직무 수행을 거부하거나 유기'하는 직무유기로 연결 짓는 어렵다는 점 등을 들어 법무부 장관이 직무수행을 거부했다고 보기 어렵다고 판단하여 각하하였다. 이에 반하여 사형 집행 유예를 위한 특별법이 없는 상황에서 "사형 집행을 하지 않는 것은 직무유기"라는 견해도 있다.

직무유기죄(職務遺棄罪)는 공무원이 정당한 이유 없이 그 직무수행을 거부하거나 그 직무를 유기하는 죄로서, 1년 이하의 징역이나 금고 또는 3년 이하의 자격정지에 처한다(형법 제122조).

본죄가 성립하기 위해서는 주관적으로 직무를 버린다는 인식과 객관적으로 직무 또는 직장을 벗어나는 행위가 있어야 한다. 그러므로 단순히 직무수행과 관련하여 태만(怠慢)·분망(奔忙)·착각(錯覺) 기타 일신상 또는 객관적인 사정으로 말미암아 부당한 결과를 초래한 것에 불과한 경우에는 직무유기죄는 성립되지 않는다.

3-2. 자유형

(1) 자유형의 의의

자유의 박탈을 내용으로 하는 형벌이다. 자유형은 범죄자의 자유생활의 자유를 빼앗아 감옥에 구금하고 원칙으로 작업을 강제하며 이를 통하여 범죄자를 교도함과 동시에 범죄자를 사회생활로부터 격리시킴으로써 사회를 방어하는 뜻을 가진다. 형벌로서의 자유형은 범죄인의 자유를 구속하여 장래에 범죄적 위험성을 제거하고 사회를 방위하는 데 적절한 효과가 있다.

(2) 자유형의 역사

자유형은 막둥이 형벌이라고도 하며, 그 적용범위 또는 그 작용이 크므로 현대의 형벌제도 중에서 가장 중요한 위치를 차지하고 있다. 자유형에 대한 근본적인 변화가 시작된 것은 범죄자의 사회복귀를 도모하기 시작한 16세기말이었다. 그 이전에는 범죄자의 사회복귀보다는 처벌과 복수의 의미가 컸다. 이 시기부터 형벌을 집행하기 위한 목적보다는 노동을 통한 사회복귀가 목적이었기 때문에 이곳을 교화소로 불렀다. 1555년 브라이드웰 노역장에서 근대적 자유형이 처음으로 시행되었고, 1595년 암스테르담에는 현대적 의미의 교정시설인 최초의 남자수형시설이 설치되었다.

교도소는 19세기 들어 계몽사상의 영향을 받은 사회분위기에 따라 개혁작업이 시작되었다. 존하워드는 직업교육과 종교교육을 통해 교화하는 것을 주장하면서 자유형 개혁의 선구자적 역할을 하였다.

조선시대의 자유형은 유형,[78] 도형이었다. 1894년 갑오경장 이후 근대적 의미의 자유형이 필요함에 따라 법령이 제정되고 일정한 행형시설이 건축되면서 자유형에서 유형주의가 사라졌다.

(3) 자유형의 문제

자유형에서는 단기자유형의 폐지, 부정기형의 채용, 자유형의 단일화, 누진처우와 같은 문제가 있고 자유형은 형사정책 또는 행형학의 중심이 되어 있다. 이 가운데 자유형에 있어서 특히 문제되고 있는 것은 단기자유형과 자유형의 단일화이다. 즉 6개월 미만의 자유형인 경우 형벌의 효과가 있는가가 문제이다. 이에 대해 부정적인 견해는 범죄자에 대한 개선효과를 기대할 시간이 부족하고, 일반예방적 효과가 없고, 악풍감염의 우려가 있고, 전과자로 낙인되어 재범의 우려가 있으며, 가족의 경제곤란을 초래할 염려가 있다는 것을 이유로 들고 있다.

자유형의 단일화에 대해서는 교정정책의 일관성 유지, 징역과 금고의 구별기준인 '파렴치성'의 구별곤란, 노동천시사상, 수형자의 70%가 신청에 의해 작업에 종사 등을 근거로 찬성하는 주장과 이와는 달리 징역에만 노동을 부여한다고 해서 노동을 천시하는 것은 아니고, 형의 종류가 다양하면 형벌의 개별화가 가능하고, 파렴치범과 비파렴치범의 구별은 가능[79] 하다는 이유로 반대하는 주장이 대립하고 있다.

78) 유형은 중죄를 범한 자에 대하여 먼 지방으로 귀양 보내어 죽을 때까지 고향으로 돌아오지 못하게 하는 형벌이다.

79) 예컨대, 교통범죄(비파렴치범)와 같은 과실범은 고의범(파렴치범)과 달리 금고형을 선고하는 것은 국민의 감정에도 맞다고 본다.

(4) 자유형의 종류

우리나라의 자유형에는 징역, 금고, 구류가 있다. 징역은 교도소에 수용하고 정역에 복무시키는 형벌이며, 금고는 수형자를 교도소에 수용하나 정역을 과하지 않은 형벌로 명예를 존중할 필요가 있는 사상범, 교통사범 등에 과하는 형벌이다. 따라서 징역과 금고는 정역의 차이만 존재한다. 징역과 금고의 하한은 1월이고, 상한은 30년이다. 상습범의 경우는 50년이다. 구류는 1일 이상 30일 미만 교도소에 수용하며, 정역은 부과하지 않는다. 경범죄처벌법 기타 단행법규에 규정되어 있다. 금고와 구류는 정역은 부과되지 않지만 본인의 신청에 의하여 부과할 수 있다.

3-3 재산형

(1) 벌금

범죄인에게 일정한 금액5만 원 이상, 상한은 없음의 지급의무를 강제적으로 부담시키는 형벌을 말한다. 벌금은 형법 제45조와 '벌금 등 임시조치법'에 규정되어 있다. 벌금을 판결확정일로부터 30일 이내에 완납하지 못한 경우에 환형처분으로서 1일 이상 3년 이하의 기간 동안 노역장유치에 처한다. 그 일부만 납입한 경우에는 벌금액과 유치기간의 일수에 비례해 납입금액에 상당한 일수를 공제한다.

벌금은 국가에 대한 채권과 상계가 금지되고, 제3자의 대납은 허용되지 않는다. 범죄인이 사망 시 벌금은 소멸되고 상속되지 않는다. 하지만 형소법 478조에 따라 몰수 또는 조세, 전매 기타 공과에 관한 법령에 의하여 재판한 벌금 또는 추징은 그 재판을 받은 자가 재판확정 후 사망한 경우에는 그 상속재산에 대하여 집행할 수 있다.

벌금형은 형 집행비용이 적고, 국가수입이 증대하고 오판의 경우 회복이 가능하므로 유익한 형벌의 측면이 있는 반면에, 납입하지 않으면 형의 실효성이 없고, 부자와 빈자에 대한 불평등형벌의 개별화에 역효과, 범죄 예방적 효과의 약화,[80] 생계곤란, 환형처분 등의 문제가 제기되기도 한다.

현행 벌금형은 액수산정의 기준으로 총액벌금제도를 채택하고 있다. 즉 벌금형을 선고할 때 일정액의 총량을 정하여 포괄적으로 선고하는 방식을 의미한다. 총액벌금제도에 따른

80) 환경범죄로 선고받는 벌금형이 오수·폐수 정화비용보다 적다.

경우 벌금형의 선고는 '피고인은 금 OO 에 처한다'와 같은 방식으로 이루어진다.[81)]

이와 달리 독일 등에서 채택하고 있는 일수벌금형제도란 피고인의 책임에 따라 벌금일수를 먼저 정한 후 범죄인의 경제사정에 따라 1일 벌금액을 결정하고 그 합산액으로 벌금총액을 정하는 제도를 말한다. 즉 일수벌과금제도에 따를 경우 "일일정액 몇 원의 몇 일간의 벌금에 처한다."라는 형식으로 벌금형이 선고된다. Thyren교수가 주장해 포르투갈에서 처음 실시되었고 스칸디나비아 제국을 중심으로 발전되었다고 '스칸디나비아식'이라고 한다. 이는 경제적 불평등을 해결할 수 있다는 장점이 있다.

한편 현행 형법은 벌금형의 선고유예는 인정하나 집행유예는 인정하고 있지 않다형법 제62조. 이는 벌금형보다 무거운 자유형에는 집행유예를 인정하면서도 벌금형에는 이를 인정하지 않는 것은 형평에 어긋난다는 지적이 있다. 벌금은 대상자가 사망하거나 3년이 경과하면 소멸한다. 이러한 이유로 벌금이 집행되지 못한 액수는 2010년 400억 원, 2011년 406억 원이다.

한편 최근 황제노역이라는 비판이 제기되자 형법 제70조 2항을 신설하여2014. 5. 14., 선고하는 벌금이 1억 원 이상 5억 원 미만인 경우에는 300일 이상, 5억 원 이상 50억 원 미만인 경우에는 500일 이상, 50억 원 이상인 경우에는 1,000일 이상의 유치기간을 정하도록 하고 있다.

또한 최근 형법 개정안에는 '일수벌금형', 벌금형에 대한 집행유예 도입, 벌금 납입기한 연장, 벌금 분할 납부, 벌금을 납입하지 못한 경우 노역장 유치 제도를 폐지하고 자유형 또는 사회봉사로 대체하는 규정들이 만들어졌다.

81) 하지만 이는 빈부의 격차를 고려한 선고를 기대하기 어렵고 범죄의 불법과 책임을 정확히 수치화할 수 없어 형벌목적을 달성하기 어렵다는 비판이 있다.

벌금과 노역

벌금을 판결확정일로부터 30일 이내에 완납하지 못한 경우에 환형처분으로서 1일 이상 3년 이하의 기간 동안 노역장유치에 처한다. 대주그룹 회장에게 법원은 벌금 254억을 선고하면서 일당 5억으로 계산하여 50일 간의 노역을 결정했다. 일반인이었으면 회장은 일당 5만으로 계산하여 508,000일(1,391년) 동안 노역장에 유치될 사항이었다. 이러한 불공평을 이유로 벌금 1억 원 미만 사건의 경우 1일 환형유치금액을 10만 원, 벌금 1억 원 이상 사건의 경우 1일 환형유치금액 기준을 벌금액의 1/1000로 하는 법이 만들어졌다. 이 사건을 계기로 '일수벌금형제도'의 도입이 본격화되기 시작하였다.

(2) 과료

범죄인에게 2천 원 이상 5만 원 미만의 돈을 납부하도록 하는 것을 말한다. 과료를 납부하지 아니하면 1일 이상 30일 미만 노역장에 유치된다.

(3) 몰수

재산형으로서 범죄행위에 제공된 물건을 강제적으로 국가소유로 이전하는 것을 말한다. 몰수는 부가형이 원칙이나 행위자에게 유죄판결을 하지 않는 경우에도 몰수의 요건을 갖추고 있으면 몰수만을 선고할 수 있다. 몰수는 임의적 몰수가 원칙이지만 수뢰죄의 경우에 필요적 몰수를 인정한다. 한편 몰수를 할 수 없을 때에 몰수에 갈음해 그 가액의 납부를 명하는 사법처분의 일종인 추징이 있다.

3-4. 명예형

범죄인의 명예나 자격을 박탈하는 것을 내용으로 하는 형벌로서 자격형이라고도 한다. 자격 상실과 자격 정지가 있다. 이는 주형으로 선고되는 경우와 부가형으로 선고되는 경우가 있다.

(1) 자격상실

사형·무기징역·무기금고의 선고로 자격이 당연히 상실되는 경우를 말한다. 상실되는 자격은, 공무원이 되는 자격, 공법상의 선거권과 피선거권, 법률로 요건을 정한 공법상의 업무에 관한 자격, 법인의 이사, 감사, 지배인, 기타 법인의 업무에 관한 검사역이나 재산관리인이 되는 자격이다형법 제43조 1항. 자격상실은 형벌과 같이 선고되는 것이 아니라, 일정한 형의 선고가 있으면 그 형의 효력으로 당연히 일정한 자격이 상실되는 것이다. 이 점에 있어서 자격상실은 보통의 형벌과는 다른 특이한 성질을 가지고 있다.

(2) 자격정지

자격정지에는 당연정지와 선고정지가 있다. 당연정지는 유기징역 또는 유기금고의 판결을 받은 자는 그 형의 집행이 종료되거나 면제될 때까지 공무원이 되는 자격, 공법상의 선거권과 피선거권, 법률로 요건을 정한 공법상의 업무에 관한 자격이 당연히 정지되는 것을 말한다형법 제43조 2항. 선고정지는 판결의 선고에 의하여 자격을 정지하는 것을 말한다. 이 경우 공무원이 되는 자격, 공법상의 선거권과 피선거권, 법률로 요건을 정한 공법상의 업무에 관한 자격, 법인의 이사, 감사, 지배인, 기타 법인의 업무에 관한 검사역이나 재산관리인이 되는 자격을 1년 이상 15년 이하로 정지할 수 있다형법 제44조 1항. 이러한 자격정지의 선고는 다른 형과의 선택형으로 단독으로, 또는 다른 형과 함께 병과형으로 과할 수 있다. 그리고 유기징역 또는 유기금고에 자격정지를 병과한 때에는 징역 또는 금고의 집행을 종료하거나 면제된 날로부터 정지기간을 기산한다형법 제44조 2항.

4. 사법상의 제재

4-1. 손해배상

채무불이행 또는 불법행위 등으로 타인에게 손해를 가한 자가 그 손해를 배상하는 것을 말한다. 손해배상의 방법은 금전배상을 원칙으로 하고, 명예훼손의 경우에는 손해배상과 함께 사죄의 광고 등 적당한 처분을 명할 수 있다.

손해배상의 방법은 계약상의 이행을 하지 않게 되면 이행거절이나 이행불능으로 해제를 한 후 이에 따른 원상회복과 손해배상을 청구할 수 있다. 해제를 하기 위해서는 최고가 필요하고, 해제 후 일정기간이 지난 후에 손해배상을 청구할 수 있으며, 상대방이 이행을 할 수 있음에도 불구하고 이행을 거절하고 있다면 최고 없이 해제의사표시 이후에 손해배상 및 피해자가 지급한 원금 등을 원상회복으로 청구할 수 있다. 해제의 의사표시는 통상은 구두로도 가능하나 나중에 분쟁의 여지를 줄이기 위해서 내용증명 등의 방법을 사용한다.

손해배상에는 여러 가지가 있지만, 주로 계약에서부터 발생하는 손해배상과 불법행위에서 발생하는 손해배상 두 가지가 대표적이다. 전자는 계약법에 따르고 후자는 불법행위법에 따른다. 계약이 존재할 경우에는 일정부분 증거가 필요 없이도 손해배상청구권이 발생하기도 하지만 여기서 증거가 필요 없다는 의미는 상대방의 고의나 과실이 추정된다는 것일 뿐이다. 따라서 계약사실을 증명하는 등의 기본적인 증명은 당연히 필요하다. 불법행위와 관련해서는 불법행위에 기한 손해배상청구권을 주장하는 자가 요건사실을 모두 입증하여야 한다. 그리고 양자 공통된 점은 손해가 얼마만큼인지에 관해서는 손해배상을 청구하는 자가 입증하여야 한다는 것이다.

한편 최근 정부는 '징벌적손해배상제도'를 도입하려고 하고 있다. 이 제도의 도입 목적은 다음과 같다. 즉 사업자가 생필품 가격 등을 담합하는 경우 국민의 전체 피해규모는 크지만, 개개인의 피해는 아주 적은 경우가 많아 민사소송의 실익이 거의 없는 것이 현실이다. 현재는 민사소송을 제기하더라도 개개인이 입은 실제 손해액만을 배상하도록 하고 있다. 따라서 국민의 권리구제를 보다 강화하고 담합 사업자에 대한 일종의 제재적 의미로 실손해를 초과하여 배상케 하는 징벌적손해배상제도의 도입이 필요하다. 차기 정부는 손해액의 10배를 징벌적손해배상액으로 도입하려고 한다.

4-2. 강제집행

민사상의 채무자가 채무를 이행하지 아니한 경우에 국가가 권리자의 청구에 의하여 공권력으로 강제적으로 이행하도록 하는 제재를 말한다. 강제집행을 하려고 하면 판결문이나 지급명령, 화해조서 등이 필요하다. 만약 이러한 것이 없으면 소송이나 지급명령 신청을 해서 판결문이나 결정문을 받아 놓아야 한다. 판결문이 있으면 토지, 건물, 자동차, 통장, 가전제품 등의 압류경매를 할 수 있다. 판결문을 받았을 경우 부동산이면 지방법원에 경매신청을 하면 된다. 경매를 신청할 때에 비용공고, 감정평가 등의 비용을 선납해야 하고, 통장을 압류하려고 하면 법원의 집행관 사무소에 가서 압류할 것을 신청하면 된다. 물론 이 때 인지, 송달료의 비용이 들어간다.

압류된 채권을 환가하는 방법에는 두 가지가 있다. 첫째는 집행채권자가 대위절차代位節次를 밟지 않고 직접 제3채무자로부터 그 채권을 추심할 수 있는 추심명령推尋命令이고, 둘째는 피압류채권의 채권자가 압류채권자로 바뀌는 전부명령轉付命令이다. 부동산에 대한 강제집행에는 강제경매와 강제관리가 있는데, 주로 강제경매에 의한다.

강제집행은 채무자 개개의 재산에 대하여 행하며, 채무자의 재산을 전체로 하여 집행하는 것은 아니다. 강제로 실현할 채무명의는 금전채권을 실현하기 위한 것과 그밖의 채권을 실현하기 위한 것 두 가지가 있다. 그리고 금전채권을 실현하기 위한 집행대상에는 유체동산·채권과 기타 재산권·부동산·선박·자동차·중기·항공기 등이 있다.

강제집행기관에는 집달관과 집행법원이 있다. 집행법원은 단독 판사가 그 사무를 담당한다. 금전채권을 실현할 강제집행절차는 대체로 압류·환가換價·배당의 3단계를 거친다. 그중 신속하고 물리적인 실력행사가 필요한 것은 집달관이 담당하고, 신중한 관념적 절차만으로 목적을 달성할 수 있는 절차는 집행법원이 담당한다.

4-3. 실권

법률상의 자격 또는 권리를 상실하게 하는 제재를 말한다. 친권자의 상실, 소멸시효에 의한 권리의 상실 등이 대표적이다. 부 또는 모가 친권을 남용하거나 현저한 비행 기타 친권을 행사시킬 수 없는 중대한 사유가 있는 때에는 법원은 자의 친족 또는 검사의 청구에 의하여 그 친권의 상실을 선고할 수 있다민법 제924조. 또한 가정법원은 법정대리인인 친권자가 부적당한 관리로 인하여 자녀의 재산을 위태롭게 한 경우에는 자녀의 친족 또는 검사의 청구에 따라 그 법률행위의 대리권과 재산관리권의 상실을 선고할 수 있다민법 제925조.

소멸시효는 앞에서 본 바와 같이 권리자가 권리를 행사할 수 있음에도 불구하고 권리를 행사하지 않는 사실상태가 일정기간 계속된 경우에 그 권리의 소멸을 인정하는 제도이다. 소멸시효 완성의 효과에 대하여는 절대적 소멸설이 지배적이며, 판례의 태도이다. 소멸시효 완성의 효과는 기산일起算日에 소급하며민법 제167조, 주主된 권리의 소멸시효는 종從된 권리에도 효력이 미친다민법 제183조. 채권자는 소멸시효에 의하여 소멸하는 채권이 소멸시효의 완성 전에 상계相計할 수 있었던 것이면 상계할 수 있다동법 제495조. 소멸시효 완성의 이익은 소멸시효 완성 후에만 포기할 수 있다동법 제184조.

제2절 국제법상의 제재

국제법을 위반한 국가에 대하여 과하는 제재를 말한다. 이에는 전쟁, 무력제재, 경제봉쇄 등이 있다. 북한의 핵무기 실험, 미사일발사 등으로 유엔에서는 경제봉쇄 등으로 대응하고 있다. 또한 북한의 이러한 행위에 대하여 무력제재나 '비행금지구역 설정' 등을 하자는 견해도 있다. 유엔헌장 제7장 제42조는 무력적 조치에 따른 '군사 제재'를 할 수 있다고 규정하고 있다.

1. 경제봉쇄Economic Blockade, 經濟封鎖

적대관계에 있는 외국에게 가하는 경제적인 압박 또는 제제를 가하는 것을 말한다. 국제분쟁의 해결을 위한 강제조치 중 유엔헌장 제41조에 규정된 비군사적 조치의 한 형태를 말한다. 이것은 평시나 전시에 한 나라가 단독적으로 또는 수개국이 집단적으로 경제전 수행의 수단으로 우호국이나 중립국이 아닌 적대국에 대한 무역 및 자본거래의 금지·제한·교통차단 조치를 하여 적대국의 군사적·경제적 능력을 전면적 또는 부분적으로 약화시키려는 것이다. 전시의 예로 제1·2차 세계대전 때 연합국에 의한 대독봉쇄對獨封鎖가 대표적이고 비전시의 경우는 북한에 대한 유엔의 경제봉쇄가 대표적이다. 특히 북한에 대한 경제제재 및 봉쇄는 무역, 과학기술, 투자, 부동산, 보험, 수송, 우편통신, 주민왕래 등 모든 분야의 대외경제 거래를 전면 봉쇄하고 있다. 국제연합은 침략국에 대한 경제봉쇄를 안전보장이사회의 결정에 의하여 가맹국의 의무로 부과할 수 있도록 하고 있다.

유엔헌장 제41조에는 비무력적 강제조치로 경제관계 및 철도, 항해, 항공, 우편, 전신, 무선통신, 다른 교통통신 수단의 전부 또는 일부의 중단과 외교관계의 단절 등이 규정되어 있다. 이 규정에 따른 대표적인 예가 북한의 1~2차 핵실험 이후 채택된 대북결의1718호, 1874호였다.

2. 무력제재Use of Force, 武力制裁

무력제재는 경제봉쇄로는 국제법을 어긴 국가에 대하여 효과가 없을 때 하는 제재이다. 유엔헌장 제7장은 평화에 대한 위협, 파괴, 침략행위를 규정하면서 이에 대한 제42조에 명시하고 있다. 제42조에는 무력적 강제조치공군, 해군, 육군에 의한 시위 봉쇄 및 다른 작전을 포함 등이 규정돼 있다.

유엔 안보리가 유엔헌장 제7장을 원용, 특정국에 대한 제재에 나설 경우 먼저 비군사적 제재인 제41조에 해당하는 내용을 담은 결의안을 채택하고 그래도 효과를 보지 못하면 무력사용을 담보하는 제42조로 넘어가는 수순을 밟게 된다.

3. 외교단절Severance of Diplomatic Relations, 外交斷絕

외교단절은 일국이 타국의 행동에 대해서 불만과 항의를 표시하는 강경한 수단으로, 상대국에 파견한 자국의 상주 외교사절과 그 수행원을 소환하는 동시에 자국에 주재하고 있는 상대국의 상주 외교사절과 그 수행원의 퇴거를 명하는 정치적인 행동을 말한다.

국제연합현장 제41조에서는 평화를 파괴하거나 위협하는 국가에 대해 가맹국들이 취할 무력행동을 수반하지 않는 강제조치의 일종으로 외교단절을 들고 있다. 그러나 이것이 국교단절과 동일한 의미의 조치인지에 대해서는 의견이 나누어진다. 외교단절시에는 상대국에 파견한 자국의 상주외교사절과 수행원들을 소환하며, 자국에 주재하고 있는 상대국의 상주외교사절 및 수행원들의 퇴거를 명한다. 외교관계의 단절은 불만과 항의를 표시하는 수단에 불과하므로, 양당사국 간의 국제법적 관계는 지속되며 재외국민이나 그 권익에 대한 외교적 보호는 제3국에 의뢰하여 그를 통해 상대국과의 교섭을 가지게 된다.

대부분의 외교단절은 전쟁에 선행하여 취해진다. 그러나 엄격한 의미에서 보면 전쟁의 개시가 보통 외교관계를 단절시키는 데 비하여 외교관계의 단절이 반드시 전쟁을 의미하지는 않는다. 전쟁으로 인한 외교관계의 단절 시에 외교사절은 퇴거하는 것이 원칙이다.

대표적인 외교단절의 예는 터키와 아르메니아 간의 20여 년의 외교단절, 이란과 이집트의 외교단절, 1992년 한국과 중국의 수교에 따른 대만의 한국과의 외교단절, 세계 평화와 안정을 극도로 위협하고 있는 이란에 대한 캐나다의 외교단절을 들 수 있다.

최근 한국과 중국은 독도, 센카쿠의 영토분쟁으로 일본과 갈등 관계에 있다. 특히 일본 정부의 우경화로 한국과 중국의 반일감정은 최고조에 달하고 있다. 이러한 문제로 일부 단체들은 일본과의 외교단절까지 주장하고 있다.

제2부 개별법

제1장

헌법

제1절 서설

1. 헌법의 개념과 특성

1-1. 헌법의 개념

헌법은 국가의 기본법으로서 국가의 통치조직과 작용, 국가기관 상호간의 관계 및 국가와 국민의 관계에 관한 최고의 법이다. 헌법개념은 아리스토텔레스가 최초로 제기하였다. 아리스토텔레스는 헌법을 모든 계급의 시민들이 그들 각자의 특권을 향유할 수 있고 전체사회의 이익을 도모하는 데 있어 각자가 책임을 지도록 유도하는 방식으로 군주제·귀족제·민주제의 요소들을 결합한 것을 가장 바람직한 헌법이라 하였다. 헌법에는 성문헌법이 대부분이지만 불문헌법도 있다.

1-2. 헌법의 분류

(1) 전통적 분류방법

1) 존재형식에 의한 분류

① 성문헌법

헌법이란 형식을 갖추고 문서의 형식으로 되어 있는 헌법을 말한다. 대부분의 국가는 성문헌법을 채택하고 있으며, 최초의 성문헌법은 1776년에 제정된 버지니아 헌법이다.

② 불문헌법

성문헌법과 달리 헌법전이 아닌 일반 법률이나 관습의 형태로 존재한 헌법을 말하며, 관습헌법이라고도 한다. 영국, 오스트레일리아, 뉴질랜드 등의 국가들이 채택하고 있는 형태이다.

③ 우리나라의 형태

우리나라는 성문헌법을 채택하고 있지만 불문헌법도 인정하고 있다.

2) 개정방법에 의한 분류

① 경성헌법

헌법의 개정이 법률의 개정절차에 비하여 보다 엄격한 절차를 거쳐야만 가능한 헌법을 말한다. 대부분을 국가들이 채택하고 있다.

② 연성헌법

법률개정과 동일한 절차로 개정할 수 있는 헌법을 말한다. 극소수의 국가들이 채택하고 있다.

3) 제정주체에 의한 분류

① 흠정헌법

군주가 단독으로 제정한 헌법을 말하며, 일본의 메이지헌법이 대표적이다.

② 협약헌법

군주와 국민 간의 협약을 통하여 제정한 헌법을 말하며, 1830년의 프랑스 헌법이 대표적이다.

③ 민정헌법

국민이 단독으로 제정한 헌법을 말하며, 오늘날 대부분의 헌법이 민정헌법이다.

④ 국약헌법

국가 간의 협약에 의하여 제정된 헌법을 말하며, 1787년의 미합중국헌법과 1841년의 스위스연방헌법 등이 대표적이다.

(2) 새로운 분류방법

레벤슈타인K.Lowenstein[82)]은 전통적 분류에 탈피하여 헌법규범과 헌법현실의 일치 여부를 기준으로 다음과 같이 세 가지로 분류하였다.

① 규범적 헌법

규범과 현실이 잘 일치되어 현실의 정치 과정이 헌법에 정한 절차와 기준에 따라 이루어진 헌법을 말한다. 이 헌법은 개인의 자유와 권리의 보장을 최고이념으로 할 뿐 아니라 현실적으로 규범으로서의 실효성을 가지고 있는 헌법이다. 서구 여러 나라의 헌법이 이에 속한다.

② 명목적 헌법

헌법이 현실적으로 규범으로서의 기능을 발휘하지 못하고 명목적인 존재에 불과하여 정치적 현실이 이상적인 헌법규정을 따르지 못하는 것을 말한다. 남미의 헌법, 아시아 일부 국가의 헌법 등이 이에 속한다.

---

82) 그는 또한 헌법의 독창성 여부에 따라 독창적 헌법(영국의 의원내각제헌법, 미국의 대통령헌법, 소련의 사회주의 헌법 등)과 모방적 헌법(아시아, 라틴아메리카헌법 등)으로 나누고 있다.

③ 장식적 헌법

규범과 현실은 일치하나, 규범자체가 권력의 정당성을 위한 수단에 불과한 헌법을 말한다. 구소련 등 공산주의국가의 헌법 등이 여기에 속한다.

2. 헌법의 제정과 개정

2-1. 헌법의 제정

헌법의 제정은 헌법을 처음으로 만들거나 기존의 헌법을 폐지하고 새로운 헌법을 만드는 것을 말한다. 여기서 헌법은 성문헌법을 말한다. 헌법제정은 실질적으로는 '정치적 통일체의 종류와 형태에 관하여 헌법 제정 권력이 내린 근본적인 결단을 규범화하는 것'을 말하고 형식적으로는 '성문헌법으로서의 헌법의 법전화'를 말한다.

헌법의 제정은 주권을 행사하는 것이므로, 어떤 형태로든 그 과정에 국민이 참여하는 것이 필수적이다. 다만 헌법의 제정은 성질상 그 방법과 절차를 미리 정할 수 없다. 이것이 헌법의 개정과 다른 점이다.

2-2. 헌법의 개정

(1) 헌법개정의 의의

헌법개정이란 헌법에 규정된 개정절차에 따라 헌법의 기본적 동일성을 유지하면서 헌법 개개의 조항을 의식적으로 수정, 삭제, 증보함으로써, 헌법의 형식이나 내용에 변경을 가하는 행위를 말한다.

(2) 헌법개정의 한계

헌법의 개정에 대하여 이를 제약하는 한계가 있는가에 관하여 논란이 있으나 개정한계설이 통설이다. 통설에 따르면 전문의 근본적 내용, 민주공화국, 국민주권주의, 민주적 기본질서, 국제평화주의, 복수정당제, 기본권보장 등은 개정할 수 없다. 특히 기본적 인권보장에 있어서 핵심을 이루는 인간의 존엄성 존중과 행복추구권, 평등권, 생명권, 신체의 자유, 사생활 비밀의 자유, 종교의 자유, 양심의 자유, 언론의 자유 등이 그 한계가 된다.

(3) 헌법개정 절차

헌법개정권자는 대통령과 국회의원인데, 대통령은 국무회의의 심의를 거쳐 국회의원 재적 과반수의 찬성으로 헌법개정을 발의할 수 있다. 제안된 헌법 개정안은 대통령이 20일 이상의 기간을 공고해야 하며, 국회는 공고일로부터 60일 이내에 국회의 의결을 거쳐야 한다헌법 제129조, 제130조 1항 전단. 국회의 의결은 재적의원 2/3 이상의 찬성을 얻어야 한다헌법 제130조 1항 후단. 국회의 의결을 거친 헌법개정안은 국회의결 이후 30일 이내에 국민투표에 회부되어 국회의원 선거권자 과반수의 투표와 투표자 과반수의 찬성을 얻어야 확정된다헌법 제130조 2·3항. 이상과 같은 절차에 따라 헌법개정이 확정되면 대통령은 즉시 이를 공포해야 한다.

제2절 대한민국헌법총론

1. 우리 헌법의 제정과 개정경과

우리나라 헌법은 1948. 7. 12. 제정되어, 동년 7. 17. 시행되었다. 그 후 9차에 걸쳐 개정되어 현재에 이르고 있다.

1-1. 제1공화국헌법

대통령제를 채택하였으나, 대통령을 국회에서 선출하는 간선제를 하였다.

(1) 제1차 개헌

소위 발췌개헌이라고 하는 제1차 개정은 이승만 대통령의 재집권을 목표로 1952년 7월 4일 제안되었다. 이 개정안은 '대통령직선제와 국회 양원제의 도입'을 주요내용으로 하고 있는데, 표결과정에서 계엄령을 선포하고 국회의원을 감금하는 등 위헌적 방법으로 통과되었다.

(2) 제2차 개헌

제2차 개헌은 소위 '사사오입개헌'으로 초대대통령에 대한 중임제한 철폐가 주요 골자였다. 이승만의 3선을 위해 대통령 연임제한의 철폐를 내용으로 하는 제2차 헌법개정안은 1954년 9월 8일 제안되었다. 그러나 이 개정안은 국회재적의원 203명 중 135명만이 찬성함으로써 11월 27일 부결된 이후 11월 29일 가결로 수정·발표되었다.

1-2. 제2공화국헌법

1960년 4·19혁명에 의한 제2공화국헌법으로 의원내각제를 채택하였다. 제2공화국에서는 제3, 4차 개헌이 있었다.

(1) 제3차 개헌

1960년 6월 11일 제3차 개정안이 제안되었는데 이 개정안은 4·19혁명 이후 의원내각제와 대통령 중임제 및 국회에서의 대통령 선출을 주요내용으로 하고 있었다. 국회재적의원 218명 중 208명의 찬성으로 가결되었다.

(2) 제4차 개헌

부정선거 관련자 및 반민주행위자의 공민권 제한과 부정축재자 처벌이 주요 골자이다. 1960년 10월 17일 제안하여 11월 28일 가결했다.

1-3. 제3공화국헌법

1961년 5·16 군사정변에 의한 제3공화국헌법으로 국민 직선에 의한 대통령제를 채택하였다. 이 공화국에서는 제5, 6차 개헌이 있었다.

(1) 제5차 개헌

제5차 헌법개정은 5·16군사정변 이후 단행되었다. 1962년 11월 5일 제안된 이 헌법개정안은 대통령중심제, 비례대표제, 국회의 단원과 국회의원 임기 4년이 주요내용이었고, 12월 26일 국회를 해산한 상황에서 국민투표에 의해 가결되었다.

(2) 제6차 개헌

1969년 8월 7일 제안되고 9월 14일 가결된 제6차 개정안은 변칙적으로 처리된 개헌이었다. 대통령 3선을 허용한다는 것을 골자로 하는 이 개정안은 여당의원 122명이 참석하고 122명이 찬성하여 가결되었다.

1-4. 제4공화국헌법

제4공화국 때에는 제7차 개정이 있었다. '유신헌법'이라고도 하는 제7차 개정안은 1972년 10월 27일 제안되고 12월 17일 국민투표에 의해 통과되었다. 개정안의 주요내용은 영도적 대통령제 도입, 통일주체국민회의에 의한 간접선거, 유신정우회 의원의 대통령 지명 등이다. 비상계엄하에서 실시된 이 개정안은 박정희 대통령의 종신집권을 목적으로 한 것이었다.

1-5. 제5공화국헌법

제5공화국 때에는 제8차 개정이 있었다. 제8차 개헌1980년 10월 27일은 대통령선거인단에 의한 간선제, 평화적 정권교체를 위하여 대통령중임가능개헌의 효력을 제한한 것이 그 특색이다. 대통령 임기는 7년 단임이었다.

1-6. 제6공화국헌법

제9차 개정으로, 대통령직선제, 대통령의 5년 단임, 국정감사권 부활, 대통령권한축소, 기본권보강, 헌법재판소 신설 등이 그 특색이다. 제9차 헌법개정안은 1987년 10월 12일 국회에서 의결하고 10월 27일 국민투표를 거쳐 통과되었다. 제9차 헌법개정은 최초의 여야 합의개헌이었다는 점과 15년 만에 대통령직선제로 환원되었다는 점이다.

2. 헌법전문

헌법전문이라 함은 헌법제정의 유래와 헌법제정권자, 헌법제정의 목적, 헌법의 기본원리 등을 선언하고 있는 헌법서문을 말한다. 대부분의 헌법은 전문이 있지만 전문이 없는 헌법도 있다.

헌법전문은 형식적으로는 헌법전의 일부를 구성하고, 실질적으로는 헌법규범 중 가장 기초적이고 최상위의 규범으로서, 이는 헌법의 본질적 부분을 형성하며 헌법개정의 한계가 되고 있다. 구체적으로는 ①헌법의 성립유래, ②대한민국의 건국이념, ③민족단결과 정의·인도, 동포애의 구현, ④자유민주적 기본질서의 확립, ⑤국민의 기본권보장, ⑥조국의 평화적 통일지향, ⑦국제평화주의 등을 선언하고 있다.

3. 선거

3-1. 선거제도

(1) 보통선거

선거인의 자격에 재산, 신분, 성별, 교육 정도 등의 제한을 두지 아니하고, 일정한 나이에 이른 모든 국민에게 제한 없이 평등한 선거권이 주어지는 선거를 말한다. 과다하게 높은 선거연령, 기탁금, 추천자 서명 등의 요구는 보통선거 위반이다. 여자, 노예들에게 선거권을 주지 않는 것도 이 선거 위반이다.

(2) 평등선거

모든 유권자에게 동등하게 1표의 투표권을 인정하는 것을 말한다. 액면가치뿐 아니라 결과가치도 평등할 것을 요한다. 로크는 배분적 정의, 실질적 평등을 주장하면서 평등선거를 반대하였다. 헌법재판소는 선거구 인구 편차는 1:4로 보고 있고, 방송시간을 차등할당하고 무소속 후보자에게 별도의 추천인을 요구하는 것 등은 평등선거의 위반으로 보지 않았다.

(3) 직접선거

선거권자가 중간선거인을 선정하지 않고 직접 피선거권자를 선출하는 것으로, 간접선거[83]에 대응하는 말이다. 오늘날 대부분의 국가에서는 직접선거를 택하고 있다. 그러나 미국의 대통령 선거는 간접선거이다. 하지만 미국은 선거인이 누구를 대통령으로 선출할 것인가

83) 우리나라는 초대 대통령 및, 제4공화국과 제5공화국에서는 간접선거로 대통령을 선출하였고, 2006년까지 교육감은 간접선거였다.

가 미리 정해져 있어서 실제로는 선거인 선거가 대통령 선거 그 자체이기 때문에 직접선거와 다를 바 없다.

(4) 비밀선거

선거인이 어느 후보자를 선출하는지 알 수 없게 하는 것을 말하며, 공개선거의 대립되는 말이다. 공개선거는 투표의 책임을 명백히 한다는 취지에서 호명·거수·기립·기명 등에 의한 방법으로 주로 사용되고 있다. 그러나 자유로운 의사표시를 방해할 위험이 크기 때문에 선거의 공정성이나 자유로운 분위기를 보장할 수 없다는 단점이 있다. 따라서 대부분의 현대 민주국가는 비밀선거를 취하고 있다.

(5) 자유선거

선거 활동을 할 때 불필요한 간섭이나 익압을 받지 않으며 모든 유권자들이 자유롭게 의사를 나타낼 수 있는 환경에서 이루어지는 선거로서 강제선거와 대립된다. 헌법, 법률에 명문규정이 없으나 당연히 인정된다.

헌법재판소판결 **수형자와 집행유예자의 선거권**

유기징역의 실형이 확정되어 교도소에 수형 중인 자들은 (구)공직선거법 제18조 제1항 제2호에 따라 선거권이 없는 자에 해당하는 자에 포함되자 헌법 제11조의 평등권, 헌법 제24조의 선거권 등을 침해한다고 주장하면서 헌법소원심판을 청구하였다.

이에 우리 헌법재판소는 범죄자의 선거권을 제한할 필요가 있다 하더라도 그가 저지른 범죄의 경중을 전혀 고려하지 않고 수형자와 집행유예자 모두의 선거권을 제한하는 것은 침해의 최소성 원칙에 어긋난다. 특히 집행유예자는 교정시설에 구금되지 않고 일반인과 동일한 사회생활을 하고 있으므로, 그들의 선거권을 제한해야 할 필요성이 크지 않다.

예를 들어, 징역 4월에 집행유예 2년을 선고받은 청구인은 징역 1년 6월의 실형을 선고받은 청구인보다 선고형이 가벼운데도 불구하고 더 긴 시간 동안 선거권을 제한받는다. 이러한 이유로 헌법재판소는 공직선거법(2005.8.4. 법률 제7681호로 개정된 것) 제18조 제1항 제2호 중 '유기징역 또는 유기금고의 선고를 받고 그 집행유예기간 중인 자'에 관한 부분헌법에 위반되고, '유기징역 또는 유기금고의 선고를 받고 그 집행이 종료되지 아니한 자'에 관한 부분은 헌법에 합치되지 아니한다고 결정하여 각 법률조항 부분은 2015년 12월 31일까지 법률을 개정하도록 하였다(2014. 1. 28. 2012헌마409·510, 2013헌마167(병합)).

이에 국회는 2015년 7월 24일(2016년 1월 1일 시행) 공직선거법 제18조(선거권이 없는 자)를 '1년 이상의 징역 또는 금고의 형의 선고를 받고 그 집행이 종료되지 아니하거나 그 집행을 받지 아니하기로 확정되지 아니한 사람. 다만, 그 형의 집행유예를 선고받고 유예기간 중에 있는 사람은 제외한다'라고 헌법재판소의 취지에 맞게 개정하였다.

3-2. 선거의 종류

(1) 보궐선거

당선자가 임기 도중에 사직, 사망 또는 실형선고가 될 때, 남은 임기를 채우기 위하여 후임자를 뽑는 임시 선거를 말한다. 선거 결과가 완전히 목적을 달성할 수 없어서 선거를 다시 하는 재선거再選擧와는 다르다.

(2) 재선거

공직선거가 당선인의 선거법 위반 등으로 공정하게 치러지지 않았을 경우 당선을 무효화하고 다시 선거를 치르는 선거이다. 선거결과 당선인이 없거나 당선인이 임기개시 전에 사퇴·사망하거나 피선거권이 없게 된 때, 또는 법원으로부터 당선무효의 판결이 있을 경우에 치러진다.

3-3. 대표제와 선거구

(1) 다수대표제와 소선거구

한 선거구에서 대표를 선출함에 있어 최고 득점자를 당선자로 정하는 선거제도이다. 소선거구제도와 연결된다. 이는 선거인과 대표자 간의 유대관계가 좋고, 다수세력을 형성하기 쉽다는 장점이 있다. 따라서 안정적다수를 요하는 의원내각제와 친화적 관계에 있다. 그러나 소수의견이 무시되고, 게리맨더링의 위험, 대의불평등투표수와 의석수의 bias현상의 위험, 死票가 많다는 단점이 있다. 따라서 비례대표제로써 보완할 필요성이 있다.

(2) 소수대표제와 대선거구

다수대표제의 결점인 소수의견이 무시된다는 점을 보완하여 유권자의 소수파에게도 득표수에 알맞은 수의 의원을 낼 수 있게 하려는 선거제도이다. 이 제도는 대선거구제를 전제로 하는데, 이 제도는 소수의견을 존중하고 사표를 방지한다는 장점이 있다. 그러나 절차가 복잡하고, 보궐선거가 어려우며 대도시의 인물이 유리하고, 집권여당의 동반당선을 쉽게 만든다는 등의 단점이 있다.

(3) 비례대표제

다수대표제의 문제점을 시정, 보완하기 위해 득표율에 따라 배분하는 것을 말한다. Weimar헌법 때 도입되었으며, 우리나라는 제3공 헌법에서 최초로 도입하였다. 장점으로는 투표의 결과가치 반영, 평등선거구현에 가장 적합, 소수자보호에 유리, 사표의 최소화 등이다. 단점으로는 군소정당난립, 정당지도부의 주도, 일반대중의 정치소외 등을 들 수 있다. 우리나라는 국회의원 선거에서 득표율에 비례하여 의석을 배분하는 비례대표제를 도입하고 있다. 공직선거법 189조는 '정당이 비례대표 당선자를 내기 위해서는 유효투표 총수의 3% 이상을 득표하거나 지역구에서 5석 이상의 의석을 차지해야 한다.'라고 명시했다. 제19대 국회에서 비례대표 의석은 전체 의석 300석의 18%인 54석이다.

3-4. 기탁금

선거에서 각 후보 및 정당들의 무분별한 출마를 방지하기 위하여, 선거에 출마한 후보가 후보 등록 할 때 관할 선거관리위원회에 일정한 액수의 금액을 기탁한 후 당선여부 및 득표율에 따라 전부 혹은 일부 금액을 반환하거나 국고로 귀속하는 제도이다. 대통령선거는 3억 원, 국회의원선거는 1500만 원, 지방선거 광역자치단체장선거는 5천만 원, 기초자치단체장선거는 1천만 원, 광역자치단체의회의원선거는 300만 원, 기초자치단체의회의원선거는 200만 원이다. 헌법재판소는 "예비후보자 기탁금 납부 및 반환에 관한 규정은 예비후보자의 무분별한 난립을 예방하고 책임성을 강화하기 위한 것"이라며 "입법목적과 수단, 기탁금의 액수 등에 비춰 과잉금지원칙에 위배되지 않는다."라고 판결했다.

3-5. 주민소환제

주민소환제는 지방자치단체 선출직 공직자자치단체장, 지방의회의원를 임기 중이라도 주민투표에 의해 해임시킬 수 있도록 하는 제도이다. 주민소환의 대상은 지방자치단체장과 지방의회의원이다. 지방의원 중 비례대표는 제외된다. 광역자치단체와 기초자치단체 모두에서 가능하다. 주민소환을 청구할 수 있는 자격은 해당 지자체의 주민그 지자체에 주소를 둔 자 중 19세 이상인 자와 일정한 자격요건을 갖춘 외국인 주민19세 이상, 영주자격 취득 후 3년 경과, 지자체 관할 외국인등록대장에 등재이다.

주민소환투표는 관할 선관위 주관으로 실시되며 지자체장은 지자체 전역, 지방의원은 해당 선거구를 대상으로 한다. 주민소환의 사유에는 제한이 없다. 주민소환은 선거와 마찬가지로 해당 선출직 공직자에 대한 주민의 정치적 판단이므로 따로 사유에 제한을 두는 것은 적절치 않기 때문이다. 주민소환을 청구하려면 일정 수 이상의 주민 서명을 받아야 한다. 광역지자체장특별·광역시장 및 도지사은 주민이하 모두 성인 투표권자 기준임의 10%, 시장·군수·구청장 등 기초지자체장은 15%, 지방의원은 지역구 주민의 20% 서명을 받아야 한다. 투표는 투표권자 1/3 이상 참여로 성립되며, 유효투표 중 과반수가 소환에 찬성하면 해당 공직자 해임이 결정된다. 투표율이 1/3에 미달하면 아예 개표를 하지 않는다. 지금까지 주민소환투표는 2번 실시되었다. 2007년 하남시에서 지역단체장이 주민들의 동의 없이 광역 장사시설 유치를 발표하였다는 이유로 주민소환투표가 실시되었고, 2009년 제주 해군기지 건설과 관련한 제주특별자치도지사에 대한 주민소환투표가 실시되었으나 투표율 미달로 모두

무산되었다.

주민소환제는 2007년부터 시행되었지만 서명요청 운동에 제한과 복잡한 절차 등의 이유로 지금까지 2번밖에 시행되지 않아 주민소환제도의 원래의 취지를 살리지 못하고 있는 것은 앞으로 개선되어야 할 문제다. 또한 국회의원이 제외된 것, 임기 개시 후 1년이 지나지 않거나 잔여 임기가 1년 이내면 주민소환을 청구할 수 없는 등의 문제도 있다.

3-6. 주민투표법

'주민투표법'은 2003년 12월 제정돼 2004년 7월 30일부터 본격 시행되었다. 주민투표법은 지역주민들에게 중대한 영향을 미치거나 부담을 지우는 중요결정사항에 대해 주민, 지방의회, 자치단체장, 중앙행정기관장의 발안으로 투표를 하는 대표적인 직접민주주의제도다. 지방자치제가 본격 시행되면서 높아진 주민들의 직접적인 정치 참여 욕구를 반영시키는 좋은 제도이다.

주민투표는 2019년 기준 총 10차례에 걸쳐 시행되었다. 2005년 7월 27일 제주도의 행정개편을 둘러싼 안건이 첫 번째 실시된 주민투표였다. 2005년 9월 29일 청주시와 청원군이 행정구역 통합에 대한 주민투표를 실시했고, 2005년 11월 2일 일명 방폐장 부지 선정을 위해 전북 군산시, 경북 포항시·경주시·영덕군 등 4개 지자체를 대상으로 주민투표가 실시되었다. 그리고 2011년 8월 24일 치러진 서울시 무상급식 주민투표도 있다.

주민투표는 주민, 지방의회, 지자체장, 중앙행정기관장이 청구할 수 있다. 이 중 주민이 청구하는 주민투표는 유권자 총수의 5~20%의 서명으로 발의된다. 발의된 지 20~30일 이내에 투표일 합의하고, 유권자 1/3 투표와 과반수 찬성으로 통과된다.

주민투표 현황

주민투표명	실시지역	투표율(%)	개표결과(%)		투표결과	청구권자
제주도 행정구조 개편 '05.7.27	제주도	36.7	단일광역자치안	57.0	단일광역 자치안 채택	행정자치부 장관
			현행유지안	43.0		
청주·청원 통합 '05.9.29	충북 청주시	35.5	찬성	91.3	통합무산 청원군 반대	행정자치부 장관
			반대	8.7		
	충북 청원군	42.2	찬성	46.5		
			반대	53.5		
중·저준위 방사성폐기물 처분시설 유치 '05.11.2	전북 군산시	70.2	찬성	84.4	경주시 선정	산업자원부 장관
			반대	15.6		
	경북 포항시	47.7	찬성	67.5		
			반대	32.5		
	경북 경주시	70.8	찬성	89.5		
			반대	10.5		
	경북 영덕군	80.2	찬성	79.3		
			반대	20.7		
서울시 무상급식지원범위 '11.8.24	서울시	25.7	소득하위 50%의 학생을 대상으로 2014년까지 단계적으로 실시		투표권자 1/3미만 투표로 미개표	서울시민 5% 이상
			소득 구분없이 모든 학생을 대상으로 초등학교는 '11년 부터, 중학교는 '12년부터 전면적으로 실시			
영주시 면사무소 이전관련 '11.12.7	경북 영주시 평은면 *실시지역 제한	39.2	영주시 평은면 평은리 산78번지 강동리 산 19번지 일대	91.7	평은리 일대 선정	영주시민 11%이상
			영주시 평은면 오운리 산59번지,산 57-16번지 일대	8.3		
청원·청주 통합 '12.6.27	충북 청원군	36.8	찬성	79.0	통합찬성 확인	행정안전부 장관
			반대	21.0		

남해 화력발전소 유치동의서 제출 '12.10.17	경남 남해군	53.2	찬성	48.9	유치반대	남해군수
			반대	51.1		
완주·전주 통합 '13.6.26	전북 완주군	53.2 *사전투표 20.11%	찬성	44.7	통합반대 확인	안전행정부 장관
			반대	55.3		
평창군 폐기물처리장지원기금 분배'19.2.1.	강원평창군	61.7	찬성	97.3	인구비율대로 분배안 찬성	평창군민
			반대	2.2		
거창군 구치소 위치 선정 '19.10.16.	경남 거창군	52.8	찬성	65	거창읍 입지 원안 찬성	거창군수
			반대	35		

자료: 행정안전부

3-7. 선거연령

선거연령選擧年齡은 국회의원, 대통령 등 선출직 공직자를 뽑는 선거에서 유권자로서 투표를 할 수 있는 나이를 말한다. 대부분 국가는 피부색, 민족, 성별, 종교, 학력 등에 관계없이 특정한 연령에 이른 사람에게 선거권을 부여한다. 2018년 기준으로 18세 이상이 가장 많으며,[84] 16세,[85] 17세[86] 이상의 국가도 있다. 우리나라의 선거연령은 2005년 20세에서 19세로 낮아진 뒤 2007년 제17대 대통령선거부터 적용되었으며, 2020년 18세로 낮아졌다.

선거연령에 해당한다고 하더라도 사형, 무기형 또는 1년 이상의 징역이나 금고의 실형이 확정된 수형자나 의식불명 등으로 판단능력이 없는 것으로 판정된 자, 선거범죄자 등에 대하여는 선거권을 제한하고 있다. 참고로 피선거권의 연령은 대통령 40세 이상, 국회의원은 25세 이상이다.

84) 중국, 일본, 독일, 프랑스, 영국, 러시아, 스페인, 미국, 캐나다, 호주, 뉴질랜드 등의 국가에서 18세 이상으로 하고 있다.
85) 오스트리아, 브라질, 아르헨티나, 에콰도르, 쿠바, 니카라과
86) 조선민주주의인민공화국, 인도네시아, 동티모르, 수단, 남수단, 그리스

국립대학교총장선거와 선거원칙

Q. 어느 국립대학교총장선거를 함에 있어 ①모바일 선거, ②강사 선거권 미부여, ③교수, 직원, 학생 비율을 차등(교수 100%, 직원 18.628%, 학생 4.116%) 적용하여 선거를 한 결과, A후보자는 교수 323, 직원 377(환산 84.89534152), 학생 3,615표(환산 7.12135298)를 얻어 총 4,315표(최종 환산 415.01669)를 획득하였고, B후보자는 교수 385, 직원 178(환산 40.08321165), 학생 2,154표(환산 4.24326260)를 얻어 총 2,717표(최종 환산 429.32647)를 획득하여 당선되었다면, 선거의 4대 원칙 중 무슨 원칙에 위배되는가?

A. 모바일 선거는 직접·비밀 선거, 강사의 선거권 박탈은 보통선거, 구성원 간의 차등비율은 평등선거에 위반될 여지가 있다. 다만, 국립대학교총장선거는 국회의원, 지방자치단체장, 지방의회 선거 등과 달리 선거 결과로 당선이 확정되는 것이 아니고, 최종 대통령이 국무회의심의를 거쳐 임명(헌법 제89조 제16)하도록 되어 있어 선거의 4대 원칙이 적용될 지는 의문이다.

4. 공무원

4-1. 공무원의 의의와 범위

공무원은 직접 또는 간접으로 국민에 의하여 선출되거나 임명되어 국가나 공공단체의 공무를 담당하고 있는 자를 말한다.

국가공무원과 지방공무원법은 경력직공무원과 특수직공무원으로 대별하고, 경력직은 다시 일반직, 특정직으로 나누며, 특수경력직은 정무직, 별정직으로 나누고 있다국가공무원법 제2조 2항, 3항.

(1) 경력직공무원

경력직공무원이라 함은 실적과 자격에 의하여 임용되고 그 신분이 보장되며 평생토록 공무원으로 근무할 것이 예정되는 공무원을 말한다.

① 일반직공무원

기술·연구 또는 행정일반에 대한 업무를 담당하는 공무원

② 특정직공무원

법관, 검사, 외무공무원, 경찰공무원, 소방공무원, 교육공무원, 군인, 군무원, 헌법재판소 헌법연구관, 국가정보원의 직원과 특수 분야의 업무를 담당하는 공무원으로서 다른 법률에서 특정직공무원으로 지정하는 공무원

③ 기능직공무원

기능적인 업무를 담당하며 그 기능별로 분류되는 공무원2012. 12. 11. 삭제

(2) 특수경력직공무원

특수경력직공무원이라 함은 경력직공무원 외의 공무원을 말하며 그 종류는 다음 각 호와 같다.

① 정무직공무원

가. 선거로 취임하거나 임명할 때 국회의 동의가 필요한 공무원

나. 고도의 정책결정 업무를 담당하거나 이러한 업무를 보조하는 공무원으로서 법률이나 대통령령대통령비서실 및 국가안보실의 조직에 관한 대통령령만 해당한다에서 정무직으로 지정하는 공무원

② 별정직공무원

비서관·비서 등 보좌업무 등을 수행하거나 특정한 업무 수행을 위하여 법령에서 별정직으로 지정하는 공무원

③ 계약직공무원

국가와 채용계약에 의하여 일정한 기간 전문지식이 요구되는 업무에 종사하는 공무원 2012.12.11. 삭제

④ 고용직공무원

단순한 노무에 종사하는 공무원 2011. 5. 23. 삭제

(3) 국가공무원법 개정

행정안전부현 안전행정부는 2012년 12월 11일 공직사회의 통합을 도모하고 합리적이고 효율적인 인사행정 체계를 구축하기 위하여 6개로 세분화된 공무원의 구분 체계에서 기능직과 계약직을 폐지하여 업무성격 중심의 4개의 구분 체계로 단순화하였다. 일정기간 전문지식이나 기술이 요구되는 업무 분야 등에는 근무기간을 정하여 공무원을 임용할 수 있도록 하되, 근무기간 동안 신분이 보장되도록 하여 우수한 인재를 확보할 수 있도록 하였다. 한편, 실비實費 변상 등을 부정한 방법으로 수령한 사람에 대하여 부정수령 금액에 일정 금액을 가산하여 징수할 수 있는 근거를 마련하는 등 현행 제도의 운영상 나타난 일부 미비점을 개선·보완하였다.

4-2. 공무원의 헌법상의 지위

헌법 제7조 1항은 "공무원은 국민전체에 대한 봉사자이며 국민에 대하여 책임을 진다."라고 규정하고 있다. 이든 모든 공무원은 일정한 계급을 위하여 활동해서는 안 되는 것을 의미한다.

공무원의 국민에 대한 책임에는 법적 책임설, 정치적·이념적 책임설, 헌법적 책임설이 대립하고 있는데, 정치적 책임설이 타당하다. 한편 책임을 묻는 방법으로는 선거, 탄핵, 해임건의, 국가배상, 청원권행사 등이 있다.

4-3. 공무원의 기본권의 제한

헌법은 공무원의 국민전체에 대한 봉사자의 지위를 확보하고 그 직무의 공정한 수행과 정치적 중립성을 보장하기 위하여 일정한 범위에서 기본권을 제한하고 있다.

즉 1) 정치적 중립성에 의한 정치활동금지, 2) 공무원인 근로자의 근로 삼권 제한헌법 제33조 2항, 3) 특별권역관계에 의한 제한으로 목적달성을 위하여 일정한 합리적인 범위 안에서 기본권의 일부 제한이 있을 수 있다.

그러나 공무원도 국민의 일부이고, 근로자라는 점을 감안할 때, 공무원의 기본권을 지나

치게 제한하는 것은 민주국가에서 기본권 보장의 이념에 반한다.

4-4. 직업공무원제도

공무원은 정권교체와 관계없이 그 신분이 보장되며 정당한 이유 없이 해임되지 아니한다. 헌법은 제7조 2항에서 "공무원의 신분과 정치적 중립성은 법률이 정하는 바에 의하여 보장된다."라고 하여 직업공무원제도를 규정하고 있다. 직업공무원제도의 확립을 위해서는 과학적 직계제의 확립, 공무원의 임명, 승진, 전임제 등의 민주적 운영, 공무원의 독립성 보장과 성적제의 확립, 공정한 인사행정, 생활보장 등이 요구된다.

현행 국가공무원법은 공무원의 정치적 중립과 신분보장, 실적제에 입각한 충원, 중앙인사기관의 설치, 직위분류제의 도입, 적정의 보수체계확립, 공무원의 권익보장 등을 규정하여 직업공무원제도의 정착을 지향하고 있다.

제3절 기본권

1. 서설

기본권이란 인간이 살아가는 데 불가결한 기본적인 권리를 말한다. 기본권은 헌법이 보장하는 권리로서 단순히 법률에 의해서 규정되는 권리보다도 우위에 있다. 기본권은 다양하게 분류되는데 옐리네크Jellinek는 국민의 국가에 대한 지위에 따라 소극적 지위에서 자유권, 적극적 지위에서 청구수익권, 능동적 지위에서 참정권, 수동적 지위에서 의무로 분류하였다. 이러한 옐리네크Jellinek의 분류는 우리나라에 1960년대까지 영향을 미쳤다. 그러나 현재는 내용에 따라 다음과 같이 분류하고 있다.

2. 기본권의 내용에 따른 분류

기본권을 내용에 따라 분류하면, 포괄적 기본권, 자유권적 기본권, 생존권적 기본권, 청구권적 기본권, 정치적 기본권 등으로 분류할 수 있다.

2-1. 포괄적 기본권

① 인간으로서의 존엄과 가치의 존중과 보장헌법 제10조

② 행복추구권헌법 제10조

③ 평등권헌법 제11조

2-2. 자유권적 기본권

① 정신적 자유권

양심의 자유헌법 제19조, 종교의 자유헌법 제20조, 학문과 예술의 자유헌법 제22조, 언론·출판·집회, 결사의 자유헌법 제21조

② 신체의 자유권헌법 제12조

모든 국민은 신체의 자유를 가진다. 누구든지 법률에 의하지 아니하고는 체포·구속·압수·수색 또는 심문을 받지 아니하며, 법률과 적법한 절차에 의하지 아니하고는 처벌·보안처분 또는 강제노역을 받지 아니한다.

③ 사회적·경제적 자유권

거주·이전의 자유헌법 제14조, 직업선택의 자유헌법 제15조, 주거의 자유헌법 제16조, 사생활의 비밀과 자유헌법 제17조, 통신의 자유헌법 제18조, 재산권의 보장헌법 제23조

2-3. 정치적 기본권

① 정치적 표현 및 활동의 자유

② 참정권선거권, 공무담임권, 국민표결권

2-4. 청구권적 기본권

①청원권헌법 제26조, ②재판청구권헌법 제27조, ③형사보상청구권헌법 제28조, ④국가배상청구권헌법 제29조, ⑤범죄피해구조청구권헌법 제30조

2-5. 생존권적사회권적 기본권

①교육을 받을 권리헌법 제31조, ②근로의 권리헌법 제32조, ③근로자의 근로3권헌법 제33조, ④ 인간다운 생활권헌법 제34조, ⑤환경권헌법 제35조, ⑥혼인·가족·보건에 관한 권리헌법 제36조

3. 기본권의 주체, 보장과 그 한계

3-1. 기본권의 주체와 보장

모든 국민은 기본권 향유의 주체가 되나, 외국인에게는 기본권이 보장되지 않는다는 부정설과 보장된다는 긍정설이 대립하고 있다. 그러나 일정범위에서는 외국인도 기본권의 주체가 될 수 있다는 것이 통설이다.

즉, 외국인에게는 정치적 기본권, 사회적 기본권 등은 원칙적으로 보장되지 아니하나, 인간의 존엄성 존중, 행복추구권, 구체적 평등권 및 대부분의 자유권적 기본권에 있어서는 그 주체가 된다.

기본권의 주체는 원래 자연인이지만 법인에게도 기본권이 보장된다. 다만 성질상 법인에게 적용될 수 없는 것은 제외된다. 예컨대, 인간의 존엄과 가치, 신체의 자유, 종교의 자유, 양심의 자유 등을 들 수 있다. 그리고 국민의 자유와 권리는 헌법에 열거되지 아니한 이유로 경시되지 아니한다헌법 37조 1항.

3-2. 기본권의 제한과 그 한계

기본권도 헌법유보, 법률유보 또는 타인의 권리, 도덕률, 헌법질서 등에 의하여 제한을 받는다. 기본권 제한의 일반원리는 제37조 2항에서 규정하고 있다. 즉, 국가안전보장, 질서유지, 공공복지를 위하여 필요한 경우에 법률로서 기본권을 제한할 수 있다. 그러나 그 제

한은 불가피하고 또 최소한에 그쳐야 하며, 공공복리 등의 현저한 요청이 있어야 하고, 다른 방법으로는 도달할 수 없는 불가피한 사정이 있어야 한다.

헌법에 의한 직접적인 기본권 제한으로서는 헌법 제21조 4항에서 언론·출판은 타인의 명예나 권리 또는 공중도덕이나 사회윤리를 침해하여서는 아니된다고 하였고, 헌법 제29조 2항에서 군인, 군무원, 경찰공무원 등의 국가배상청구권을 제한하고 있으며, 헌법 제33조 2항에서는 공무원의 노동3권을 제한하고 있다.

4. 기본권의 침해와 그 구제

4-1. 입법기관에 의한 침해와 구제

적극적 입법에 의한 침해의 경우는 그 구제방법으로 위헌법률심판, 청원권행사, 선거권행사 등이 있다. 입법부의 부작위에 의한 침해인 경우는 법원에 대한 의무이행소송과 부작위위법확인소송이 있다.

4-2. 행정기관에 의한 침해와 규제

기본권의 침해는 주로 법의 적용과정에서 행정기관에 의하여 일어난다. 구제수단에는 사전적 구제절차와 사후적 구제절차가 있다. 전자는 행정절차법을 들 수 있다. 이는 사후절차보다 사전적 구제행정절차가 법치주의의 실현과 기본권보장에 있어서 더 효율적인 점에서 1996년 제정되었다. 후자의 예로는 행정소송, 헌법소송, 청원권행사, 행정심판, 국가배상청구, 형사보상청구, 공무원에 대한 민·형사책임, 징계책임 등이 있다.

4-3. 사법기관에 의한 침해와 구제

사법기관에 의한 침해는 잘못된 법률적용으로 생기는데, 그 구제방법은 항소, 상고, 재심, 비상상고, 형사보상 등이 있다. 법원의 기본권침해에 대해서도 재판을 제외하고는 헌법재판소에 헌법소원을 제기할 수 있다.

4-4. 사인에 의한 침해와 구제

사인에 의해 침해된 경우는 검찰이나 경찰에 고소 혹은 고발을 하거나 사법상의 손해배상청구 등을 할 수 있다. 또 헌법 제30조의 규정에 의하여 타인의 범죄행위로 생명·신체에 대한 피해를 받은 경우 국가에 그 구조를 청구할 수 있다. 그 외에 법에 의한 구제를 받을 수 없는 긴박한 상황에서는 정당방위나 긴급피난, 자구행위 등 자력구제에 의한 방법이 가능하다. 또한 민사상의 손해배상, 위자료, 사죄광고 등을 구하는 등의 사후적 구제방법도 있다. 그러나 헌법재판소는 사죄광고를 강제하는 것은 양심의 자유에 위반된다는 결정을 하였다.

5. 포괄적 기본권

5-1. 인간으로서의 존엄과 가치, 행복추구권

(1) 인간으로서의 존엄과 가치

세계 제2차 대전 이후 각 국가들은 개인의 가치를 무시하는 전체주의, 군국주의의 발호를 금지하기 위하여 인간의 존엄과 개인의 가치의 존중을 규정하였다. 인간의 존엄과 가치는 인간의 본질적인 인격과 인간으로서의 독립적 가치를 말한다고 할 수 있다. 우리나라는 제5차 헌법에서 신설되었다. 영·미헌법은 이런 규정이 없다.

헌법 제10조는 "모든 국민은 인간으로서의 존엄과 가치를 가지며, 행복을 추구할 권리를 가진다. 국가는 개인이 가지는 불가침의 기본적 인권을 확인하고 이를 보장할 의무를 진다."라고 규정하고 있다. 이 조항은 모든 기본권의 이념적 전제가 되고 목적이 되는 최고의 객관적 헌법원리이다. 즉 최고의 헌법원리, 근본규범성, 기본권의 자연권성 근거, 기본권의 포괄성 근거가 된다.

헌법재판소는 동성동본자 간의 혼인금지규정은 헌법에 위반되고, 사형, 음주운전자에 대한 처벌은 헌법 제10조에 위반되지 않는다고 보았다.

(2) 행복추구권

행복추구권이란 고통이 없고 만족감을 느낄 수 있는 상태를 실현할 수 있는 권리로서 포괄적인 성격을 가진다. 권리성의 인정 여부에 대해서는 견해가 대립된다. 헌법재판소와 대법원은 행복추구권의 구체적 권리성을 인정하고 있다.

학자에 따라서는 일반적 행동자유권, 인격의 자유발현권, 생존권을 포함한다거나 생명권, 신체불훼손권, 인격권, 평화적 생존권, 휴식권, 수면권 등을 들고 있다. 행복추구권의 목적은 인간의 존엄과 가치를 실현하기 위한 것이며, 행복추구권은 목적과 수단의 양면성을 가진다.

5-2. 평등권

(1) 헌법규정

우리 헌법은 제11조 1항에서 "모든 국민은 법 앞에 평등하다. 누구든지 성별, 종교 또는 사회적 신분에 의하여 정치적·경제적·사회적·문화적 생활의 모든 영역에 있어서 차별을 받지 아니한다."라고 하여 차별금지의 사유와 차별금지의 영역을 규정하고 제11조 2항과 3항에서 사회적 특수계급제도의 부인, 영전일대의 원칙을 규정하고 있다. 성별·종교·사회적 출신의 차이 외의 사유로도 불합리하게 차별하여서는 안 된다.

(2) 법 앞의 평등

법 앞의 평등이라고 할 때의 '법'은 성문법, 불문법을 포함한 일체의 법을 말한다. 초기에는 법의 적용만을 평등하게 하면 된다고 하였으나입법비구속설, 오늘날은 법의 적용뿐만 아니라 법의 내용도 평등한 것이어야 한다는 것이 통설이다입법구속설.

(3) 평등의 내용

평등이라 함은 절대적으로 차별을 허용치 않는 절대적 평등이 아니라 평등한 것은 평등하게, 본질적으로 불평등한 것도 불평등하게 취급하는 상대적·비례적 평등을 말한다. 헌법재판소도 평등원칙은 행위규범으로서 입법자에게 객관적으로 같은 것은 같게, 다른 것은 다르게, 규범의 대상을 실질적으로 평등하게 규율할 것을 요구하고 있다.[87] 그 기준으로는 자의의 금지, 합리적 차별 등이 제시되고 있다.

87) 헌재, 90헌마110, 90헌마136.

(4) 헌법재판소의 결정

법 앞의 평등이란 행정부나 사법부에 의한 법 적용상의 평등은 뜻하는 것 외에도 입법권자에게 정의와 형평의 합헌적으로 법률을 제정하도록 하는 것을 명령하는, 이른바 법 내용상의 평등을 의미한다.[88]

선거구의 인구편차가 격심한 선거구 구획은 평등원칙에 위반되고, 누진세율로 적용하는 것은 평등의 원칙에 합당하며, 세율체제를 단일비례제로 한 것은 위헌이다.

6. 자유권적 기본권

6-1. 자유권적 기본권의 의의

개인이 그 자유로운 영역에 관하여 국가권력의 간섭 또는 침해를 받지 아니할 권리를 자유권적 기본권이라고도 한다. 이와 같은 의미에서 자유권은 국가에 대한 개인의 방어적·소극적 공권을 의미한다.

근대의 자유권은 국가권력으로부터 자유의 보장을 뜻하는 개인주의적, 자유주의적 요청을 바탕으로 하였다. 그러나 2차 대전 이후 자연법사상의 부활로 신체의 자유와 정신적 자유의 자연권성이 다시 강조되었고, 복지국가의 실현을 위한 자유권의 사회적 제약성이 또한 강조되었다.

6-2. 자유권의 제한

자유권도 순수한 내심의 작용양심·신앙 등을 제외하고는 타인의 권리의 불가침, 도덕률의 존중, 헌법의 기본권리 준수라고 하는 불문적·암묵적 제약을 받으며, 헌법에 의한 제한이나 법률에 의한 제한이 명분으로 규정되고 있는 경우에는 그에 따라 제한을 받게 된다. 다만 제한을 하더라도 비례의 원칙 범위 내에 하여야 한다.

---

88) 헌재, 90헌바24.

6-3. 양심의 자유

모든 국민은 양심의 자유를 가진다헌법 제19조. 양심의 자유는 처음에는 종교의 자유와 함께 규정되었으나 근래에 독립되었으며, 정신적 기본권 중에서 가장 근원적인 것이고, 윤리적 양심뿐만 아니라 정치적 양심, 사회적 양심 등 사상의 자유까지 포함한다. 주체는 자연인만이며외국인이나 무국적자에게도 보장, 법인은 포함되지 않는다. 양심의 자유는 그것이 내심의 자유로 머무르고 있는 한 절대적이며, 반헌법적인 사상도 가질 수 있다. 그러나 반헌법적인 사상이 외부로 표시되는 경우 표현의 자유의 한계문제와 충돌된다. 헌법재판소는 양심에 따른 의무위반행위를 부인하고 전투경찰관의 시위진압명령은 위헌이 아니라고 보고 있다.[89] 대법원은 사죄광고를 판결로 강제하는 것은 양심의 자유를 침해하는 것이 아니며,[90] 양심의 자유를 이유로 병역을 거부할 수 없다고 하고 있다. 또한 단순한 사실적, 기술적 지식에 관한 침묵의 자유는 양심의 자유에 포함되지 않는다.

6-4. 신체의 자유

신체의 자유는 입헌주의헌법이 보장하는 자유권 중 가장 고전적이고 기본적인 것이기 때문에 우리 헌법은 상세한 규정을 두고 있다. 신체의 자유는 모든 사회적·경제적·정신적 자유의 근간이 된다. 이는 1215년 영국 대헌장, 영국에서 발달한 인신보호영장제도에서 출발한다.

신체의 자유는, 적법절차에 의하지 아니하고는 신체의 자유의 제한이 금지되고, 생명권 등은 헌법 제10조 등에서 보장하고 있고, 신체활동의 자유만을 뜻한다. 헌법은 체포·구속·압수·수색·심문은 법률에 의해서만 하도록 하고, 법률과 적법한 절차에 의하지 아니하는 처벌·보안처분 또는 강제노역을 받지 아니한다고 규정하고 있다헌법 제12조. 구체적인 규정은 다음과 같다.

① 죄형법정주의와 적법절차의 보장헌법 제12조 1항

② 고문의 금지와 불리한 진술거부권헌법 제12조 2항

③ 영장주의헌법 제12조 3항와 체포·구속에 대한 고지, 통지의무헌법 제12조 5항

---

89) 헌재, 91헌마80.

90) 그러나 헌법재판소는 사죄광고의 강제는 양심의 자유를 침해하는 위헌으로 보고 있다. 헌재, 89헌마160.

④ 변호인의 조력을 받을 권리와 국선변호인제도헌법 제12조 4항

⑤ 구속적부심사제헌법 제12조 6항

⑥ 자유의 증거능력제한헌법 제12조 7항

⑦ 형벌불소급의 원칙, 일사부재리의 원칙헌법 제13조 1항

⑧ 연좌제의 금지헌법 제13조 3항

⑨ 재판청구권헌법 제27조 1항

⑩ 형사피고인의 무죄추정헌법 제27조 4항

⑪ 형사보상청구권헌법 제28조

⑫ 범죄피해자의 구조청구권헌법 제30조

7. 생존권적사회권적 기본권

19세기까지만 하더라도 대부분의 국가는 자유권적 기본권만을 헌법에 규정하였다. 그러나 자본주의에 대한 폐해에 따라 생존 자체에 위협을 받는 대중에게 자유권은 멀어져 갔다. 따라서 국민 각자에게 최저한도의 인간다운 생활과 문화생활을 보장해 주기 위한 경제적·사회적 기본권의 보장이 요청되었다. 1919년 독일 바이마르 헌법에서 최초로 생존권적 기본권이 보장되었다.

사회적 기본권은 국민이 인간다운 생활을 영위할 수 있도록 생활에 필요한 여러 조건을 국가가 적극적으로 관여하여 확보해 줄 것을 요청할 수 있는 권리이다. 따라서 국민의 자유를 확보하기 위하여 국가권력의 불간섭을 요청할 수 있는 자유권과 구별된다. 현대국가에서 생존권적 기본권을 보장하는 것은 국가권력의 의무인 동시에 국가권력의 내용을 이룬다.

자유권적 기본권과 생존권적 기본권의 비교

자유권적 기본권	생존권적 기본권
자유주의·개인주의를 배경으로 발전한 권리	현대적 사회국가·복지국가의 이념을 배경으로 발전한 권리
대국가적인 소극적인 권리인 동시에 대국가적 인간의 권리	대국가적·적극적 권리이며 국가내적인 국민의 권리
재판규범으로서의 성질이 강함	행위규범성이 강함
권리제한적 법률유보	권리형성적 법률유보권리구체화적

7-1. 인간다운 생활을 할 권리헌법 제34조

생존권적 기본권 중에서 가장 근원이 되는 권리로서 헌법에 있어서 최고의 가치를 가진 조합이다. 인간다운 생활을 할 권리는 건강하고 문화적인 최저한도의 생활을 할 권리이며 국가는 이를 보장할 의무가 있다. 인간다운 생활을 하기 위하여서는 문화생활을 향유하는 권리와 문화적 주택에서 생활할 권리 등이 포함된다. 인간다운 생활을 할 권리는 국민의 권리이며 외국인에게는 인정되지 않는다.

인간다운 생활을 할 권리의 내용으로는 사회보장을 받을 권리, 생활보호를 받을 권리, 화재예방과 위험보호에 관한 권리 등이 있다. 인간다운 생활을 할 권리에 피해를 입은 경우 구제방법으로는 두 가지가 있다. 첫째, 입법자가 헌법규범에 구속되어 법 집행 시 설정한 인간다운 생활의 기준이 인간의 존엄성을 침해한 경우에는 위헌법률심사를 청구할 수 있다. 둘째, 입법자가 인간다운 생활보장을 위해 필요한 법률을 전혀 제정하지 않거나 법률이 불충분하여 그 국민의 생존권이 현실적·구체적으로 침해된 경우 위헌법률심판청구 또는 헌법소원을 제기할 수 있다.

7-2. 교육을 받을 권리헌법 제31조

교육을 받을 권리라 함은 교육을 받을 수 있도록 국가의 적극적인 배려를 요구할 수 있는 권리이다. 이는 현대적 사회국가·문화국가에 있어서 인간다운 생활의 필수요건이 되며, 민주적 정치기구의 운영을 위하여 불가결한 권리이다.

헌법에는, 능력에 따라 균등하게 교육을 받을 권리헌법 제31조 1항, 초등교육과 법률이 정하는 교육을 받게 할 친권자또는 후견인의 의무동조 2항, 의무교육의 무상동조 3항, 교육의 자주성, 전문성, 정치적 중립성 및 대학의 자율성보장동조 4항, 평생교육의 진흥동조 5항, 교육제도의 법률주의동조 6항 등으로 규정되어 있다.

한편 의무교육은 헌법상으로는 무상이며, 초·중등교육법에서는 수업료만의 면제를 무상의 범위로 규정하고 있다. 교육세의 징수는 위헌이 아니라고 본다.

7-3. 근로기본권

19세기 후반 사회주의사상과 생존권적 기본권의 요구로 바이마르헌법에 의해 최초로 근로권이 규정되었다.

(1) 근로의 권리헌법 제32조

근로의 권리는 노동의 자유, 취업의 자유를 의미하는 자유권설로 보는 견해도 있지만, 국민의 균등한 생활을 보장하고 경제적 약자인 근로자의 인간다운 생활을 보장하기 위한 것으로서 적극적으로 국가에 대하여 요구할 수 있는 생존권·주관적 권리로 헌법 제34조 1항의 인간다운 생활을 할 권리와 동질적로 보는 것이 통설이다. 제8차 개정 때 적정임금을 신설하였고, 제9차 개정 때 최저임금을 신설하였다.

헌법은, 근로의 기회 제공을 요구할 권리헌법 제32조 1항 1문, 국가의 고용증진, 적정임금보장의 의무, 최저임금헌법 제32조1항 2문, 근로조건기준의 법정헌법 제32조 3항, 여자와 연소자의 근로특별보호헌법 제32조 4항, 5항, 국가유공자 등의 우선취업기회보장헌법 제32조 6항 등으로 규정하고 있다.

(2) 근로자의 근로3권제33조

근로자의 건강과 문화적인 최저한도의 인간다운 생활을 보호하기 위하여 사용자와 근로자가 평등한 지위에서 고용계약이 맺어질 것이 요구되면서부터 근로자는 상호 단결하고 단체행동을 하기에 이르렀다. 근로3권은 20세기 자연법이 요구하는 권리로서 승인되었고, 근로자들은 생존권, 근로권을 확보하기 위해 유효한 구체적 수단으로 행사하고 있다.

헌법은 근로자의 단결권, 단체교섭권, 단체행동권의 보장과 그 제한을 규정하고 있다. 근로자는 직업의 종류를 불문하고, 임금과 급료, 기타 이에 준하는 수입에 의하여 생활하는 자를 말하고, 현재 실업 중인 근로자도 포함된다. 대법원은 해고무효확인 소송 중인 근로자도 근로3권을 가진다고 하고 있다. 하지만 소작인, 자영농, 어민, 소상공업자는 근로자에 포함되지 않는다.

한편 공무원은 법률로 인정된 자만이 노동3권을 가지나 법률상 노동운동이 금지된다. 법률이 정하는 주요 방위산업체에 종사하는 근로자의 단체행동권은 법률에 의하여 제한될 수 있다.

8. 청구권적 기본권기본권을 보장하기 위한 기본권

청구권적 기본권이란 국가에 대하여 일정한 행위를 적극적으로 청구할 수 있는 국민의 주관적 공권으로서, 기본권을 보장하기 위한 절차적 기본권이며 국가내적 권리이다. 청구권적 기본권은 수익권이라고도 하며, 권리보호청구권, 구제권적 기본권, 권리를 보장하기 위한 기본권, 권리를 확보하기 위한 기본권 등으로 불리어지고 있다.

헌법에는 청원권헌법 제26조, 재판을 받을 권리헌법 제27조, 형사보상청구권헌법 제28조, 국가에 대한 손해배상청구권헌법 제29조, 범죄피해자구조청구권헌법 제30조, 헌법소원권헌법 제111조 등으로 규정되어 있다.

8-1. 청원권헌법 제26조

청원권이란 국민이 국가기관에 대하여 의견이나 희망을 진술할 권리이다. 청원은 자유롭게 희망을 진술하고 국가가 이에 대하여 수리하고 심사할 의무가 있으나 판결이나 결정이 필수적인 아닌 점에서 행정심판이나 행정소송과 다르다. 행정심판이나 행정소송은 자기의 이익이 침해된 경우에만 제출할 수 있는데 청원은 권리 또는 이익이 반드시 침해됨을 필요로 하지 않고 제3자를 위하거나 공공의 이익을 위하여서도 청원할 수 있다.

청원권은 자연인뿐만 아니라 법인에도 인정되며, 외국인에게도 인정된다. 청원을 제출할 수 있는 대상기관을 헌법은 '국가기관'이라고만 규정하고 있다. 국가기관으로는 입법·행정·사법기관뿐만 아니라 지방자치단체의 기관이나 공공단체까지 포함된다. 청원은 반드시 문서로써 하여야 하고 청원인의 주소, 성명을 기재하여야 한다. 헌법은 국가에 청원을 심사할 의무만을 부과하고 있으나, 청원법은 청원을 수리한 기관은 성실하고 공정하게 청원을 심사·처리하여야 하고 그 결과를 청원인에게 통지하여야 한다고 규정하고 있다청원법 제9조 1항, 2항. 스웨덴의 Ombudsman 제도는 청원권을 실질화하는 기능을 가지고 있다.

8-2. 재판청구권헌법 제27조

재판청구권은 국가에 대하여 재판을 청구할 수 있는 기본권이다. 재판을 받을 권리는 소극적으로 헌법과 법률이 정한 재판 이외의 재판을 받지 아니할 권리를 의미하고, 적극적으로 국가에 재판을 청구할 수 있는 권리이다. 이 청구권은 정부의 자의적인 재판을 배제하고, 사법권의 독립이 보장된 법원에서 신분이 보장된 자격 있는 법관에 의한 재판을 받을 권리와 적법한 절차에 따르는 공정한 심판을 받을 권리를 포함한다.

헌법 제27조는 다음과 같이 규정하고 있다. 즉 모든 국민은 헌법과 법률이 정한 법관에 의하여 법률에 의한 정당한 재판을 받을 권리를 가진다1항. 또한 원칙상 군사법원의 재판을 받지 않을 권리, 신속·공개·공정한 재판을 받을 권리3항, 판결확정 전의 무죄추정4항, 형사피해자의 공판정 진술권5항 등도 규정한다.

8-3. 형사보상청구권헌법 제28조

형사피의자 또는 형사피고인으로서 구금되었던 자가 불기소 또는 무죄판결을 받은 때에는 법률에 의하여 정당한 보상을 청구할 수 있다. 헌법 제27조가 형사처벌을 위한 사법절차에서 신체의 자유를 보장하기 위한 규정임에 비하여 헌법 제28조는 신체의 자유에 대한 침해가 행해진 경우 사후에 피해를 보상하기 위한 규정이다.

형사보상청구권의 주체는 형사피고인뿐만 아니라 형사피의자도 가능하다. 형사보상의 액수는 정당하여야 하며, 형사보상청구권자가 입은 손실액의 완전한 보상을 의미한다. 형사보상법은 일당 5,000원 이상 대통령령으로 정하도록 규정하고 있다.

8-4. 국가배상청구권헌법 제29조

국가배상청구권은 국민이 공무원의 직무상 불법행위로 손해를 입은 경우에 국가에 그 손해를 배상해 주도록 청구할 수 있는 권리이다. 우리나라 현행헌법은 국민의 권리보장에 만전을 기하기 위하여 공무원 자신의 책임 외에 국가 또는 공공단체의 책임을 인정하고 있다.

배상청구권의 발생요건으로서는 공무원의 직무상 불법행위로 인하여 손해가 발생할 것을 요한다. 여기서 공무원은 국가공무원법, 지방공무원법에 정하는 공무원에 한하지 않고 국가 또는 공공단체를 위하여 공무를 집행하는 일체의 사람을 말한다. 직무상의 불법행위는 공무원의 고의·과실에 의하여 재산상에 손해를 끼친 경우에만 가능하다. 손해의 발생과 불법행위 간에는 상호인과관계가 있어야 한다. 피해자는 국가에 대하여 배상을 청구할 수 있고, 국가는 고의 또는 중대한 과실이 있는 공무원에 대하여는 청구권을 행사할 수 있다.

한편 헌법은 군인·군무원·경찰공무원이나 법률이 정한 자의 국가배상청구권을 제한하고 있고, 군인·군무원·경찰공무원이나 법률이 정한 자들은 화재보상금, 유족연금, 상이연금을 받는 경우 배상을 청구할 수 없다국가배상법 제2조 1항 단서. 또한 국가배상청구권도 국가의 안전보장·질서유지와 공공복리를 위하여 제한될 수 있는 바, 그 제한은 필요한 최소한도에 그쳐야 하고 국민평등의 원칙에 적합하게 모든 피해국민에게 평등하게 제한되어야 한다.

8-5. 손실보상청구권헌법 제23조 3항

국가의 적법한 권력행사로 인하여 재산상의 손실을 입은 자는 그 보상을 청구할 수 있다. 이는 특별한 희생에 대한 공평부담의 원칙에 근거한 것이다. 국가배상청구권이 공무원의 불법행위임에 반하여 손실보상청구권은 국가의 적법한 행위인 점에서 서로 차이가 있다.

8-6. 범죄피해자구조청구권헌법 제30조

타인의 범죄행위로 인하여 생명·신체에 대한 피해를 받은 국민은 법률에 의해 국가로부터 구조를 받을 수 있다. 이를 헌법에서 보장하는 것은 국가가 범죄발생을 예방하지 못한 데 따른 국가배상청구권이 아니고, 사회보장의 원칙에서 범죄피해자를 보호해 주기 위한 것이다. 제9차 개정 시 세계 최초로 헌법에서 규정하였다. 범죄피해자 전체에 대한 피해구조청구권이 아니고, 생명·신체에 대한 피해를 입은 자에게 한정한다.

헌법 제30조는, 타인의 범죄행위로 인하여 생명·신체에 대한 피해를 받은 국민은 법률이 정하는 바에 의하여 국가로부터 구조를 받을 수 있다고 규정하고 있다. 여기서 법률은 범죄피해자보호법이다. 범죄피해자보호법은 1987년 제정된 범죄피해자구조법과 통합되었다. 범죄피해자의 구조요건은 범죄피해자구조법 당시 피해자의 무자력·생계유지곤란 등을 규정하였지만 현재는 폐지되었다. 또한 사망한 자의 유족이나 중장해에 한정하였지만 현재는 장해뿐만 아니라 상해도 가능하다. 한편 범죄피해자보호기금법이 2013년부터 시행됨에 따라 앞으로 가해자의 벌금액 가운데 4%가 범죄피해자에게 사용된다.

9. 참정권

9-1. 의의

참정권은 국민이 국가기관의 구성원으로서 공무에 참여하는 권리이며, 피치자인 국민이 치자의 입장에서 공무원을 선거하고 공무를 담임하는 권리이다. 또한 참정권은 국민이 국가의 의사형성에 참여할 수 있는 권리이다.

9-2. 특징

참정권은 민주정치에 있어 필수불가결한 권리로서, 국민이 국가기관의 구성원으로 국가권력의 형성과 행사에 직접 또는 간접으로 참여하는 능동적 권리이다. 참정권은 국가내적 권리이고, 실정법에 의한 권리인 만큼 법률로서 의무를 수반시킬 수 있고 개인의 자유에 맡길 수도 있다. 하지만 우리나라에서는 선거권의 행사를 의무화하지 않고 자유롭게 하고 있다.

9-3. 헌법상의 규정

우리 헌법상의 참정권으로는 헌법개정안에 대한 국민표결헌법 제130조 1항, 2항과 국가안위에 관한 중요정책에 대한 국민표결헌법 제72조을 내용으로 하는 직접참정권과 대통령, 국회의원, 지방의회의원의 선거권헌법 제24조 및 공무담임권헌법 제35조을 내용으로 하는 간접참정권이 있다.

9-4. 주체

참정권의 주체는 국민으로 참정권을 행사하려면 일정한 연령에 도달하여야 한다. 선거권 연령은 법률로 정하며, 피선거권 연령도 국회의원의 경우는 법률로 정하고[91]대통령의 경우는 만 40세로 헌법이 직접 명시하고 있다.

91) 공직선거법상 선거연령은 19세이고, 피선거연령은 25세이다.

제4절 통치구조

1. 정부형태

1-1. 대통령제

대통령제는 1787년 미국 필라델피아의 헌법회의에서 유래한다. 그 특징은 ①입법부와 행정부를 서로 독립시켜 국무위원의 국회의원 겸직이 금지되고, 국무위원의 국회출석발언권과 행정부의 법률안제출권이 없으며, 대통령의 법률안거부권이 인정된다. ②대통령은 국가원수인 동시에 행정부의 수반이며 국무회의는 자문기관이다. ③양원제가 대부분이고 부통령제가 있는 것이 원칙이다. 그러나 우리나라는 단원제이고 부통령제가 없다. 대신에 의원내각제의 요소인 국무총리제도를 두고 있다.

대통령제의 장점으로는 임기 중 정국의 안정, 정책의 계속성보장, 소수자의 이익보호, 국회의 졸속입법방지 등을 들 수 있다. 단점으로는 대통령 독재의 위험성, 실제 운영에 있어서 권위주의적 대통령제로의 전환, 국정의 통일적 수행의 방해, 입법부와 행정부의 충돌 시 그 해소방법을 찾기 곤란하다는 것 등이다.

1-2. 의원내각제

의원내각제의 내용은, ①국가원수의 국정에 대한 초연성, 행정부의 이원성, ②내각의 성립과 존속의 국회 의존, ③국회의 내각 불신임권과 정부의 국회해산권, ④내각의 의원겸직, ⑤내각의 의결기관 등을 들 수 있으며 의회와 정부 간의 긴밀한 협조관계가 이루어진다는 것이다.

의원내각제의 장점으로는 책임정치의 구현, 의회와 내각의 대립을 신속해결, 민주적 요청의 만족 등을 들 수 있고, 단점으로는 정국의 불안정 초래, 강력한 정치의 추진 곤란, 다수당의 횡포, 국회가 정쟁장소로 될 우려 등을 들 수 있다.

1-3. 이원정부제

이원정부제는 1919년 바이마르헌법과 1958년 드골헌법의 정부형태가 여기에 속하며, 이는 의원내각제의 요소와 대통령제의 요소가 결합되어 평상시에는 내각수상이 행정권을 행사하고 국회에 대하여 책임을 지지만 위기에 있어서는 대통령이 행정권을 행사한다.

이 제도의 장점은 평시에는 의원내각제적으로 운영되므로 국회와 행정부의 마찰을 회피할 수 있고, 국가가 위기에 처한 때에는 대통령의 강력한 통치로 신속하고 안정된 국정처리를 할 수 있다는 점이다. 그러나 내각과 국회의 대통령에 대한 견제권이 약화되어 독재화될 우려가 있다.

1-4. 우리나라의 정부형태

우리나라의 정부형태는 엄격히 말하면 대통령제, 의원내각제, 이원정부제의 절충적 형태이지만, 국정이 대통령 중심으로 행해지고 행정부의 수반과 국가원수가 동일인격인 대통령인 점에 비추어 현실적으로 대통령제라고 할 수 있다.

대통령제의 요소는 대통령직선, 불신임 결의, 국회해산권이 없으며, 법률안 거부권 등을 들 수 있다. 의원내각제의 요소는 국무회의 설치심의, 국무총리 임명에 국회동의, 국회의 국무총리·국무위원 해임 건의권, 정부의 법률안 제출권, 국회출석 발언권 등을 들 수 있다.

2. 입법부

2-1. 국회의 헌법상 지위

(1) 국민대표기관으로서의 지위

대표기관성에 대하여는 법적 대표관계가 아닌 정치적·이념적 대표기관으로 보는 것이 다수의 견해이다.

(2) 입법기관으로서의 지위

입법권은 국회의 본질적이고 전통적인 권한으로 다른 규정이 없는 한 원칙상 국회가 단독으로 그리고 최종적으로 행사한다. 다만 오늘날 정당정치의 발달과 국가기능의 확대·전문화에 따른 국회의 '통법부화' 현상으로 입법기관으로서의 국회의 지위가 크게 약화되고 있다.

(3) 국정통제기관으로서의 지위

오늘날 정부를 감시·비판하는 국정통제기관으로서의 지위는 강화되고 있다. 즉, 국무총리·국무위원해임건의권, 출석요구 및 질문권, 탄핵소추권, 국정감사권, 국정조사권, 예산안심의확정권, 긴급재정경제명령, 긴급명령승인권, 계엄해제요구권 등이다.

2-2. 우리나라 국회의 구성과 운영

(1) 조직

국회의원은 국민의 보통선거·직접선거·비밀선거에 의하여 선출된 의원과 비례대표제에 의한 간선의원으로 구성되고, 의원정수는 법률로 정하되 200인 이상으로 한다.

국회의 내부조직으로 임기 2년의 의장1인과 부의장2인이 있다. 또한 현대정치가 복잡해지고 기술화, 전문화함에 따라 위원회제도가 발달하고 있는데 현행국회법상 상설적으로 설치된 상임위원회16개 외에 특별위원회가 있다. 그리고 국회의사의 원활을 위하여 소속의원 20인 이상으로 구성된 교섭단체가 있다.

(2) 회기

국회의 회기는 국회가 의사를 위해 활동할 수 있는 기간으로 정기회매년 1회와 임시회국회재적의원 4분의 1 이상 또는 대통령의 요구가 있다. 의사원칙에는 회의공개의 원칙, 회기계속의 원칙국회법 제51조, 일사부재의의 원칙이 있다. 의사정족수는 재적 3분의 1이상의 출석으로 개회하며, 의결정족수는 일반적으로는 재적과반수의 출석과 출석과반수의 찬성에 의하고, 가부동수인 경우에는 부결된 것으로 간주한다국회법 제49조.

2-3. 국회의원의 지위

(1) 국회의원의 지위

국회의원은 국회의 구성원으로서의 지위를 갖는다. 국회의원이 국민의 대표자인가에 관해서는 정치적 대표설, 법적 대표설이 있으나, 정치적, 이념적 대표에 불과하다고 본다. 또한 국회의원은 정당 소속원으로서의 지위도 갖는다.

(2) 의원의 특권

헌법상 의원의 특권은 국회 자체의 특권이므로 의원은 이를 포기할 수 없다. 즉 의원은 현행범인 경우와 국회가 동의한 경우를 제외하고는 회기 중에 체포 또는 구금되지 아니하는 불체포특권을 가지고 있다. 이는 국회의 자주적인 자유활동을 보장하기 위하여 인정된 것이다. 또한 원내의 직무상의 발언과 표결에 대한 면책특권이 있는데, 이것은 의원이 자유롭게 직무를 수행할 수 있도록 보장하기 위한 것이다.

3. 대통령

3-1. 지위

(1) 국가원수로서의 지위

대외적으로 국가를 대표하는 지위, 국가와 헌법의 수호자로서의 지위, 국정의 통합자·조정자로서의 지위, 헌법기관 구성권자로서의 지위권이 있다.

(2) 집행부 수반으로서의 지위

집행부의 최고 지휘권자, 책임자, 집행부의 조직권자, 국무회의 의장의 권한이 있다.

3-2. 임기와 특권

임기는 5년 단임이고, 내란 또는 외환의 죄를 범한 경우를 제외하고 재직 중 형사상 소추를 받지 아니하는 형사상 특권이 있다. 그러나 퇴직 후에는 형사상 소추가 가능하고, 재직 중에도 민사·행정상 책임, 탄핵소추는 가능하다. 대통령 궐위·사망·자격상실 시에는 60일 내에 국무총리, 법률이 정한 국무위원 순으로 권한을 대행한다. 후임자는 차기 대통령으로 임기도 처음부터 개시한다. 이것이 잔여기간만 대행하는 국회의원과 다르다.

3-3. 사면권

형사소송법과 그 밖의 형사법규에 의하지 아니하고 형의 선고의 효과 또는 공소권을 소멸시키거나 형 집행을 면제시키는 국가원수의 특권이다. 사면에는 일반사면과 특별사면이 있다. 전자는 국무회의 심의와 국회동의를 얻어 범죄종류를 지정하고 모든 범죄인을 대상으로 형 선고의 효과를 전부 또는 일부 소멸시키는 것이다. 이에 반하여 후자는 형의 선고를 받은 특정인에 대하여 형의 집행을 면제하는 것이다. 형의 선고에 의한 기존의 효과는 변경이 안 된다. 대통령의 특별사면권 행사는 권력분립 원칙의 예외적 요소여서 사법권의 독립을 침해하지 않는 최소한의 범위에서 매우 제한적으로 행사되어야 한다. 그러나 최근 종권력형 비리로 사법처리 된 대통령 측근이나 재벌기업 대주주·경영자들을 사면하는 경우가 많아 사면권 남용을 제한해야 한다는 지적이 제기되고 있다. 정부수립 이후 65년 동안 모두 98차례에 걸쳐 638만여 명이 사면되었다. 특별사면은 94차례에 걸쳐 31만 1,000여 명이 받았다.

대통령의 사면권은 제왕적 군주주의 시대의 잔해이고, 특히 우리나라의 경우 대통령에게 막강한 권한을 부여하고 있는데도 불구하고 사면권까지 부여하는 것이 옳은가의 문제도 계속하여 제기되고 있다. 더불어 대통령 자신을 사면 대상에 포함시킬 수 있는가가 최근 미국을 비롯한 많은 나라에서 논쟁 중에 있다.

4. 정부

4-1. 정부

우리 헌법상의 정부는 대통령을 수반으로 하는 행정부를 뜻한다. 실질적 의미의 행정은 법을 구체화하고 개별적인 경우에 집행함으로써 현실적으로 국가목적을 실현하는 형성적 국가작용이다.

4-2. 행정부

행정부는 대통령을 정점으로 하여 국무총리, 국무위원, 행정각부 및 기타의 기관으로 구성된다.

(1) 국무회의

국무회의는 대통령을 의장으로 하고 국무총리가 부의장이 되며 15인 이상 30인 이하의 국무위원으로 구성되며, 정부의 권한에 속하는 중요정책을 심의하는 기관으로서 헌법상의 필수기관이고, 최고의 정책심의기관이며 독립된 합의제기관이다. 대통령권한행사의 견제로서 일정한 사항에 대해서 필수적인 심의를 하도록 하고 있다.

(2) 국무총리·국무위원과 행정각부

① 국무총리는 대통령이 국회의 동의를 얻어 임명하며, 정부의 제2인자로서 국무회의의 부의장이 되고 부서의 의무가 있다. 또 대통령을 보좌하고 대통령의 명을 받아 행정각부를 총괄하며 총리령을 발할 수 있다.

② 국무위원은 국무총리의 제청으로 대통령이 임명하며 국무회의의 구성원, 대통령의 보좌기관으로서의 지위를 갖는다.

③ 행정각부는 행정부의 권한에 속하는 사항을 집행하는 중앙행정기관이다. 행정각부의 장은 국무위원 중에서 국무총리의 제청으로 대통령이 임명하는데 국무위원은 정책을 심의하는 국무회의의 구성원인 반면, 장관은 결정된 정책을 구체적으로 집행하는 기관이다.

(3) 감사원

감사원은 대통령에 소속되어 있는 헌법상의 기관으로서 그 권한은 국가의 세입·세출의 결산검사를 하여 대통령과 차기년도 국회에 보고하고, 국가 및 법률에 정한 단체의 회계검사, 행정기관 및 공무원의 직무에 관한 감찰을 한다.

5. 사법부

5-1. 사법권의 개념

사법권은 구체적 쟁송사건에 관하여 무엇이 법인가를 판단하고 선언하는 국가작용으로서, 법원이 사법권을 행사한다. 그러므로 법원은 당사자로부터 구체적인 법률상의 쟁송제기가 있는 경우에 법을 판단·선언함으로써 법질서를 유지하는 제3자적 기관이다.

5-2. 사법권의 범위와 한계

법원은 민사·형사·행정소송을 관할하며 헌법소송에 있어서는 선거소송만을 담당한다. 사법권의 발동은 그 본질상 구체적 사건성, 당사자적격, 소의 이익, 사건의 성숙성이 있어야 하며, 헌법재판소의 권한에 속하는 사항, 통치행위, 국회의 자율권에 속하는 사항의원의 자격심사, 징계, 제명 등에 대해서는 미치지 않는다. 구체적 권리가 아닌 방침규정에 의한 것도 청구할 수 없으며 치외법권을 가진 자에 대하여도 사법권이 미치지 않는다.

5-3. 사법권의 독립

삼권분립의 원칙에 의하여 행정권·입법권으로부터 사법권의 독립을 보장하여 국민의 자유와 권리를 보호한다. 우리 헌법은 사법권의 독립을 위하여 사법부의 독립입법부와 행정부로부터의 독립과 법관의 인적 독립, 물적 독립재판상 독립을 규정하고 있다.

5-4. 법원의 조직과 권한

법원은 최고법원인 대법원과 각급법원으로 조직되며 하급법원으로 고등법원과 지방법원, 가정법원 그리고 헌법이 특별히 인정하고 있는 특별법원으로 군사법원이 있다.

5-5. 사법절차와 운영

심급제는 3심제를 원칙으로 한다. 재판은 공개를 원칙으로 하나 재판의 심리가 국가안전보장 또는 안녕질서를 방해하거나 선량한 풍속을 해칠 염려가 있을 때, 법원에 공개하지 아니할 수 있다헌법 제109조.

5-6. 상고법원

상고법원은 대법원이 담당하고 있는 상고심3심 사건 중 단순한 사건만을 별도로 맡는 법원을 말한다. 상고법원이 설치되면 민·형사 등 일반사건은 상고법원이, 사회적 이슈 및 논란의 대상이 되거나 판례를 변경해야 하는 사건은 대법원에서 맡는다. 상고법원의 판결에 대해서는 더 이상 불복할 수 없고, 헌법위반, 판례위반의 예외적 경우에만 다시 대법원의 최종적 판단을 받도록 한다.

대법원은 2014년 대법관의 과중한 업무량2014년 기준 상고사건이 37,615건, 대법관 1인당 처리해야 할 사건이 3천 건 초과을 이유로 상고법원 도입을 추진했지만, 대법관 수 증원 거부, 대법원 자체의 권력과 기득권 유지와 대법관의 권위, 그리고 대법원에서 재판받을 권리가 훼손될 수 있다는 이유로 폐기되었다. 미국, 영국, 독일 등 대부분의 국가에서는 상고허가제를 도입하여 공익과의 관련성 등이 인정되어 상고를 허가받은 소수의 사건만 최고법원에서 심판하고 있다.

6. 헌법재판소와 헌법보장

6-1. 헌법재판소의 헌법상 지위와 성격

(1) 헌법보장기관

헌법재판소는 위헌법률심판권, 탄핵심판권, 정당해산에 관한 심판, 권한쟁의에 관한 심판, 헌법소원에 관한 심판 등을 수행함으로써 민주적 기본질서를 수호하는 독립된 헌법보장기관이다.

(2) 정치적 사법기관

헌법재판소는 정치적 사건을 사법적 절차에 의하여 심판을 하는 정치적 사법기관이다.

(3) 주권행사기관

헌법상 위헌법률심사권, 위헌정당해산결정권, 탄핵심판권, 권한쟁의심판권 등 국가의사의 최고결정권을 가진 하나의 최고기관으로서 주권자인 국민을 대표하여 주권을 행사한다.

(4) 최종심판기관

헌법재판소의 결정에 대하여는 더 이상 다툴 수 없는 최종적인 심판기관이다.

(5) 기본권보장기관

헌법재판소는 위헌법률심판, 헌법소원의 심판을 함으로써 기본권보장기관으로서의 역할을 하고 있다.

6-2. 헌법재판소의 구성

9인의 재판관으로 구성되고, 헌법재판소의 장은 재판관 중에서 대통령이 국회의 동의를 얻어 임명한다. 대통령의 임명권은 대통령이 국가원수로서의 지위에서 오는 것이다. 9인 중 3인은 대통령이 임명하고, 기타는 국회에서 선출하는 3인, 대법원장이 지명하는 3인을 대통령이 임명한다.

6-3. 헌법재판소의 권한

헌법재판소는 1) 법원의 제청에 의한 법률의 위헌여부심판, 2) 탄핵의 심판, 3) 정당의 해산심판, 4) 국가기관 상호 간, 국가기관과 지방자치단체 간 및 지방자치단체 상호간의 권한쟁의에 관한 심판, 5) 법률이 정하는 헌법소원에 관한 심판을 한다헌법 제111조 1항. 재판부는 7인 이상의 출석으로 심리하며 심판은 관여재판관의 과반수의 찬성으로 결정을 한다. 다만 법률의 위헌결정, 탄핵의 결정, 정당해산의 결정, 헌법소원의 인용결정, 종전의 헌법, 법률에 관한 판시의견을 변경하는 경우에는 6인 이상의 찬성이 있어야 한다.

(1) 위헌법률심판권

법률의 헌법의 위반 여부가 재판의 전제가 된 때에 법원은 직권 또는 당사자의 신청에 의한 결정으로 헌법재판소에 제청하게 되며 헌법재판소는 심리를 서면으로 행한다. 위헌으로 결정된 법률 또는 법률조항은 위헌결정이 있는 날로부터 일반적으로 효력을 소멸한다.

(2) 탄핵심판권

국회의 탄핵소추가 있게 되며 헌법재판소는 구두변론방식에 의하여 심리하며 6인 이상의 찬성으로 탄핵결정을 한다. 탄핵결정의 효력은 공직으로부터의 파면에 그친다. 그러나 민사상, 형사상의 책임을 면제하는 것은 아니다.

(3) 정당해산심판권

정당해산의 심판은 정부의 제소를 하게 되는데 심리는 구두변론방식에 의한다. 해산결정이 있게 되면 그 정당의 등록은 말소되고 해산되며 대체정당의 구성이 금지된다. 이는 우리 헌법이 방어적, 투쟁적 민주주의를 택하여 헌법질서를 보장하기 위한 제도이다.

(4) 기관간권한쟁의심판권

기관간권한쟁의로서는 첫째, 국가기관 상호간의 권한쟁의, 둘째, 국가기관과 지방자치단체간의 권한쟁의, 셋째, 지방자치단체상호간의 권한쟁의 등이 있다.

(5) 헌법소원심판권

공권력의 행사 또는 불행사로 헌법상 보장된 기본권을 침해받은 자는 법원의 재판을 제외하고는 다른 법적 구제절차를 모두 거친 후 헌법재판소에 헌법소원심판을 청구할 수 있다.

이는 특수한 권리구제수단으로 개인의 주관적 권리이며 동시에 객관적 법질서보장이라고 할 수 있다. 헌법재판소법은 청구요건, 사전심사, 심리 및 법정부담금 등에 관하여 규정하고 있다.

6-1. 최근 헌법재판소 결정

(1) 동의낙태죄헌재 2012. 8. 23. 2010헌바402

헌법재판소는 2012년 8월 23일 낙태 시술을 한 조산사 등을 징역에 처하도록 한 형법 제270조 제1항동의낙태죄에 대해 조산사 송OO가 낸 헌법소원 심판사건에서 재판관 4위헌 대 4합헌 의견으로 헌법에 위반되지 않는다는 결정을 내렸다. 헌재는 임신부가 스스로 낙태를 한 것도 임신 기간에 관계없이 처벌할 수 있도록 되어 있는 형법 제269조 제1항자기낙태죄도 합헌이라고 하였다. 헌재는 결정문에서 "태아에게도 생명권이 인정된다."라며 "낙태를 처벌하지 않거나 가벼운 제재를 가하면 낙태가 훨씬 만연할 것"이라는 이유로, 자기낙태죄 조항이 헌법에 위반되지 않는다고 하였다. 헌재는 또 "태아의 생명을 보호해야 하는 조산사 등이 태아의 생명을 박탈하는 시술을 한 점은 비난 가능성이 크다."라며 동의낙태죄에 대해 벌금형 없이 징역형만을 규정한 것도 과도한 처벌이 아니라고 밝혔다.

(2) 인터넷 실명제헌재 2012. 8. 23. 2010헌마47

헌법재판소는 2012년 8월 23일, 하루 평균 이용자가 10만 명 이상인 인터넷 사이트 등의 게시판을 이용하려면 본인확인 절차를 거치도록 한 '정보통신망 이용촉진 및 정보보호 등에 관한 법률' 제44조 1항 2호와 시행령 규정에 대해 '미디어오늘' 등이 낸 헌법소원 사건에서 재판관 8명 전원일치 의견으로 위헌 결정을 내렸다. 이에 따라 2007년 7월 도입된 인터넷 실명제는 5년여 만에 폐지되었다. 헌재는 결정문에서 "이 제도는 불법게시물의 억제 등을 목적으로 도입됐으나 제도 도입 이후에도 불법 게시물이 의미 있게 감소하지 않은데다, 민주주의의 근간이 되는 자유로운 의사 표현을 위축시키고 역차별 문제나 인적 정보의 외부 유출 가능성은 늘어나는 등 불이익은 오히려 커졌다."라며 "특히 본인확인제로 인해 인터넷 이용자가 신원 노출에 따른 규제나 처벌 등을 염려해 표현 자체를 포기할 가능성이 높다." 라고 결정 이유를 밝혔다.

(3) 사형제도헌재 2010. 2. 25. 2008헌가23

헌법재판소는 2010년 2월 25일 사형제도 사건 위헌법률심판제청에서 합헌 결정을 내렸다. 헌재의 이번 선고는 전남 보성 앞바다에서 남녀 여행객 4명을 살해한 혐의로 기소된 70대 어부 오00 씨의 신청을 받아들여 광주고등법원이 2008년 9월 위헌법률심판을 제청했다. 헌법재판소는 광주고법이 사형제도를 규정한 형법 제41조 등에 대해 제청한 위헌법률심판에서 "사형제는 헌법에 어긋나지 않는다."라며 재판관 5합헌대 4위헌 의견으로 합헌 결정을 내렸다. 이번 결정은 지난 1996년 11월 사형제도에 대한 헌법소원에서 재판관 7대 2 의견으로 합헌 결정을 한 지 13년여 만에 내려졌다.

(4) 국회의원 지역구헌재 2014. 10. 30. 2012헌마190

헌법재판소는 2014년 10월 30일 현행 공직선거법 제25조국회의원지역구의 획정를 단순 위헌 결정을 할 경우 법적 공백이 발생할 우려가 큰 점 등을 고려하여, 입법자가 2015년 12월 31일을 시한으로 이 사건 선거구구역표 전체를 개정할 때까지 이 사건 선거구구역표 전체의 잠정적 적용을 명하는 헌법불합치결정을 하였다.

가. 인구비례 3:1로 되어 있는 현행 선거구 획정의 인구 기준이 위헌이다. (A)지역구의 인구가 (B)지역구 인구의 3배가 될 경우 (A)지역구에서 당선된 의원의 대표성이 (B)지역구 당선 의원의 3분의 1밖에 되지 않는 불비례성이 발생한다. 헌법재판소는 3:1의 비율이 유권자의 한 표는 마땅히 동일한 가치를 인정받아야 한다. 따라서 선거의 평등원칙을 위배한다.

나. 인구의 균형, 행정구역의 편차, 지세, 교통사정, 생활권, 역사적·전통적 일체감 등의 원인으로 인하여 비례평등을 위한 1:1의 원칙을 관철하기 어려운 현실적 고충이 있다. 그러나 표 가치의 평등은 국민주권의 원리나 민주주의의 원칙에 따라 가장 우선적으로 고려해

야만 할 사항이다. 투표가치의 평등을 실현하여 민주주의의 발전을 위한 토양을 마련하는 것이 보다 중요하다. 따라서 인구비례 최대 2:1을 넘지 않는 범위에서 선거구획정이 이루어져야 한다.

다. 헌법재판소가 입법자로 하여금 2015년 12월 31일까지 입법개선시한을 정하여 헌법불합치결정을 하였음에도 국회가 입법개선시한까지 개선입법을 하지 아니하자 다시 입법부작위 위헌확인 등의 헌법소원이 제기되었다. 이에 헌법재판소는 국회의원의 선거구에 관한 법률을 제정하지 아니한 입법부작위의 위헌확인을 구하는 심판청구에 대하여, 심판청구 이후 국회가 국회의원의 선거구를 획정2:1함으로써 청구인들의 주관적 목적이 달성되어 권리보호 이익이 소멸하였다고 판단하였다2015헌마1177.

라. 현재 20대 국회의원 선거2020.4.15.를 앞두고 있는 시점에서 여당은 인구 13만94,700명인 전북 김제·부안을 하한선으로 삼고, 이 지역의 2배인 27만8,940명을 상한선으로 정하는 것을 논의하고 있다. 헌법재판소가 밝힌 기준은 표가치의 불균등함을 개선하는 합리적 기준이 되기에는 아직도 미흡하다. 헌법재판소가 설정한 이 기준은 선거구별 인구편차가 0에 가깝도록 해야 한다는 미국 하원선거의 기준이나 원칙적으로 상하편차 15%를 규정하는 독일에 비하면 아직도 매우 부족하다.

(5) 일본군 위안부 문제 합의 발표 위헌확인헌재 2019. 12. 27. 2016헌마253

일제에 의하여 강제로 동원되어 성적 학대를 받으며 '위안부'로서의 생활을 강요당한 일본군 '위안부' 피해자, 생존한 일본군 '위안부' 피해자의 자녀 또는 사망한 일본군 '위안부' 피해자의 자녀들은 2015. 12. 28. 한·일 외교장관회담 공동기자회견을 통해 발표된 합의의 내용이 청구인들의 인간으로서의 존엄과 가치 등을 침해한다고 주장하며, 2016. 3. 27. 위와 같은 합의 발표의 위헌확인을 구하는 이 사건 헌법소원심판을 청구하였다.

헌법재판소는 2019년 12월 27일 재판관 전원일치 의견으로, '대한민국 외교부장관과 일본국 외무대신이 2015. 12. 28. 공동발표한 일본군 위안부 피해자 문제 관련 합의'는 절차와 형식 및 실질에 있어서 구체적 권리·의무의 창설이 인정되지 않고, 이를 통해 일본군 '위안부' 피해자들의 권리가 처분되었다거나 대한민국 정부의 외교적 보호권한이 소멸하였다고 볼 수 없으므로 헌법소원심판청구의 대상이 되지 않는다고 보고, 이 사건 심판청구 이후 사망한 청구인들을 제외한 청구인들의 심판청구를 각하하였다.

(6) 국기·국장 모독죄 헌재 2019.12. 27. 2016헌바96

청구인은 2015. 4.경 집회 참석 중 인근에 정차하고 있던 경찰버스의 유리창 사이에 끼워져 있던 종이 태극기를 빼내어, 집회 통제 중인 경찰관을 향하여 치켜들고 평소 흡연을 목적으로 소지하고 있던 라이터로 불을 붙여 태웠다. 검사는 청구인이 대한민국을 모욕할 목적으로 태극기를 불태운 것으로 보고 형법 제105조를 적용하여 공소제기 하였다. 이에 법원은 무죄를 선고하였고, 검사가 항소하여 현재 항소심 공판절차가 진행 중이다.

청구인은 제1심 공판절차 계속 중 형법 제105조가 명확성 원칙에 위배 되고 과잉금지원칙에 위배 되어 표현의 자유를 침해하여 헌법에 위반된다는 취지로 위헌법률심판제청 신청을 하였으나 기각되자, 2016. 3. 17. 이에 대한 위헌 확인을 구하는 취지의 이 사건 헌법소원심판을 청구하였다.

헌법재판소는 2019년 12월 27일 재판관 4합헌:2일부위헌:3위헌의 의견으로, 대한민국을 모욕할 목적으로 국기를 손상, 제거, 오욕한 행위를 처벌하는 형법 제105조 중 '국기' 부분이 헌법에 위반되지 않는다는 결정을 하였다.

(7) 아동관련기관의 취업제한헌재 2018. 06. 28. 2017헌마130

청구인들은 아동학대관련범죄로 유죄판결을 선고받아 그 형이 확정된 태권도 체육관 관장 또는 학교 교사들로서 아동복지법 제29조의3 제1항 제17호 및 제18호에 따라 형이 확정된 때부터 형의 집행이 종료되거나 집행을 받지 아니하기로 확정된 후 10년까지의 기간 동안 아동관련기관인 체육시설 또는 '초·중등교육법' 제2조 각 호의 학교를 운영하거나 이에 취업 또는 사실상 노무를 제공할 수 없게 되자 위 법률조항이 청구인들의 직업선택의 자유를 침해한다고 주장하면서 이 사건 헌법소원심판을 청구하였다.

이에 헌법재판소는 아동학대관련범죄전력만으로 그가 장래에 동일한 유형의 범죄를 다시 저지를 것을 당연시하는바, 이는 아동학대관련범죄전력자 중 재범 위험성이 없는 자의 기본권에 과도한 제한을 초래하고, 나아가 법익균형성의 원칙에도 위반되어 청구인들의 직업선택의 자유를 침해한다고 하면서 위헌결정을 하였다. 그 결과 국회는 현행 아동복지법 제29조의3을 "재범의 위험성이 현저히 낮은 경우나 그 밖에 취업을 제한하여서는 아니 되는 특별한 사정이 있다고 판단하는 경우에는 그러하지 아니하다"라고 개정하였다.

제2장

행정법

제1절 행정법통칙

1. 행정과 행정법

1-1. 행정의 개념과 통치행위

(1) 행정의 개념

행정이란 실질적 의미의 행정과 형식적 의미의 행정으로 구분한다. 실질적 의미의 행정은 “국가가 법아래서 사법을 제외하고 국가목적을 계속적, 구체적으로 실현함을 목적으로 하는 활동”을 말한다. 이에 반해 제도상 행정부가 행하는 작용을 그 실질에 관계없이 형식적 의미의 행정이라고 한다.

(2) 통치행위

통치행위는 정부대통령의 행위 중에서 고도의 정치성을 가지고 있어 법원의 사법심사 대상에서 제외되는 행위재판할 수 없는 행위를 말한다. 통치행위는 권력분립원칙과 정치문제에 대한 사법심사의 예외라고 알려져 있다. 이러한 통치행위는 행정법의 규제대상인 행정에는 포함시키지 않는 것이 통설적 견해이다.

통치행위에 관한 문제는 법치행정의 예외부분에서 다루는 것이 정확하다고 할 수 있으나, 고도의 정치성을 띠는 국가작용으로서의 통치행위를 행정의 개념부분에서 설명하기도 한다. 현재 대부분의 견해는 통치행위의 개념 자체를 인정할 것인가에 대한 논의보다는 그 범위를 어떻게 볼 것인가 하는 데 있다.

헌법재판소는 국민의 기본권 침해와 직접 관련되는 경우에는 통치행위의 통제에 대한 적극적 입장을 취한다금융실명제와 관련한 헌법재판소 1996. 2. 29. 93헌마186. 또한 대통령의 사면의 경우도 통치행위로 파악하고 있고헌법재판소 2000. 6. 1. 97헌바74, 이라크파병결정의 경우도 통치행위로 보고 있다헌법재판소 2004. 4. 29. 2003헌마814.

최근 4대강 사업의 국정감사와 관련하여 4대강 사업은 통치행위이기 때문에 국정감사의 대상이 될 수 없다는 주장이 제기되었다. 감사원 직무감찰규칙 제4조 2항 3호는 통치행위는 감사원의 직무감찰 대상에서 제외된다고 규정하고 있다. 이와 관련하여 1987년 전두환 대통령이 정권을 유지하기 위해 북한의 금강산댐 위협을 과장하고, 평화의 댐을 건설한 것에 대하여 전두환 전 대통령 측은 당시 "대통령의 통치행위로 감사대상에서 제외되어야 한다."라고 했지만, 감사원은 전두환 대통령에 대하여 서면조사를 하였다.

1-2. 행정법의 의의와 종류

행정법은 행정권의 조직과 작용 및 그 구제에 관한 국내공법을 뜻한다. 행정에 관한 고유하고 특수한 법체계로서의 행정법은 프랑스에서 성립되어 대륙법계국가에 전파되었고 우리가 이를 받아들인 것이다.

영미법계 국가에서는 행정법을 행정위원회를 포함한 행정기관의 권한, 행정절차, 사법규제에 관한 법으로 이해하며, 절차법적인 면에 중점을 두고 있다. 그러나 오늘날 행정은 종래 대륙법계의 행정제도국가주의와 영미제도 국가주의가 서로 융화되는 현상을 보이고 있다.

행정법은 다른 법과 달리 형식적인 법이 없으며, 행정에 관련된 수많은 법들을 학문적으로 행정법이라 한다. 행정법은 크게 행정작용법, 행정구제법, 행정조직법으로 나눈다.

(1) 행정작용법

행정작용은 국가가 행정목적, 즉 공익과 법의 정신을 위하여 일정한 행위를 하고, 그로써 일정한 법률관계를 형성하는 것을 말한다.

행정작용은 크게 국가의 권력적 작용, 즉 국가가 우월한 지위에서 국민들의 법률상의 권익을 위해 개인에게 명령하는 작용과 비권력적 작용, 즉 국가가 일반 사인과 대등한 지위에서 사법적 관계를 맺는 작용으로 나뉜다. 국가의 권력적 행정작용은 행정청의 권력적 의사가 그대로 법적으로 실현된다.

권력적 행정작용은 크게 행정입법과 행정행위로 나뉜다. 행정입법은 법률에서 위임받은 사항이나 혹은 법률의 집행을 위하여 행정청이 만드는 세부 시행령이다. 행정행위는 그러한 행정입법의 구체화를 위하여 행정청이 개별적 사안에 내리는 처분이다.

① 행정입법

행정입법은 국회에서 모든 법을 만들 수 없기 때문에 일정한 부분 행정부에서 법을 제정하는 것을 말한다. 행정입법은 다시 법규명령과 행정명령행정규칙으로 나뉜다. 법규명령은 국민들의 권리와 의무에 관한 사항을 규율하는 일반적 법규로서 반드시 상위 법률에 근거가 있어야 한다. 대통령령, 총리령 등으로 나타난다. 법규명령은 법률에서 위임받은 사항을 정하는 위임명령 혹은 법률의 내용을 집행하는 집행명령으로 구분된다. 한편 지방자치단체에서 제정하는 법규, 즉 조례와 규칙도 법규명령이다. 반면에 행정명령은 원칙적으로 국민들의 권리·의무와는 무관한 것으로, 행정청의 내부적 규율과 지침을 담은 것이다. 보통 내규, 고시 혹은 훈령으로 나타난다.

② 행정행위

행정행위는 행정청의 처분을 말한다. 행정행위는 실정법상의 절대 용어가 아닌 행정법학상에서 발전된 학문상의 용어로 학자들에 따라 일치하지 않는다. 광의로는 행정주체의 공법행위 뿐만이 아니라 사법적인 사실행위까지 의미하지만, 일반적으로 행정추체가 하는 행위 중 공·사집행 같은 현실적의 행위, 규제의 제정과 같은 입법적 행위 혹은 사법상의 행위를 제외하고 구체적으로 행해지는 공상의 행위를 의미한다.

행정행위는 법률행위적 행정행위와 준법률행위적 행정행위가 있다. 법률행위적 행정행위는 명령적 행정행위와 형성적 행정행위가 있다. 명령적 행정행위는 국민에게 의무를 명하거나 혹은 그 의무를 면제하는 행정행위로 허가 및 하명, 면제가 이에 속한다. 형성적 행정행위는 국민에게 특정한 권리, 능력, 포괄적 법률관계, 기타 법률상의 힘을 발생 혹은 변경, 소멸시키는 행정행위로 인가와 특허 및 대리가 속한다. 준법률행위적 행정행위는 공증, 통지, 확인, 수리행위 등이 있다.

③ 행정작용의 성격

행정작용은 개인의 법적 행위와는 다른 성격을 갖는다. 예컨대, 행정행위는 국가의 공익, 국민 일반의 이익을 위한 것으로서 그 효력이 개인들의 사사로운 의사에 좌우되어서는 안 된다는 것이다. 반면에 민법상의 법률관계는 당사자들이 자신들의 자유의사에 따라 즉 당사자들의 법률행위에 의하여 형성하거나 변경할 수 있다.

행정법상 국가가 일방적으로 법률관계를 형성시킬 수 있는 것을 '공정력'이라 한다. 행정청의 행정행위, 예컨대 세금부과처분은 상대방의 의사와는 관계없이 그 자체로 효력을 발한다. 그리하여 처분의 상대방은 그에 따른 납세의 의무를 지게 된다. 그와 같은 법률관계는 취소되지 않는 한 일단 유효하고, 모든 이들을 구속한다.

또한 행정청은 자신이 발하여 형성된 법률관계를 그대로 집행할 수도 있다. 즉 법원의 집행결정을 받지 않고도 자신의 의사를 실현할 수 있다. 철거명령의 행정처분을 당사자가 이행하지 않는 경우, 행정청은 스스로 그 건물을 철거하거나 용역을 주고, 그 대금을 당사자로부터 강제로 징수해 낼 수 있다. 국가의 행정작용은 이처럼 개인의 의사를 제압하는 권력적 행위의 성격을 가질 필요가 있다. 물론 그에 대한 사전적·사후적 통제와 구제장치는 충분히 마련되어 있어야 할 것이다. 즉 자력구제는 금지되어 있다. 상대방이 계약을 위반한 경우, 그 제재와 손해의 배상은 법원의 판결을 통한 집행명령으로 가능한 것이다.

(2) 행정구제법

행정구제는 국가의 행정작용으로 말미암아 개인이 피해를 입은 경우 혹은 부당한 법적 지위에 처한 경우, 그 시정을 위해 요구하는 것을 말한다. 위의 행정작용은 법치행정의 원칙에 따라 합법적으로 이루어져야 하고, 또 공익의 실현을 목적으로 하여야 한다. 그러나 경우에 따라서는 행정작용이 잘못되어 개인의 권익을 부당하게 침해하거나 행정작용을 수행하는 공무원이 개인들에게 위해를 가할 수 있다. 혹은 국가시설의 하자로 개인들이 피해를 보거나 국가의 정당한 행정작용이지만 때문에 특별하게 희생되는 사람이 있을 수 있다.

이처럼 국가의 잘못된 행정작용을 바로잡고, 개인들의 피해를 구제하는 것이 행정법의 또 다른 주요 정신이자 과제이다.

행정구제제도는 크게 행정쟁송과 행정보전으로 나눌 수 있다. 행정쟁송은 국가의 행정작용을 취소하여 국가가 일방적으로 형성시킨 법률관계를 무효화하는 것이며, 행정보전은 국가의 행정작용으로 말미암아 개인에게 발생한 피해를 보전하는 것이다.

① 행정쟁송

행정쟁송은 크게 행정심판과 행정소송으로 구분된다. 행정심판은 처분을 발한 행정청의 가까운 상급기관에서 그 처분의 위법, 부당성을 심사하는 것이다. 즉 상위의 행정청이 행정심판의 재결청이 된다. 반면에 행정소송은 법원이 처분의 위법, 부당성을 심사하는 사법절차이다. 이전에는 행정소송은 반드시 행정심판을 거친 후에 제기할 수 있었지만행정심판전치주의, 1998년부터 국민들은 행정심판을 제기할 것인지 아니면 바로 행정소송으로 가져갈 것인지 선택할 수 있도록 개정되었다. 즉 행정소송은 2심제가 아니고, 보통의 재판과 같이 3심제로 운영된다.

② 행정보전

행정보전에는 국가의 위법한 행정작용에 의한 손해를 배상케 하는 국가배상제도와 국가의 적법한 행정작용에서 발생한 피해를 보전케 하는 손실보상제도가 있다. 전자는 민법상의 불법행위와 유사한 법리이지만, 같지는 않다. 국가와 국민들 간의 관계라는 점에서 일종의 공법관계라고 할 수 있고, 그런 점에서 나름대로의 특성이 있다.

손실보상은 국가배상과 달리 행정청의 합법적 행정작용에서 문제가 된다. 손실보상의 대표적인 예는 토지수용이다. 손실보상은 합법적 행정작용에서 발생하는 것으로 위법행위를 전제로 하는 배상책임과는 관계없다. 하지만 비록 국가의 합법적 작용이라고 하여도 그 때문에 특정한 개인이 피해를 본다면 이를 그대로 방치할 수는 없을 것이다. 즉 국가의 공익을 위하여 어느 개인이 일방적으로 희생된다는 것은 법정신에 어긋나는 것이기 때문이다. 이렇게 볼 때, 손실보상은 국가의 행정작용을 통하여 실현된 공익을 그를 위한 희생자에게 돌려주는 법리라고 할 수 있다.

(3) 행정조직법

국가나 지방자치단체의 조직 및 권한에 관한 사항을 규정한 법률의 총칭이다. 국가의 행정조직에 관한 정부조직법, 지방의 행정조직에 관한 지방자치법, 도농복합형태의 시설에 따른 행정특례 등에 관한 법률, 서울특별시행정특례에 관한 법률 등이 있다. 이들 법률은 각각 국가 및 지방자치단체의 설치와 폐지·구성·권한 등을 상세히 규정하고 있다.

1-3. 행정법의 특징

행정법은 통일적인 법전이 없이 행정권의 조직과 작용에 관한 수많은 법으로 이루어져 있다. 행정법은 사적 자치를 존중하는 사법과는 달리 강행법규로서의 성질을 가지며 원칙적으로 명령규정을 취한다. 행정법의 성질을 밝히는 것은 행정법규의 해석, 적용을 위한 원리와 지침을 제공하는 데 그 의의가 있다.

1-4. 행정법의 법원

행정권의 조직 및 작용에 관한 법의 존재형식을 행정법의 법원이라 한다. 여기에는 성문법원과 불문법원이 있다. 성문법원에는 헌법, 법률, 조약과 국제법규, 명령, 자치법규조례와 규칙 등이 있고, 불문법원에는 행정관습법, 행정판례법, 조리법정의, 형평, 공서양속, 신의칙 등 등이 있다.

(1) 성문법원

헌법, 법률, 명령과 행정규칙, 자치법규 등이 있다. 문제는 국제법이 행정법원이 될 수 있는가이다. 행정법은 행정에 관한 '국내'공법이지만 일정한 경우에 국제법을 구성하는 조약이나 협약 등은 행정법의 법원이 될 수 있다. 헌법 제6조 1항도 "헌법에 의하여 체결·공포된 조약과 일반적으로 승인된 국제법규는 국내법과 동일한 효력을 가진다."라고 규정하고 있다. 국제법규가 명확한 경우도로통행이나 국제항공협약는 국내의 입법조치의 필요 없이 바로 효력이 발생한다.

(2) 불문법원

① 행정관습법

행정관습법을 법원으로 인정할 것인가에 대해 "복잡한 행정의 모든 영역에서 성문법규의 구비는 불가능하다는 전제에서 이를 적극적으로 받아들이는 적극설이 통설적 입장"이며 법규범으로서 '원의 승인이 필요한가'에 대해서는 부정설법적확신설이 다수설이다.

② 행정판례법

대법원 판례의 법원성에 관한 규정은 없다. 행정소송의 경우 행정권은 법률의 해석과 적용의 실제에 있어 대법원의 판례를 따라갈 수밖에 없는 것이 현실이다. 헌법재판소의 위헌결정은 제47조 1항, 2항에 따라 법원이나 기타 국가기관과 지방자치단체를 구속하고, 위헌결정된 법률조항은 효력을 상실하여 그에 기한 처분의 효력도 당연무효는 아니지만 취소할 수 있기 때문에 법원으로서 기능하고 있다.

③ 조리

법률이나 관습법이 침묵하는 영역은 최종적으로 조리, 즉 사물의 본성에 따라야 한다. 조리가 행정법의 법원으로서의 기능을 할 수 있는가에 대해, 통설은 "법해석의 기본원리가 되고, 최종적이고 보충적인 법원"으로서의 기능을 한다고 한다.

2. 행정법관계의 특수성

행정법관계는 그 내용이 공익실현을 목적으로 한다는 점에서 일반 사법관계보다는 행정주체에게 실정법상 일정한 특권 또는 우월한 지위를 인정하고 있다. 또한 그러한 특혜에 대한 반대급부로서 행정권은 사인보다 엄격한 법적기속을 받는다.

2-1. 공정력

행정주체의 행위는 낭연무효인 경우를 제외하고자 설혹 하자가 있는 경우라도 일단은 효력을 발생하며, 취소권 있는 기관이 취소할 때까지는 아무도 그 효력을 부정할 수 없다.

2-2. 불가쟁력과 불가변력

행정주체의 행위는 설혹 다툴 수 있는 것이라도 그 공공성으로 인한 법적안정을 위하여 기간이 경과된 후에는 그에 대한 법적 분쟁을 허용하지 않는다. 또 특정한 경우에는 행정청 자신이 임의로 취소·변경할 수 없다.

2-3. 강제력

행정주체의 의사에 위배되는 행위에 대하여는 법원을 거치지 않고 일단 행정청이 일정한 제재행정형벌 또는 질서벌를 과하거나 당해 행정청에 의한 강제집행대집행 또는 강제징수이 허용되는 것을 말한다.

2-4. 권리, 의무의 특수성

공법관계에서의 권리, 의무는 다 같이 공공복리나 공익적 견지에서 인정되는 것이므로 그 이전이나 포기가 제한되고, 특별한 보호와 강제가 가하여진다.

2-5. 권리구제절차의 특수성

행정주체의 적법한 공권력작용으로 개인에게 '특별한 희생'이 생긴 때에는 행정상의 적정한 손실보상을 하고 공무원의 직무상의 불법행위 또는 공공시설의 설치, 관리상의 하자로 말미암아 타인에게 손해를 끼친 때에는 국가배상법에 의한 행정상의 손해배상을 하여야 한다.

3. 행정법의 일반원칙

3-1. 행정의 계속성원칙

행정은 어떠한 경우에도 필요불가결한 기본적 행정서비스는 중단 없이 이루어져야 한다는 원칙을 말한다. 이 원칙은 때로는 공공서비스에 종사하는 공무원이나 공무수행자의 사법상의 경우보다도 더 자유가 제약되는 단서를 제공할 수 있다. 그렇지만 계속적으로 제공되어야만 하는 필수적 공공서비스에서는 항공관제사의 파업과 같이 공공서비스 종사자 구성원들의 이익을 관철하는 좋은 기회를 제공하기도 한다.

3-2. 평등원칙

헌법 제11조가 천명하는 평등원칙이 행정법상 일반원칙으로 적용되는 점은 의문의 여지가 없다. 대법원은 함께 화투놀이를 한 경우에 3명은 견책, 1명은 파면처분을 한 것은 재량의 범위를 벗어난 위법한 처분으로 평등원칙에 위반된다고 하였고, 교환직렬에 대하여 다른 일반직 직원과 비교해 5년간의 차등정년을 둔 것은 평등원칙에 위반하지 아니한다고 하였다. 또한 국공립사범대학 등 출신자를 우선 채용하는 것은 평등의 원칙에 반하고, 제대군인에 대한 가산점제도도 헌법상 평등의 원칙에 반한다고 하였다.

3-3. 자기구속원칙

행정청의 자기구속원칙은 행정규칙의 법규성과 관련성이 있다. 자기구속원칙은 "행정청이 상대방에 대하여 제3자에게 동종의 사안에 있어서 행한 결정에 구속되는 것"을 말한다.

행정청은 자신이 이전에 내린 행정결정이나 행정규칙에 근거하여 장차 예상되는 행정결정의 체계관행에 스스로 일정한 구속을 받는다. 다시 말해 행정청은 스스로 정하여 시행하는 기준에 대해 합리적인 이유 없이 그 기준을 마음대로 바꿀 수 없다.

3-4. 비례성의 원칙

비례의 원칙은 수단과 목적이 서로 균형을 맞추어야 하는 것을 말하며, 과잉금지의 원칙이라고도 한다. 비례의 원칙 내용 3가지는 적합성의 원칙수단의 적정성, 필요성의 원칙침해의 최소성, 상당성의 원칙법익의 균형성이다. 이 원칙들은 원래 경찰 및 질서행정법에서 생성·발전된 것이지만 오늘날에는 행정법의 전 분야에 적용되는 원칙이다.

입법자는 공익실현을 위하여 기본권을 제한하는 경우에도 입법목적을 실현하기에 적합한 여러 수단 중에서 되도록 국민의 기본권을 가장 존중하고 기본권을 최소로 침해하는 수단을 선택해야 한다. 즉 "참새를 잡기 위해 대포를 쏠 수는 없다."라는 표현은 비례성원칙을 대신하는 적당한 예라 할 수 있다.

3-5. 신뢰보호원칙

신뢰보호원칙은 "행정기관이 개인에 대해 신뢰의 대상이 되는 공적인 견해를 표명하고 상대방이 이를 믿고신뢰하고 어떤 행위를 한 경우에 그 신뢰가 보호가치가 있는 경우에 이를 보호해주어야 한다."라는 것을 의미한다.

행정절차법 제4조 2항과 국세기본법 제18조 3항은 신뢰보호에 관한 규정이다. 신뢰보호 원칙이 적용되려면 다음과 같은 요건을 갖추어야 한다. 즉 행정기관의 선행조치공적인 견해표명, 선행조치에 대한 신뢰, 신뢰의 보호가치성, 행정청의 선행조치와 그 상대방에 의한 조치 사이에는 인과관계가 성립, 선행조치에 반하는 불이익 발생 등이다.

신뢰보호원칙의 파생원칙으로서 실권의 법리실효의 법리가 있다. 실권의 법리는 행정청이 직권취소나 철회를 하여야 할 권리가 있음에도 불구하고, 장기간 행사하지 않아 이제 와서 그와 같은 직권취소나 철회를 할 경우 이제는 더 이상 직권취소나 철회가 나오지 않을 것이라 신뢰한 상대방의 신뢰가 직권취소나 철회를 하여 얻는 공익보다 더 크다고 인정될 경우에는 행정청이 기존에 가지고 있었던 직권취소나 철회를 할 권리가 효력을 상실한다는 이론을 말한다.

대법원은 택시운전기사가 형사처벌을 받은 후 3여 년이 지난 뒤 면허취소를 한 것은 실권의 법리를 적용하여 위법하다고 하였고, 반면에 교통사고가 일어난 후 1년 10개월이 지나 운전면허를 취소하였더라도 실권의 법리의 적용을 배제하여 신뢰보호원칙에 반하지 않는다고 하였다. 대법원은 대체적으로 2년을 실권의 법리의 적용한계로 보고 있는 듯하다.

3-6. 부당결부금지의 원칙

부당결부금지의 원칙이란 행정기관이 행정활동을 행함에 있어서 그것과 실질적인 관련이 없는 반대급부와 결부시켜서는 안된다는 행정법상의 원칙이다. 예를 들어 교통법규 위반을 이유로 비영리 단체허가를 거부하는 처분, 공원에 환경미화사업을 할 조건으로 하여 아파트건축허가를 하는 경우 등을 말한다.

4. 특별권력관계

4-1. 의의

특별권력관계라 함은 일반권력관계에 대치된 말로서 특별한 법률원인에 의하여 공법상의 특정목적을 달성하기 위하여 필요한 범위 내에서 한쪽이 상대방을 포괄적으로 지배하고 상대방이 그에 복종할 의무를 지는 것을 내용으로 하는 행정법관계이다. 최근에는 특별권력관계를 부정하는 견해가 유력해지고 있다. 일반권력관계는 국가와 국민의 관계로 법치주의가 전면적으로 적용되지만, 특별권력관계는 국가 그밖의 행정주체와 그 내부 조직인 공무원, 군인, 경찰 등의 특수관계로 법치주의가 부분적으로 적용되어 법률이나 그 구체적인 위임이 없어도 명령, 강제될 수 있다.

4-2. 성립

특별권력관계의 성립에는 일반권력관계와는 달리 '특별한 법률관계'가 필요하다.

(1) 직접 법률규정에 의해 성립하는 경우: 전염병환자의 강제수용

(2) 상대방의 동의임의동의, 강제적 동의에 의해 성립하는 경우: 국공립대학의 입학

4-3. 종류

(1) 공법상의 근무관계: 공무원 임명, 현역병 징집

(2) 공법상의 영조물이용관계: 국공립학교 재학, 전염병환자의 국립병원 입원관계, 교도소 수용관계

(3) 공법상의 특별감독관계: 공공조합, 행정사무수임자, 특허기업자, 보호회사 등에 대한 국가의 감독

(4) 공법상의 사단관계: 공공조합과 그 조합원의 관계

4-4. 특별권력의 한계와 사법심사

특별권력의 주체는 타방에 대하여 포괄적 지배권의 발동으로 명령권을 가지며, 내부관계의 질서를 유지하기 위하여 징계권을 가진다. 특별권력은 그 관계가 설정된 목적의 범위 내에서 법령에 따라 비례의 원칙에 적합하게 행사되어야 하며 절대적 기본권은 제한할 수 없다.

또한 위법한 특별권력행위에 대해서는 재판청구권 및 특별권력관계 자체의 내부행위, 외부행위에 전부 사법심사를 인정하는 것이 통설·판례이다.

4-5. 특별권력관계인 것

농지개량조합과 직원과의 관계는 사법상 근로계약관계가 아니라 특별권력관계이다대법원

1995. 6. 9. 94누10870. 구청장과 동장과의 관계는 특별권력관계이다. 따라서 구청장에 의한 동장면직처분은 항고소송의 대상이 된다.[92)]

4-6. 특별권력관계가 아닌 것

서울특별시지하철공사의 임직원 근무관계는 사법상 계약관계이다. 국가 또는 지방자치단체와 납세의무자, 자치구와 주민, 국가와 영업허가업자의 관계도 특별권력관계가 아니다.[93)]

제2절 행정행위

1. 행정행위의 의의

1-1. 의의

(1) 최광의의 행정행위

행정청이 행하는 모든 행위를 말한다. 사실행위·법률행위행정입법 · 행정처분 · 사법행위 및 통치행위가 포함된다.

(2) 광의의 행정행위

행정청에 의한 공법행위를 의미한다. 최광의의 행정행위에서 사실행위·사법행위가 배제되나, 입법행위·권력적 행위·비권력적 행위·통치행위는 포함한다.

---

92) 대법원 1982. 7. 27. 선고 80누86 판결.

93) 대법원 1989. 9. 12. 선고 89누2103 판결.

(3) 협의의 행정행위

행정청이 법 아래서 구체적인 사실에 관한 법집행으로서 행하는 공법행위를 의미한다. 넓은 행위의 행정행위의 범위에서 행정입법과 통치행위는 배제되나 비권력적 행위로서의 공법상 계약·공법상 합동행위는 포함된다.

(4) 최협의의 행정행위

행정청이 법 아래서 구체적 사실에 관한 법집행으로서 행하는 권력적 단독행위인 공법행위를 의미한다. 협의의 행정행위 범위에서 공법상 계약·공법상 합동행위가 배제되어 공권력발동행위로서의 단독행위만을 의미한다. 따라서 행정행위란 행정주체가 법 아래에서 구체적 사항에 관한 법집행으로서 행하는 권력적 단독행위인 공법행위다통설 · 판례. 행정행위는 법률상 인정된 행정의사의 발동이기 때문에 다음과 같은 특색이 인정된다.

2. 행정행위의 구체적 내용

2-1. 행정청의 행위

행정청은 조직법상의 의미가 아니라 실질적·기능적 의미이므로 행정청 이외의 행정기관조직상 국장 · 과장 등 보조기관이나 입법기관, 사법기관 등이 행정업무를 수행하는 경우에는 행정청에 포함된다.

행정청의 행위에는 국가, 지방자치단체 및 행정권을 부여받은 사인이 포함된다. 대법원은 '지방의회 의장에 대한 불신임의결은 의장으로서의 권한을 박탈하는 행정처분'[94]이므로 지방의회의 결정에 대하여 행정행위로 보고 있다.

2-2. 구체적 사실에 관한 법집행

행정행위는 행정주체가 법 아래서 구체적 사실에 대하여 법을 집행하는 행위이다. 구체적 사실의 여부는 관련자가 개별적인가 일반적인가, 규율대상이 구체적인가 추상적인가에

94) 대법원 1994. 10. 11. 선고 94두23 판결.

따라 달라진다. 개별적인가 일반적인가의 구별은 수명자의 범위가 객관적으로 특정되어 있는가의 여부에 따라 달라진다. 구체적이란 일회적인 것을 의미하고 추상적이란 무제한적인 것을 의미한다.

따라서 일반처분불특정 다수인을 상대로 하는인 자동장치에 의한 교통신호나 횡단보도설치를 통해 통행방법을 규제하는 것은 행정처분으로 볼 수 있다.[95)]

2-3. 외부행위

행정행위는 국민에 대한 권리·의무의 발생·변경·소멸을 가져오는 행위이다. 따라서 국민에 대한 행위가 아니라 행정조직 내부의 행위, 즉 행정기관 상호간의 행위, 특별권력관계에서의 행위, 아직 외부에 표시되지 않고 행정청의 내부적인 의사결정의 단계에 머무르고 있는 행위 등은 행정행위가 아니다.

2-4. 직접적인 법적효과를 발생시키는 행위

행정의 상대방에 대해 직접적 효과를 발생하는 행위이므로 일정한 행정작용이 행해질 것을 알리는 행위나 단순한 사실행위는 행정행위가 아니다.

2-5. 권력적 단독행위

행정행위는 행정주체가 공권력 주체로서 우월한 일방적 의사의 표시로써 행하는 권력적 단독행위이다. 따라서 비권력적인 공법상 계약 및 공법상 합동행위는 행정행위가 아니다.

3. 행정행위의 특징

3-1. 행정작용의 법률적합성法適合性

행정이 공익의 실현이라는 점에서 행정권은 사인과 같은 의사 자치를 향유할 수 없고, 행정작용은 원칙적으로 법적 기속을 받는다. 즉 행정청의 행정행위는 법적 근거가 있어야 한

95) 대법원 2000. 10. 27. 선고98두896 판결.

다. 이를 법률유보라 한다. 행정청의 행정행위는 법규범에 위배되어서는 안 된다. 이를 법률우위라 한다.

3-2. 행정주체 의사의 우월성

행정법관계에서는 공익목적을 달성하기 위하여 필요한 범위 내에서 행정주체에게 우월한 힘을 부여한다.

(1) 공정력

하자 있는 행정행위라도, 그 하자가 중대하고 명백하여 당연히 무효로 되는 경우를 제외하고는 일단 유효한 것으로 보는 것을 말한다. 즉, 행정기관에 의한 직권취소가 있든지, 행정심판 또는 행정소송으로 취소되지 않은 이상, 하자 있는 행정행위라도 효력이 있다.

(2) 존속력확정력

행정행위가 일단 행해져서 법률관계가 형성된 이상, 행정행위와 그에 따른 법률관계는 쉽게 소멸되지 않고 존속하는 힘을 말한다.

① 형식적 존속력불가쟁력

행정행위가 흠이 있어서 개인의 권리가 침해되었다고 하더라도, 그에 대한 불복기간이 초과되었거나, 쟁송절차가 모두 완료된 경우에는 더 이상 그 효력을 다툴 수 없는 것을 말한다. 위법한 행정행위로 불안정한 행정상 법률관계를 조속히 안정시키려는 취지이다. 예컨대, 취소소송은 처분이 있음을 안 날로부터 90일 이내, 처분 등이 있은 날로부터 1년 내에 제기하여야 한다행정소송법 제20조 1항 · 2항. 즉 이 기간을 경과하면 소송을 제기하지 못한다. 행정심판은 처분이 있음을 안 날로부터 90일 이내에 제기하여야 한다행정심판법 제18조 1항. 이 기간을 경과하면 행정심판을 제기하지 못한다.

② 실질적 존속력불가변력

행정청은 자신이 한 행정행위를 정당한 사유가 없는 한, 함부로 취소하거나 변경할 수 없는 힘을 말한다. 행정청의 행정행위는 행정객체뿐만 아니라, 행정청 스스로도 구속된다. 존속력이 인정되는 것으로, 일정한 쟁송절차를 거쳐서 행하여지는 행정심판의 재결, 소청심사위원회, 국세심판소의 재결, 토지수용위원회의 재결 등 확인행위, 국가시험합격자결정, 당선인결정, 발명특허 등 특정사실 또는 법률관계의 존부, 정부에 대한 공적 권위에 의한 확인행위 등이 있다. 한편 불가변력이 인정되는 행위에 대해서도 그 상대방은 행정쟁송절차에 의하여 당해 행위의 효력을 다툴 수 있다.

3-3. 집행력 또는 강제력

행정상의 의무를 상대방이 이행하지 않을 경우, 행정청은 직접 실력을 행사하여 그 이행을 확보하거나자력집행력, 일정한 제재를 가하여 간접적으로 그 의무이행을 담보할 수 있다. 예컨대, 세금을 납부하지 않는 자에 대해서 과세관청은 국세징수법상 체납처분절차에 의해 강제징수를 할 수 있다.

3-4. 권리 및 의무의 특수성

행정법관계에 있어서 국가적 공권과 개인적 공권은 공익실현과 밀접한 관련을 가지므로, 그 이전 및 포기가 제한된다. 5 권리구제수단의 특수성행정작용으로 발생한손해의 전보는 행정상 손해배상국가배상제도 또는 손실보상의 방법행정상 손실보상제도에 의하여야 한다. 공법적 법률관계이므로 행정소송당사자소송에 의하여야 할 것이나, 금전채권을 내용으로 한다는 점에서 민사적 청구권으로서의 성질을 가지므로, 실무상으로는 민사소송으로 다루어진다.

4. 행정행위의 종류

4-1. 주체에 의한 분류

국가의 행정행위, 공공단체의 행정행위, 수권을 받은 사인의 행정행위가 있다.

4-2. 내용에 의한 분류

(1) 법률행위적 행정행위

효과의사인 정신작용을 요소로 하고 효과의사의 내용에 따라 법률적 효과가 발생한다.하

명, 허가, 특허, 인가 등

(2) 준법률행위적 행정행위

효과의사 이외의 정신작용을 요소로 하고 직접 법률의 규정에 따라 법률적 효과가 발생한다.확인, 공증, 통지, 수리 등

4-3. 법규의 구속정도에 의한 분류

(1) 기속행위

법규가 행정주체에 대하여 어떠한 재량의 여지를 주지 아니하고 오직 그 법규를 집행하는 경우의 행정행위를 말한다.

(2) 재량행위

법규가 행정기관에게 어느 범위까지 판단의 자유를 허용하는 경우의 행정행위를 말한다. 재량행위는 다시 기속재량행위와 자유재량행위로 나누어진다. 기속재량행위는 '무엇이 법인가'의 재량으로서 그 재량이 그릇되면 위법이 된다. 이는 실질적으로 기속행위와 별 차이가 없다. 이에 반해 자유재량행위는 무엇이 공익목적 내지 행정목적에 적합한 것인가를 판단하는 재량으로서 그 재량이 그릇되면 단지 부당의 문제에 그친다다만 재량권의 유월이나 남용의 경우에는 위법이 된다. 자유재량행위와 행정소송에 관하여 오늘날의 통설과 판례는 자유재량행위도 일단 행정소송의 대상이 되는 것이며, 심리의 결과 그 자유재량행위가 위법한 것이 아니라고 인정되면 당해 청구를 기각하는 것이 옳다고 한다.

4-4. 법률효과에 의한 분류

수익적 행정행위(예: 허가, 특허, 면제 등), 부담적 행정행위(예: 하명, 특허나 허가의 취소), 복효적 행정행위(예: 연탄공장건축허가)의 3가지로 분류된다. 복효적 행정행위는 이중적 행정행위라고도 하며, 수익과 부담적 효과가 동시에 발생한다.

제3절 법률행위적 행정행위

법률행위적 행정행위는 다시 상대방에 대한 법률효과의 내용에 따라 명령적 행위와 형성적 행위로 나누어지며, 이들은 각각 다시 여러 행위로 세분된다.

1. 명령적 행정행위

명령적 행정행위란 국민에 대하여 일정한 의무를 부과하거나 의무를 해제하는 행정행위를 말한다. 의무를 부과하는 것이 하명, 부작위의무를 해제하는 것이 허가, 작위·수인·급부의무를 해제하는 것이 면제이다.

1-1. 하명下命

(1) 의의

하명이란 행정청이 국민에 대하여 작위의무위법건축물의 철거 등, 부작위의무도로통행금지 등, 급부의무조세부과처분에 따른 금전급부의무, 수인의무강제입원, 격리수용를 명하는 행정행위를 말한다. 이 가운데 부작위의무를 과하는 것을 금지라고 하고, 작위·급부·수인의무를 과하는 것을 명령이라고도 한다.

(2) 대상

하명의 대상인 행위는 사실행위도로청소, 교통방해물의 제거 등인 경우도 있고, 법률행위무기매매 등인 경우도 있다. 하명은 특정인에게 의무를 과하는 것개별처분이 보통이나, 일반처분의 형식으로 불특정다수인에 대해 행해지는 경우도 있다(예: 도로통행금지조치).

(3) 효과

수명자가 하명에 의해 부과된 의무를 이행하지 않는 경우에는, 행정상 강제집행에 의해 그 의무내용이 강제되거나, 행정벌 기타 행정상 제재가 가해지는 것이 보통이다. 즉 상대방에게 공의무가 발생한다. 하명 위반 시에는 행정상 강제집행이 행해지고불법건축물 철거의무 불이행 시 대집행에 의한 강제철거, 부과된 의무 위반 시미성년자에게 담배를 판매한 경우 행정벌의 대상이 된다. 다만 사법상 효력은 별개이다.

이처럼 하명 위반은 행정강제 또는 행정벌 등의 원인이 되기는 하나, 그 행위의 법률상 효과에는 직접 영향을 미치지 않는 것이 원칙이다. 명령이나 금지는 법률행위를 대상으로 하는 경우에도 사실로서의 어떠한 행위를 하거나 하지 말 것을 명하는 데 그치기 때문이다. 다만, 처벌만으로 그 목적을 달성할 수 없는 때에는, 법률에 의해 행위 자체가 무효가 되기도 한다.

1-2. 허가

(1) 의의

법규에 의한 일반적·상대적 금지를 특정한 경우에 해제하여 적법하게 일정한 사실행위 또는 법률행위를 할 수 있게 하는 행위를 말한다. 실무상 면허, 인허, 승인 등으로 사용되고 허가는 학문상 개념이지만 실정법상 사용되기도 한다.

(2) 명령적 행위인지 형성적 행위인지 여부

전통적 견해에 따르면, 허가는 인간의 자연적 자유를 대상으로 하여 이를 회복시켜 주는 행위로서, 권리 기타 법률상 능력을 좌우하는 행위는 아니라는 점에서 명령적 행위의 일종이며, 형성적 행위와는 구별된다고 한다.

그러나 허가는 단순히 자연적 자유의 회복에 그치는 것이 아니라, 헌법상의 자유권을 적법하게 행사할 수 있게 해주는 행위로서, 법적 지위의 설정행위라는 속성을 가지고 있으며, 그러한 점에서 형성적 행위로서의 성질 역시 가지고 있다는 것이 현재의 유력한 견해이다. 다만 강학상의 허가와는 다르게 당사자가 본래 가졌던 일정한 행위를 할 권리이므로 새로운 권리를 창설하지 않는다는 점에서 종전의 특허개념과는 구분된다. 판례는 허가를 명령적 행위로 본다. 즉, 한의사 면허는 경찰금지를 해제하는 명령적 행위강학상 허가에 해당한다 대법원 1998. 3. 10. 97누4289.

(3) 기속행위인가 재량행위인가

허가는 내용상 헌법상 자유권의 행사에 관한 것으로, 공익적 관점에서 개별법상 그 행사에 일정한 제한을 가하고, 관계법상의 허가요건이 충족되는 경우에는 당해 자유권의 행사에 공익상의 장해요인이 없다는 의미이다. 그러므로 관계법상의 요건이 충족된 경우에 행정청은 허가를 하여야 할 기속을 받는다. 따라서 허가는 기속행위라 할 수 있다. 다만 허가요건이 불확정개념으로 규정되어 있다면 행정청에게 판단여지가 인정된다. 대법원은 산림형질변경허가[96], 토지형질변경허가[97], 입목의 벌채·굴채허가[98] 등을 재량행위로 해석한다.

(4) 신청여부

허가를 받으려면 반드시 신청을 하여야 할까? 통행금지의 해제와 같이 신청을 전제로 하지 않은 허가도 있지만, 일반적으로 허가는 신청을 전제로 한다. 상대방의 신청을 전제요건으로 하는 경우에 신청 없는 허가는 무효지만 상대방의 동의가 있으면 하자는 치유되어 적법한 행정행위가 된다.

(5) 종류

허가는 심사대상에 대인적 허가운전면허·의사면허 등 사람의 능력·지식 등 주관적 요소를 심사대상으로 하는 것, 대물적 허가차량검사·건축허가 등 물건의 객관적 사정에 착안하여 행해지는 것, 혼합적 허가총포류제조허가 등로 구분된다. 대인적 허가의 효과는 일신전속적인 것이므로 이전이 인정되지 않는다.

(6) 효과

허가는 상대적 금지를 해제시켜 주기 때문에 허가가 나면 본래 가지고 있던 자연적 자유를 회복시켜 준다. 즉 허가를 받으면 일정한 행위를 할 수 있는 법률상 이익을 누릴 수 있게 된다. 이 이익은 반사적 이익에 불과하다. 허가제를 규정한 법 규정은 경제적인 영업상의 이익을 보호하기보다는 공익적 성격이 강하다고 할 수 있다. 허가를 요하는 행위를 허가 없이 행한 경우, 당해 행위는 행정상 강제집행이나 처벌의 대상은 되지만, 행위 자체의 법률적 효력은 영향을 받지 않음이 원칙이다. 다만, 예외적으로 법률이 무허가행위의 처벌 외에 당해 행위의 무효를 규정하기도 한다.

---

96) 대법원 1997. 9. 12. 선고 97누1228 판결.

97) 대법원 1999. 2. 23. 선고 98두17845 판결.

98) 대법원 2001. 11. 30. 선고 2001두5866 판결.

1-3. 면제

법령에 의해 일반적으로 부과되어 있는 작위·급부의무 등을 특정한 경우에 해제하는 행정행위를 말한다. 의무를 해제한다는 점에서 허가와 동일하지만 허가는 부작위의무금지를 해제한다는 점에서 서로 다르다. 면제는 명령적 행위의 일종으로서 수익적 행정행위의 성질을 갖는다. 그 예로 예방접종면제, 조세면제일부면제 포함 등이 있다.

2. 형성적 행정행위

형성적 행정행위는, 국민에 대하여 새로운 권리 또는 능력의 형성발생·변경·소멸을 목적으로 하는 행정행위이다. 직접 상대방을 위하여 권리·능력 기타 법적 지위를 발생·변경·소멸시키는 행위특허와 타인을 위하여 그 행위의 효력을 보충·완성하거나인가 타인을 대신하여 행하는 행위공법상 대리가 있다.

2-1. 특허

(1) 의의

특허란 특정의 상대방에게 권리나 능력을 설정하거나, 포괄적 법률관계를 부여하는 행정행위를 말한다. 특허에는 특정 상대방을 위해 새로운 권리를 설정하는 행위공기업특허, 공물사용권의 특허, 광업허가, 어업면허 등, 능력을 설정하는 행위공법인의 설립행위 등, 법적 지위를 설정하는 행위공무원의 임명, 귀화허가 등이 있다. 특허는 출원을 요건으로 하며, 출원이 없거나 그 취지에 반하는 특허는 완전한 효력이 발생할 수 없다. 특허에 의해 상대방에게 귀속되는 권리는 공권인 것이 보통이나, 사권인 경우(예: 광업허가에 의한 광업권)도 있다. 이 점에서 그 효과가 언제나 공법적인 허가와 구별된다.

(2) 특징

특허는 권리를 설정하는 행위이고, 신청을 요하는 행위이다. 즉 특허는 상대방에게 특별히 권리·능력 등을 설정하여 주는 것이기 때문에 상대방의 출원신청을 필요요건으로 하는 쌍방적 행정행위이다. 따라서 수정특허라는 것은 인정되지 않는다. 또한 특허는 권리를 창설하는 법률상의 힘을 발생시킨다. 즉 특허는 상대방에 대하여 새로운 권리·능력 등을 설정하여 주는 것이므로 상대방이 그것으로 받는 이익은 단순한 반사적 이익이 아니라 권리의 성질을 갖는다. 따라서 제3자가 침해하면 권리침해가 된다. 뿐만 아니라 특허는 대인적인 경우에는 이전성이 인정되지 않으며귀화허가 등, 대물적 허가인 경우에는 이전성이 인정된다.

(3) 허가와의 차이

특허는 특정인에 대해서만 행하여질 수 있을 뿐 일반처분의 형식으로 불특정다수인을 대상으로 행해질 수는 없다. 이 점에서 일반처분의 형식으로 불특정다수인에 대해서도 행해질 수 있는 허가와 구별된다.

2-2. 인가

(1) 의의

인가는 제3자의 법률행위를 보충하여 그 법률적 효력을 완성시켜 주는 행정행위를 말한다. 공익적 관점에서 국민 기타 법인격주체 간의 법률행위의 효력발생에 행정청의 동의를 요구하고, 행정청이 제3자들 간의 법률행위에 동의함으로써 그 효력을 완성시켜 주는 행위이다. 인가는 기속행위인 경우도 있고 재량행위인 경우도 있다. 제3자의 행위는 재개발조합설립인가와 같은 공법상 행위도 있고, 비영리법인 설립인가와 같은 사법상 행위도 있다.

(2) 특징

인가는 법률행위의 효력요건이므로, 무인가행위는 원칙적으로 무효이다. 인가는 효력발생요건이므로, 그 대상은 법률행위에 한정된다. 대상이 되는 법률행위는 공법행위공공조합의 정관변경일 수도 사법행위비영리법인 설립 인가일 수도 있다. 인가는 항상 신청에 의해 행해지며, 제3자 간의 법률행위의 효력을 완성하는 보충적인 행위에 그치므로, 행정청은 인가 여부만을 결정할 수 있을 뿐 법률의 명시적 근거가 없는 한 법률행위의 내용을 수정하여 인가할 수 없다. 인가는 제3자의 법률행위의 효력을 완성시키는 보충적 행위이므로, 기본적 법률행위에 존재하는 하자를 치유하는 것은 아니다. 따라서 기본적 법률행위가 불성립 또는 무효인 경우, 인가가 있다 하여 그 법률행위가 유효하게 되는 것은 아니다.

대법원은 “재건축조합설립인가의 법적 성질 및 기본행위인 재건축조합설립행위에 하자가 있는 경우, 기본행위의 불성립 또는 무효를 내세워 그에 대한 감독청의 인가처분의 취소 또는 무효확인을 소구할 법률상 이익이 없다."라고 한다.[99] 효과인가를 요하는 행위를 인가 없이 행한 경우, 당해 행위는 무효로 되나, 상대방에 대해 행정강제 또는 행정제재를 과할 수 없음이 원칙이다.

(3) 대리

대리란 일정한 행정목적의 달성을 위하여 법률의 규정에 따라, 타인이 해야 할 행위를 행정주체가 대신하고, 본인이 행한 것과 같은 법적 효과를 발생하는 행정행위를 말한다. 행정행위로서의 대리는 법률의 규정에 의한 공권력의 발동으로서 행하여지는 것이므로 법정대리라고 할 수 있다. 다만 여기에서의 대리는 행정행위로서의 대리를 의미하므로 행정조직 내부에서 행해지는 행정청의 권한의 대리는 이에 포함되지 않는다. 대리에는 행정주체가 공익적·감독적 견지에서 공공단체 특히기업지 등을 대신해 행하는 행위감독청에 의한 공법인의 성관작성, 임원임명 등, 당사자 사이의 협의 불성립의 경우 국가가 대신 행하는 재결, 행정주체가 행정작용의 실효성을 확보하기 위해 하는 행위조세체납처분으로서의 공매행위 등 등이 있다.

제4절 준법률행위적 행정행위

준법률적 행정행위란, 법률행위적 행정행위와는 달리 행정청의 의사표시 이외의 정신작용을 요소로 하고 법적효과는 법규가 정하는 바에 따라 발생하는 행위를 의미한다. 확인합격자결정, 공증등기부 등기, 통지납세독촉, 수리사표수리 등이 있다.

99) 대법원 2000. 9. 5. 선고 99두4854 판결.

1. 확인

특정한 사실이나 법률관계에 관해 의문이나 다툼이 있는 경우에 행정청이 그 존부와 정부를 판단하는 행위를 말한다. 재결·결정·사정·인정·검정·지정 등 다양한 용어가 실무상 사용된다.

확인은 언제나 구체적 처분의 형식으로 이루어지며 일반적으로 요식행위이다. 확인은 부관을 붙이지 못한다. 확인은 불가변력이 발생한다고 설명되지만통설 실제로 준사법적 성질을 갖는 쟁송확인만 불가변력을 가지며 그밖의 경우에는 직권취소의 제한이나 철회권의 제한으로 보아야 한다.

예를 들어, 당선인의 결정, 국가시험 합격자의 결정, 도로구역의 결정, 교과서 검정, 특허사정, 용도지역의 지정, 시장지배적 사업자의 지정, 소득세부과를 위한 소득금액의 결정, 징병검사에 의한 신체등위의 결정, 행정심판의 재결 등이 있다.

2. 통지

행정청이 특정인이나 불특정 다수인에게 일정한 사실이나 의사를 알리는 행위로서 그 자체가 근거법령이 정하는 법적 효과를 발생한다. 예를 들어 사업인정의 고시, 특허출원의 공고, 도로법상의 노선인정 공고, 귀화의 고시, 대집행의 계고, 납세의 독촉 등이 있다.

3. 공증

특정한 사실이나 법률관계의 존부를 공적으로 증명하는 행위이다. 공적 증거력이 발생하거나 법령에서 정한 다른 일정한 효과가 발생한다. 그 예로 등기부나 등록부에 등기·등록, 장부에 등재, 회의록 기재, 증명서 발급, 영수증 교부, 검인·증인의 날인 등이 있다.

4. 수리

수리란 상대방의 행위를 유효한 행위로 받아들이는 행위로서 사직서의 수리, 혼인신고서의 수리, 행정심판청구서의 수리 등이 있다. 수리행위는 법률상 행정청에게 수리의무가 있는 경우, 신고나 신청 등 행정청이 타인의 행위를 유효한 행위로 받아들이는 행정행위를 말한다.

제5절 행정행위의 부관

1. 의의

행정행위의 부관이란 행정행위의 일반적인 효과를 제한하기 위하여 주된 의사표시에 붙여진 종된 의사표시이다. 따라서 법규가 직접 특정한 행정행위의 효과를 제한하기 위하여 붙인 법정부관과는 구별된다.

2. 종류

2-1. 조건

행정행위의 효력의 발생 또는 소멸을 불확실한 장래의 사실에 의존케 하는 행정청의 의사표시를 말한다. 정지조건과 해제조건이 있다. 즉 정지조건은 조건의 성취로 효력이 발생하고, 해제조건은 조건의 성취로 당연히 효력이 소멸한다. 예컨대 일정한 기간 내에 공사에 착수하지 않으면 실효한다는 것을 조건으로 한 공유수면매립면허를 들 수 있다.

2-2. 기한

행정행위의 효력의 발생 또는 소멸을 장래에 도래할 것이 확실한 사실에 의존하게 하는 행정청의 의사표시이다. 시기와 종기가 있다.

2-3. 부담

행정행위의 주된 의사표시에 부가하여 그 효과를 받는 상대방에게 일정한 의무를 명하는 행정청의 의사표시이다(예: 도로 점용 허가에 점용료의 납부를 명하는 것). 실무상 부담은 조건과 구별하기 어렵다. 대법원은 건축변경허가 시 "대지 내 침범된 인근 건축물 담장부분을 철거하고 경계에 담장을 설치하라."라는 부관의 법적 성격이 단순한 부담인지 해제조건이나 철회권의 유보인지도 분명치 않다고 하고 있다.[100]

2-4. 철회권의 유보

행정행위의 주된 의사표시에 부수하여, 장래 일정한 사유가 있는 경우에 그 행정행위를 철회할 수 있는 권리를 유보하는 행정청의 의사표시이다. 철회권이 유보된 경우는 당사자의 신뢰보호원칙은 인정되기가 어렵다.

3. 부관의 한계

부관은 법률행위적 행정행위에 붙일 수 있다. 따라서 법령에 규정이 있거나 자유재량행위인 경우에만 붙일 수 있고, 행정행위가 추구하는 목적의 범위내이어야 하고, 비례의 원칙에 반할 수 없다.

---

100) 대법원 2000. 2. 11. 선고 98누7527판결.

제6절 행정행위의 하자

1. 행정행위의 하자의 의미

행정행위의 하자란 행정행위는 성립하였으나 행위 당시에 적법요건을 갖추지 못하여 완전한 효력이 발생되지 못하는 것을 말한다. 행정행위 하자 여부의 판단시점은 행정행위 당시의 법령을 기준으로 판단한다.

2. 행정행위의 부존재

행정행위의 부존재는 행정행위라 볼 수 있는 외관이 부존재 하는 경우를 말한다. 행정행위의 부존재는, ①내부적 의사결정은 있었으나 외부에 표출되지 않은 경우, ②취소나 철회 및 실효로 행정행위가 소멸된 경우, ③행정청의 행위가 아닌 사인의 행위, ④행정기관의 행위는 있었으나 행정권 발동으로 볼 수 없는 행위행정지도 등와 비교된다. 학자들에 따라 위의 ①과 ②를 협의의 행정행위의 부존재로 보며, ③과 ④를 비행정행위로 파악하여 광의의 행정행위로 보는 견해가 있다.

3. 무효와 취소

행정행위의 무효란 외형은 갖추고 있으나, 그 효력이 없는 경우를 말한다. 행정행위의 취소란 행정행위의 하자로 인해 행정청이 취소함으로써 효력을 상실하는 행정행위를 말한다. 무효와 취소는 다음과 같은 행정소송상의 구별실익이 있다.

3-1. 소송제기의 방식

취소할 수 있는 행정행위의 경우에는 취소소송에 의하여 취소를 구할 수 있고, 무효인 행정행위는 무효확인 심판 또는 무효 등 확인소송에 의해서 무효확인을 구할 수 있다.

3-2. 행정소송의 제기기간

취소소송은 일정한 기간 내에행정심판법 제18조, 행정소송법 제20조 제기하여야 하나 무효확인소송은 그러한 제한을 받지 아니한다.

3-3. 선결문제의 경우

민사소송이나 형사소송에서 취소할 수 있는 행정행위가 선결문제로 된 경우과오납금반환청구소송 선결문제로서 행정행위의 효력을 부인하는 것은 불가하다.

3-4. 사정판결

취소할 수 있는 행정행위만이 사정판결이 가능하다.

3-5. 간접강제의 인정여부

거부처분의 취소판결에 대해서는 간접강제가 인정되나행정소송법 제34조, 무효확인판결에서는 인정되고 있지 아니하다행정소송법 제38조.

제7절 행정입법

1. 행정입법의 의의

행정입법은 널리 국가 또는 자치단체와 같은 행정주체가 일반적·추상적인 규범을 정립하는 작용이다. 이에는 입법과 자치입법이 있으며, 전자는 법규의 성질을 가지는 법규명령과 그렇지 않은 행정규칙이 있고, 후자에는 조례, 규칙, 교육위원회규칙이 있다.

2. 법규명령

법규명령이라 함은 행정권이 정립하는 명령으로서 법규의 성질을 가지는 것이다. 이는 법규적 성질 때문에 일반적 구속력이 있으므로 이에 위반한 행정청의 행위는 적법행위가 된다. 법규명령은 헌법과 법률 또는 법률에 의거한 상위명령의 근거가 있어야 한다.

규정사항의 내용을 기준으로 위임명령과 집행명령, 제정주체를 기준으로 대통령령, 총리령, 부령 등으로 나눌 수 있다.

3. 행정규칙행정명령

행정규칙이란 행정기관이 고유의 권한으로 정립하는 것으로 법규적 성질을 갖지 않는 것을 말한다규칙, 고시, 훈령 등.

그러므로 이는 법규의 범위 내에서 행정권의 당연한 권능으로 제정할 수 있다. 종래의 통설에 의하면 법규로서의 성질이 없이 일면적 구속력만을 갖기 때문에 그에 위반하는 행위의 효과는 행정조직내부에만 미치게 되어 그 효력에는 영향이 없다. 그러나 오늘날 행정규칙에 대한 법규성 인정 여부와 관련하여 그 성질에 대한 이론적 재검토가 활발히 이루어지고 있다.

4. 자치입법

자치입법은 행정입법의 한 종류로서 조례, 규칙, 교육규칙 등이 있다. 조례는 지방자치단체가 법령의 범위 안에서 그 권한에 속하는 사무에 관하여 지방의회의 의결로써 제정하는 법이다.

규칙은 지방자치단체의 장이 법령 또는 조례가 위임하는 범위 안에서 그 권한에 속하는 사무에 관하여 제정하는 법이다.

5. 행정입법에 대한 통제

현대행정이 복잡 다양화되고 전문화됨에 따라 행정입법이 불가피하다 하겠으나, 행정입법이 입법부의 입법권을 형해화하지 않도록 행정입법권의 한계의 준수와 행정입법에 대한 정치적, 행정적, 사법적 통제가 필요하다.

제8절 행정상 의무의 강제실현

1. 행정상 강제집행

행정상 강제집행은 '행정법상의 의무불이행이 있는 경우에, 행정주체가 의무자의 신체 또는 재산에 실력을 가함으로써 장래에 향하여 그 의무를 이행시키거나 이행이 있는 것과 같은 상태를 실현하는 행정작용'을 말한다. 행정상 강제집행은 권력적 행정작용이므로 반드시 법률의 근거를 요한다. 실정법의 근거로는 대집행에 관한 일반법인 행정대집행법이 있으며, 행정상 강제징수에 관한 실질적인 일반법으로 국세징수법이 있다. 직접강제와 집행벌은 일반법은 없지만 각 개별법이 존재한다.

2. 행정 대집행

2-1. 대집행의 의의

대집행은 대체적 작위의무가 이행되지 않은 경우에 당해 행정청은 스스로 의무자가 하여야 할 행위를 하거나 또는 제3자로 하여금 이를 하게 하여 그 비용을 의무자로부터 징수하는 것을 말한다행정대집행법 제2조.

2-2. 대집행의 요건

(1) 대체적 작위의무의 불이행

주차금지구역에 주차된 자동차를 견인하는 것과 같이 타인을 대신하여 행할 수 있는 행위를 말한다. 대체성이 없는 일신전속적이라든가 지능을 요구하는 행위는 대체성이 없어 행정대집행의 대상이 되지 않는다.

대집행계고처분을 하기 위해서는 법령에 의하여 직접 명령되거나 법령에 근거한 행정청의 명령에 의한 의무자의 대체적 작위의무 위반행위가 있어야 한다. 따라서 작위의무로 전환시킨 다음 이에 대한 작위의무 위반을 이유로 대집행이 가능하다.[101)]

부동산, 물건의 인도는 그 내용상 대체적 작위의무에 해당하기는 어렵다고 보인다. 이에 대해 경찰법상의 위해방지조치경찰관직무집행법 제5조나 형법상의 공무집행방해죄를 적용하여 해결방법을 제시하는 입장도 있다.

(2) 다른 수단으로는 그 이행확보가 곤란하여야 한다.

대체적 작위의무의 불이행이 있더라도 곧바로 집행할 수 있는 것은 아니다. 행정법상의 일반원칙인 비례원칙이 요청된다.

무허가증축부분으로 건물의 미관이 나아지고 위 증축부분을 철거하는 데 비용이 많이 소요된다고 하더라도 위 무허가증축부분을 그대로 방치한다면 이를 단속하는 당국의 권능이 무력화되어 건축행정의 원활한 수행이 위태롭게 되며 건축법 소정의 제한규정을 회피하는 것을 사전예방하고 또한 도시계획구역 안에서 토지의 경제적이고 효율적인 이용을 도모한다는 더 큰 공익을 심히 해할 우려가 있다고 보아 건물철거대집행계고처분을 할 요건에 해당된다.[102)]

(3) 그 불이행의 방치가 심히 공익을 해하는 것

심히 공익을 해치는지의 판단은 재량인가 아니면 재량이 아니라 판단여지의 문제인가에 대해 과거 판례는 자유재량이라고 보지만,[103)] 현재는 사법심사의 대상이 된다고 보거나 판

---

101) 대법원 1996. 6. 28. 선고 96누4374 판결.

102) 대법원 1992. 3. 10. 선고 91누4140 판결.

103) 대법원 1967. 11. 18. 선고 67두139 판결.

단여지로 해석하는 것이 다수설이다.

(4) 대집행의 재량성

앞의 세 가지 요건이 구비되면 행정청은 대집행을 해야만 하는가의 문제에 대해 행정대집행법제2조은 '~ 대집행을 할 수 있다'라고 규정한다. 요건의 존부에 대한 판단의 여지나 재량은 부인되지만, 요건충족의 경우 행정권의 발동은 행정청의 재량에 속한다.

2-3. 대집행의 절차

행정대집행은 계고, 대집행영장에 의한 통지, 실행, 비용징수의 4단계 과정을 거친다.

(1) 계고

대집행을 하려면 상당한 이행 기간을 정해 그 기한까지 이행하지 않을 때에는 대집행을 한다는 뜻을 문서로써 계고하여야 한다.

통설·판례에 따르면 계고는 의무의 이행을 최고함과 아울러 기한 내에 의무를 이행하지 않을 경우에는 대집행을 할 뜻을 알려 주는 행위인 점에서 준법률행위적 행정행위인 통지에 속한다고 보고 있다. 이러한 계고를 함에 있어서는 의무자가 이행하여야 할 행위와 그 의무 불이행시 대집행할 행위의 내용 및 범위가 구체적으로 특정되어야 한다.

(2) 대집행영장에 의한 통지

계고를 받고도 지정된 기한까지 의무를 이행하지 않으면 당해 행정청은 대집행영장에 의하여 대집행의 시기·책임자의 성명 및 대집행비용의 가산액을 의무자에게 통지하여야 한다. 의무자 자신의 이행촉구를 노리는 심리적 효과를 기대한 것이다. 대집행영장의 발급은 통지행위의 성질을 가진다.

(3) 실행

행정청은 스스로 의무자가 할 행위를 하거나, 제3자로 하여금 그 행위를 하게 한다. 상대방에게는 수인의무가 발생하고 이를 수인하지 않고 저항하는 경우 배제하는 규정을 둔 입법례독일 행정집행법와 달리 우리의 경우 법 규정은 없다. 비례원칙상의 제한을 넘어선 실력행사는 인정되지 않는다.

(4) 비용징수

대집행에 소요된 비용은 납기일을 정해 의무자에게 문서로 납부를 부과하고, 납부하지 않는 경우에는 국세징수에 의해 강제징수 할 수 있다. 행정청이 의무자로부터 징수하는 비용은 수수료가 아니라 대집행에 든 비용이다.

3. 직접강제

의무자가 의무를 이행하지 않는 경우에 직접 의무자의 신체 또는 재산에 실력을 가하여 의무의 이행이 있었던 상태를 실현하는 것으로서 대집행 이외의 것을 말한다. 먹는 물 관리법 제38조 1항에 의한 영업장 또는 사업장의 폐쇄, 출입국관리법 제46조의 외국인의 강제퇴거 등이 있다.

3-1. 성질과 법적 근거

직접강제에 관한 일반법은 없다. 다만 예외적으로 개별법에서 인정되고 있을 뿐이다. 즉 출입국관리법 제46조의 강제퇴거, 공중위생관리법 제11조의 영업소나 제조업소의 폐쇄조치, 식품위생법 제62조의 영업소의 폐쇄조치, 군사시설보호법 제9조의 강제퇴거 등이 있다.

이러한 직접강제는 국민의 신체나 재산에 대한 직접적인 침해수단이자 강력한 수단으로서 국민의 기본권을 침해할 가능성이 크다. 따라서 직접강제의 남용으로부터 국민을 보호하기 위해 강제권발동과 관련하여 보다 엄격한 제한의 원리가 도입되어야 할 것이다.

3-2. 구제수단

직접강제의 발동은 사실행위이지만, 상대방에게 수인의무를 요구한다는 점에서 법적 행위의 성질을 갖는다. 따라서 직접강제의 발동도 행정쟁송의 대상이 된다고 볼 수 있다. 그러나 직접강제는 신속하게 종료되므로 권리보호의 이익이 없게 되는 경우가 많다. 손해배상과 관련해서 위법한 직접강제를 통해 손해를 입은 자는 특별규정이 없는 한 국가배상법에 따라 국가나 지방자치단체를 상대로 손해배상을 청구할 수 있다.

4. 이행강제금·집행벌

행정상의 부작위의무 또는 비대체적 작위의무를 이행하지 않은 경우에 의무이행을 간접적으로 강제하기 위해 과하는 금전벌을 말한다.

일정한 기한까지 의무를 이행하지 않을 경우에 일정한 금액의 과태료 등 금전지급의무를 부과한다고 미리 계고함으로써 의무자에게 심리적 압박을 주어 그 의무를 이행하게 할 수 있는 간접적 강제집행수단이다.

이행강제금은 의무자에 대한 침해적 강제수단이므로 당연히 법적 근거를 요한다. 다만 이에 대한 일반법은 없다. 현재로서는 건축법제69조의2, 농지법제65조, 부동산실권리자의명의등기에관한법률제6조, 장사등에관한법률제38조, 독점규제 및 공정거래에 관한 법률제17조 등에서 이행강제금의 형식으로 규정하고 있다.

5. 행정상 강제징수

행정상 금전급부의무가 이행되지 않는 경우에 의무자의 재산에 실력을 행사하여 그 의무가 이행된 것과 같은 상태를 실현시키는 행정상의 강제집행을 말한다.

이에 관한 일반법으로서는 국세징수법이 있다. 국세징수법은 원래 국세만을 대상으로 한 것이었지만 다른 법률에서 국세징수법의 체납처분의 예에 의하도록 규정하고 있어 사실상 일반법으로 지위를 갖고 있다. 따라서 지방자치단체가 부과하는 지방세, 수수료, 분담금 등도 지방세법제28조 4항에 특별한 규정이 없는 한 국세징수법상의 체납처분이 적용된다.

5-1. 절차

독촉과 체납절차로 이루어진다. 체납처분은 다시 압류, 매각, 청산절차로 이루어진다.

(1) 독촉

의무자에 대하여 의무의 이행을 최고하고, 그 불이행 시에 체납처분을 할 것을 예고하는 통지행위이다. 준법률행위적 행정행위로 본다.

독촉은 반드시 문서로 해야 하고 원칙적으로 납부기한 경과 후 15일 이내에 발부해야 한다. 판례는 이러한 독촉절차 없이 압류처분을 한 경우에도 중대하고 명백한 하자로 인정하지 않고 있다.[104] 국세징수법상 독촉은 국세징수채권의 소멸시효를 중단시킨다.

(2) 체납처분

의무자가 독촉장에 의해 지정된 납부기한까지 의무이행을 하지 않는 경우에 의무자의 재산을 압류, 매각, 청산하는 일련의 강제절차를 말한다.

① 재산의 압류

의무자의 재산에 대한 사실상 및 법률상의 처분을 금지시키고 이를 확보하는 강제보전행위이다. 제3자나 의무자의 재산에 대해 중대한 영향을 미치므로 조세채권의 강제적 만족을 얻는 범위 내에서 초과압류가 되지 않도록 해야 한다. 체납자가 아닌 제3자의 재산에 대한 압류처분은 당연무효이다.[105]

국세징수법은 압류의 요건제24조·압류대상재산제50조·압류방법·압류효력제34조, 제35조, 제36조, 제37조·압류의 해제제53조~제55조·교부청구제56조·참가압류제57조등에 대하여 개별조문에 규정하고 있다.

② 압류재산의 매각

체납자의 재산을 금전으로 바꾸는 것을 말한다. 국세징수법통칙상 세무서장의 매각결정은 처분으로 파악된다. 압류재산의 매각은 체납자의 재산권 보장에 중대한 침해가 될 수 있으므로, 그 공정성을 도모하기 위해 그 방법과 절차를 법률로 엄격하게 규정하고 있다.

---

104) 대법원 1987. 9. 22. 선고 87누383 판결.

105) 대법원 2001. 2. 23. 선고 200다68924 판결.

③ 청산

매각대금 등 체납처분절차로 획득한 금전에 대하여 조세 기타 공과금, 담보채권 및 체납자에게 배분하는 행정작용을 말한다. 체납처분절차의 최종단계에 해당한다.

제9절 행정강제와 행정벌

1. 행정강제

행정강제란 행정주체가 행정상의 목적을 달성하기 위하여 사람의 신체나 재산에 실력을 가하여 행정상 필요한 상태를 실현하는 작용이다. 행정벌이 과거의 의무위반에 대한 제재인데 대하여 행정강제는 장래에 의무의 내용을 실현하기 위한 것이라는 점이 상이하다. 행정강제에는 행정상의 강제집행과 행정상의 즉시강제가 있다.

2. 행정벌

행정벌은 행정의 실효성 확보수단 중의 하나로서, 행정법상의 의무위반에 대하여 일반통치권에 근거하여 과하는 제재이다. 행정벌은 과거행위에 대한 제재벌이기 때문에 반드시 법령의 규정이 있어야 한다.

이러한 행정벌은 과거에 의무를 이행하지 않은 잘못에 대한 벌이 근본적이지만, 간접적으로 의무자에 심리를 압박하여 장래의 의무이행을 확보하는 기능도 가지게 된다. 따라서 현재 의무를 이행하지 않고 있는 사인에 대해 장래에 그 의무를 이행시킬 의도로서 행해지는 강제집행과는 차이가 있다. 또한 행정벌은 과거의무 불이행에 대한 제재벌이라는 점에서 특별권력관계의 내부 질서유지를 위한 명령에 위반한 자에게 부과하는 징계벌과는 다르다. 한편 행정벌은 행정목적 달성을 위하여 제정된 '법정범'에 가해지는 제재를 의미하지만 형사벌은 '반사회적·반인륜적 자연범'에 대하여 가하는 제재이다. 그러나 이들 양자의 구별은 오늘날 절대적이지 않고 상대적이다.

행정벌에는 행정형벌과 행정질서벌이 있다. 행정형벌은 형법상의 형을 과하는 행정벌로서, 이러한 형벌을 규정하고 있는 법을 '행정형법'이라고 한다. 행정질서벌은 형법상의 형은 아니고, 과태료를 부과하는 행정벌이다. 행정형벌과 질서벌의 구별기준에 관하여 판례는 행정목적을 직접 혹은 간접으로 침해하는가에 따라서 구별하고 있다.

제10절 행정소송

1. 행정소송의 의의

행정소송이란 행정상의 법률관계에 관하여 분쟁이 있는 경우에 이해관계인의 소송제기에 의해 법원이 당사자 주장의 당부를 심리, 판단하여 판결로 그 분쟁을 해결하는 절차이다. 행정소송은 행정목적의 적법한 실현과 국민의 권리구제라는 두 가지 기능을 수행한다.

행정소송은 행정법규의 적용에 관련된 공법상분쟁에 대한 판정을 목적으로 하는 점에서, 국가의 형벌권 발동을 위한 소송절차인 형사소송刑事訴訟이나 사법상의 권리관계에 관한 분쟁의 판정을 목적으로 하는 민사소송民事訴訟과 구별된다. 또, 독립한 판정기관에 의해 신중한 소송절차를 거쳐 행하여지는 정식쟁송正式爭訟인 점에서 약식쟁송에 불과한 행정심판과 구별된다.

우리나라 행정소송은 명령·규칙·처분에 대한 대법원의 최종적인 구체적 심사권을 규정하고 있는 헌법 제107조 2항에 따라 행정사건의 제1심 수소법원을 행정법원으로 하고, 상급심을 사법법원의 관할로 하고 있는 점에서 영·미법계의 사법국가주의를 일부 채택하였다고 할 수 있다. 또한 우리나라는 아직까지 독일에서 시행하고 있는 의무화 소송과 영·미의 직무집행명령소송은 시행하지 않고 있다.

2. 행정소송의 종류

2-1. 주관적 소송

보통 행정소송이라 할 때에는 행정법규의 정당한 적용과 개인의 권리구제를 목적으로 하는 주관적 소송을 의미한다. 여기에는 항고소송抗告訴訟과 당사자소송當事者訴訟이 있다.

① 항고소송

행정청의 적극적 또는 소극적 공권력행사인 행정처분의 효력을 다투는 소송으로 취소소송, 무효 등 확인소송, 부작위위법확인소송으로 구분된다.

② 당사자소송

대등한 법적 주체가 당사자가 되어 행정권의 발동과는 관계없이 공법상의 권리관계에 관해 다투는 소송이다.

2-2. 객관적 소송

당사자의 권익보호를 직접목적으로 하지 않고 객관적인 행정법규의 정당한 적용의 확보를 목적으로 하여 입법정책적으로 인정한 특수한 소송으로 민중소송과 기관소송이 있다. 이들은 국가나 자치단체의 기관의 위법행위 또는 기관 상호간의 권한쟁의에 대하여 법률에 특별한 규정이 있는 경우에만 제기할 수 있다.

3. 행정소송의 특수성

항고소송을 중심으로 볼 때 행정소송절차는 다음과 같은 특성이 있다.

3-1. 행정심판전치주의

행정소송의 전심절차로 행정심판전치주의를 취하고 있다행정소송법 제18조. 그러나 일정한 경우 행정심판을 거치지 아니하고 취소소송을 제기할 수 있는 경우를 두어 행정심판전치주의의 예외를 인정하고 있다. 또한 취소소송과 부작위위법확인소송의 경우도 행정심판전치주의가 적용되나 무효확인소송과 당사자소송의 경우에는 적용되지 않는다.

3-2. 재판관할 및 심급

취소소송이 제1심 관할법원은 피고의 소재지를 관할하는 행정법원으로 한다. 다만, 중앙행정기관 또는 그 장이 피고인인 경우의 관할법원은 대법원소재지의 행정법원으로 한다행정소송법 제9조.

3-3. 제소기간

취소소송은 처분 등이 있음을 안 날부터 90일 이내에 제기하여야 한다. 취소소송은 처분 등이 있은 날부터 1년을 경과하면 이를 제기하지 못한다. 다만, 정당한 사유가 있는 때에는 그러하지 아니하다행정소송법 제20조.

3-4. 직권주의

법원은 필요하다고 인정할 때에는 직권으로 증거조사를 할 수 있고, 당사자가 주장하지 아니한 사실에 대하여도 판단할 수 있다고 하여 불고불리원칙의 예외를 인정하고 있다행정소송법 제26조.

3-5. 집행부정지의 원칙

행정처분의 공정력을 인정하여 소송이 제기되어도 처분의 집행이 정지되지 않는 것을 원칙으로 하고 있다행정소송법 제23조.

3-6. 사정판결

원고의 청구가 이유있을지라도 행정처분을 취소하는 것이 공공복리에 적합하지 않다고 인정될 때 법원은 원고의 청구를 기각할 수 있다행정소송법 제28조.

4. 행정소송의 판결

4-1. 의의

법원이 행정소송사건에 대한 분쟁을 심리하여 무엇이 법인가를 구체적으로 선언하는 행위이다. 통설은 법원은 위법한 처분의 취소·변경을 할 수 있을 뿐이고 직접 행정청을 대신하여 어떤 처분을 명하거나 행할 수는 없다고 본다.

4-2. 위법판단의 기준시

판결시설과 처분시설의 대립이 있으나 통설·판례는 처분시설을 취한다.

4-3. 판결의 종류

크게 중간판결과 종국판결로 나누어지고, 종국판결은 다시 소송판결형식판결과 본안판결실체판결로 나누어진다. 본안판결에는 청구기각판결과 청구인용판결이 있다.

4-4. 판결의 효력

행정소송의 판결에는 당사자와 제3자를 구속하는 기속력, 그것을 다투거나 변경할 수 없는 확정력, 강제집행을 할 수 있는 집행력 그리고 기존의 법률관계에 변경을 가져오는 형성력 등이 인정된다.

제11절 행정절차

1. 행정절차의 의의

행정절차라 함은 행정활동을 함에 있어서 거치는 사전통지, 의견청취, 이유제시 등 사전절차를 말한다. 행정절차에 대한 일반법인 행정절차법은 1996년 12월 31일 제정되어 1998년 1월 1일부터 시행되었다. 행정절차법은 처분절차와 신고절차, 행정상 입법예고절차, 행정예고절차, 행정지도절차를 규율대상으로 하고 있다.

2. 행정절차의 필요성

행정절차의 필요성은 ①행정운영의 공정화와 민주화를 기하고, ②사법적구제제도의 결함을 보충하고, ③행정절차의 표준화를 통하여 행정의 원활화를 도모하는 것 등에 있다. 그러나 행정절차는 행정의 신속성을 저해한다. 이러한 이유로 법 제정 후 10년 만에 시행되었다.

3. 행정절차의 내용

3-1. 처분의 사전통지행정절차법 제21조

행정결정을 하기 전에 그 상대방, 이해관계인에게 당해 결정의 내용, 이유 및 그에 관한 청문의 일시, 장소 등을 알리는 행위를 말한다.

3-2. 청문행정절차법 제22조

국민의 자유·권리를 침해하고, 박탈하는 행정처분을 발하기 전에 행정청이나 관계인이 주장, 증거에 대하여 처분의 상대방이나 대립하는 이해관계인으로 하여금 자기에 유리한 주장, 증거를 제출하여 반박할 수 있는 기회를 부여함을 목적으로 하는 절차이다.

3-3. 기록열람

청문절차의 실질성을 확보하기 위하여 청문절차와 관련하여 처분의 상대방 등이 보유하고 있는 문서 등의 기록을 열람할 수 있다.

3-4. 이유부기

행정처분을 함에 있어서 그 근거가 되는 법적·사실적 이유를 구체적으로 명시하도록 하고 있다.

3-5. 처분기준의 설정, 공표

당사자에게 예측가능성을 부여하고, 행정결정의 자의·독단을 방지하기 위하여 행정청이 처분을 할 때 따라야 할 기준을 정하여 이를 사전에 공표하는 것을 말한다.

3-6. 국민, 주민의 참가절차

행정청에 부여된 광범위한 재량권의 적정한 행사, 이들과 관련되는 복잡한 이해관계를 적절히 조절하며, 공익과 사익의 조화를 도모하기 위하여 이해관계자, 일반국민 또는 주민의 의견을 수렴하기 위한 참가절차로서, 의견제출, 공청회를 할 수 있다.

제12절 행정조직법

1. 의의와 법적 성질

협의로는 국가·공공단체의 조직에 관한 법을 총칭하는 것을 말하고, 광의로는 국가행정조직법·자치행정조직법·그 구성원인 공무원에 관한 법 및 공물·영조물에 관한 법을 말한다.

2. 현대행정조직의 특색

2-1. 행정조직의 방대화

행정의 전문화·세분화로 국가 또는 공공단체가 특수한 법인을 설치하여 행정을 자기의 책임하에 처리하는 것을 말한다.

2-2. 행정조직의 통일성·계층성

행정은 통일적인 행정목적의 실현을 목표로 행하는 것이며, 행정조직도 전체가 통일적인 피라미드를 구성하여, 행정관청 상호간의 계층적 구조가 형성되어 있는 것이다.

2-3. 독립합의제기관의 증가

행정은 신속한 조치를 필요로 함과 동시에 책임의 소재를 나타내는 것이 필요하므로 독립적기관에 책임을 부과하고 있다.

2-4. 행정조직의 민주성

행정조직의 전문성과 관료성은 직업공무원을 의미하고, 또 행정이 전문화·기술화되는 것을 담당하는 공무원인 직업공무원을 필요로 하고 있다.

3. 우리나라 행정조직의 기본원리

3-1. 책임행정의 원칙

모든 입헌주의국가에서의 기본원리로 인정하여 모든 국가기관은 그 행위에 대하여 국민에게 책임을 진다. 그러므로 책임행정의 제도적 표현으로는 선거제도, 국회에 대한 탄핵제도, 해임건의제도, 공무원에 대한 징계제도, 파면·청원제도 등이 있다.

3-2. 지방분권주의

헌법 제117조는 "지방자치단체는 주민의 복리에 관한 사무를 처리하고 재산을 관리하며 법령의 범위 안에서 자치에 관한 규정을 제정할 수 있다."라고 규정하고 있어 자치분권제를 실시한다고 명시하고 있다.

3-3. 행정기관법정주의

헌법 제96조에 명문화 되어 있듯이 행정기관의 조직·변경은 국회가 제정한 법률에 의하여 행함을 의미하며, 이 헌법 규정에 따라 중앙행정조직의 조직의 대강을 정한 것이 정부조직법이며, 그 밖에 많은 조직법이 있다.

3-4. 독임제원칙

현행 행정조직은 그 설치방법에 있어 행정조직의 보편적인 방법이라는 독임제를 원칙으로 하여 합의제를 가미하고 있으며, 그 예로는 감사원·중앙선거관리위원회·소청심사위원회 등이 있다.

3-5. 민주적 직업공무원제도

현행 헌법하에서 행정기관 담당자로서 공무원제도는 민주적인 공무원제도와 직업공무원제도를 동시에 인정하고 있다. 헌법 제6조에 "공무원은 국민 전체의 봉사자이며 국민의 책임을 진다. 공무원의 신분과 정치적 중립성은 법률로 정한다."라고 하여 직업공무원제도를 인정하고 있다.

4. 국가행정기관의 종류

4-1. 행정관청

행정주체의 의사를 결정하고 표시하는 권한을 가진 기관을 말한다. 특히, 국가의 의사를 결정·표시하는 기관을 행정관청이라 한다.

4-2. 보조기관

스스로 행정에 관한 국가의사를 결정하고 표시할 권한이 없고, 행정관청에 소속되어 그 권한의 행사를 보조하는 것을 임무로 하는 행정기관이다.

4-3. 보좌기관

행정청 또는 그의 보조기관을 보좌하는 행정기관으로서 대통령비서실, 처의 차관보, 담당관이 여기에 해당한다.

4-4. 자문기관

행정관청의 자문에 응하거나 자진하여 행정관청의 의사결정에 참고될 의견을 제공하는 것을 임무로 하는 행정기관을 말한다.

4-5. 의결기관

행정에 관한 국가의 의사를 의결의 형식으로 결정하는 권한을 가진 합의제의 행정기관을 말한다.

4-6. 집행기관

행정관청의 명을 받아 국가의 의사를 실력으로써 집행하는 기관을 의미한다.

5. 권한의 위임과 대리

5-1. 위임

행정청의 권한의 위임이란 행정청이 법령에 근거하여 자기의 의사로써 권한의 일부를 하급행정청 또는 보조기관에 이전하여 수임기관으로 하여금 위임받은 권한을 자기의 이름과 책임으로 행사할 수 있게 하는 것을 의미한다. 보통 하급관청이 수임관청에 위임한다. 예컨대, 경찰청장이 지방경찰청장에 위임하는 경우를 들 수 있다. 그러나 예외적으로 보조기관에 할 수도 있다. 위임은 반드시 법적근거를 요한다. 왜냐하면 권한의 위임은 위임을 주는 순간 수임관청으로 권한이 이전되기 때문이다. 권한의 위임은 전부 또는 중요한 부분에 대해서는 허용되지 않는다. 위임은 수임청의 이름과 책임으로 권한행사를 한다.

행정청이 그의 특정사항에 관한 권한을 실질적으로 하급행정청내부위임 또는 보조기관위임전결에게 위임하면서 대외적으로는 위임자의 이름으로 권한을 행사하게 하는 것을 내부위임, 위임전결이라고 한다.

5-2. 대리

행정청의 권한의 대리란 행정청의 전부 또는 일부를 타행정기관대리기관이 피대리청을 위한 것임을 표시하여, 자기의 이름으로 행하고 그 행위는 피대리청의 행위로서 효과를 발생하는 것을 말한다. 대리는 보통 상급관청이 보조기관에 한다. 예컨대 청장이 차장에게 하는 경우이다. 대리에는 법정대리와 임의대리가 있다. 법정대리는 법에 의한 사유가 있으면 바로 효력 발생하는 것을 말하며 반드시 법적근거를 요한다. 행정관청의 권한의 전부를 대리행사할 수 있다. 임의대리는 수권대리라고도 하는데, 권한의 일부를 보조기관에 대리행사하게 하는 것을 말한다, 수임기관은 보통 보조기관이다. 법적 근거는 요하지 않는다. 대리관청의 대리행위는 피대리관청의 행위임을 표시하고 자신의 명의로 행사한다. 이것을 현명주의라 한다. 현명주의로 대리자의 명의로 행하지만 효과는 피대리인을 위해 발생한다.

한편 복대리가 있는데 이것은 대리인이 다시 대리를 행사하는 것을 말한다. 이것은 법정대리만 가능하고, 임의대리는 불가능하다. 왜냐하면 복대리를 임의대리에게 인정하면 피대리인의 의사에 반하기 때문이다.

제13절 공무원법

1. 공무원의 의의

실질적 의미의 공무원은 국가 또는 자치단체의 기관의 지위에서 공무를 담당하는 공법상의 근무의무를 지는 자로서, 행정주체와는 독립된 인격을 가지며 행정주체에 대하여 일정한 권리·의무를 가진다. 공무원의 개념은 최광의, 광의, 협의로 나누어 볼 수 있다.

최광의의 공무원이란 일체의 공무담당자로서 국가배상법상의 공무원을 말한다. 광의로는 국가 또는 자치단체와 광의의 공법상 근무관계를 맺고 공무를 담당하는 자를 말한다. 협의로는 국가 또는 자치단체와 특별권력관계를 맺고 공무를 담당하는 행정기관구성자이다. 선거직과 명예직을 제외한 행정법상의 공무원이다. 이러한 공무원은 국가공무원과 지방공무원, 경력직공무원과 특수경력직공무원, 정공무원과 준공무원으로 분류된다.

2. 우리나라 공무원제도의 기본원칙

민주국가에서의 공무원은 자유롭게 국가에 고용된 근로자이다. 그러나 단순한 고용인은 아니고 국민전체에 대한 봉사자라는 윤리성도 지니고 있다. 따라서 우리나라 공무원제도는 민주적 공무원제도, 직업공무원제도신분보장, 정치적 중립성, 성적주의를 근본으로 하고 있다.

3. 공무원관계의 발생·변경 및 소멸

3-1. 공무원관계의 발생

공무원은 임용에 의하여 발생한다. 임용의 법적성격은 공법상 계약, 쌍방적 행정행위라는 다툼이 있지만 쌍방적 행정행위가 통설과 판례이다. 임용의 시기는 원칙적으로 임용장에 기재된 날이다. 임용장의 교부는 유효조건이 아니고 임명행위를 형식상 증명하는 공증력만을 갖는다. 임용은 평등하게 하여야 하고, 실적에 의하여야 하고, 적격자 임용을 원칙으로 하여야 한다.

3-2. 공무원관계의 변경

승진, 전직, 전보, 복직, 휴직, 직위해제 등이 있다. 여기서 직위해제란 직위를 계속 유지시킬 수 없는 사유가 있어 임용권자 또는 임용제청권자가 직위를 부여하지 않는 것을 말한다. 대상은 직무수행능력이 부족하거나 근무성적이 극히 불량한 자, 징계의결이 요구 중인 자경징계 제외, 형사사건으로 기소된 자약식명령은 제외이다. 직위해제 된 자는 직위에 종사하지 못하며, 출근의무도 없다. 임용권자 또는 임용제청권자는 직위해제의 사유가 소멸된 때에는 지체 없이 직위를 부여함이 원칙이다. 3개월 이내의 대기명령을 받은 자가 그 기간 중 직무수행능력 또는 근무성적의 향상을 기대하기 어렵다고 인정되어 임용권자가 면직시킬 경우에는 징계위원회의 동의를 얻어야 한다.

3-3. 공무원관계의 소멸

공무원관계의 소멸사유로는 당연퇴직, 직권면직, 정년, 의원면직, 파면·해임 등이 있다. 당연퇴직은 일정한 사유의 발생으로 법률의 규정에 의하여 공무원관계가 소멸하는 경우이고, 직권면직은 법정사유가 발생하여 본인의 의사여부에 상관없이 임용권자가 직권으로 경찰공무원의 신분을 상실시키는 경우이다. 정년은 연령과 계급의 기간[106]이 끝나 퇴직하는 경우를 말한다.

4. 공무원의 권리, 의무, 책임

4-1. 공무원의 권리

(1) 신분상의 권리

법이 정한 사유와 소정의 절차에 의하지 않고는 신분을 상실당하지 않을 신분보유권, 직위를 보유하고 법에 정한 이유와 절차에 의하지 않고는 박탈당하지 않을 직위보유권, 징계

---

106) 경찰공무원의 경우, 치안감 4년, 경무관 6년(2년 연장 가능), 총경 11년, 경정 14년이 계급정년이다.

등 불이익처분에 대하여 소청심사위원회에 심사를 청구할 수 있는 소청제기권[107], 공무원 신분에 대한 위법한 처분에 대해 행정소송을 제기할 수 있는 권리[108]가 있다.

(2) 재산상의 권리

보수를 청구할 수 있는 보수 청구권이 있다. 보수의 성질에 관해서는 근무에 대한 대가인 반대급부설과 생활보장을 위한 생활자금설이 대립하고 있다. 또한 공무원의 과거의 근무를 고려하여 본인 또는 그 가족의 생활보장을 위해 지급되는 연금청구권이 있다. 연금권은 원칙적으로 이를 양도·압류·담보대상으로 삼을 수 없고, 퇴직 당시의 배우자에 한하여 연금승계권이 승계된다.

4-2. 공무원의 의무

(1) 선서의무국가공무원법 제55조

공무원의 기본적 의무이며, 공무원은 취임 시 소속 기관장 앞에서 선서하여야 한다. 다만, 불가피한 사유가 있으면 취임 후에 선서하게 할 수 있다. 국가공무원법 제55조에 있는 "신명을 바칠 것을 다짐하면서"라는 문구는 삭제되었다.

(2) 성실의무국가공무원법 제56조

공무원은 국민 전체의 봉사자로서 공공이익을 위하여 성실히 근무하여야 할 의무를 말한다. 성실의 의무는 단순한 윤리적 의무가 아니라 구체적인 법적의무이다. 판례는 성실의무 범위를 넓게 보고 있다.

(3) 품위유지의 의무국가공무원법 제63조

공직자신분에 적합한 품격유지를 말한다. 즉 복장, 언행, 두발 등도 포함하는 것이 통설이다. 품위손상여부는 구체적인 상황에 따라 판별한다. 대법원은 진정서제출로 상관 음해, 대로상에서 부첩관계와의 다툼, 훈령위반 요정 출입행위, 예비군훈련 중 음주행위 등은 품

107) 30일 내에 하여야 한다.

108) 처분을 안 날로부터 90일 이내, 처분 있은 날로부터 1년 이내(행정소송법제20조)에 하여야 한다. 소청전치주의가 적용된다(행정소송법제20조의2).

위유지의무 위반으로 보고 있다.

(4) 청렴의 의무국가공무원법 제61조

국민신뢰와 직접적 관련이 있는 기본적 의무이다. 공무원은 직무와 관련하여 직접적이든 간접적이든 사례·증여 또는 향응을 주거나 받을 수 없다. 또한 공무원은 직무상의 관계가 있든 없든 그 소속 상관에게 증여하거나 소속 공무원으로부터 증여를 받아서는 아니 된다.

(5) 비밀엄수의 의무국가공무원법 제60조

공무원은 재직 중은 물론 퇴직 후에도 직무상 알게 된 비밀을 엄수하여야 한다. 이를 어기면 형법상 공무상비밀누설죄가 될 수 있다. 비밀의 개념에 대해서는 행정기관이 비밀로 취급하는 것을 의미하는 형식설과 비밀로 보호할 가치가 있는 것을 의미하는 실질설이 있다. 판례는 행정목적 달성을 위해 비밀로 보호할 필요성이 있는지를 객관적으로 보고 있다.

(6) 복종의 의무국가공무원법 제57조

공무원은 직무를 수행할 때 소속 상관의 직무상 명령에 복종하여야 한다. 그러나 외관상 위법성이 명백한 위법한 명령에 대해서는 복종을 거부할 수 있다. 따라서 상관의 위법한 명령에 따른 부하는 징계책임을 면할 수 없다.

(7) 직장이탈금지 의무국가공무원법 제58조

공무원은 소속 상관의 허가 또는 정당한 사유가 없으면 직장을 이탈하지 못한다. 수사기관이 공무원을 구속하려면 그 소속 기관장에게 미리 통보하여야 한다. 다만, 현행범은 그러하지 아니하다. 직장이탈의 경우에는 형법상 직무유기죄가 될 수 있다.

(8) 영리업무 및 겸직금지의무국가공무원법 제64조

공무원은 공무 외에 영리를 목적으로 하는 업무에 종사하지 못하며 소속 기관장의 허가 없이 다른 직무를 겸할 수 없다.

(9) 정치운동의 금지국가공무원법 第65條

공무원은 정당 기타 정치단체결성에 관여·가입할 수 없고, 선거에서 특정정당인을 지지·반대할 수 없다. 또한 정치적 행위 결과에 의한 약속도 금지된다.

(10) 집단행위의 금지국가공무원법 第66條

공무원은 노동운동이나 그 밖에 공무 외의 일을 위한 집단 행위를 하여서는 아니 된다. 다만, 사실상 노무에 종사하는 공무원은 예외로 한다. 판례는 정례조회에서의 집단퇴장행위, 군인의 집단행위, 공무원들의 정부시책에 대한 집단 건의서 제출, 기동경찰관의 부식불량을 이유로 한 집단 식사거부행위 등은 모두 집단행위의 금지로 보고 있다.

(11) 친절공정의 의무국가공무원법 第59條

공무원은 국민 전체의 봉사자로서 친절하고 공정하게 직무를 수행하여야 한다. 피터 드러커Peter Ferdinand Drucker는 행정은 최대의 서비스 산업이라고 하였다. 이 의무는 공무원에게 있어서는 단순한 도덕상의 의무임에 그치지 않고, 법적 의무이며, 이를 위반하면 징계원인이 된다.

제14절 질서행정법경찰행정법

1. 질서행정의 의의

질서행정이란 직접 사회공공의 안녕과 질서를 유지하기 위하여 일반통치권에 의거해서 국민에게 명령강제 하여 그 자연적 자유를 제한하는 가장 고전적인 사회목적적 작용이다.

질서행정은 이를 사회일반의 공안유지를 목적으로 하는 경찰행정과 각종행정부문에 부수되는 질서유지를 목적으로 하는 행정질서행정으로 구분된다. 질서행정은 그 목적의 소극성, 수단의 권력성, 권력적 기초일반통치권라는 점에서 다른 행정작용과 구별된다.

2. 경찰권의 근거와 한계

2-1. 경찰권의 근거

경찰권은 법률에 의해서만 발동되며, 예외로 대통령의 긴급명령에 의한 경우가 있다헌법 제76조. 또 위임명령과 집행명령헌법 제75조 및 조약으로도 정할 수 있다.

2-2. 경찰권의 한계

(1) 법규상 한계

경찰권은 법규에 근거하고 법규의 한도 내에서만 유효하게 발동될 수 있다. 법은 경찰권 발동의 근거인 동시에 한계이다. 경찰법규는 재량성불확정개념이 많으며, 경찰업무의 특성상 장래위험방지가 주목적이다. 법기술상의 한계로 경찰법규는 단일법전이 없다는 것이다.

(2) 조리상 한계

① 경찰소극목적의 원칙

경찰은 특별한 규정이 없는 한 공공의 안전과 질서유지를 위해서만 발동되며, 적극적으로 공공복리의 증진을 위하여서는 발동이 허용되지 아니하는 원칙이다.

② 경찰공공의 원칙

경찰권은 사회공공의 안녕질서에 직접 관계되지 아니하는 사적인 생활관계는 그 발동의 대상이 되지 않는다는 원칙이다. 여기에는 사생활불가침의 원칙, 사주소불가침의 원칙, 민사관계불간섭의 원칙 등이 있다.

③ 경찰책임의 원칙

경찰책임이란 질서위반의 상태, 즉 사회공공의 안녕질서에 위해가 발생한 것에 대한 책임을 말한다. 경찰권은 사회공공의 안녕질서에 대한 위해의 발생에 대하여 책임 있는 자에게 발동된다. 질서위반의 원인에 따라 행위책임·상태책임·혼합책임으로, 질서위반의 책임자의 지위에 따라 행위자책임과 관리자책임으로 나눌 수 있다.

그러나 경찰책임 있는 자에게 경찰권발동을 해서는 현재 경찰목적을 달성할 수 없는 경우에는 경찰책임이 없는 자에게도 경찰권을 발동 할 수 있다.

④ 경찰비례의 원칙

경찰권 발동의 조건과 그 정도는 질서유지의 필요와 비교하여 사회통념상 적당하다고 인정되는 비례가 유지되어야 한다. 비례의 원칙에는 적합성의 원칙, 필요성의 원칙, 최소침해의 원칙, 상당성의 원칙협의의 비례원칙이 있다.

⑤ 경찰평등의 원칙

경찰권을 행사함에는 상대방의 성, 신앙, 인종, 사회적 신분 등을 이유로 불합리한 차별을 하여서는 아니 된다. 이는 헌법정신이 조리상의 한계에 특히 반영된 것이다.

크로이쯔베르크 판결

1882년 독일(프로이센) 고등법원의 판결로서 경찰의 활동은 소극적인 위험방지 분야에 한정하여야 한다는 것으로서, 1879년 베를린경찰청장은 독일의 전승기념관의 조망권을 확보하기 위하여 주위건물을 제한하는 명령을 내렸다. 이에 주민들은 소송을 제기하였는데, 독일의 고등법원은 이 명령은 심미적인 이유로 내려진 것으로 이는 복지의 증진을 목적으로 하는 것이므로 무효라고 판결하였다.

3. 경찰작용의 양태

3-1. 경찰하명

경찰하명이란 경찰상의 목적을 위하여 일반통치권에 의거하여 개인에게 특정한 의무를 과하는 행정행위이다. 경찰하명에 의하여 그 수명자는 행정주체에 대하여 작위, 부작위, 급부, 수인의 의무를 지며, 그 의무불이행이나 위반 시에는 강제집행이나 처벌의 대상이 된다.

3-2. 경찰허가

경찰허가란 일반적·상대적 경찰금지를 특정한 경우에 해제함으로써 금지되었던 행위를 적법하게 할 수 있도록 자연의 자유를 회복시켜 주는 경찰처분이다.

3-3. 경찰강제

경찰강제란 경찰상의 목적을 위하여 개인의 신체 또는 재산에 실력을 가함으로써 경찰상 필요한 상태를 실현시키는 사실작용이다. 경찰상의 강제집행과 경찰상의 즉시강제가 있다.

3-4. 경찰벌

경찰벌이란 경찰법상의 의무위반에 대한 제재로서 일반통치권에 의거하여 과하는 것이다. 경찰형벌과 경찰질서벌이 있다.

제15절 공용부담법

1. 공용부담의 개념

공용부담이란 특정한 공익사업 기타의 복리행정상의 목적을 위하여 또는 물건의 효용을 확보하기 위하여 개인에게 강제적으로 과하는 공법상의 경제적 부담을 말한다. 따라서 조세와 같은 제정목적을 위한 부담은 여기에서 제외된다. 또한 공용부담은 개인에게 과해지는 부담이다. 따라서 국가의 지방자치단체 등에 대한 부담, 지방자치단체의 국가 등에 대한 부담 등은 공용부담이 아니다. 공용부담은 공법상의 강제적인 부담이다. 따라서 개인의 사법상 계약에 의한 부담은 공용부담이 아니다. 공용부담은 개인에게 강제적으로 부과된 경제적 부담이다. 따라서 국가에 대한 충성의무와 같은 윤리적 의무는 공용부담이 아니다.

2. 인적 공용부담

인적 공용부담이란 특정한 공익사업을 위하여 그 사업의 경영주체가 법률에 의거하여 개인에게 과하는 공법상의 의무이다. 여기에는 부담금, 부역, 현품, 노역, 물품부담, 시설부담 등이 있다.

3. 물적 공용부담

물적 공용부담이란 일정한 재산권이 공익사업 기타의 복리행정의 수행이나 물건의 보존을 위하여 필요하기 때문에 그 재산권에 부착하여 과해지는 부담이다. 물적 공용부담은 그 성질에 따라 공용제한·공용수용·공용환지로 나눌 수 있다.

3-1. 공용제한

공용제한이란 특정한 공익사업을 위하여 특정한 재산권에 가하여지는 공법상 제한이다. 따라서 경찰목적 또는 재정목적을 위한 제한과 구별된다. 또한 재산권에 대한 공법상의 제한인 점에서도 재산권에 대한 사법상의 제한민법상의 상린관계, 지역권 등과 구별된다. 공용제한이 공법적인 성질을 가지는 결과 그에 대한 위반은 행정벌 또는 행정상 강제집행의 원인이 된다. 공용제한은 당해 제한을 필요로 하는 공익상 수요 종류에 따라 계획제한·보전제한·사업제한·공물제한·사용제한으로 나눌 수 있다.

3-2. 공용수용

공용수용이란 공익사업을 위하여 보상을 전제로 개인의 특정한 재산권을 강제적으로 취득하는 것이다. 공용징수라고도 한다. 공용수용의 주체는 국가나 공공단체 외에 개인인 공익사업의 경영자도 될 수 있다. 또 공용수용은 손실보상의 지급을 전제로 하며, 반드시 법률의 근거를 요한다.

3-3. 공용환지

공용환지란 토지의 효용을 증진하기 위하여 일정한 구역 안에 있는 토지의 구획 또는 형질을 변경함으로써 강제적으로 토지소유권 기타의 권리를 교환·분합하는 것을 말한다. 토지정리, 구획정리라고도 한다. 절차에 대한 일반법으로 토지구획정리사업법이 있다. 공용환지는 가능한 한 실질 권리가 변하지 않는 선에서 목적물을 변경하여 같은 가치의 토지와 교환할 뿐이라는 점에서 권리의 제한 또는 수용을 목적으로 하는 공용제한·공용수용과 구별된다. 대표적인 예로서, 농촌근대화 촉진법에 의한 농지개량사업을 들 수 있다.

3-4. 공용환권

공용환권이란 토지의 평면적·입체적 효용을 증진하기 위하여 특정한 구역내의 토지 및 지상의 건축물에 관한 권리를 강제적으로 교환·변경하는 것을 말한다. 예컨대 도시재개발법에 의한 재개발사업을 들 수 있다.

제3장

형법

제1절 형법의 개념과 기능

1. 형법의 개념과 연혁

1-1. 형법의 개념

형법은 범죄와 형벌과의 관계를 규율하는 법규범이다. 즉 일정한 행위를 범죄로 설정하고 그에 대한 법률효과로 일정한 형벌과 보안처분을 가할 것을 규정하는 법규범으로서 공법이며 실체법이다. 독일에서는 우리나라와 같이 '형법'이라 하고 있으나, 영국이나 미국에서는 '범죄법Criminal law'이라고 부르고 있다.

1-2. 형법의 개정의 역사

1953년에 법률 293호로 제정되어 지금까지 시행되고 있다. 하지만 제정형법은 사회변화에 대해 탄력적으로 대응하지 못한다는 비판을 받고, 1992년12월 23일 컴퓨터범죄 등을 신설하여 1996년 7월 1일부터 시행하였고, 그 후 2001년 12월 29일 컴퓨터등사용사기죄형법 제347의 2를 신설하였다. 2004년 1월 20일에는 사후적 경합범의 인정범위에 관하여 개정하였고형법 제37조, 2005년 7월 29일에는 사후적 경합범의 형선고 방법과형법 제39조 집행유예의 결격 요건에 관한 규정형법 제62조 1항이 개정되었다. 한편 2010년 3월 31일 법정형의 상한을 5년에서 30년, 가중 시 25년에서 50년을 상향 조정하여 2010년 10월 17일부터 시행되고 있다.

또한 2012년 12월 18일 변화된 시대 상황을 반영하여 다양화된 성범죄에 효과적으로 대처하기 위하여 유사강간죄를 신설하고,[109] 성범죄의 객체를 '부녀'에서 '사람'으로 확대하며, 친고죄 및 실효성이 미약하고 여성의 성적 주체성을 훼손하는 혼인빙자간음죄형법 제304조를 폐지하였다.

2. 형법의 기능

2-1. 보장적 기능

보장적 기능이란 형법에 범죄와 형벌을 명백히 규정함으로써, 국가형벌권의 발동을 제한하여 개인의 권리와 자유를 보장하게 되는 것을 의미한다. 이런 의미에서 형법은 일반국민의 마그나 카르타이자, 범죄인의 마그나 카르타인 것이다.

2-2. 보호적 기능

보호적 기능이란 형법에 일정한 행위를 범죄로 정해두고 처벌함으로써 그 행위에 의해 침해된 법률상 이익을 보호하는 기능이다. 어떠한 법익을 보호할 것인가는 보호의 가치, 보호의 필요성, 보호의 능력 등에 따라 결정된다.

2-3. 규범적 기능

형법은 평가규범이며 행위규범인바 형벌이라는 수단에 의하여 국가사회의 질서를 보전하는 기능이 규범적 기능이다.

109) 폭행 또는 협박으로 사람에 대하여 구강, 항문 등 신체의 내부에 성기를 넣거나 성기, 항문에 신체의 일부 또는 도구를 넣는 유사강간행위를 한 자는 2년 이상의 유기징역에 처한다(제297조의2 신설, 제299조부터 제301조까지, 제301조의2, 제305조 및 제305조의2).

제2절 죄형법정주의

1. 죄형법정주의의 의의 및 유래

1-1. 죄형법정주의의 의의

죄형법정주의罪刑法定主義라 함은 “일정한 행위를 범죄로 하고 이에 대하여 일정한 형벌을 부과하기 위해서는 반드시 행위 시 이전에 국회에서 제정된 형식적 의미의 법률로서 명확하게 규정되어 있어야 한다는 근대형법의 기본원리”를 말한다. 죄형법정주의는 보통 “법률 없으면 범죄도 없고 형벌도 없다.”라고 표현되고 있다.

1-2. 죄형법정주의의 파생원칙

(1) **법률주의**관습형법의 배제

범죄와 형벌은 ‘법률’로 정해야 한다는 것을 말한다. 여기서 법률이란 국회가 제정한 형식적 의미의 법률을 의미한다. 따라서 법률주의는 관습형법금지의 원칙을 핵심내용으로 한한다. 즉 관습법은 형법의 법원이 될 수 없으며 형법의 법원은 성문법에 한정된다는 원칙이다. 그러나 법률의 해석은 관습에 의할 경우가 있다.

(2) **형벌불소급의 원칙**소급효금지의 원칙

형법은 그 시행 이후의 행위에 대하여만 적용되고, 그 전에 이루어진 행위에 대해서는 소급하여 적용되지 않는다는 원칙을 말한다. 그러나 이 원칙은 행위자에게 불리한 소급효를 금지하는 것이지, 유리한 소급효까지 금지하는 것은 아니다. 또한 범죄의 성립과 처벌에 관한 형사실체법에 대해서 적용되는 원칙이고, 형사절차법인 소송법규정에 대해서는 적용되지 않는다.

(3) 유추해석의 금지

형법은 문서에 좇아 엄격히 해석되어야 하며문리해석, 법문의 의미를 넘는 유추해석은 허용되지 않는다는 원칙이다. 유추해석이란 법률에 규정이 없는 사항에 대하여 그것과 유사한 성질을 가지는 다른 사항에 관한 법률을 적용하는 것을 말한다. 다만 피고인에게 유리한 유추해석은 예외적으로 허용된다.

(4) 명확성의 원칙

구성요건과 형벌을 명확하게 규정하여야 하는 것을 말한다. 만약 형법의 내용이 불명확한 경우에는 소급효금지의 원칙이 무의미하게 되기 때문이다.

명확성의 원칙과 관련하여 형기를 전혀 정하지 않은 절대적 부정기간은 금지된다예컨대, 단순히 징역에 처한다. 그러나 교육형주의에 따라 상대적 부정기형은 죄형법정주의에 반하지 않는 것으로 해석되고 있다예컨대, 단기 1년 장기 3년의 징역에 처한다.

(5) 적정성의 원칙

위의 네 가지 파생원칙들이 지켜진다 할지라도 형법의 내용이 실질적 정의에 반하는 내용을 담고 있다면 국민의 자유와 권리는 보장될 수 없다. 그러므로 죄형법정주의에 의하여 형법의 보장적 기능을 다하기 위해서는 법률의 내용이 헌법에 합치하는 적정한 것이어야 하는데, 이를 적정성適正性의 원칙이라 한다. 이와 관련되는 것은 "필요 없으면 형벌 없다, 불법 없으면 형벌 없다. 책임 없으면 형벌 없다." 등이 있다.

(6) 우리 현행법상의 죄형법정주의

우리 현행법상에 죄형법정주의가 직접적으로 규정되어 있지는 않으나, 헌법 제11조 1항, 제12조 1항, 형법 제1조 1항, 형사소송법 제323조 1항 등에서 죄형법정주의의 원칙을 당연히 예정하고, 형법의 운용에 있어서 죄형법정주의가 기본원칙으로 되어 있다.

제3절 범죄의 성립요건·처벌조건·소추조건

1. 범죄의 성립요건

범죄가 성립하기 위해서는 구성요건해당성, 위법성, 책임이라는 세 가지 요건이 모두 갖추어 져야 한다. 이를 광의의 구성요건 또는 범죄구성요건이라고도 한다.

2. 범죄의 처벌조건

처벌조건은 범죄의 성립요건과 구별하여야 한다. 처벌조건이란 일단 성립한 범죄의 처벌가능성만을 좌우하는 조건을 말한다. 처벌조건에는 객관적 처벌조건과 인적 처벌조각사유가 있다.

2-1. 객관적 처벌조건

성립한 범죄에 대한 가벌성만을 좌우하는 객관적·외부적 사실을 말한다. 객관적 처벌조건의 예로는 파산죄에 있어서 파산선고가 확정된 사실파산법 제366조, 사전수뢰죄에 있어서 공무원 또는 중재인이 된 사실형법 제129조 2항 등이 있다.

2-2. 인적 처벌조각사유

범죄는 성립하였으나 행위자의 특수한 신분관계로 형벌권이 발생하지 않는 경우를 말한다. 인적 처벌조각사유의 예는 친족상도례형법 제328조, 국회의원의 면책특권헌법 제45조 등이 있다.

3. 범죄의 소추조건

소추조건은 실체법상의 범죄의 성립이나 형벌권의 발생과는 관계가 없고, 단지 소송법상 공소제기의 유효요건이 되는 것을 말한다. 형법에서 소추조건을 규정하고 있는 것으로는 친고죄와 반의사불벌죄가 있다. 이러한 규정들은 형법에 규정되어 있기는 하지만 실질적 의미의 형사소송법에 해당된다.

3-1. 친고죄

피해자 기타 고소권자의 고소가 있어야 공소권이 발생하는 범죄를 말한다. 따라서 정지조건부 범죄라고도 한다. 예: 사자명예훼손죄형법 제308조, 모욕죄제312조 1항 등)

3-2. 반의사불벌죄

일단 공소를 제기할 수는 있으나, 피해자가 처벌을 원하지 않는다는 의사를 표시한 때에는 공소권이 소멸하는 범죄이다. 따라서 해제조건부 범죄라고도 한다. (예: 폭행죄형법 제260조 3항, 협박죄형법 제283조 3항, 명예훼손죄형법 제312조 2항 등)

제4절 구성요건론

1. 구성요건

1-1. 구성요건의 개념

구성요건이란 형벌을 과하는 근거가 되는 행위유형을 추상적으로 기술한 것을 말한다. 즉 위법한 행위 중에서 특히 범죄로서 처벌할 가치가 있다고 인정되는 것을 추출하는 것을 말한다. 형법각칙 본조에 유형화하여 개념적으로 규정한 것이 곧 구성요건이다. 구성요건의 해당과 충족은 구별되는 바, 구성요건이 규정하는 개념요소의 전부에 해당하는 사실을 구성요건의 충족이라 한다. 구성요건에 공통되는 일반적 요소로는 ①행위, ②행위의 주체, ③행위의 객체, ④행위상황 등을 들 수 있다.

2. 행위

2-1. 행위의 개념

행위는 구성요건의 중심적 요소로서, 행위자의 의사주관적 요소에 대한 신체적 동작 내지 태도객관적 요소를 말한다. 따라서 행위자의 무의식에서 나오는 행위는 행위라고 할 수 없다. 따라서 수면 중에 과도한 몸무림으로 발로 옆에서 자는 사람의 입을 막아 사망하게 하더라도 살인죄가 되지 않는다. 형법상 행위에는 적극적으로 일정한 동작을 하는 행위 즉 작위가 보통이지만, 규범적으로 기대되는 일정한 동작을 하지 않는 부작위도 포함된다.

2-2. 행위범죄의 주체

모든 사람은 행위의 주체가 될 수 있다. 다만 특별한 경우에 그 주체에 일정한 신분을 필요로 하는 경우가 있고 이를 신분범이라 한다. 신분범에는 신분이 있어야만 처벌되는 진정신분범수뢰죄, 위증죄, 허위진단서작성죄 등과 신분이 없어도 범죄는 성립하지만 신분에 의해 형이 가중되거나 감경되는 경우 부진정신분범이 있다존속살해죄, 업무상 횡령죄, 영아살해죄 등.

2-3. 행위의 객체범죄의 대상

구성요건에 기재되어 있는 객체를 말하며, 감각적으로 지각할 수 있는 존재라고 할 수 있다. 행위의 객체는 구성요건에 의해 보호되는 가치적, 관념적 대상인 법익[110] 즉 보호의 객체와는 다르다.

행위의 객체는 구성요건에 기재되어 있는 물적 대상이므로 구성요건요소가 됨에 반하여, 보호의 객체는 구성요건의 표면에 나타나지 않는 정신적, 가치적 영역에 속하는 법익의 침해 또는 위험의 행위이다. 따라서 보호법익 없는 범죄는 있을 수 없고, 행위의 객체가 없는 범죄는 있을 수 있다. (예: 다중불해산죄, 단순도주죄, 퇴거불응죄에는 행위의 객체가 없는 범죄이다.)

110) 형법에 의해 그 침해가 금지되는 개인과 공동체의 사익 또는 가치를 의미한다.

3. 부작위범

적극적으로 금지규범을 위반하는 행위를 작위라고 하는데 작위를 구성요건의 내용으로 하는 죄를 작위범이라 한다. 이와 달리 부작위란 명령규범에 의하여 요구되는 행위를 하지 않는 소극적 행위를 말하는데 부작위를 구성요건의 내용으로 하는 죄를 부작위범이라고 한다.

부작위범에는 처음부터 부작위의 형식으로 규정하고 있는 부작위에 의한 부작위범, 즉 진정부작위범과 작위의 형식으로 규정되어 있는 구성요건이 부작위에 의하여 실현되는 부진정부작위범이 있다. 진정부작위범은 이론상 미수범이 있을 수 없지만, 퇴거불응죄에는 미수범처벌규정이 있다형법 제322조, 제319조 2항.

부진정부작위범이 성립하기 위해서는 ①위험발생을 방지할 작위의무가 있는 사람이, ②작위가 가능하고, ③자신에 의해서만 위험발생이 방지될 수 있는 상황에서, ④부작위를 해야 하고, ⑤그 부작위가 작위에 의한 범죄실행과 동일하다고 평가할 수 있어야 한다부작위의 동가치성.

4. 인과관계와 객관적 귀속이론

행위는 어떤 거동만 있으면 곧 이루어지는 경우도 있고형식범, 어떤 거동이 있은 후 어떤 결과가 나타나야만 비로소 이루어지는 경우실질범도 있다. 결과범에서는 일정한 행위 또는 부작위와 결과 사이에 인과관계가 있어야 한다. 형법 제17조는 인과관계에 관하여 어떤 행위라도 죄의 요소가 되는 위험발생에 연결되지 아니한 때에는 그 결과로 인하여 벌하지 아니한다고 규정하고 있다.

인과관계는 발생된 결과를 행위자에게 그 행위로 귀속시키기 위해서 행위와 결과 사이에 어떠한 연관이 있어야 하는 관계를 말한다. 구성요건적 결과에 대한 인과관계는 객관적 귀속가능성의 불가결한 전제이다. 따라서 인과관계만으로는 형사책임을 귀속시킬 수 없고, 별도로 객관적으로 귀속할 수 있는 행위가 존재해야 한다. 객관적 귀속이론이란 인과관계가 인정되는 결과를 행위자의 행위에 객관적으로 귀속시킬 수 있는가를 확정하는 이론을 말한다.

인과관계의 유무 및 범위의 기준에 관해서는 조건설, 상당인과관계설 등이 있는데 통설, 판례는 상당인과 관계설을 취하고 있다. 객관적 귀속의 기준에는 회피가능성의 이론, 위험 현실증대의 이론 등이 있다.

대법원판결 **김밥 콜라 사건**

피해자는 외상으로 인하여 급성신부전증이 발생하였고 또 소변량도 심하게 감소된 상태였으므로 음식과 수분의 섭취를 더욱 철저히 억제하여야 하는데, 이와 같은 사실을 모르고 콜라와 김밥 등을 함부로 먹은 탓으로 체내에 수분저류가 발생하여 위와 같은 합병증이 유발됨으로써 사망한 경우, 살인의 실행행위가 피해자의 사망이라는 결과를 발생하게 한 유일한 원인이거나 직접적인 원인이어야만 되는 것은 아니므로, 살인의 실행행위와 피해자의 사망과의 사이에 다른 사실이 개재되어 그 사실이 치사의 직접적인 원인이 되었다고 하더라도 그와 같은 사실이 통상 예견할 수 있는 것에 지나지 않는다면 살인의 실행행위와 피해자의 사망과의 사이에 인과관계가 있는 것으로 보아야 한다(대법원 1994. 3. 22. 93도3612).

5. 고의

5-1. 의의

고의란 학설에 따라 차이가 있다. 즉 의사설에 따르면 고의를 구성요건을 실현하려고 하는 의사로 이해하여 고의의 의지적 요소를 강조한다. 인식설에 따르면 구성요건의 내용에 대한 표상 또는 인식이 있으면 고의를 인정하여 지적 요소를 강조한다. 이 두 학설을 종합하면 고의는 객관적 행위상황을 인식하고 구성요건을 실현하려는 의사 또는 구성요건실현의 인식과 의사를 말한다. 우리 형법 제13조[111]는 마치 인식설에 따르는 것처럼 보이지만, 해석론상 고의가 인정되려면 구성요건실현에 대한 인식만으로는 부족하고 구성요건실현에 대한 의욕이 있어야 한다고 한다. 대법원의 견해도 이와 같다.

111) 죄의 성립요소인 사실을 인식하지 못한 행위는 벌하지 아니한다. 단, 법률에 특별한 규정이 있는 경우에는 예외로 한다.

5-2. 고의의 종류

고의에는 확정적 고의직접적 고의, 미필적 고의, 개괄적 고의로 나눌 수 있다. 확정적 고의는 구성요건적 결과의 실현을 행위자가 인식하였거나 확실히 예견한 때를 말한다. 미필적 고의는 행위자가 구성요건적 결과의 발생을 확실하게 인식한 것은 아니지만 어느 정도 결과 발생의 가능성을 예견하고 행위한 경우를 말한다. 따라서 행위자가 행위 시에 결과가 발생할 수 없다고 믿은 때에는 미필적 고의는 안 되고 이 경우에는 인식 있는 과실은 될 수 있다. 개괄적 고의는 결과 자체가 일어나는 것은 확정적이나 그 객체가 불확정한 경우로서 객체가 너무 많아서 무엇에 그 결과가 일어날 것인가가 확정되지 않은 경우를 말한다.

대법원판결 **세월호 사건**

선박침몰 등과 같은 조난사고로 승객이나 다른 승무원들이 스스로 생명에 대한 위협에 대처할 수 없는 급박한 상황이 발생한 경우에는 선박의 운항을 지배하고 있는 선장이나 갑판 또는 선내에서 구체적인 구조행위를 지배하고 있는 선원들은 적극적인 구호활동을 통해 보호능력이 없는 승객이나 다른 승무원의 사망 결과를 방지하여야 할 작위의무가 있다 할 것이므로, 법익침해의 태양과 정도 등에 따라 요구되는 개별적·구체적인 구호의무를 이행함으로써 사망의 결과를 쉽게 방지할 수 있음에도 그에 이르는 사태의 핵심적 경과를 그대로 방관하여 사망의 결과를 초래하였다면, 그 부작위는 작위에 의한 살인행위와 동등한 형법적 가치를 가진다고 할 것이고, 이와 같이 작위의무를 이행하였다면 그 결과가 발생하지 않았을 것이라는 관계가 인정될 경우에는 그 작위를 하지 않은 부작위와 사망의 결과 사이에 인과관계가 있다. 따라서 세월호 선장에게 부작위에 의한 살인죄를 적용하여 무기징역을 선고하였다. 1심에서는 선장에게 퇴선명령을 했다는 이유로 미필적 고의를 인정하지 않고 유기치사죄, 압무상과실선박매몰죄를 적용하여 36년의 징역을 선고하였다. 이에 세월호 피해자 유족들은 2015년 “세월호 참사처럼 여러 명을 사망하게 한 범죄에 상상적 경합을 적용해 1명을 사망하게 한 것과 다를 바 없이 처벌하는 것은 피해자에 대한 이유 없는 차별”이라며 헌법소원을 제기하였지만 각하되었다(대법원 2015. 11. 12. 2015도6809).

6. 구성요건적 착오

6-1. 의의와 유형

구성요건적 착오라 함은 행위자의 주관적 인식과 객관적으로 발생하는 사실이 일치하지 않는 것으로서, 사실의 착오라고도 한다. 여기에는 구체적 사실의 착오와 추상적 사실의 착오가 있다.

구체적 사실의 착오는 착오가 동일구성요건 내에서 발생한 경우, 즉 행위자가 인식한 사실과 객관적으로 발생한 사실이 일치하지 않으나 양자가 동일한 구성요건에 속하는 경우(예: 갑을 살해할 의사로 갑을 향해 저격했는데 을이 맞아 사망한 경우)를 말한다.

이에 반해 추상적 사실의 착오는 인식사실과 발생사실이 서로 다른 구성요건에 속하는 경우(예: 개라고 생각했는데, 사람을 사살한 경우)를 말한다.

6-2. 효과

형법은 착오를 두 가지 유형으로 규정하고 있다. 즉 하나는 아예 범죄사실에 대한 인식이 없는 경우이고형법 제13조, 다른 하나는 범죄사실에 대한 인식은 있으나 특별히 중한 죄가 되는 사실을 인식하지 못하고 행위를 한 경우형법 제15조이다.[112] 형법에 규정된 이외의 착오 중에서 발생사실에 대한 고의의 인정 여부가 문제시되는 경우에는 그 착오의 중요성 여부에 대한 판단이 학설에 맡겨져 있다. 이에 대한 학설은 구체적 부합설, 법정적 부합설, 추상적 부합설의 세 가지가 있는데, 대법원은 법정적 부합설을 취하고 있다.

112) 형법 제15조, 특별히 중한 죄가 되는 사실을 인식하지 못한 행위는 중한 죄로 벌하지 아니한다.

제5절 과실

1. 의의

과실이란 정상의 주의를 태만함으로 죄의 성립요소인 사실을 인식하지 못한 것을 말한다. 형법은 고의범만 원칙적으로 처벌하고 과실범은 법률에 특별한 규정이 있는 경우에 한해 처벌한다.

과실범을 처벌하는 범죄는 실화죄, 과실일수죄, 과실교통방해, 과실치사상 등이 있다.

2. 종류

과실은 인식 있는 과실과 인식 없는 과실로 나눌 수 있다. 전자는 구성요건이 실현될 수 있음은 인식하였으나 주의의무에 위반하여 그것이 실현되지 않을 것으로 신뢰한 것을 말하고, 후자는 주의의무의 위반으로 구성요건이 실현될 수 있는 가능성을 인식 못한 것을 말한다. 인식 있는 과실과 인식 없는 과실은 형법상 같은 과실로 평가되며 그 불법이나 책임내용에 있어서 차이는 없다.

3. 허용된 위험의 이론

허용된 위험 이론은 일정한 생활범위에서 예견하고 회피할 수 있는 위험이라 할지라도 전적으로 금지할 수 없는 위험을 말한다. 예컨대, 공장의 운영, 지하자원의 채굴 등을 들 수 있다. 이는 사회적으로 요구되는 주의의무의 기준을 제시하는 것이므로, 위법성의 조각사유가 아니라 구성요건해당성 자체를 조각하는 것으로 보는 것이 다수설이다.

4. 신뢰의 원칙

신뢰의 원칙은 스스로 도로규칙을 준수한 운전자는 다른 교통관여자가 교통규칙을 준수할 것이라고 신뢰하면 족하며, 교통규칙에 위반하여 비이성적으로 행동할 것까지 예견하고 이에 대한 방어조치를 취할 의무는 없다는 원칙을 말한다. 예컨대, 고속도로상의 보행자 충돌사고, 육교 밑 보행자 충돌사고, 자동차전용도로에서의 보행자 충돌사고 등은 신뢰의 원칙을 적용하여 운전자의 과실을 부정한다. 하지만 유치원, 초등학교 앞, 성인의 보호가 없는 유아, 노인, 불구자, 축제행렬 등의 사고는 신뢰보호의 원칙이 적용되지 않는다.

대법원판결 **교통사고와 신뢰의 원칙**

고속도로를 운행하는 자동차의 운전자로서는 일반적인 경우에 고속도로를 횡단하는 보행자가 있을 것까지 예견하여 보행자와의 충돌사고를 예방하기 위하여 급정차 등의 조치를 취할 수 있도록 대비하면서 운전할 주의의무가 없고, 다만 고속도로를 무단횡단하는 보행자를 충격하여 사고를 발생시킨 경우라도 운전자가 상당한 거리에서 보행자의 무단횡단을 미리 예상할 수 있는 사정이 있었고, 그에 따라 즉시 감속하거나 급제동하는 등의 조치를 취하였다면 보행자와의 충돌을 피할 수 있었다는 등의 특별한 사정이 인정되는 경우에만 자동차 운전자의 과실이 인정될 수 있다(대법원 2000.09.05. 2000도2671).

제6절 위법성론

1. 위법성의 의의

위법성이란 행위가 법적 견지에서 허용되지 아니한다는 성질법적 무가치성 즉, 전체적 법질서에 비추어 부정적 가치판단을 받는 것을 말한다. 형법 각본조의 구성요건은 원래 위법행위의 유형화로 볼 수 있으므로 구성요건에 해당하는 행위는 원칙적으로 위법성이 추정된다. 위법성은 불법과는 다르다. 불법은 행위에 의해 실현되고 법에 의해 부정적으로 평가된 반가치 자체를 말한다. 따라서 불법은 위법한 행위방법이며, 양적, 질적으로 다룰 수 있다. 예컨대, 살인과 과실치사의 경우 위법성의 측면에서는 동일하지만 불법의 측면에서는 서로 양적으로 다르다.

2. 위법성조각사유

비록 행위가 구성요건에 해당하더라도 행위가 행하여진 개별적, 구체적 사정에 비추어 보아 법질서전체의 입장에서 위법한 것으로 볼 수 없고 따라서 범죄로 되지 않는 경우가 있는데, 이러한 사유를 위법성조각사유라고 한다. 현행형법은 위법성조각사유로서 정당행위, 정당방위, 긴급피난, 자구행위, 피해자의 승낙 등을 규정하고 있다. 또한 형법 각론 상으로는 별도의 규정이 있는 경우 위법성 조각으로 보는 경우가 있다. 대표적인 예로서 명예훼손죄에 있어서의 사실증명[113]이 있다.

2-1. 정당행위형법 제20조

제20조【정당행위】 법령에 의한 행위 또는 업무로 인한 행위 기타 사회상규에 위배되지 아니하는 행위는 벌하지 아니한다.

(1) 정당행위의 의의

정당행위란 사회상규에 위배되지 아니하여 국가적·사회적으로 정당시되는 행위를 말한다. 형법 제20조는 "법령에 의한 행위 또는 업무로 인한 행위 기타 사회상규에 위배되지 아니하는 행위는 벌하지 아니한다."라고 규정하고 있다. 정당행위는 사회상규라는 일반조항

113) 공연히 사실을 적시하여 사람의 명예를 훼손한 자의 행위가 진실한 사실로서 오로지 공공의 이익에 관한 때에는 처벌하지 아니한다(형법 제310조).

을 둠으로써 관습법·자연법 등 모든 초법규적 위법성조각사유를 포괄하여 실정법상의 일반적 위법성조각사유로 인정한 점에 큰 의의가 있다. 정당행위의 일반성·포괄성으로 정당행위규정은 개별적인 위법성조각사유에 해당하지 않는 경우에 비로소 적용되는 최후수단으로서 보충적·최종적 성격을 갖는다.

(2) 법령에 의한 행위

법령에 근거하여 정당한 권리 또는 의무로서 행하여지는 행위를 의미한다. 법령에 의한 행위로 예시되는 것으로는 공무원의 직무집행행위, 징계행위, 근로쟁의행위, 인공임신중절의 수술행위, 의사·한의사의 전염병신고로 인한 비밀누설행위 등 수없이 많다. 이중에서 특히 많이 논의되는 것만을 기술한다면 다음과 같다.

① 공무원의 직무집행행위

㉠ 법령에 근거한 직무집행행위: 공무원이 법령에 의하여 요구되는 직무를 수행하는 행위는 정당행위로서 위법성을 조각한다(예: 경찰관의 범인체포행위).

㉡ 상관의 명령에 의한 행위: 법령상의 근거에 의하여 적법하게 내려진 상관의 명령에 복종한 행위는 정당행위로서 위법성을 조각하나 상관의 명령이 위법한 경우에는 절대적 구속력이 없는 한 정당행위가 되지 않는다. 즉 상관이 참고인으로 소환된 사람에게 가혹행위를 가하라는 위법 내지 불법한 명령을 한 때에는 직무상 지시·명령이라 할 수 없어 이에 따르더라도 정당행위가 되지 않는다.[114]

② 징계행위

법령상 허용된 징계권의 적정한 행사로 간주되는 행위는 정당행위로서 위법성이 조각된다. 친권자의 체벌, 학교장의 체벌, 교사의 체벌, 군 상관의 체벌 등은 일정 제한된 범위 내에서 법령에 의한 정당행위로 간주된다예: 학교장의 징계·처벌교육법 제76조).

114) 대법원 1988. 2. 23. 선고 87도2358 판결.

③ 노동쟁의행위

근로자의 쟁의행위는 법령에 의한 행위로서 위법성이 조각된다노동조합 및 노동관계정법 제14조. 이때의 쟁의행위는 정당한 쟁의행위에 해당하여야 한다. 따라서 쟁의행위의 목적, 절차, 수단, 방법이 정당하지 않으면 위법성이 조각되지 않는다.

④ 사인의 현행범인체포

사인이 현행범인을 체포하는 행위는 법령에 의한 행위로서 위법성이 조각된다형소법 제212조. 그러나 현행범 체포를 위해 타인의 주거에 침입하는 경우에는 위법성이 조각된다.

(3) 업무로 인한 행위

업무로 인한 행위란 직업의무의 수행을 위해 합목적적으로 요구되는 행위를 의미한다. 업무는 사람이 사회생활상의 지위에 의하여 계속·반복의 의사로 행하는 사무로 사회상규상 보호할 가치가 있으면 된다. 반드시 그 업무의 기초가 된 계약·행정행위 등이 적법하여야 하는 것은 아니다.

① 의사의 치료행위

의사가 치료목적으로 하는 행위는 처벌되지 않는다. 그 이유는 다음 표와 같다.

업무로 인한 행위라는 견해 종전 판례	의사의 치료행위는 상해죄의 구성요건에 해당하지만 업무로 인한 행위로 위법성이 조각된다고 보는 견해이다.
피해자의 승낙이라는 견해 최근 판례	환자의 승낙이 있는 경우에는 피해자의 승낙에 의하여 위법성이 조각된다는 견해이다.
구성요건해당성이 없다는 견해	성공한 치료행위는 상해라 할 수 없고, 의술의 범위 내에서 행하여진 실패한 치료행위는 의사의 상해의 고의 또는 과실을 인정할 수 없으므로 상해죄의 구성요건 해당성이 없다고 보는 견해이다.

② 변호사의 변론

변호사가 법정에서 변론의 필요상 명예훼손죄와 업무상비밀누설죄에 해당하는 행위를 했더라도 업무로 인한 정당한 행위로 위법성이 조각된다.

③ 성직자의 업무행위

성직자가 고해성사로 타인의 범죄사실을 알고도 이를 고발하지 않거나 묵비한 경우 정당행위로서 위법성이 조각된다.

2-2. 정당방위형법 제21조

> 제21조【정당방위】 자기 또는 타인의 법익에 대한 현재의 부당한 침해를 방위하기 위한 행위로서, 상당한 이유가 있는 때에는 벌하지 아니한다.

(1) 정당방위의 의의

정당방위란 자기 또는 타인의 법익에 대한 현재의 부당한 침해를 방위하기 위한 상당한 이유가 있는 행위를 의미한다. "법은 불법에 양보할 필요가 없다."를 기본사상으로 하고 있는 위법성조각사유로서 정당방위는 "不正 대 正"의 관계로 본다.

(2) 정당방위의 성립요건

① 현재의 부당한 침해

침해란 법익에 대한 사람에 의한 공격 또는 그 위험을 말하며, 고의의 침해는 물론 과실의 침해도 해당하며 책임무능력자의 침해도 해당한다.

② 침해의 현재성

현재의 침해란 법익에 대한 침해가 급박하거나 막 개시되거나 계속되고 있는 경우를 의미한다. 따라서 과거·장래에 대한 정당방위를 할 수 없다.

③ 부당한 행위

침해행위는 객관적으로 법질서와 모순되는 위법한 것이어야 한다. 침해가 책임이 있는 경우일 필요는 없으므로 정신병자·형사미성년자의 공격에 대하여도 정당방위가 가능하고, 위법이란 반드시 형법상의 불법을 의미하는 것이 아니므로 구성요건해당성이 없는 행위도 위법하는 이에 대한 정당방위가 가능하다. 싸움의 경우는 상호 간에 침해를 유발한 것이므로 원칙적으로 정당방위는 성립하지 않는다. 다만 당연히 예상할 수 있는 정도를 초과한 과격한 침해행위에 대한 방위인 경우와 전혀 싸울 의사 없이 소극적 방어에 그친 경우, 싸움이 중지된 상태에서 갑자기 다시 공격하는 경우는 예외적으로 정당방위가 가능하다.

④ 자기 또는 타인의 법익을 방위하기 위한 행위

법에 의하여 보호되는 모든 개인적 법익이 정당방위에 의하여 보호될 수 있으며, 이때의 법은 형법에 제한되지 아니한다생명, 신체, 자유, 재산, 명예. 또한 자기 이외에 타인의 법익을 보호하기 위한 정당방위도 인정된다. 국가적·사회적 법익을 보호하기 위한 정당방위는 원칙적으로 인정되지 않으나, 예외적으로 국가적·사회적 법익에 대한 명백하고 중대한 위해가 존재함에도 국가 스스로 보호조치를 취할 수 없는 경우에는 정당방위가 가능할 수 있다.

⑤ 상당한 이유

방위행위는 사실상 방위에 필요한 행위이어야 하며, 여기에는 적합성의 원칙, 최소침해의 원칙, 보충성의 원칙, 균형성의 원칙 등이 있다.

(5) 정당방위의 제한

정당방위는 법질서 전체의 입장에서 요구된 행위이므로 사회·윤리적 관점에서 제한을 받는다. 책임 없는 자의 침해에 대한 방위, 보증관계에 있는 자의 침해에 대한 방위, 극히 경미한 침해에 대한 방위, 도발된 침해에 대한 방위 등이 있다.

(6) 정당방위의 효과

정당방위의 요건을 구비한 경우 위법성이 조각되어 무죄이다. 상대방의 행위가 정당방위로 인정되면 이에 대한 정당방위는 허용되지 않는다.

대법원판결 **불법체포와 정당방위**

현행범인으로서의 요건을 갖추고 있었다고 인정되지 않는 상황에서 경찰관들이 동행을 거부하는 자를 체포하거나 강제로 연행하려고 하였다면, 이는 적법한 공무집행이라고 볼 수 없고, 그 체포를 면하려고 반항하는 과정에서 경찰관에게 상해를 가한 것은 불법 체포로 인한 신체에 대한 현재의 부당한 침해에서 벗어나기 위한 행위로서 정당방위에 해당하여 위법성이 조각된다(대법원 2002. 5. 10. 2001도300).

2-3. 긴급피난형법 제22조

> 제22조【긴급피난】 자기 또는 타인의 법익에 대한 현재의 위난을 피하기 위한 행위는 상당한 이유가 있는 때에는 벌하지 아니한다.

(1) 긴급피난의 의의

긴급피난이란 자기 또는 타인의 법익에 대한 현재의 위난을 피하기 위한 상당한 이유가 있는 행위를 의미한다. 또한 위법하지 않은 침해에 대해 일정한 한도에서 허용하는 것으로 정正 대 정正 관계로 정당방위와 구별된다. 또한 서로 충돌하는 이익을 서로 비교하여 피난행위에 의하여 보호된 이익이 침해된 이익보다 우월한 경우에 위법성이 조각된다.

(2) 긴급피난의 성립요건

① 자기 또는 타인의 법익

개인적 법익은 자기 또는 타인의 모든 개인적 법익이 긴급피난에 의하여 보호될 수 있고, 그 법익은 형법상 보호되는 법익에 제한되지 않는다. 국가적·사회적 법익을 위한 긴급피난도 원칙적으로는 가능하다.

② 현재의 위난

법익전체가 발생할 수 있는 가능성이 있는 경우를 의미한다. 위난의 원인에는 제한이 없으므로 위난은 위법·적법한 경우를 묻지 않고, 위난이 사람의 행위나 동물에 의한 것이건 전쟁·천재지변에 의한 것이건 묻지 않는다. 그러나 고의로 위난을 자초한 경우에는 긴급피난이 허용되지 않는다.

2-4. 자구행위형법 제23조

> 제23조【자구행위】 법정절차에 의하여 청구권을 보전하기 불능한 경우에 그 청구권의 실행불능 또는 현저한 실행곤란을 피하기 위한 행위로서, 상당한 이유가 있는 때에는 벌하지 아니한다.

자구행위란 권리의 침해를 받은 자가 국가기관의 법정절차에 의하여서는 청구권의 보전이 불가능한 경우에 자력에 의하여 권리를 보전하는 행위를 말한다. 자구행위는 청구권의 이행을 직접 추구하는 권리가 아니라 채권자로서 지위를 확보하기 위한 보전적 성격을 가지고 있다.

2-5. 피해자의 승낙형법 제24조

> 제24조【피해자의 승낙】 처분할 수 있는 자의 승낙에 의하여 그 법익을 훼손한 행위는 법률에 특별한 규정이 없는 한 벌하지 아니한다.

피해자의 승낙이란 피해자가 가해자에게 자기의 처분할 수 있는 법익을 침해하는 것을 허용하는 것을 말한다. 피해자의 승낙에 대하여 어떠한 법적 효과를 인정할 것인가는 기본적으로 개인과 공동체와의 관계를 어떻게 파악하느냐에 달려 있다. 법사상사적인 측면에서 보면, 개인주의·자유주의에 기초한 자연법론의 입장에서는 승낙은 위법성을 조각한다고 보았으나, 민족주의·낭만주의에 기초한 역사법학파는 피해자의 승낙에 의한 위법성조각을 부정하였다.

대법원판결 **의사의 불명확한 설명과 피해자 승낙**

산부인과 전문의 수련과정 2년차인 의사가 자신의 시진, 촉진결과 등을 과신한 나머지 초음파검사 등 피해자의 병증이 자궁 외 임신인지, 자궁근종인지를 판별하기 위한 정밀한 진단방법을 실시하지 아니한 채 피해자의 병명을 자궁근종으로 오진하고 이에 근거하여 의학에 대한 전문지식이 없는 피해자에게 자궁적출술의 불가피성만을 강조하였을 뿐 위와 같은 진단상의 과오가 없었으면 당연히 설명 받았을 자궁외 임신에 관한 내용을 설명 받지 못한 피해자로부터 수술승낙을 받았다면 위 승낙은 부정확 또는 불충분한 설명을 근거로 이루어진 것으로서 수술의 위법성을 조각할 유효한 승낙이라고 볼 수 없다(대법원 1993. 7. 27. 92도2345).

제7절 책임론

1. 책임의 의의

책임이란 적법한 행위를 할 수 있었음에도 불구하고 위법한 행위를 한 데 대하여 행위자 개인에게 가하여지는 비난가능성을 말한다.

행위자의 책임문제는 행위의 위법성이 확정된 후에 비로소 제기되는 문제이다. 위법성은 전체 법질서의 견지에서 내려지는 행위에 대한 객관적 가치판단으로서 행위자의 개인적 특수성은 고려하지 않지만, 책임은 위법으로 평가되는 행위에 대하여 행위자를 비난할 수 있는가 라는 행위자에 대한 주관적 가치판단으로서 행위자의 개인적 특수성을 고려하는 점에서 위법성과 책임은 그 평가의 측면을 달리하는 것이다.

2. 책임능력

책임능력이란 행위자가 법규범의 의미내용을 이해하여 행위의 위법성을 인식하고 이에 따라 자신의 행위를 조종할 수 있는 능력을 말한다. 따라서 책임능력은 사물변별능력과인식능력과 의사결정능력조종능력으로 구성된다.

3. 책임무능력자

책임무능력이란 사물변별능력이나 의사결정능력 중 하나라도 없는 것을 말한다. 구성요건에 해당하면 위법성과 책임은 추정되므로, 형법은 책임능력을 적극적으로 규정하지 않고 소극적으로 책임무능력자와 한정책임능력자에 관하여 규정하고 있다. 형법상 책임무능력자로는 ①형사미성년자와 ②심신상실자가 있고, 한정책임능력자로는 ①심신미약자와 ②농아자가 있다. 책임무능력자는 책임조각사유가 되고, 한정책임능력자는 형의 필요적 감경사유가 된다.

4. 원인에 있어서 자유로운 행위

원인에 있어서 자유로운 행위actio libera in causa란 행위자가 스스로 심신상실 또는 심신미약의 상태에 빠지게 한 후 이러한 상태에서 범죄를 실행하는 것을 말한다. 이러한 경우에는 행위자의 책임이 감경·조각되지 않고 형법 제10조 3항에 따라 완전한 책임을 부담하게 된다. 형법의 원칙인 책임주의는 "책임능력은 행위 시에 존재하지 않으면 안 된다."라고 하는 '행위와 책임의 동시존재 원칙'을 포함하고 있다. 따라서 책임능력은 행위 당시에 존재하여야 하며, 행위 시에 책임무능력의 상태에 있었다면 비록 그 이전에 책임능력의 상태에 있었다거나 행위 후에 책임능력의 상태로 돌아왔다 하더라도 책임이 조각된다. 그러므로 이와 같은 점을 악용하거나 부주의로 말미암아 이러한 사태가 벌어질 가능성이 있으며, 이러한 책임원칙의 악용이나 남용을 방지하기 위한 것이 바로 형법 제10조 3항의 원인에 있어서 자유로운 행위에 관한 규정이다.

대법원판결 **음주운전과 심신장애**

형법 제10조 3항은 "위험의 발생을 예견하고 자의로 심신장애를 야기한 자의 행위에는 전2항의 규정을 적용하지 아니한다"고 규정하고 있는 바, 이 규정은 고의에 의한 원인에 있어서의 자유로운 행위만이 아니라 과실에 의한 원인에 있어서의 자유로운 행위까지도 포함하는 것으로서 위험의 발생을 예견할 수 있었는데도 자의로 심신장애를 야기한 경우도 그 적용 대상이 된다고 할 것이어서, 피고인이 음주운전을 할 의사를 가지고 음주만취한 후 운전을 결행하여 교통사고를 일으켰다면 피고인은 음주 시에 교통사고를 일으킬 위험성을 예견하였는데도 자의로 심신장애를 야기한 경우에 해당하므로 위 법조항에 의하여 심신장애로 인한 감경 등을 할 수 없다(대법원 1992. 7. 28. 92도999).

5. 법률의 착오

> 제16조【법률의 착오】 자기의 행위가 법령에 의하여 죄가 되지 않는 것으로 오인한 행위는 그 오인에 정당한 이유가 있는 경우에 한하여 벌하지 아니한다.

법률의 착오는 행위자가 구성요건적 사실에 대한 인식은 있었으나 착오로 그 사실의 위법성을 인식하지 못한 경우를 말한다. 위법성의 착오 또는 금지의 착오라고도 한다.

법률의 착오의 구별개념

사실의 착오 구성요건적 착오, 구성요건의 소극적 착오	행위자가 인식한 범죄사실과 실제로 발생한 범죄사실이 일치하지 않을 경우, 즉 실제로 발생한 구성요건적 사실을 인식하지 못한 경우를 말한다. 예: 타인을 살해하고 보니 실은 자신의 부친이었던 경우
법률의 착오 위법성의 소극적 착오, 금지의 착오	구성요건적 사실의 인식은 있으나 착오로 그 행위의 위법성을 인식하지 못한 경우로, 그 오인에 정당한 사유가 있는 때에는 책임이 조각되어 벌하지 아니한다. 예: 학교장이 교육상 양귀비를 화단에 심은 경우
환각범 위법성의 적극적 착오, 반전된 금지의 착오	위법하지 않은 행위를 위법한 행위라고 오인한 경우 ➡ 불가벌 예: 금지규범이 존재하지 않는데 존재하는 것으로 오인한 경우동성애·근친상간이 범죄가 된다고 오인하고 행한 경우, 자살도 죄가 된다고 믿고 자살을 시도한 경우 위법성조각사유에 해당하는 행위를 위법하다고 오인한 경우폭력을 행사하여 현행범을 체포하면서 정당행위임을 모르는 경우

6. 기대가능성

기대가능성이란 행위 당시의 구체적 사정에 비추어 행위자가 특정한 범죄 행위를 하지 않고도 다른 적법한 행위를 할 수 있었다고 기대할 수 있는 가능성을 말한다. 현재 통설·판례도 기대불가능성을 일반적인 초법규적 책임조각사유로 이해하고 있다.

6-1. 기대가능성의 기초가 되는 사정에 관한 착오

적법행위를 기대할 수 없는 상황이 존재하지 아니함에도 불구하고 존재한다고 오신한 경우(예: 자기 또는 친족의 생명·신체에 대한 방어할 방법이 없는 협박이 존재하지 아니함에도 불구하고 존재한다고 오신하고 강요된 행위를 한 경우)를 말하며, 이는 고유한 종류의 착오유형에 해당된다. 이에 관하여는 명문의 규정이 없으므로 법률의 착오에 관한 형법 제16조를 유추적용하여 착오에 정당한 이유가 있으면 책임이 조각된다고 해석하는 것이 타당하다.

6-2. 강요된 행위

> 제12조【강요된 행위】 저항할 수 없는 폭력이나 자기 또는 친족의 생명·신체에 대한 위해를 방어할 방법이 없는 협박에 의하여 강요된 행위는 벌하지 아니한다.

(1) 의의

강요된 행위라 함은 저항할 수 없는 폭력이나 방어할 방법이 없는 협박에 의하여 강요된 행위로서 적법행위에 대한 기대가능성이 없기 때문에 책임이 조각되는 행위를 말한다.

(2) 요건

① 저항할 수 없는 폭력

저항할 수 없는 폭력이란 상대방피강요자의 항거를 억압할 수 있을 정도의 유형력 행사를 말한다. 폭력은 물리적절대적 폭력과 심리적강제적 · 의사적 폭력으로 구분할 수 있는데 강요된 행위에서 말하는 저항할 수 없는 폭력은 물리적 폭력이 아닌 심리적 폭력만을 말한다통설·판례.

② 자기 또는 친족의 생명 · 신체에 대한 위해를 방어할 방법이 없는 협박

여기서의 협박이란 상대방으로 하여금 공포심외포심을 일으키게 할 만한 해악을 가할 것을 통고하는 것을 말한다. 그러나 반드시 명시적·외형적이거나 유형적인 협박일 필요는 없다.

③ 강요된 행위

강요된 행위란 폭력이나 협박에 의하여 피강요자의 의사결정이나 행동의 자유가 침해되어 강요자가 요구되어 일정한 행위를 하는 것을 말한다. 이 때 강요된 행위는 구성요건에 해당하는 위법한 행위여야 하며, 강요의 수단인 폭력·협박과 강요된 행위와의 사이에 인과관계가 있어야 한다.

제8절 미수론

1. 범죄의 실현단계

범죄가 실현되어 가는 과정을 살펴보면, 범행의 결의⇨예비·음모⇨미수⇨기수⇨종료의 순서로 진행된다.

1-1. 범행의 결의

일정한 범죄행위를 하려고 하는 결심내지 범죄실현의사를 말한다. 이는 개인의 심리과정에 머물고 있는 한 형법은 간섭할 수도 없고 간섭해서도 안 되므로 처벌되지 아니한다.

1-2. 예비·음모단계

범죄의사가 외부에 표시되나 아직 실행의 착수에 이르지 아니한 단계를 말한다. 우리 형법에서는 고의 · 기수범을 원칙적으로 처벌하므로 예비·음모는 원칙적으로 처벌되지 않고 법률에 처벌규정이 있는 범죄에 한하여 예외적으로 처벌된다.

1-3. 미수

범죄의 실행에 착수하였으나 그 행위를 종료하지 못하였거나 행위는 종료하였으나 결과가 발생하지 아니한 경우를 말한다. 즉 실행에 착수하여 범죄가 완성되기 전까지를 말한다. 미수 역시 워칙적으로는 처벌되지 않고 법률에 처벌규정이 있는 경우에만 처벌된다.(예: 원수를 향해 총을 겨누었으나(실행의 착수) 총을 발사하지 않았거나, 총을 발사하였으나 빗맞아 상처만 입힌 경우)

1-4. 기수

범죄의 실행에 착수하여 범죄를 완성한 경우, 즉 범죄구성요건의 모든 요소를 충족한 경우가 기수이다. 형법상 기수를 처벌하는 것이 원칙이므로 형법 총칙상 기수처벌에 관한 명문규정을 두고 있지 않고 형법 각칙의 구성요건은 기수를 규정하고 있다.

1-5. 종료

대부분의 범죄는 기수가 되면 끝나나 계속범이나 상태범에서는 범죄가 기수가 된 후에도 법익침해행위가 계속되는 경우가 있다. 이러한 경우에 보호법익에 대한 침해행위가 실질적으로 끝난 경우를 말한다.(예: 감금죄는 피해자가 감금되어 어느 정도 시간이 지나면 감금죄의 기수가 되나 그 피해자가 감금되어 있는 동안 법익침해가 계속되고, 석방된 후 범죄가 종료된다.)

2. 장애미수

2-1. 의의

장애미수란 행위자의 의사에 반하여 외부적 장애로 범죄를 완성하지 못한 경우, 즉 범죄의 실행에 착수하여 행위를 종료하지 못하였거나착수미수 결과가 발생하지 아니한 경우 실행미수를 말한다. 일반적으로 미수라 함은 장애미수만을 말한다.

2-2. 성립요건

미수범의 성립요건으로는 주관적 구성요건고의와 특수한 주관적 구성요건요소를 필요로 하는 범죄에서의 그러한 요소, 객관적 구성요건실행의 착수 및 범죄의 미완성이 필요하다.

고의는 언제나 기수의 고의범죄완성에 대한 인식과 의사여야 한다. 따라서 미수범의 고의도 기수의 고의여야 하므로 미수의 고의처음부터 미수에 그치겠다는 인식과 의사는 처벌되지 않는다함정수사.

2-3. 처벌

미수범은 각 본조형법 각칙에 미수범을 처벌하는 특별규정이 있는 경우에만 처벌되고, 미수범의 형은 기수범보다 감경할 수 있다임의적 감경. 이때 감결할 수 있는 형은 주형에 한하여 부가형몰수 또는 보안처분에 대해서는 감결할 수 없다. 징역형과 벌금형이 병과 된 때에는 둘 다 감경할 수 있다.

2-4. 관련문제

(1) 과실범의 미수

과실범은 고의가 없고, 또한 과실범은 전부 결과범이므로 과실범의 미수는 인정되지 않는다. 우리 형법상 과실범의 미수를 처벌하는 규정이 존재하지 않는다.

(2) 결과적 가중범의 미수

결과적 가중범은 고의와 과실의 결합형태이므로 과실범에 미수가 인정되지 않는 것과 마찬가지로 결과적 가중범은 미수를 인정할 수 없다는 것이 다수설이다. 그러나 현행형법상 결과적 가중범의 미수를 처벌하는 규정이 있다.

3. 중지미수

> 제26조【중지범】 범인이 자의로 실행에 착수한 행위를 중지하거나 그 행위로 인한 결과의 발생을 방지한 때에는 형을 감경 또는 면제한다.

3-1. 의의

중지미수란 범죄의 실행에 착수한 자가 그 범죄가 기수에 이르기 전에 자의로 범행을 중지하거나 범행으로 인한 결과의 발생을 방지한 경우를 의미한다.

3-2. 성립요건

장애미수와 마찬가지로 실행의 착수가 필요하다. 단지 실행의 착수 이전의 예비 상태에서는 중지미수가 성립할 수 없다대법원 1991.6.25. 91도436. 중지미수가 성립하기 위해서는 범인이 자의로 범행을 중지하여야 한다. 따라서 경찰관이 오고 있는 사실을 모르고 자의적으로 중지한 경우에는 중지미수가 되지만, 경찰관이 오는 것으로 오인하고 중지한 경우에는 중지미수 부정된다.

3-3. 처벌

중지미수범의 형은 기수범보다 필요적으로 감면하며 착수미수와 실행미수 모두 중지 미수인 경우 필요적으로 감면한다.

4. 불능미수

> 제27조【불능범】 실행의 수단 또는 대상의 착오로 인하여 결과의 발생이 불가능하더라도 위험성이 있는 때에는 처벌한다. 단, 형을 감경 또는 면제할 수 있다.

4-1. 의의

불능미수란 행위자가 범죄의사로 실행하였으나 처음부터 결과발생이 불가능하지만 위험성이 있는 경우를 의미한다. 그리고 존재하는 구성요건적 사실을 인식하지 못한 구성요건적 착오로서 존재하지 않는 사실을 존재한다고 오인한 반전된 구성요건적 착오에 해당한다. 불능미수는 결과발생이 불가능한 경우이고, 장애미수와 중지미수는 결과발생이 가능하다는 점에서 구별된다.

4-2. 성립요건

불능미수도 미수의 일종이므로 실행의 착수가 필요하다. 불능미수의 성립유형에는 다음과 같은 유형이 있다. 첫째, 수단의 착오로서, 행위자가 선택한 수단으로는 결과발생이 불가능한 경우를 말한다(예: 소화제를 독약으로 알고 먹여 살해하려한 경우).

둘째, 대상의 착오로서, 행위의 객체가 부존재하거나 침해가 불가능한데도 가능하다고 오인하여 결과발생이 불가능한 경우를 말한다(예: 시체를 살해한 경우).

셋째, 주체의 착오로서, 신분 없는 자가 신분 있는 것으로 오인하고 진정신분범을 범함 경우를 말한다.

4-3. 처벌

형법 제27조에 의하면 우리형법은 결과의 발생이 처음부터 불가능하지만 '위험성이 있는'

경우와 '위험성이 없는 경우'를 구별하고 전자를 미수범으로써 처벌되는 불능미수, 후자를 처벌되지 아니하는 불능범이라는 용어로 부르고 있고, 불능미수범의 형은 기수범보다 감면할 수 있다임의적 감면.

대법원판결 **강간의 중지미수**

피고인이 피해자를 강간하려다가 피해자의 다음 번에 만나 친해지면 응해 주겠다는 취지의 간곡한 부탁으로 인하여 그 목적을 이루지 못한 후 피해자를 자신의 차에 태워 집에까지 데려다 주었다면 피고인은 자의로 피해자에 대한 강간행위를 중지한 것이고 피해자의 다음에 만나 친해지면 응해 주겠다는 취지의 간곡한 부탁은 사회통념상 범죄실행에 대한 장애라고 여겨지지는 아니하므로 피고인의 행위는 중지미수에 해당한다(대법원 1993. 10. 12. 93도1851).

제9절 공범론

1. 공범의 의의

범죄를 단독으로 실행하는 것을 단독범이라고 하는데 대하여, 2인 이상이 협력하여 범죄를 실행하는 경우를 범죄참가형태라고 한다. 범죄참가형태는 정범과 공범으로 구분할 수 있다. 총칙상의 공범을 의미하는 광의의 공범은 단독범으로도 실현이 가능한 범죄를 2인 이상이 협력하여 실현하는 경우를 말하므로, 이를 임의적 공범이라고 한다. 이에 대하여, 형법 각칙에는 구성요건의 내용이 2인 이상의 참가를 전제로 하는 범죄도 규정되어 있는데 이를 필요적 공범이라고 하며, 임의적 공범과 필요적 공범을 합하여 최광의의 공범이라고 한다. 즉, 최광의의 공범이란 형법총칙과 각칙의 모든 범죄참가형태를 총칭하는 개념이다.

2. 공동정범

> 제30조【공동정범】 2인 이상이 공동하여 죄를 범한 때에는 각자를 그 죄의 정범으로 처벌한다.

공동정범이란 2인 이상이 공동하여 죄를 범한 경우를 말한다. 공동정범은 분업적 행위실행에 의한 기능적 행위지배에 정범성의 본질이 있으며, 공동정범의 각자는 일부만을 실행했을지라도 그 결과의 전부에 대해서 정범으로서 책임을 진다일부실행, 전부책임의 원리. 2인 이상이 각각 구성요건의 전부를 실현한 경우에는 공동정범이란 개념이 없더라도 각자가 정범이 되는 것은 당연하므로, 공동정범의 존재의의는 일부만 실행한 경우에도 전부에 대하여 책임을 지우는 데 있다. 공동정범의 본질과 관련해서는 범죄공동설과 행위공동설이 제기되고 있다.

3. 간접정범

> 제34조【간접정범】 어느 행위로 인하여 처벌되지 아니하는 자 또는 과실범으로 처벌되는 자를 교사 또는 방조하여 범죄행위의 결과를 발생하게 한 자는 교사 또는 방조의 예에 의하여 처벌된다.

3-1. 의의

간접정범이란 타인을 도구로 이용하여 범죄를 실행하는 것을 의미한다. 이용자가 동물을 이용하거나 사람을 생명 없는 도구로 이용한 경우에는 간접정범이 아니라 직접정범이 성립한다.

3-2. 처벌

간접정범은 교사 또는 방조의 예에 의하여 처벌한다고 조문이 되어 있으므로 교사는 정범과 동일한 형으로 처벌하고, 방조에 해당하는 경우는 정범의 형보다 필요적으로 감경한다.

4. 교사범

> 제31조【교사범】 ① 타인을 교사하여 죄를 범하게 한 자는 죄를 실행한 자와 동일한 형으로 처벌한다.
> ② 교사를 받은 자가 범죄의 실행을 승낙하고 실행의 착수에 이르지 아니한 때에는 교사자와 피교사자를 음모 또는 예비에 준하여 처벌한다.
> ③ 교사를 받은 자가 범죄의 실행을 승낙하지 아니한 때에도 교사자에 대하여는 전항과 같다.

4-1. 의의

교사행위란 범죄를 타인에게 범죄의 결의를 가지게 하는 것을 의미한다. 따라서 이미 범죄를 결의하고 있을 때에는 교사행위라고 할 수 없다. 그러나 피교사자의 결의보다 가중적 구성요건을 교사하고나 질적 차이가 있는 범죄를 교사한 경우에는 교사가 성립한다.

4-2. 피교사자의 요건

(1) 피교사자의 결의

피교사자는 교사에 의하여 범죄실행의 결의를 하여야 한다. 피교사자가 범죄실행을 승낙하지 아니한 때에는 교사자는 교사한 범죄의 예비·음모로 처벌된다제31조 3항.

(2) 피교사자의 실행행위

피교사자는 현실로 실행행위를 하여야 한다. 피교사자의 실행행위가 없으면 교사자·피교사자는 예비·음모로 처벌된다제31조 2항.

5. 종범

> 제32조【종범】 ① 타인의 범죄를 방조한 자는 종범으로 처벌한다.
> ② 종범의 형은 정범의 형보다 감경한다.

5-1. 의의

종범이란 정범을 방조하는 자를 의미하며 방조범이라고도 한다.

5-2. 성립요건

방조행위는 정신적 또는 물질적으로 정범의 실행행위를 돕는 것을 의미한다. 정범의 범죄실행을 용이하게 하는 모든 수단·방법을 묻지 않고, 정범의 범행 결의를 강화시켜 주는 것으로서 정신적 방조도 방조에 해당한다.

5-3. 처벌

종범의 형은 정범의 형보다 필요적으로 감경하고필요적 감경, 자기의 지휘·감독을 받는 자를 방조한 때에는 정범의 형으로 처벌한다특수방조.

제10절 죄수론

1. 죄수의 의의

죄수론은 범죄의 수가 1개인가, 여러 개인가의 문제와 이 경우에 어떻게 처벌할 것인가의 법적 취급의 문제를 논하는 이론이다. 따라서 죄수론은 범죄론범죄의 개수과 형벌론법적 취급에 모두 관련되는 분야로서 중간에 위치하는 이론이다.

2. 일죄

2-1. 의의

일죄란 범죄행위가 1개의 구성요건에 1회 해당하는 경우를 말한다. 즉, 범죄의 수가 실질적으로 1개인 경우를 말하며, 단순일죄 또는 실질상 일죄라고 한다.

2-2. 법조경합

(1) 의의

1개의 행위가 외형상으로는 수개의 구성요건에 해당하는 것 같지만, 성질상 실제로는 한 구성요건이 다른 구성요건을 배척하여 1개의 구성요건에만 해당되어 단순일죄로 되는 경우를 말한다.

(2) 불가벌적 사후행위

불가벌적 사후행위란 범죄에 의하여 획득한 위법한 이익 또는 상태를 확보하거나 사용·처분하는 사후행위가 다른 구성요건에 해당하더라도 이미 주된 범죄에 의하여 완전히 평가되었기 때문에 별죄를 구성하지 않는 경우를 말한다.

2-3. 포괄일죄

(1) 의의

포괄일죄란 수개의 행위가 포괄적으로 1개의 구성요건에 해당하여 일죄를 구성하는 경우를 말한다.

(2) 효과

포괄일죄는 실질적으로 일죄이므로 실체법상으로나 소송법상으로 일죄로 취급된다. 예컨대, 세 번의 특수절도, 한 번의 절도와 야간주거침입절도 등이 상습적으로 반복되는 경우에는 상습범은 집합범으로 포괄일죄가 되어 가장 중한 상습특수절도죄만 성립된다.

3. 수죄

범죄의 수가 여러 개인 경우를 수죄라고 하며, 수죄에는 다음과 같은 것들이 포함된다. 실질적으로 일죄인가, 수죄인가는 구성요건적 평가와 보호법익의 측면에서 고찰하여 판단해야 한다.

3-1. 과형상 일죄처분상 일죄, 처벌상 일죄

과형상 일죄는 실질적으로, 즉 본래 이론상으로는 수죄이지만 처벌에 있어서 일죄로 취급하는 경우를 말한다. 현행형법은 과형상의 일죄로서 상상적 경합제40조만을 규정하고 있다.

3-2. 실체적 경합

실체적 경합이란 수개의 행위에 의하여 수개의 구성요건을 실현하는 경우를 말한다. 형법은 제37조에서 일정한 조건 하에 실체적 경합을 인정하여 그 처벌에 있어서 제38조에서 특별취급을 하고 있다.

제11절 형벌론

1. 형벌의 일반이론

형벌이란 국가가 형벌권의 주체가 되어 범죄에 대한 법률상의 효과로서 범죄자에게 과하는 법익의 박탈을 말한다. 형벌의 종류로는 사형, 징역, 금고, 자격상실, 자격정지, 벌금, 구류, 과료, 몰수가 있다.

2. 형의 양정

구체적인 사건에 있어서 법관이 형법에 규정된 형벌의 종류와 범위 내에서 범인에게 선고할 형을 정하는 것을 양정 또는 형의 적용이라 한다. 양형은 법관의 재량에 속하지만, 법적으로 기속된 재량이라는 견해와 법관의 자유재량이라는 견해가 대립된다. 형의 양정이 부당하다고 인정할 사유가 있는 때에는 항소이유가 된다.

3. 누범

누범이란 범죄를 누적적으로 범하는 것을 말한다. 누범은 범죄를 누적적·반복적으로 범한다는 의미에서 상습범과 밀접한 관계가 있으나, 누범이 반복된 처벌을 의미함에 반하여 상습범은 반복된 범죄에 징표 된 범죄경향을 말한다는 점에서 개념상으로 구분된다. 즉, 누범은 범죄의 수를 기준으로 전과를 요건으로 하지만, 상습범은 행위자의 습벽을 기초로 결정되므로 전과의 요건이 아니다.

누범과 경합범의 관계에서는 누범은 여러 개의 범죄가 누적적 관계에 있는 경우를 말하지만 경합범은 여러 개의 범죄가 병행적·병립적 관계에 있는 경우를 말한다.

누범의 형은 그 죄에 정한 형의 장기의 2배까지 가중한다. 다만, 제42조 단서에 의해 장기는 50년을 초과할 수 없다. 누범은 장기만 가중되므로 단기는 당해 범죄의 형이 그대로 적용된다. 누범으로 인하여 가중되는 형은 법정형을 의미하며, 선고형을 뜻하는 것은 아니다. 누범에 대해 법률상·재판상 감경이 가능하다.

4. 선고유예·집행유예·가석방

형의 적용은 법률이 정한 형의 종류, 기간법정형의 범위 내에서 법관의 재량에 의해 결정된다. 형법은 형의 적용에 있어 특별예방의 견지에서 법관에게 매우 넓은 재량을 부여하고 있다.

4-1. 형의 선고유예

형의 선고 자체를 보류하는 제도로서, 그 요건은 1년 이하의 징역이나 금고, 자격정지 또는 벌금의 형을 선고할 경우에는 개전의 정상이 현저하고 자격정지 이상의 형을 받은 전과가 없어야 한다.

형의 선고유예를 받은 자가 유예를 받은 날로부터 2년을 무사히 경과하면 면소된 것으로 본다.

4-2. 형의 집행유예

형을 선고는 하되 그 집행을 보류하는 제도로서, 3년 이하의 징역 또는 금고의 형을 선고할 경우에 그 정상을 참작하여 1년 이상 5년 이하의 기간 동안 집행을 유예한다. 단, 금고 이상의 형의 선고를 받았던 자는 집행을 종료한 후 또는 집행이 면제된 후 5년이 경과하지 않으면 집행유예를 받을 수 없다. 형의 집행유예의 선고를 받은 후 그 선고의 실효 또는 취소됨이 없이 유예기간을 경과한 때에는 형의 선고는 효력을 잃는다.

4-3. 가석방

(1) 가석방

자유형의 집행 중에 있는 자가 개전의 정이 현저한 경우 형기 만료 전에 임시로 석방하는 행정처분이다. 그 요건으로는 무기에 있어서는 20년, 유기에 있어서는 형기의 3분의 1을 경과하여야 하며, 행상이 양호하여 그 개전이 정이 현저하여야 하고, 벌금 또는 과료의 병과가 있을 때에는 그 금액을 완납할 것 등이다.

(2) 가석방의 기간

무기형은 10년, 유기형은 남은 형기인데, 단 10년을 초과할 수 없다. 선고유예나 집행유예의 보호관찰이 임의적인 것과는 달리 가석방기간 동안 당연히 보호관찰이 개시된다. 단 가석방을 허가한 행정관청이 필요가 없다고 인정한 때에만 그러하지 아니하다.

(3) 가석방의 효과

가석방의 요건이 구비된 경우 가석방심사위원회의 신청에 의하여 법무부장관이 행정처분으로 가석방을 할 수 있다. "형의 집행을 종료한 것으로 본다."라는 국가의 형벌집행권이 소멸할 뿐 형의 선고 또는 유죄판결의 효력이 없어지는 것은 아니다.

5. 형의 시효·소멸·기간

형의 시효란 형의 선고를 받은 자가 재판이 확정된 후 그 형의 집행을 받지 않고 법률이 정한 일정한 기간을 경과하면 그 형의 집행이 면제되는 것을 말한다. 형의 시효는 형의 소멸 원인의 하나이다.

6. 보안처분

보안처분이란 형벌로는 행위자의 사회복귀와 범죄로부터 사회방위가 불가능하거나 부적당한 경우에 범죄행위자 또는 장래 범죄의 위험성이 있는 자에 대하여 과해지는 형벌 이외의 범죄예방처분을 말한다.

제12절 전과와 형의 실효

1. 전과기록

피고인이 자격 정지 이상의 형이 선고되어 확정되면 세 군데에 그 결과가 기록된다. 첫째, 검찰청은 그 사실을 '수형인명부'라는 문서에 기록, 관리하고, 둘째, 유죄 확정자의 본적지 시, 읍, 면사무소에서는 '수형인명표'에 기록, 관리하고, 마지막으로 경찰은 피의자를 입건할 때에 지문을 채취하여 관리한 '수사자료표'에 그 결과를 기록한다.

따라서 범죄경력을 비롯한 전과의 내용을 수사상 필요하여 알고 싶을 때는 경찰청이 기록, 관리하고 있는 '수사자료표'라는 기록을 조회하면 알 수 있다. 하지만 위 세 종류의 전과 기록은 범죄의 수사, 재판, 군입대, 공무원임용 등의 목적에만 사용조회 및 회보할 수 있고, 그 밖의 다른 용도로는 사용할 수 없다. 따라서 위의 용도외에 전과기록을 조회하여 누설한 사람은 5년 이하의 징역이나 또는 2,000만 원 이하의 벌금형으로 처벌된다.

2. 전과기록 말소

2-1. 형의 당연 실효

'형의 실효 등에 관한 법률'은 수형인이 일정기간 동안 자격정지 이상의 형을 받음이 없이 형의 집행을 종료하거나 그 집행이 면제된 날부터 다음 각 호의 구분에 따른 기간이 경과한 때에 그 형은 실효된다. 3년을 초과하는 징역·금고는 10년, 3년 이하의 징역·금고는 5년, 벌금은 2년이 경과한 때에 실효되며 구류·과료는 형의 집행을 종료하거나 그 집행이 면제된 때에 그 형이 자동으로 실효되는 것으로 하고 있다동법 7조 1항. 여기서 형은 실제로 선고된 형을 말하는 것이고, 법정형을 말하는 것이 아니다. 이를 '당연 실효'라 한다. 다만 개별 법률에서 별도의 결격기간을 정하는 경우도 있다.

형이 실효되면 본적지의 시, 읍, 면사무소가 보관하는 수형인명표를 폐기하며, 검찰이 보관하는 수형 인명부는 해당란이 삭제된다.

2-2. 형의 재판상 실효

징역이나 금고의 형을 선고받은 경우에 그 집행을 마치거나 또는 그 집행이 집행유예의 선고로 면제된 사람이, 첫째, 피해자가 있는 경우에 그 피해를 배상하고, 둘째, 다시 자격정지 이상의 형을 선고받음이 없이 7년을 경과한 때에는, 본인 또는 검사는 판결을 한 법원에 형 실효 신청을 하여 자기가 선고받았던 형의 실효 선고를 구할 수 있다형법 제81조. 이를 '재판에 의한 실효'라고 부른다. 즉 재판상 실효는 당연 실효 기간이 10년인 경우 피해자에 대한 손해보상을 전제로 기간을 단축시켜 준 것이다.

법원이 이 신청을 심사하여 이유 있다고 받아들인 경우에 집행하는 수형 인명표의 폐기, 수형 인명부의 해당란 삭제 조치는, 형의 실효 등에 관한 법률에 의해 일정 기간이 경과된 경우에 국가가 취하는 조치와 같다. 다만 어느 방법에 의하든 경찰이 보관하는 수사 자료표상의 전과 기록은 폐기, 삭제, 말소할 수 없다.

2-3. 사면에 의한 실효

'사면법'에 의하여 대통령이 행하는 '일반사면'의 경우에는 형의 선고의 효력이 상실되며, 특별사면의 경우에는 원칙적으로 형의 집행이 면제되고, 특별한 사정이 있을 때에는 형의 선고의 효력을 상실하게 할 수 있다. 사면이 되면 본인에게 사면장이 송부되고, 검사는 보관 중인 판결 원본에 그 사유를 기록하여야 한다. 따라서 사면이 있는 경우에 그 사면장은 형의 선고의 효력이 상실된 증거가 된다.

전과말소

Q. 甲은 7년 전에 교통사고를 내고 징역 1년에 집행유예 2년을 선고받은 경력이 있다. 甲이 새 직장에 입사를 하였는데 회사가 본인의 전과경력을 조회할까 봐 마음이 불안하다. 이 경우 회사는 甲의 전과기록 조회할 수 있는지, 그리고 갑이 본인의 전과기록을 말소할 수 있는 방법은 있을까요?

A. 전과기록은 경찰청에서 관리하며, 수사나 재판에 필요하거나 공무원임용이나 징계, 군입대 등에 관해서만 조회할 수 있고, 취업자에게 범죄경력조회서를 제출하게 하거나 회사에서 직접 경찰에 조회를 요구하는 것은 불법이다. 전과기록은 일정 기간이 지나면 '수형인명표'와 '수형인명부'에서는 삭제 되지만 경찰이 보관하는 수사 자료표상의 범죄경력(전과기록)은 말소되지 않는다.

제4장
민법총칙

제1절 서설

1. 민법의 개념

민법은 사적인 생활관계를 규율하는 실체법으로 사법의 일반법이다. 즉 민법은 인류사회에 존재하는 인간의 생활관계를 규율하는 사법으로 특히 사법생활 가운데 일반인으로서의 일상생활관계를 규율하는 일반사법이다.

2. 민법의 법원法源

민법의 법원은 법관이 민사에 관하여 재판을 함에 있어서 적용하여야 할 기준, 즉 실질적 의미의 민법의 존재형식을 의미한다. 제1조는 민법의 법원 및 그 적용순서를 정하고 있다. 이에 의하면, 법률, 관습법 및 조리를 일단 민법의 법원으로 열거하고 그 적용순서에 관하여 제정법이 1차적으로 적용되고, 제정법이 없는 경우에 관습법이 적용되며, 관습법조차 없으면 조리에 의하도록 정하고 있다. 법을 공법과 사법으로 나눈다면 민법은 사법에 속하며, 또 그중에서 가장 중요한 것이다. 또한 민법은 권리와 의무의 발생·소멸과 그 내용, 기타 법률관계의 실질적인 판단기준을 정하는 실체법에 속하고, 권리관계를 공적으로 확정하고 실현하는 절차를 정하는 법인 절차법에 속하지 않는다. 민사에 관한 절차법은 주로 민사소송법에서 다루어지고 있다.

3. 민법의 구성, 이념, 체계

3-1. 근대민법의 구성원리

근대 사법私法은 봉건적 속박으로부터 벗어난 개인의 자유와 평등을 지향하는 사상을 기반으로 하여 성립하였다. 따라서 근대민법은 자유와 평등이라고 하는 그 이념의 표현으로서 소유권절대의 원칙, 사적 자치의 원칙, 자기 책임의 원칙을 제창하여 왔다. 그러나 이 3대 원칙도 자본주의가 고도로 발달함에 따라 그 모순과 폐해를 극복하고 사회구성원의 실질적 평등을 보장하기 위하여 수정이 불가피하게 되었다. 즉 일정한 경우에는 무과실책임을 인정해 가해자에게 과실이 없더라도 배상책임을 지게 하는 것 등으로 수정함으로써 피해자가 겪는 심한 불공평을 줄이게 되었다.

(1) 소유권절대의 원칙사유재산자유의 원칙

사유재산권 일반에 대한 국가권력으로부터의 불가침을 규정하여 소유권의 행사는 소유자 개인의 자유에 맡기고 국가나 그 밖의 사인은 이에 간섭하지 못하게 하였다.

(2) 계약자유의 원칙의사자치의 원칙, 법률행위자유의 원칙

재산권을 획득하고자 하는 행위 자체도 완전히 보장하는 것이다. 구체적 내용으로는, 계약체결 여부의 자유, 계약체결의 상대방을 선택하는 자유, 계약의 내용을 결정하는 자유, 계약의 방식 등이 있다.

(3) 과실책임의 원칙자기책임의 원칙

개인의 활발한 활동보장을 위하여 타인에게 가한 손해에 대하여는 행위자의 고의, 과실이 있어야만 책임을 진다는 원칙이다. 계약자유의 원칙이 적극적으로 개인의 활동의 자유를 보장하려는 것이라면, 과실책임의 원칙은 소극적으로 이를 보장해 주려는 것이다.

3-2. 현대민법의 구성원리

(1) 소유권공공의 원칙

소유권도 절대적인 것이 아니라 사회전체의 이익을 위하여 제한을 받아야 한다는 것이다. 헌법은 "모든 국민의 재산권은 보장된다"라고 규정하지만, 이어서 "그 내용과 한계는 법률로 정한다."라고 규정하며헌법 제23조 1항 이 헌법 규정에 의거하여 민법은 소유권의 내용을 규정하고 있다민법 제211조. 그리고 헌법은 이어서 "재산권의 행사는 공공복리에 적합하도록 하여야 한다헌법 제23조 2항."라고 규정함으로써 대한민국도 이미 소유권 개념이 다분히 사회화하고 있음을 보여주고 있다.

(2) 계약공정의 원칙

계약자유의 원칙은 각인의 재력이 대체로 비등비등하다는 것을 전제로 하여 생활관계의 형성을 각 개인의 자유의사에 맡기는 것이 가장 좋다고 생각하였던 것이다. 그러나 자본주의의 발달로 빈부의 차이가 커지고, 부자의 빈자에 대한 횡포와 압박은 양자 간의 실질적인 자유와 평등을 가져오지 못하였다. 따라서 국가는 약자를 보호하기 위해 필요한 간섭을 하지 않을 수 없게 되었다. 예컨대 노동관계를 규율한 제 입법, 생존권적기본권을 보장하기 위한 제 입법 및 그 밖의 경제활동전반에 걸친 각종 통제입법 등이 바로 이러한 계약자유의 원칙을 제한하는 것이다.

(3) 무과실책임의 인정

자기책임의 원칙도 경제적으로 강한 가해자가 과실이 없다는 이유로 아무런 책임도 지지 않고, 반면에 손해를 입은 자가 아무런 보호도 받지 못한다고 하는 것은 불공평하다. 그래서 일정한 경우에는 가해자에게 과실이 없더라도 배상책임을 지게 함으로써 불공평을 어느 정도 완화하였다.

민법도 원칙적으로는 과실책임주의를 견지하고 있지만민법 제750조, 일정한 경우에 손해배상액의 경감輕減청구를 인정하고 있다민법 제765조. 그리고 제한된 범위 내에서 무과실책임을 인정하고 있다민법 제756조, 제758조.

3-3. 민법의 지도이념

(1) 신의성실의 원칙

권리의 행사와 의무의 이행은 신의에 좇아 성실히 하여야 한다. 따라서 신의성실의 원칙에 반하는 권리행사는 권리남용이 되고 의무이행도 신의성실의 원칙에 반할 때에는 의무불이행으로 간주된다.

(2) 권리남용금지의 원칙

민법 제2조 2항은 "권리는 남용하지 못한다."라고 하여 권리남용금지의 법리를 규정하고 있다. 권리남용이라 함은 외형적으로는 권리의 행사인 것처럼 보이나, 실질적으로 보면, 신의성실의 원칙과 권리의 사회성에 반하는 권리행사로 인정되는 경우이다.

대법원은 "권리의 행사가 권리의 남용에 해당한다고 할 수 있으려면 주관적으로 그 권리행사의 목적이 오직 상대방에게 고통을 주고 손해를 입히려는 데 있을 뿐 행사하는 사람에게 아무런 이익이 없을 경우여야 하고, 객관적으로는 그 권리행사가 사회질서에 위반된다고 볼 수 있어야 하는 것이며 이와 같은 경우에 해당하지 않는 한 비록 그 권리행사에 의하여 권리행사자가 얻는 이익보다 상대방이 잃을 손해가 현저히 크다 하여도 그러한 사정만으로는 권리남용이라 할 수 없다."라고 하고 있다.

제2절 권리의 주체

1. 자연인

출생에서 사망까지 권리나 의무의 주체로서 그 능력과 권리를 인정받고 있는 개인을 말한다. 따라서 육체적 정신을 가지고 자연적인 생활을 하는 모든 사람을 말한다.

1-1. 권리능력

(1) 권리능력의 개념

일반적으로 권리능력이란 권리를 가질 수 있고 의무를 부담할 수 있는 추상적 지위 내지 자격을 말한다. 그리고 이러한 권리능력을 가지는 자를 권리주체 또는 권리능력자라고 한다. 우리민법 제3조는 "사람은 생존한 동안 권리와 의무의 주체가 된다."라고 규정하고 있다.

모든 국가는 모든 사람자연인에게 예외 없이 권리능력을 인정한다. 민법전도 사람은 남자, 여자, 정신병자, 미숙아 또는 기형아든 관계없이 생존한 동안 평등하게 권리능력을 가지는 것으로 선언하고 있다. 법인에 대해서도 일정한 범위에서 권리능력을 부여하고 있다.

(2) 권리능력의 시기

① 출생

사람의 권리능력은 출생과 더불어 시작된다. 그런데 출생과정 중 어느 시점을 권리능력의 시기로 할 것인가에 관하여, 민법학에서는 태아가 모체 밖으로 완전히 나온 순간, 즉 출생의 종료를 기준으로 하는 전부노출설이 통설의 입장이다형법에서는 진통설이 통설이다.

1-2. 행위능력

인간이 단독으로 완전·유효한 법률행위를 할 수 있는 지위 또는 자격이다. 사법상 법률행위를 혼자서 완전히 유효하게 할 수 있는 지위 또는 자격을 말하고, 국제법상은 국가가 자기의 의사 행위에 의하여 국제법상의 효과를 발생시킬 수 있는 능력을 말한다.

1-3. 의사능력과 책임능력

모든 권리능력자는 자기의 행위에 의하여 권리를 취득하거나 의무를 부담하는 것은 아니다. 즉 권리능력자가 권리와 의무를 취득하려면, 의사능력과 책임능력이 있어야 한다. 의사능력이란 자기 행위의 의미나 결과를 정상적인 인지력으로 합리적으로 판단할 수 있는 정신적 능력 내지 지능을 말한다. 이 표준에 이르지 않는 정신상태를 의사무능력이라 하며, 의사무능력자의 법률행위는 법률상 효력이 없다. 의사능력의 관념은 불법행위에 있어서는 책임능력 또는 불법행위능력이라고 말한다. 의사능력의 유무에 대한 판단은 민법상 기준이 없고, 개개인의 법률행위에 따라서 행위자의 지능, 연령 등을 고려하여 개별적으로 판단한다. 판례는 대체적으로 10세정도로 보고 있다.

민사상 책임능력과 형사상 책임능력은 일치하지 않는다. 형법상으로는 14세 미만의 소년은 획일적으로 책임능력이 없는 것으로 하고 있다. 즉 14세 미만의 소년이 비록 죄를 지었더라도 범죄로 인정하지 않고 있다.

2. 민법의 개정

2-1. 개정이유

1958년 제정 이후 민법의 '행위능력' 편이 전면개정되어 금치산·한정치산 용어 자체가 사라진다2011. 3. 7. 개정하고, 2013. 7. 1. 시행. 개정이유는 첫째, 복지 국가, 고령화 사회로 접어들면서 장애인의 인권과 노인 복지에 대한 국가의 책무와 사회적 관심이 부각되고 있으나, 현행 민법의 행위능력 및 후견 제도는 복리에 관한 다양하고 실질적인 도움을 제공할 수 없는 등 문제를 안고 있었다. 둘째, 청소년의 신체적·정신적 성숙과 사회진출 시기가 앞당겨지는데도 불구하고 만 20세로 성년과 미성년을 구별하는 것은 시대에 맞지 않는다.

2-2. 개정내용

기존 금치산·한정치산 제도를, 판단능력이 불완전한 장애인과 노인을 위해 재산의 관리, 사회복지의 수혜, 기타 사회생활에 필요한 사무를 처리할 수 있는 성년후견제도가 도입됐다. 그동안 민법에서 금치산·한정치산으로 재산권에 관련된 문제에 머물렀으나 지적장애,

치매 등의 경우 자기결정권을 존중하는 민법 개정으로 제도화되면서 복지적 문제로 인식되기 시작했다. 성년 연령은 만 20세에서 만 19세로 낮아진다. 따라서 만 19세도 부모의 동의 없이 결혼할 수 있게 됐고 신용카드를 개설하거나 보험·근로계약도 체결할 수 있다.

금치산제는 '성년 후견인제'로 대체된다. 정신적 장애 등으로 정상적인 판단 능력을 잃은 사람을 뜻하는 금치산자는 현행법상 후견인 없이는 어떤 법률 행위도 할 수 없는데, 이들도 상점에서 물품을 사는 등의 간단한 행위는 혼자 할 수 있도록 하자는 것이다.

한정치산제도는 당사자가 누릴 수 있는 독자적 행위 권한을 대폭 확대한 '한정후견제'로 대체된다. 새 후견제는 당사자의 온전한 행위능력을 인정하되 금전 차용이나 보증 등 법원이 정한 중요 법률 행위에만 예외적으로 후견인의 동의를 받도록 했다. 후견인 자격도 과거에는 배우자나 직계혈족 1인으로 제한됐지만, 이제는 복수 법인 후견인 선임이 가능해졌다.

성년후견

현재 민법 제9조(한정치산의 선고) 심신이 박약하거나 재산의 낭비로 자기나 가족의 생활을 궁박하게 할 염려가 있는 자에 대하여 법원은 본인, 배우자, 4촌 이내의 친족, 후견인 또는 검사의 청구에 의하여 한정치산을 선고하여야 한다.

개정 민법 제9조(성년후견개시의 심판)
① 가정법원은 질병, 장애, 노령, 그 밖의 사유로 인한 정신적 제약으로 사무를 처리할 능력이 지속적으로 결여된 사람에 대하여 본인, 배우자, 4촌 이내의 친족, 미성년후견인, 미성년후견감독인, 한정후견인, 한정후견감독인, 특정후견인, 특정후견감독인, 검사 또는 지방자치단체의 장의 청구에 의하여 성년후견개시의 심판을 한다.
② 가정법원은 성년후견개시의 심판을 할 때 본인의 의사를 고려하여야 한다.[전문개정 2011.3.7][시행일: 2013. 7. 1.]

한정후견

현행 민법 제12조(금치산의 선고) 심신상실의 상태에 있는 자에 대하여 법원은 제9조에 규정한 자의 청구에 의하여 금치산을 선고하여야 한다.

개정민법 제12조(한정후견개시의 심판)
① 가정법원은 질병, 장애, 노령, 그 밖의 사유로 인한 정신적 제약으로 사무를 처리할 능력이 부족한 사람에 대하여 본인, 배우자, 4촌 이내의 친족, 미성년후견인, 미성년후견감독인, 성년후견인, 성년후견감독인, 특정후견인, 특정후견감독인, 검사 또는 지방자치단체의 장의 청구에 의하여 한정후견개시의 심판을 한다.
② 한정후견개시의 경우에 제9조 2항을 준용한다.[전문개정 2011. 3. 7.][시행일: 2013. 7. 1.]

2-3. 법무부의 기대 의견

현행 민법에 의하면, 배우자와 별거하면서 재산 다툼을 벌이는 정신장애인이 금지산·한정치산 선고를 받으면 본인의 의사와 상관없이 분쟁 상대방인 배우자가 후견인이 되는 모순이 있었지만, 이번 법 개정으로 공정한 후견인 선임이 가능해졌다. 또한 치매 등으로 '후견계약세도'는 고령화와 핵가족화가 심화되는 현실을 고려해 노후를 대비할 보호장치로서 기능을 할 것이다.

태아와 상속

Q. 어머니 A를 모시고 임신한 부인 C(태아는 D라고 한다)와 살고 있던 B가 귀가하던 중 정지신호를 무시하고 교차로를 통과하던 자동차(운전자는 E이지만, 소유는 F회사의 소유이다)에 치어 사망하였다. 사례에서 A와 C에게는 재산이 없음을 전제로 할 때, 이러한 경우의 법률관계는 어떻게 될까?

A. 정지조건설에 의하면, 일단 A와 C가 B의 재산을 공동상속하고(물론 그들 사이에서 상속재산이 분할될 수 있음), D가 출생하면 C와 D가 B의 재산을 공동상속하게 되어, D가 법정대리인 C를 통하여 A의 상속분에 대한 반환청구를 하게 된다. 하지만, D가 사산되었다면 A와 C의 공동상속이 확정된다.
해제조건설에 따르면, 일단 C와 D가 B의 재산을 공동상속하고, D가 출생하면 그대로 확정되지만, D가 사산되었다면 A가 D의 법정대리인이었던 C를 상대로 D의 상속분에 대한 반환청구를 하게 된다.

제3절 권리의 객체

1. 의의

권리의 객체란 권리의 대상이 되는 법률상의 이익을 말한다. 그 객체는 권리의 종류에 따라 상이하다. 즉 물권에 있어서는 물건, 채권에 있어서는 특정인의 행위급부, 권리상 권리에 있어서는 그 권리, 형성권에 있어서는 법률관계, 무체재산권에 있어서는 정신적 산물, 인권적에 있어서는 권리의 주체자 자신, 친족권에 있어서는 친족법상의 지위, 상속권에 있어서는 상속재산 등이 각각 권리의 객체가 된다. 민법상 권리의 객체에 대하여는 물건에 관해서만 규정을 두고 있다.

2. 물건

2-1. 물건의 의의

물건物件이란 민법상 물권의 객체가 되는 유체물 및 전기 기타 관리할 수 있는 자연력을 말한다민법 제98조. 무체물은 형체가 없는 것을 말하며, 전기·열·빛·향기 등이 그 예이다. 물건은 사람의 관리 곧 지배를 통한 사용·수익·처분이 가능한 것이어야 한다. 따라서 관리가 불가능한 것은 물건이 아니다. 해·달·전파 등이 그 예이다.

2-2. 물건의 종류

물건은 특정물·불특정물, 불대체물·대체물, 단일물·합성물·집합물 등으로 분류된다. 단일물은 하나의 물건이다. 대법원은 임야 내에 자연석을 조각하여 제작한 석불,[115] 필지의 토지, 명인방법을 갖춘 미분리 천연과실이나 수목의 집단 등은 단일물이다. 하지만 법률상의 개념으로서는 동산과 부동산, 주물과 종물, 원물과 과실로 분류된다.

115) 대법원 1970. 9. 22. 선고 70다1494 판결.

(1) 동산과 부동산

① 부동산과 동산의 개념 및 특징

부동산이란 토지 및 그 정착물을 말하고, 동산은 부동산이외의 물건을 말한다민법 제99조. 따라서 지상물일지라도 토지에 정착되지 않은 것은 동산이며, 전기 기타 관리할 수 있는 자연력은 모두 동산이다.

토지의 정착물로서 건물은 언제나 토지로부터 독립된 별개의 부동산이 된다. 수목樹木은 입목에 관한 법률에 따라 등기되었거나 관습법상의 명인방법明認方法을 갖춘 때에 토지로부터 독립된 별개의 부동산이 된다. 미분리의 과실果實은 관습법상의 명인방법을 갖춘 때에 토지로부터 독립된 별개의 부동산으로 취급된다. 농작물은 타인의 토지에 경작한 때는 정당한 권원權原의 존부를 불문하고 토지로부터 독립된 별개의 부동산으로 된다. 기타 돌담, 교량, 도로의 포장 등은 토지로부터 독립된 별개의 물건으로 취급되지 않는다.

② 부동산 등기부

부동산등기부는 부동산에 관한 권리관계 및 현황이 등기부에 기재되어 있는 공적장부이다. 즉, 대상 부동산의 지번, 지목, 구조, 면적 등의 현황과 소유권, 저당권, 전세권, 가압류 등의 권리설정 여부를 알 수 있다. 부동산등기부에는 토지등기부와 건물등기부가 있으며, 표제부·갑구·을구로 구성되어 있다. 표제부에는 부동산의 소재지와 그 현황이 나와 있고, 갑구에는 소유권 및 소유권 관련 권리관계(예: 가등기, 가처분, 예고등기, 가압류, 압류, 경매 등)를, 을구에는 소유권 이외의 권리관계(예: 저당권, 전세권, 지역권, 지상권 등)를 표시한다. 을구는 해당사항이 없는 경우도 많다.

(2) 주물과 종물

주물主物은 물건의 소유자가 그 물건의 상용에 제공하기 위하여 자기소유인 다른 물건을 이에 부속시킨 때 그 기본이 되는 물건을 말한다. 종물從物은 그 부속시킨 물건이다. 배와 노, 자물쇠와 열쇠, 시계와 시계줄, 주택과 딴 채로 된 광에서, 배·자물쇠·시계·주택은 주물이고, 노·열쇠·시계줄·광은 종물이다.

종물의 요건은, ①주물의 상용에 제공될 것사회통념상 계속해서 주물의 경제적 효용을 다하게 하는 작용을 하는 물건일 것, ②어떤 주물에 부속되어 있다고 인정될 만큼 장소적으로 밀접한 위치에 있을 것, ③독립된 물건일 것독립성이 없는 주물의 구성부분은 주물의 일부분이고, 종물이 아니다, ④주물과 종물이 모두 동일한 소유자에 속할 것 등이다민법 제100조 1항. 종물의 효과는, 주물의 처분에 따른다제100조 2항. 예컨대 주물을 매매하면 특별한 의사표시가 없는 한 종물은 주물에 포함된다. 주물에 저당권을 설정하면 그 효력은 종물에 미친다. 이는 종물을 주물의 법률적 운명에 따르도록 하여, 물건의 경제상 효용을 유지하려는 데에 취지가 있다.

(3) 원물과 과실

물건으로부터 발생하는 수익물을 과실이라 하고, 그 수익을 낳게 하는 물건을 원물이라고 한다. 과실에는 천연과실과 법정과실이 있다. 물건의 용법에 의하여 수취하는 산출물은 천연과실이고,[116] 물건의 사용대가로 받는 금전 기타의 물건은 법정과실[117]이다민법 제101조. 천연과실은 그 원물로부터 분리하는 때에 이를 수취할 권리자에게 속하고, 법정과실은 수취할 권리의 존속기간일수의 비율로 취득한다민법 제102조.

제4절 법률행위

1. 법률행위의 의의

법률행위란 일정한 법률효과의 발생을 목적으로 하는 의사표시를 불가결의 요소로 하는 법률요건이다. 법률행위에는 하나 이상의 의사표시가 반드시 포함되어 있으며, 따라서 의사표시의 결함은 그대로 법률행위에 영향을 미친다. 여기서 의사표시는 성립의 심리적 과정에 따라 효과의사·표시의사·표시행위의 세 단계로 분류된다.

그러나 법률행위는 의사표시만으로 이루어지는 것은 아니며 의사표시 이외의 다른 법률

116) 배나무와 배, 소와 송아지, 젖소와 우유 등.

117) 원본과 이자, 건물과 집세, 토지와 지대 등.

사실을 요소로 하기도 한다. 물건物件의 인도引渡, 증서證書의 작성 등이 그 예이다.

2. 법률행위의 성립요건

2-1. 일반성립요건

법률행위가 성립하기 위하여는 당사자當事者, 목적, 의사표시가 있어야 한다.

2-2. 일반효력요건

법률행위가 효력을 갖기 위해서는, 당사자가 능력을 갖고, 목적이 확정되고 가능하며 적법하고 사회적 타당성이 있으며확정성, 가능성, 적법성, 사회적 타당성, 민법 제103조, 제104조, 제105조, 의사표시에 있어서 의사와 표시가 일치하고 하자瑕疵가 없어야 한다.

2-3. 특별성립요건 또는 특별효력요건

개별적인 법률의 규정에 의하여 정하여지는 것을 말한다. 예컨대, 대리권의 존재 등이다. 법률행위가 성립요건을 결여하면 부존재不存在의 하자가 되며, 효력요건을 결여하면 무효 또는 취소의 하자가 된다.

3. 비진의 의사표시

의사표시를 하는 자가 자신이 진의가 아닌 것을 알고 한 의사표시를 말한다. 즉 내심內心의 의사와 표시가 일치하지 않는 것을 자각하면서 한 의사표시이다. 심리유보心裡留保·단독허위표시單獨虛僞表示라고도 한다. 진의 아닌 의사표시는 원칙적으로 표시한 대로의 법률효과가 생긴다제107조 1항 본문. 그와 같은 표의자를 보호할 필요가 없기 때문이다. 그러나 농담을 한 때처럼 상대방이 표의자의 진의가 아님을 알았거나 알 수 있었을 경우에는 무효가 된다민법 제107조 1항 단서. 다만 이 무효는 선의善意의 제3자에 대하여는 대항할 수 없다민법 제107조 2항. 진의 아닌 의사표시에 관한 규정은 신분상의 법률행위에는 적용되지 않는다. 신분행위는 본인의 의사를 절대적으로 존중할 필요가 있기 때문이다. 또 상법은 거래안전의 필요상 진의 아닌 의사표시를 유효로 보는 경우가 있다상법 제302조 3항, 제425조.

4. 허위표시

의사표시를 하는 자가 상대방과 통정하여 행한 진의 아닌 의사표시를 말한다. 통정허위표시 또는 가장행위假裝行爲라고도 한다. 허위표시는 당사자 간에는 아무런 효력도 발생하지 않으나무효, 선의善意의 제3자에게는 대항하지 못한다민법 제108조.

5. 착오

주관적 인식과 객관적 사실이 일치하지 않는 의사표시를 말한다. 의사표시를 한 자가 자기 내심內心의 의사와 표시가 어긋나는 것을 표의자表意者 자신이 모르는 것을 말한다. 예를 들면 1000만 원이라고 기재할 것을 잊고 1000원으로 쓴다든가표시상의 착오, m와 yd가 같은 길이인 줄 알고 10m의 길이를 의식하면서 10yd라 표시한다거나내용의 착오, 수태受胎한 양마良馬로 오해하여 둔마鈍馬를 샀을 경우동기의 착오 등이다. 의사표시는 법률행위의 내용의 중요 부분에 착오가 있는 때에는 취소할 수 있다. 그러나 그 착오가 표의자의 중대한 과실로 인한 때에는 취소하지 못한다제109조 1항. 또한 착오로 인한 의사표시의 취소는 선의善意의 제3자에게 대항하지 못한다민법 제109조 2항. 그것은 거래의 안전을 기하기 위해서이다. 착오의 적용범위는 재산행위에 한하고 신분행위에는 적용되지 않는다. 그러나 재산행위 중에서도 행위의 외형을 신뢰하여 대량·신속하게 이루어지는 상법상의 거래에서는 착오의 법리法理가 배제되는 일이 있다상법 제320조, 제427조 등.

6. 하자 있는 의사표시

의사와 표시와의 불일치는 없지만, 그 의사결정이 자유롭게 이루어지지 않은 채 한 의사표시를 말한다. 사기詐欺에 의한 의사표시와 강박强迫에 의한 의사표시이다.

6-1. 사기

사람을 기망欺罔하여 착오에 빠지게 하는 행위이다. 사기에 의한 의사표시라고 하려면 ①사기자가 상대방을 착오에 빠뜨리려는 고의와, 그 착오로 의사표시를 시키려는 고의, ②기망欺罔행위, 즉 속이는 행위, ③상대방이 착오에 빠질 것이 착오는 법률행위의 중요 부분에 관한 것이 아니더라도 상관없다, ④그 착오로 인하여 의사표시를 할 것착오와 의사표시 사이에 인과관계가 있을 것, ⑤사기가 위법違法일 것, 즉 신의성실의 원칙에 반하는 것 등을 필요로 한다.

6-2. 강박

위법하게 해악害惡을 표시하여 외포畏怖, 무서움를 일으키게 하는 행위이다. 강박에 의한 의사표시가 되려면, ①강박자가 상대방에게 외포를 일으키려는 고의와, 이 외포로 의사표시를 하게 하려는 고의, ②강박행위, 즉 무서움을 일으키게 하는 행위, ③상대방이 외포를 일으켰을 것, ④외포로 인하여 의사표시를 하였을 것, ⑤강박이 위법일 것을 필요로 한다.

6-3. 사기 또는 강박에 의한 의사표시의 효과

그 의사표시를 취소할 수 있다제110조 1항. 그러나 상대방이 사기 또는 강박을 한 것이 아니라 제3자가 사기 또는 강박을 한 경우에는, 상대방이 그러한 사실을 알았거나 알 수 있었을 경우에 한하여 취소할 수 있다민법 제110조 2항. 그리고 이 취소도 선의의 제3자에게는 대항하지 못한다민법 제110조 3항.

제5절 대리代理, agency

1. 대리의 의의

대리인이 본인에 갈음하여 의사표시를 하거나 의사표시를 수령함으로써 본인에게 직접 그 법률효과를 귀속발생시키는 것을 말한다. 대리의 효력이 발생하려면 대리인이 대리권을 가지고 그 권한의 범위 내에서 대리행위를 하여야 한다.

2. 대리의 종류

2-1. 임의대리와 법정대리

임의대리任意代理는 본인의 의사에 기한 경우의 대리를 말한다. 대리권이 법률행위에 의하여 수여되는 경우이다. 임의대리권의 범위는 수권행위에 의하여 정하여진다. 사적자치의 확장이 특징이다.

법정대리法定代理는 본인의 신임에 기하지 않고 생기는 대리를 말한다. 의사능력이 없는 자, 불완전한 자를 대신하여 행위를 하든가 관리자 부재의 경우에 부재자에 대신하여 행위를 하기 위해 설정된 제도이다. 사적자치의 보충을 특징으로 한다. 법정대리의 예로는, ①미성년자의 친권자민법 제911조, 제916조, 제920조 ②지정 후견인민법 제931조, ③부재자의 재산 관리인민법 제22조, 제23조, 상속재산의 관리인민법 제1023조 등이다.

2-2. 능동대리와 수동대리

능동대리는 그 대리행위가 제3자에 대한 의사표시를 내용으로 하는 대리이다. 대리인이 적극적으로 상대방에게 의사표시를 하는 경우이다. 민법은 원칙적으로 능동대리를 기준으로 한다. 수동대리는 제3자의 의사표시를 수령하는 것을 그 대리행위의 내용으로 하는 대리이다. 능동대리의 규정을 수동대리에 준용한다민법 제114조 2항.

2-3. 유권대리와 무권대리

(1) 유권대리

유권대리란 대리인으로서 대리행위를 하는 자가 유효한 대리권을 가진 정상적인 대리를 말한다. 유권대리는 무권대리와 대비하여 대리를 부를 때 사용하는 말이다.

(2) 무권대리

대리행위의 다른 요건은 모두 갖추었으나 대리행위자에게 그 행위에 관한 대리권이 없는 경우를 말한다. 무권대리는 대리권이 없기 때문에 법률효과가 본인에게 귀속할 수 없지만, 상대방은 예상치 못한 손해를 입을 염려가 있고 거래의 안전을 해하게 된다. 그러므로 무권대리에 대하여는 본인과 상대방의 이익 및 대리제도의 신용과 거래의 안전을 모두 고려하여 그 효과를 결정하고 그에 따라 필요한 규율을 강구한다.

무권대리는 본인에게 대리인의 무권대리행위에 대한 책임을 물을 만한 사정이 없는 경우와 그러한 사정이 있는 경우의 둘로 나누어진다. 전자는 무권대리의 원칙적 경우로서 좁은 의미의 무권대리라고 하며, 무권대리행위에 대하여 상대방이 본인에게 책임을 물을 수 없게 한다. 후자는 무권대리의 예외적 경우로서 표현대리라고 하며, 무권대리행위에 대하여 상대방이 본인에게 책임을 물을 수 있게 한다.

① 협의의 무권대리

보통 무권대리라고 할 때에는 표현대리가 성립되지 않는 좁은 의미의 무권대리를 말한다. 다시 계약의 경우와 단독행위의 경우로 나누어진다. 계약의 경우 본인과 상대방 사이에서는, 상대방은 본인에 대하여 무권대리행위에 대한 효과와 그에 따른 책임을 주장할 수 없다민법 제130조. 다만 본인은 추인追認에 의하여 무권대리행위를 유효인 것으로 할 수 있고, 추인거절에 의하여 무권대리행위를 무효인 것으로 할 수도 있으며민법 제130조, 상대방은 본인에 대하여 추인여부의 확답을 최고催告할 수 있고민법 제131조, 무권대리인과 체결한 계약을 철회할 수 있다민법 제134조. 상대방과 무권대리인 사이에서는, 상대방은 행위능력자인 무권대리인에 대하여 계약의 이행 또는 손해배상을 청구할 수 있다민법 제135조. 본인과 무권대리인 사이에서는, 무권대리행위를 본인이 추인하면 사무관리가 되며, 무권대리행위로 본인의 이익이 침해되면 불법행위가 성립하고, 무권대리인이 부당하게 이득을 얻으면 부당이득이 성립한다. 단독행위의 경우 상대방 없는 단독행위는 언제나 무효이며, 본인의 추인도 인정되지 않는다. 상대방 있는 단독행위도 원칙적으로 무효이지만 예외적으로 계약의 경우와 같게 취급되는 때가 있다민법 제136조.

② 표현대리表見代理

무권대리인과 본인과의 사이에 대리관계의 존재를 추단推斷케 하는 일정한 사정이 있는 경우에 본인에게 책임을 지워 상대방을 보호하고자 하는 것이다. 무권대리인과 본인 사이에 특별히 긴밀한 관계가 있어서, 즉 진정한 대리인으로 믿을 만한 사정이 있어서 정당한 대리권을 가지고 대리행위를 한 경우와 마찬가지로 그 법률효과를 본인에게 귀속시키는 경우이다. 표현대리로서 민법은 3가지 경우를 인정한다.

㉠본인이 어떤 사람에게 대리권을 수여했다고 말했으나 사실은 아직 수여하지 아니한 경우제125조 대리권수여의 표시에 의한 표현대리, ㉡대리권이 있기는 있으나 그 대리권의 범위를 넘어서 대리행위를 한 경우민법 제126조 권한을 넘은 표현대리, ㉢전에 존재하였던 대리권이 소멸한 후에 대리행위를 한 경우민법 제129조, 대리권소멸 후의 표현대리.

제6절 무효, 취소, 추인

1. 무효

당사자가 무효로 한 법률행위의 효력은 처음부터 전혀 발생하지 않으며, 특정인의 주장을 필요로 하지 않고, 시간의 경과에 의하여도 효력에 변동이 없다. 법률행위의 무효사유로는 의사무능력, 목적의 불능不能·강행법규 위반·반사회질서·불공정不公正한 법률행위, 통정허위표시, 무권대리, 불법조건 등이 있다. 무효는 절대적 무효인 것이 원칙이지만 상대적 무효인 경우도 있다. 진의眞意 아닌 의사표시의 예외적 경우민법 제107조, 통정허위표시민법 제108

조 등이 그 예이다. 당연무효當然無效가 대부분이지만 재판상 무효가 있다. 회사설립의 무효상법 제184조, 회사합병의 무효민법 제236조 등이 그 예이다. 일부무효의 경우에는 원칙적으로 법률행위 전부를 무효로 하고 예외적으로 무효부분이 없더라도 법률행위를 하였을 것이라고 인정될 때에는 나머지 부분은 유효로 한다민법 제137조. 무효가 불확정적인 경우를 유동적 무효라고 한다. 무권대리행위, 허가지역 내에서의 무허가토지거래행위 등이 그 예이다. 무효행위의 전환민법 제138조과 추인민법 제139조이 인정된다.

2. 취소

취소란 일단 유효하게 성립한 법률행위의 효력을 일정한 이유에서 후에 행위시로 소급하여 소멸케 하는 특정인취소권자의 의사표시를 말한다. 취소권자는 취소할 수 있는 법률행위는 무능력자, 하자있는 의사표시를 한 자, 그 대리인 또는 승계인이다민법 제140조. 그러나 2011년 3월 7일 개정2013. 7. 1 시행된 민법에 의하면 취소할 수 있는 법률행위는 제한능력자, 착오로 인하거나 사기·강박에 의하여 의사표시를 한 자, 그의 대리인 또는 승계인만이 취소할 수 있다.

취소는 법률행위를 취소한다는 의사를 표시하면 되며단독행위, 그밖에 아무런 형식도 필요로 하지 않는 것이 원칙이다. 다만 상대방이 확정되어 있으면 상대방에 대한 의사표시로써 하여야 한다민법 제142조. 취소의 효과는 그 행위가 처음부터 무효였던 것으로 취급된다민법 제141조. 그러나 혼인·입양의 취소민법 제824조, 제897조 등의 소급효는 제한된다.

민법상 추인은 요건을 갖추지 않은 불완전한 법률행위를 사후에 보충하여 요건을 갖춤으로써 확정적으로 유효하게 만드는 일방적 의사표시이다. 여기에는 다음의 3가지가 있다. 첫째, 취소할 수 있는 행위의 추인제143조은 취소할 수 있는 행위에 의하여 발생한 불확정한 효력을 취소할 수 없는 것으로 확정하는 단독행위이다. 그 본질은 취소권의 포기이며, 따라서 추인할 수 있는 자는 취소권자이다. 또한 취소할 수 있는 행위에 관하여 '전부나 일부의 이행' 등 일정한 사유가 발생한 때에는 추인한 것으로 보며법정추인, 민법 제145조, 추인에는 소급효과가 있어서 처음부터 유효한 것으로 된다.

둘째, 무권대리행위의 추인민법 제130조, 133조은 대리권 없이 행한 행위에 관하여 대리권이 있어서 행해진 것과 똑같은 효력을 발생시킬 목적으로 하는 단독행위이다. 첫 번째 경우와는 달리 무효인 행위를 유효하게 하는 성질을 지닌다. 이 추인에도 소급효과가 있다.

셋째, 무효행위의 추인민법 제139조으로, 무효행위는 추인에 의하여 유효한 것으로 할 수 없지만 무효의 원인이 없어진 뒤에 당사자가 그 법률행위가 무효임을 알고 이를 추인한 경우에 편의상 이를 새로운 행위를 한 것으로 본다. 곧 이 추인은 무효행위를 사후에 유효하게 하는 것이 아니며, 외형적으로 추인의 형태를 취하는 새로운 행위이다. 따라서 새로 행위하는 것과 동일한 요건을 갖추어야 하고, 요식행위일 때에는 다시 요식을 갖추어야 한다. 이 추인에는 소급효과가 인정되지 않는다.

민사소송법상 법정대리권·소송대리권·소송능력의 흠결이 있는 소송행위는 무효이지만, 능력을 취득한 본인이나 적법한 수권을 받은 대리인이 소송 중에 추인하면 행위 시에 소급하여 효력이 생긴다민법 제56조, 제88조, 제394조. 이처럼 추인에 의하여 유효하게 될 여지가 있으므로 법원은 지연으로 말미암아 손해가 생길 염려가 있는 때에는 후일의 추인을 조건으로 하여 소송행위를 하게 할 수 있다민법 제55조, 제88조.

3. 추인

민법상 추인은 요건을 갖추지 않은 불완전한 법률행위를 사후에 보충하여 요건을 갖춤으로써 확정적으로 유효하게 만드는 일방적 의사표시이다. 사전적으로는 일반적으로 어떤 행위가 있은 뒤에 그 행위에 동의하는 것을 말한다. 추인은 취소의 원인이 소멸된 후에 하여야만 효력이 있고, 법정대리인 또는 후견인이 추인하는 경우에는 적용하지 아니한다.

3-1. 취소할 수 있는 법률행위의 추인민법 제143조

취소할 수 있는 행위에 의하여 발생한 불확정한 효력을 취소할 수 없는 것으로 확정하는 단독행위이다. 그 본질은 취소권의 포기이며, 추인할 수 있는 자는 취소권자이다. 또한 취소할 수 있는 행위에 관하여 이행 등 일정한 사유가 발생한 때에는 추인한 것으로 보며법정추인, 제145조, 추인에는 소급효과가 있어서 처음부터 유효한 것으로 된다.

3-2. 무권대리 행위의 추인민법 제130 · 133조

이것은 대리권 없이 행한 행위에 관하여 대리권이 있어서 행해진 것과 똑같은 효력을 발생시킬 목적으로 하는 단독행위이다. 취소할 수 있는 행위의 추인과는 달리 무효인 행위를 유효하게 하는 성질을 지닌다. 이 추인에도 소급효과가 있다.

3-3. 무효행위의 추인민법 제139조

무효행위는 추인에 의하여 유효한 것으로 할 수 없다. 하지만 무효의 원인이 없어진 뒤에 당사자가 그 법률행위가 무효임을 알고 이를 추인한 경우에는 새로운 행위로 본다. 무효행위의 추인은 무효행위를 사후에 유효하게 하는 것이 아니며, 외형적으로 추인의 형태를 취하는 새로운 행위이다. 따라서 새로 행위를 하는 것과 동일한 요건을 갖추어야 하고, 요식행위일 때에는 다시 요식을 갖추어야 한다. 이 추인에는 소급효과가 인정되지 않는다.

3-4. 법정추인민법 제145조

법정추인이란 취소할 수 있는 법률행위에 관하여 추인할 수 있는 후에 법률에 정한 일정한 사실이 발생하면 법률상 당연히 추인한 것으로 간주하는 것을 말한다. 법정추인의 사유로는, 전부나 일부의 이행, 이행의 청구, 경개, 담보의 제공, 취소할 수 있는 행위로 취득한 권리의 전부나 일부의 양도, 강제집행이 있다.

제7절 부관

1. 의의

법률행위로부터 일반적으로 발생할 효과를 제한하기 위하여 의사표시 하는 데 있어서 표의자가 특히 부가한 제한을 말한다. 부관附款은 법률행위의 내용을 이루는 것으로서 부속적 지위에 있으나, 별개의 의사표시는 아니다. 부관에는 민법상 법률행위에 붙이는 경우와 행정행위에 붙이는 경우 2가지가 있다. 법률행위에 조건을 붙이는 것은 자유이지만 혼인·입양·어음행위어음법 제12조 1항와 같이 확실한 효과를 발생시킬 필요가 있는 행위에는 조건을 붙일 수 없다. 또한 해제라든가 취소와 같은 단독행위에 조건을 붙이는 것은 상대방에게 불리하게 되므로 조건을 붙일 수 없다. 조건부법률행위의 효력이 발생하거나 소멸하는 것은 조건이 성취한 때부터이다. 그러한 조건의 성취에 의하여 불이익을 받는 당사자가 고의로 그 조건의 성취를 방해하였을 경우에는 상대방은 그 조건이 성취된 것으로 주장할 수 있다민법 제150조 1항. 반대로 조건의 성취에 의하여 이익을 받을 자가 고의로 신의성실의 원칙에 반하여 조건을 성취하였을 때에는 상대방은 조건불성취를 주장할 수 있다민법 제150조 2항.

2. 조건

법률행위의 효력의 발생이나 소멸을 장래의 불확실한 사실의 성부에 걸리게 하는 경우에 이 사실을 조건이라고 한다. 조건은 그 성부가 불확실한 점에서 기한과 동일한 법률행위의 부관이기는 하지만 장래에 반드시 도달하는 기한과 다르다.

2-1. 정지조건

법률행위의 효력이 처음에는 발생하지 않고 있다가 조건이 성취되면 비로소 효력을 발생하게 하는 부관을 말한다. 예컨대, '시험에 합격하면 자동차를 사주겠다.'라는 경우를 말한다.

2-2. 해제조건

법률행위의 효력이 즉시 발생하지만 조건의 성취가 안 되면 그 효력을 소멸하게 하는 부관을 말한다. 예컨대, 매달 일정한 금액을 지원하고, 만약 '불합격하면' 중단하는 것을 말한다.

3. 기한

법률행위의 효력의 발생·소멸 또는 채무의 이행을 장래에 발생하는 것이 확실한 사실에 의존하게 하는 법률행위의 부관附款을 말한다.

3-1. 시기始期

시기는 기한의 도래로 법률행위의 효력이 발생하는 기한이다. '오는 1월 1일부터' 등이 그 예이다.

3-2. 종기終期

종기는 기한의 도래로 법률행위의 효력이 소멸하는 기한이다. '오는 4월 말일까지' 등이 그 예이다.

(1) 확정기한

확정기한은 도래시기가 확정된 기한이다. '단오端午가 되면' 등이 그 예이다.

(2) 불확정기한

불확정기한은 도래시기가 확정되지 않은 기한이다. '첫 서리가 내릴 때' 등이 그 예이다.

(3) 기한부법률행위

기한도래 전에는 일종의 기대권期待權이 발생한다. 그리하여 기한이 있는 법률행위의 당사자는 상대편의 기한의 이익을 해하지 못한다민법 제148조, 제154조. 또한 기한이 도래하지 않은 권리·의무는 일반규정에 의해 처분, 상속, 보존 또는 담보로 할 수 있다민법 제149조, 제154조. 기한도래 후에는 시기부법률행위는 효력이 발생하며, 종기부법률행위는 효력이 소멸한다민법 제152조. 기한도래의 효력은 소급효가 없으며, 당사자의 약정으로도 소급효를 인정할 수 없다.

(4) 기한의 이익

당사자가 기한이 아직 도래하지 않음으로써 갖는 이익을 말한다. 기한의 이익은 채무자가 갖는 경우, 채권자가 갖는 경우, 쌍방이 갖는 경우 등이 있다. 하지만 다른 사정이 없는 한 기한의 이익은 채무자를 위한 것으로 추정한다민법 제153조. 기한의 이익을 갖는 자는 그 이익을 포기할 수 있으나 상대편의 이익을 해하지 못하며민법 제153조, 그로 인하여 상대편이 손해를 입은 때에는 그 손해를 배상하여야 한다. 기한의 이익은 채무자에 의한 담보의 감소·손상·멸실, 채무자의 담보제공의무의 불이행민법 제388조, 채무자의 파산파산법 제16조 등에 의해 박탈된다.

제8절 기간

기간이란 어느 시점에서 다른 시점까지의 시간을 말한다. 기간의 계산은 법령, 재판상의 처분, 법률행위에 다른 정한 바가 없으면 민법 제6장에 따른다. 즉 기간을 시, 분, 초로 정한 때에는 즉시로부터 기산한다. 기간을 일, 주, 월 또는 연으로 정한 때에는 기간의 초일은 산입하지 아니한다. 그러나 그 기간이 오전영시로부터 시작하는 때에는 그러하지 아니하다. 연령계산에는 출생일을 산입한다. 기간을 일, 주, 월 또는 연으로 정한 때에는 기간말일의 종료로 기간이 만료한다. 월 또는 연으로 정한 경우에 최종의 월에 해당일이 없는 때에는 그 월의 말일로 기간이 만료한다. 기간의 말일이 토요일 또는 공휴일에 해당한 때에는 기간은 그 익일로 만료한다.

제9절 소멸시효

1. 시효

시효란 일정한 사실상태가 법률이 정한 기간 동안 계속된 경우, 그 사실상의 상태가 진실된 법률관계와 일치하는지에 관계없이 그대로 존중하고 그에 적합한 법률효과를 발생시키는 제도이다.

1-1. 취득시효取得時效

오랫동안 타인의 물건을 점유하는 사람에게 그 물건에 관한 권리를 부여하는 시효제도이다. 취득시효에 의해 취득될 수 있는 권리는 소유권 및 기타 재산권이다. 그러나 신분관계를 전제로 하는 권리나 점유를 수반하지 않는 권리 등은 취득시효의 대상이 되지 않는다.

소유권을 시효에 의해 취득하기 위해서는 부동산의 경우 20년간 소유의 의사로 평온·공연하게 점유한 자가 등기를 해야 하며, 이미 그 소유자로 등기되어 있는 자는 10년간 소유의 의사로 평온·공연하며 선의·무과실로 그 부동산을 점유해야 한다민법 제245조. 점유자는 일단 소유의 의사를 가지고 선의로 평온·공연하게 점유한 것으로 추정되나, 무과실은 추정되지 않는다민법 제197조 1항.

동산의 경우에는 10년간 소유의 의사로 평온·공연하게 타인의 동산을 점유하면 그 소유권을 취득하며, 다만 그 점유가 선의·무과실로 개시된 때는 5년만 점유하여도 소유권이 취득된다제246조. 동산의 취득시효는 동산소유권의 선의취득과 유사하다. 따라서 취득시효 기간은 부동산물권인 경우에는 등기의 여부에 따라 10년 또는 20년이며, 동산의 경우 선의·무과실의 여부에 따라 5년 또는 10년이다.

1-2. 소멸시효消滅時效

(1) 의의

권리자가 권리를 행사할 수 있음에도 불구하고 권리를 행사하지 않는 사실상태가 일정기간 계속된 경우에 그 권리의 소멸을 인정하는 제도이다. 즉 오랜 기간 자기의 권리를 주장하지 아니한 자로서, 권리 위에 잠자는 자는 보호받지 못한다는 법언의 한 형태이다. 사회질서의 안정, 입증곤란의 구제, 권리행사의 태만에 대한 제재 등을 특징으로 한다.

(2) 소멸시효 기간

소멸시효에 걸리는 권리는 채권債權과 소유권所有權 이외의 재산권財產權이다민법 제162조. 소유권, 점유권占有權, 담보물권, 비재산권非財產權, 상린권相隣權, 형성권形成權 등은 소멸시효에 걸리지 않는다. 소멸시효는 권리를 행사할 수 있는 때로부터 진행한다민법 제166조. 소멸시효 기간은 일반채권과 판결判決 등에 의하여 확정된 채권은 10년민법 제162조, 제165조이고, 상사채권商事債權과 공법상의 채권은 5년상법 제64조이며, 단기소멸시효 기간의 규정이 있고민법 제163조, 제164조, 기타 재산권은 20년이다민법 제162조. 특별한 규정이 있으면 그에 의한다.

한편 민법은 제163조에서 3년의 단기소멸시효와 민법 제164조에서 1년의 단기소멸제도를 규정하고 있다.

3년의 단기소멸 사유

1. 이자, 부양료, 급료, 사용료 기타 1년 이내의 기간으로 정한 금전 또는 물건의 지급을 목적으로 한 채권
2. 의사, 조산사, 간호사 및 약사의 치료, 근로 및 조제에 관한 채권
3. 도급받은 자, 기사 기타 공사의 설계 또는 감독에 종사하는 자의 공사에 관한 채권
4. 변호사, 변리사, 공증인, 공인회계사 및 법무사에 대한 직무상 보관한 서류의 반환을 청구하는 채권
5. 변호사, 변리사, 공증인, 공인회계사 및 법무사의 직무에 관한 채권
6. 생산자 및 상인이 판매한 생산물 및 상품의 대가
7. 수공업자 및 제조자의 업무에 관한 채권

1년의 단기소멸 사유

1. 여관, 음식점, 대석, 오락장의 숙박료, 음식료, 대석료, 입장료, 소비물의 대가 및 체당금의 채권
2. 의복, 침구, 장구 기타 동산의 사용료의 채권
3. 노역인, 연예인의 임금 및 그에 공급한 물건의 대금채권
4. 학생 및 수업자의 교육, 의식 및 유숙에 관한 교주, 숙주, 교사의 채권

(3) 소멸시효의 중단과 정지

① 소멸시효의 중단

시효기간 중에 새로운 사실이 발생하면 이미 진행한 시효기간을 무효로 하는 것을 말한다. 소멸시효의 중단은 청구, 압류押留·가압류假押留·가처분假處分, 승인承認 등을 그 사유로 한다제168조. 소멸시효가 중단되면 경과한 기간은 무효가 되며 소멸시효는 다시 요건을 갖춘 때부터 새롭게 진행한다제178조. 소멸시효의 중단의 효력은 당사자 및 승계인承繼人에게만 미친다민법 제169조.

② 소멸시효 정지

무능력자민법 제179조, 제180조, 혼인의 종료민법 제180조, 상속재산민법 제181조, 천재·사변민법 제182조 등을 그 사유로 한다. 소멸시효가 정지되면 경과한 기간은 유효하고, 소멸시효는 정지기간 동안 진행이 멈추었다가 나머지 기간을 진행하게 된다.

③ 소멸시효 완성의 효과

소멸시효의 효과에 대하여는 절대적 소멸설이 지배적이며, 판례의 태도이다. 소에서는 원용하여야 한다. 소멸시효 완성의 효과는 기산일起算日에 소급하며민법 제167조, 주된 권리의 소멸시효는 종된 권리에도 효력이 미친다민법 제183조. 채권자는 소멸시효에 의하여 소멸하는 채권이 소멸시효의 완성 전에 상계相計할 수 있었던 것이면 상계할 수 있다민법 제495조, 소멸시효 완성의 이익은 소멸시효 완성 후에만 포기할 수 있다민법 제184조. 그 포기는 상대방 있는 단독행위單獨行爲이며, 처분능력處分能力과 권한權限을 필요로 하고, 소급효가 있다.

제5장

물권법

제1절 서설

1. 물권의 의의

물권이란 물건을 지배하여 이익을 얻는 배타적 권리이다. 예컨대, 건물이나 땅, 자동차나 TV, 금은보석 등과 같은 물건을 사람들이 직접 지배하는 관계에 대한 법이다.

2. 물권의 특질

2-1. 직접적 지배

물권자는 다른 사람의 행위와 상관없이 권리를 스스로 직접 실현한다. 반면 채권자는 반드시 다른 사람의 행위가 있어야 자기 권리를 실현할 수 있다. 예를 들면 소유권을 가진 사람은 자기 소유물에 대해 다른 사람의 행위와 상관없이 마음대로 이익을 얻을 수 있지만, 금전채권을 가진 사람은 채무자가 돈을 갚아야 자기 채권으로부터 이익을 얻을 수 있다.

2-2. 배타적 지배

물권자는 그 물건에 대해 다른 사람이 갖는 권리를 배척할 수 있다. 예를 들면 소유권자는 자기 소유물에 대해 다른 사람이 권리를 갖지 못하도록 막을 수 있다. 반면 채권자는 목적물에 대해 다른 사람이 무슨 권리를 갖건 원칙적으로 이를 배척할 수 없다. 예를 들어 집 한 채를 사기로 한 채권자는 상대방이 그 집을 다른 사람에게 팔더라도 이를 배척할 수 없다. 다만 계약위반으로 인한 손해배상을 청구할 수 있을 뿐이다.

2-3. 절대적 보호

물권은 모든 사람의 개입과 침해를 배제함으로써 물건을 지배할 수 있는 권리이다. 반면 채권은 채무자인 특정인에 대해서만 그 권리의 내용을 청구할 수 있는 권리이다. 따라서 물권자는 자기 권리에 대해 누군가가 침해를 하면 그 침해가 고의·과실에 의한 것이건 아니건 간에 바로 그 자에 대해 자기 권리의 목적물을 돌려달라거나 자기 권리에 대한 침해를 더 이상 하지 말 것을 요구할 수 있다민법 제213조, 제214조. 반면 채권자는 그러한 침해에 대해 그 침해한 자가 채무자가 아닌 한 손해배상이나 부당이득반환만을 청구할 수 있을 뿐이다.

3. 물권의 객체

물권의 객체는 물건이다. 즉 원칙적으로는 형체가 있는 물건 및 전기 기타 관리할 수 있는 에너지만이 물권의 객체가 될 수 있다민법 제98조. 다만 채권이나 지상권, 전세권 등의 권리도 예외적으로 물권의 객체가 될 수 있다민법 제345조, 제210조, 제371조.

4. 물권의 종류

4-1. 물권법정주의

(1) 의의

물권의 종류와 내용은 당사자가 마음대로 창설할 수 없다. 오로지 민법이나 그 밖의 법률에서 정하는 것에만 인정된다민법 제185조.

(2) 근거

물권자가 그 물권을 배타적으로 지배하려면 제3자가 그러한 사실을 알고 있어야 한다. 그러기 위해서는 일반인에게 물권의 귀속 여부가 공시되어야 하는데, 물권이 법정되지 않고서는 공시원칙이 관철될 수 없다. 또 사회적으로 힘 있는 자가 힘없는 자를 지배하기 위해, 법에 규정된 것보다 자기에게 유리한 물권을 창설하는 것을 막기 위해서도 물권법정주의는 필요하다.

제2절 소유권

1. 소유권의 의의

소유권은 물건이 갖는 가치를 전면적으로 지배하여 그 소유물을 사용·수익할 뿐 아니라 처분할 수도 있는 권리이다. 점유권은 사실상의 지배에 지나지 않지만 소유권은 법률상으로 지배하는 것을 말한다. 소유권은 완전물권이지만, 권리에 내재하는 사회성으로 인해 법률에 의한 제한을 받을 수 있다민법 제211조.

2. 토지소유권의 상하의 범위

2-1. 의의

토지의 소유권은 정당한 이익이 있는 범위 내에서 토지의 상하에 미친다민법 제212조. 이는 토지를 완전히 이용하기 위해서는 지표뿐만 아니라 지상의 공간건물을 짓는 경우이나 땅 속샘을

파는 경우에도 소유권의 효력을 미치게 할 필요가 있기 때문이다.

2-2. 정당한 이익이 있는 범위

타인의 토지 위로 송전선을 가설하여 지상의 활용을 방해하거나 토지 밑으로 터널을 굴착하여 토지가 붕괴될 우려가 있는 경우에는 원칙적으로 정당한 이익의 범위 내에서 소유권의 침해가 있는 것이라고 판단해야 한다. 그러나 항공기의 상공통과에 의해서는 원칙적으로 정당한 이익이 침해되지 않는다.

2-3. 지하수

자연히 솟아나오는 지하수는 토지소유자가 자유롭게 사용할 수 있다. 그러나 계속해서 솟아나와 타인의 토지에 흘러들어 가는 경우 그 타인은 관습법상 그 물을 사용할 수 있다. 또 인공적으로 솟아나오게 한 지하수는 다른 사람에게 방해가 되지 않는 한도에서만 토지소유자가 사용할 수 있다. 타인의 건축 기타의 공사로 인하여 지하수사용에 장해가 생긴 때 용수권자는 손해배상 내지 원상회복을 청구할 수 있다민법 제236조. 또 여러 이웃이 지하수를 이용하고 있는 경우에 이웃들은 각자 수요의 정도에 따라 다른 이웃에게 방해가 되지 않는 범위 내에서 물을 쓸 수 있다제235조.

3. 상린관계

토지는 서로 연속되어 있기 때문에 서로 인접하는 토지의 각 소유자가 그 토지의 상하로 정당한 이익이 있는 범위에서 그 지배력을 행사한다면 각자의 권리는 불가피하게 충돌하게 된다. 다시 말하면 인접하는 부동산의 소유자가 각자의 소유권을 제한 없이 주장하게 되면 그 이용을 둘러싸고 이해의 충돌이 생기게 된다. 그리하여 민법은 그 이용을 조절하기 위하여 법률로써 그들 사이의 권리관계를 규율하는 규정민법 제216조 이하을 두고 있다.

여기서 규율의 대상이 되는 관계를 '상린관계'라고 하고 이 상린관계로부터 발생하는 권리를 '상린권'이라고 한다. 여기서 상린권은 독립된 물권은 아니고 소유권의 내용에 포함되어 있는 권리이다. 상린관계는 이와 같이 인접한 부동산 상호간의 이용의 조절을 위한 제도이므로 한편에서는 소유권을 제한하는 모습을 띤다. 그러나 다른 한편에서는 타인에게 그 소유권의 제한을 요구할 수도 있으므로 소유권을 확장하는 모습으로 나타나기도 한다.

판례는 상린관계에 관한 민법규정을 임의규정으로 보고 있다. 따라서 위 규정은 당사자 사이에 합의가 이루어지지 않은 경우에만 적용될 뿐이다. 또한 민법의 상린관계에 관한 규정은 소유권 뿐 아니라 지상권과 전세권에도 준용된다민법 제290조, 제319조.

상린관계는 법률에 의하여 발생하고 등기를 요하지 않으며, 반드시 서로 인접하고 있는 토지 사이에서만 발생하고, 최소한의 이용의 조절에 불과하지만, 지역권은 계약에 의하여 발생하고 등기를 요하며, 반드시 서로 인접하고 있는 토지 사이에서만 발생하는 것은 아니고, 최소한의 이용조절을 넘어 탄력적인 이용의 조절을 도모한다.

상린관계의 주요내용으로는, 인지사용청구권, 생활방해의 금지, 수도 등의 시설권, 주위토지통행권, 배수에 관한 권리, 여수급여청구권, 유수에 관한 권리, 경계에 관한 권리 등이 있다.

4. 명의신탁

4-1. 의의

신탁자가 소유권을 보류하여 이를 관리·수익하면서, 공적 장부상의 소유명의는 수탁자 앞으로 해 두는 것을 말한다. 재산의 보존·관리를 위한 법률적 수단이 되지만, 재산의 분산·은닉·탈세 등을 위한 탈법적 수단이 되기도 한다. 신탁자의 내심의 효과의사와 외관에 의하여 추단되는 표시상의 효과의사가 불일치한다는 점에서 허위표시에 해당되지 않는가 하는 문제가 제기되었지만, 판례는 허위표시가 아니라는 태도를 취해 왔다.

4-2. 성립

신탁자가 수탁자에게 재산의 소유명의를 신탁적으로 이전할 것을 내용으로 하는 합의가 이루어지고 등기까지 행해진 때에 성립한다. 합의는 명시적인 경우는 물론 묵시적인 경우에도 인정된다. 명의신탁을 할 수 있는 객체는 공적 장부상에 소유관계가 표시되는 재화에 국한되므로, 토지, 건물, 입목, 자동차, 항공기, 선박, 중기만이 이에 해당된다.

4-3. 대내적 관계

신탁계약에 의하여 수탁자명의로 소유권이전등기가 경료되었다 하더라도 내부적으로는 소유권이 이전되지 않고 신탁자가 여전히 소유권을 보유한다. 따라서 신탁자는 수탁자 명의로 소유권이전등기가 경료된 경우에도 신탁재산을 관리·수익하고 수탁자의 동의 없이 신탁재산을 처분할 수 있으며, 수탁자에 대해서 소유권을 주장할 수 있게 된다.

4-4. 대외적 관계

소유권은 제3자에 대한 관계에 있어서 수탁자에게 이전 · 귀속되어 있으므로 수탁자만이 그 소유권을 행사할 수 있고, 신탁자는 그 소유권을 행사할 수 없다. 따라서 제3자가 신탁재산을 침해한 경우에는 수탁자만이 소유권자로서 그 침해의 배제를 청구할 수 있고, 신탁자는 수탁자를 대위함이 없이는 직접 제3자에게 침해의 배제를 청구할 수 없다. 또한 수탁자가 신탁자의 승낙 없이 신탁재산을 처분했을 경우 수탁자로부터 신탁재산을 취득한 제3자는 선의·악의를 불문하고 소유권을 취득하게 된다.

4-5. 해소

명의신탁계약이 해지된 경우 대내관계에 있어서는 소유권이 신탁자에게 당연히 복귀되지만, 제3자에 대한 관계에 있어서는 수탁자가 여전히 소유권자이므로, 신탁자는 소유권이전등기를 자기 앞으로 마치지 않는 한 제3자에 대하여 소유권을 주장할 수 없게 된다. 또한 명의신탁의 일방당사자가 사망한 경우라 하더라도 신탁관계는 당연히 소멸하지는 않으며, 그 신탁관계는 상속인과의 사이에서 존속한다.

4-6. 부동산실권리자명의등기에 관한 법률

1995년 7월부터 시행된 이 법률에 의해 명의신탁약정은 등기부에 양도담보사실을 표시한 경우를 제외하고는 모두 무효가 된다동법 제4조 1항. 그리고 타인명의로 등기를 한 명의신탁자나 양도담보사실기재의무를 위반한 채권자에 대해서는 부동산가액의 30% 범위 내에서 부동산가액, 의무위반기간, 조세포탈목적 등을 고려해 과징금을 부과한다동법 제5조, 2002년 3월 개정. 하지만 종중이나 종교단체나 향교 내지 서원 및 배우자 간에 타인명의로 등기를 한 경우로 조세포탈, 강제집행면탈 또는 법령상 제한 회피 등 위법을 목적으로 하지 않는 경우에는 그 등기를 유효한 것으로 하고 과징금부과 및 처벌을 하지 아니한다동법 제8조. 또한 이 법에 의한 무효는 제3자에게 대항하지 못한다동법 제4조 3항. 하지만 악의의 제3자까지 보호되어야 할 합리적인 이유가 없으므로 이 조항은 "선의의 제3자에게 대항하지 못 한다."로 개정되어야 한다는 비판이 강하다.

제3절 용익물권

1. 의의

용익물권이란 타인의 물건을 일정한 범위에서 사용·수익할 수 있는 물권을 말한다. 용익물권에는 지상권 · 지역권 · 전세권이 있으며 이들은 모두 부동산만을 그 대상으로 한다. 이것은 소유권의 기능 중 사용과 수익기능만을 타인에게 맡긴 것으로 소유권에 대한 제한물권이다.

2. 지상권

타인소유의 토지에서 건물 기타의 공작물이나 수목을 소유하기 위하여 그 토지를 사용할 수 있는 물권을 말한다민법 제279조. 지상권의 객체인 토지는 1필의 토지 전부뿐만 아니라 그 일부라도 무방하며부동산등기법 제136조 참조, 지표 내지 지상에 한하지 않고, 지하의 사용을 내용으로 할 수도 있다. 지상권에 대해서는 인접한 토지사용의 조화를 도모하는 상린관계의 규정이 준용된다민법 제290조.

3. 지역권

지역권설정행위에서 정한 일정한 목적을 위하여 타인의 토지승역지를 자기의 토지요역지의 편익에 이용하는 부동산용익물권의 일종이다민법 제291조. 예컨대 타인의 토지를 통행하거나, 그 토지를 거쳐 물을 끌어오거나, 그 토지에 일정한 높이 이상의 건물을 건축하지 않는 등 두 개의 토지 사이의 이용을 조절하는 것을 목적으로 한다.

4. 전세권

전세권이란 전세금을 지급하고 타인의 부동산을 점유하여 그 부동산의 용도에 좇아 사용·수익하는 용익물권으로서, 전세권이 소멸하면 목적부동산으로부터 전세권자는 전세금의 우선변제를 받을 수 있다민법 제303조 1항. 전세제도는 타인의 부동산을 이용할 수 있게 하는 법률적 수단으로서 사회적으로 중요한 작용을 할 뿐 아니라 부동산담보의 기능도 겸하고 있다. 전세권은 용익물권의 목적으로 설정되지만, 전세보증금의 확보를 위하여 필요한 범위 내에서 담보물권의 요소를 가진다.

목적물은 부동산토지와 건물이다. 다만 농경지는 전세권의 목적이 될 수 없다민법 제303조 2항. 전세권의 객체인 부동산은 반드시 1필의 토지 또는 1동의 건물이어야 할 필요는 없고, 1필의 토지 또는 1동의 건물의 일부라도 무방하다.

제4절 담보물권

1. 의의와 특성

담보물권이란 채권담보를 위하여 타인의 물건의 교환가치를 지배하는 것을 말한다. 이는 특정한 채권에 관해서 그 만족을 확실하게 하기 위해 등장한 제도로서, 인적 담보와 물적 담보가 있다. 인적 담보는 다른 제3자의 재산을 책임재산에 추가하는 것으로서 보증·연대채무가 있고, 물적 담보는 책임재산을 이루고 있는 재화 중의 어느 특정의 재화를 가지고 담보에 충당하는 것으로서 유치권, 질권, 저당권이 있다.

담보물권은 채권담보라는 공통목적하에서 가치권성, 부종성, 수반성, 물상대위성, 불가분성의 특성을 가지고 있다.

2. 유치권

타인의 물건 또는 유가증권을 점유한 자가 그 물건이나 유가증권에 관하여 생긴 채권을 가지는 경우에, 그 채권의 변제를 받을 때까지 그 물건 또는 유가증권을 점유함으로써, 채무자의 변제를 간접적으로 강제하는 담보물권이다민법 제320조. 예컨대, 타인의 물건을 수선한 자가 수선비의 지급을 받을 때까지 그 물건을 유치하거나, 임차인이 임차물에 가한 필요비의 상환을 받을 때까지 그 임차물을 유치하거나, 유가증권의 수치인이 그 임치에 대한 보수를 받을 때까지 임치물인 유가증권을 유치하는 것을 들 수 있다. 이러한 유치권은 공평의 원칙에 따라 법률상 당연히 인정되는 법정담보물권이다.

유치권의 목적물은 물건, 즉 동산·부동산과 유가증권이다. 부동산유치권의 경우에는 등기를 필요로 하지 않고, 유가증권에 대한 유치권의 경우에는 배서를 필요로 하지 않는다. 법률의 규정에 의한 물권변동이기 때문이다.

제5절 질권

채권자가 그의 채권의 담보로서, 채무자 또는 제3자물상보증인로부터 받은 물건 또는 재산권을 채무의 변제가 있을 때까지 유치함으로써, 채무의 변제를 간접적으로 강제하는 동시에, 변제가 없는 때에는 그 목적물로부터 우선적으로 변제를 받는 권리이다민법 제329조, 제345조. 따라서 원칙적으로 당사자 사이의 계약으로 성립하는 약정담보물권이다. 질권은 동산질권과 권리질권으로 나누며 부동산질권은 인정되지 않는다. 민법에서는 질권설정자를 보호하기 위하여 유질계약을 금지하고 있다.

제6절 저당권

1. 의의

채무자 또는 제3자물상보증인가 채무의 담보로 제공한 부동산 기타의 목적물을 채권자가 제공자로부터 인도받지 않고서도 채무의 변제가 없는 경우에 그 목적물로부터 우선변제를 받을 수 있는 담보물권이다민법 제356조. 저당목적물에 대한 점유 및 사용 · 수익권이 여전히 소유자에게 있다는 점에서 교환가치에 대한 배타적 지배를 내용으로 하는 전형적인 가치권의 성격을 띤다. 저당권의 특질로는 공시의 원칙, 특정의 원칙, 순위확정의 원칙 등이 있다. 특히 저당권은 자본주의경제체제하에 있어서 융자의 수단으로 질권에 우월하는 지위를 가지고 있다.

2. 저당

계속적인 거래관계로부터 발생·소멸하는 불특정다수의 장래채권을 결산기에 계산한 후 잔존하는 채무를 일정한 한도액의 범위 내에서 담보하는 저당권을 말한다민법 제357조. 예컨대 당좌대월계약, 어음할인계약, 어음대부계약, 상인간의 계속적 상품공급계약 등에 기하여 채권액이 증감·변동하다가 결산기에 남아있는 채권액을 최고액의 범위 내에서 담보하는 저당권이다. 장래의 증감·변동하는 불특정의 채권을 담보하는 점에서 보통의 저당권과 다르다.

3. 양도담보

채권담보의 목적으로 물건의 소유권또는 기타의 재산권을 채권자에게 이전하고, 채무자가 이행하지 아니한 경우에는 채권자가 그 목적물로부터 우선변제를 받게 되지만, 채무자가 이행한 경우에는 목적물을 다시 원소유자에게 반환하는 방법에 의한 비전형담보권이다. 환매나 재매매의 예약에 의한 방식이 있고, 소비대차에 의하면서 소유권을 이전하는 방식이라도 청산의무가 인정되는 방식과 잔여가치반환의무 없이 목적물에 대한 완전한 소유권을 담보권자가 취득하는 방식이 있다. 그러나 이러한 유저당화한 양도담보에 대해서 판례는 민법 제607조, 제608조에 의해서 무효이므로 청산절차를 밟아야 한다고 판시하고 있다.

4. 매도담보

매매의 형식에 의한 물적담보 제도이다. 즉 채무자가 융자를 받고자 할 때, 일정한 물건을 채권자에게 매도하고, 그 대금으로 융자를 받아 일정한 기간 내에 원금 및 이자에 상당한 금액으로 이 물건을 다시 사는 것을 말한다. 즉 매도담보는 금전소비대차 불문하고 채권자에게 소유권을 넘기고 채무변제기에 채무이행을 하면서 소유권을 되찾아 오는 형식이다. 구체적으로는 환매還買나 재매매예약의 방식을 택한다.

제6장

채권법

제1절 서설

1. 채권의 의의

채권이란 특정인채권자이 다른 특정인채무자에 대하여 일정한 행위를 청구할 수 있는 권리를 말한다. 물권은 물건을 직접 지배하는 권리이고, 배타성이 있으며 그 종류와 내용은 법률로 규정되어 있이 공시를 요한다. 반면에 채권은 사람에 대한 청구권이며, 배타성이 없고, 공시를 요하지 않는다. 또한 동일한 내용의 권리인 경우, 물권은 채권에 우선한다. 예컨대, 물건을 양도하기로 채권계약을 맺은 상태에서도 물건의 소유자는 여전히 그에 대한 배타적 지배권을 행사할 수 있어, 제3자에게 그 소유권을 넘길 수 있고, 제3자는 그에 대한 온전한 권리를 획득한다. 원래의 소유자 및 이전받은 소유자의 물권은 애초에 그 물권을 넘겨받기로 한 채권자의 채권보다 우월하다. 그리하여 그 채권자는 제3자에 물권의 인도청구를 할 권리가 없다. 다만 원래의 소유자에 대하여 손해배상 을 청구할 수 있을 뿐이다.

한편 채권법은 계약자유의 원칙과 신의성실의 원칙이 강조되어, 당사자의 의사를 존중하고 신뢰관계를 바탕으로 하고 있다.

제2절 채권의 효력

채권의 효력에 관해서는 대부분의 문헌들은 침묵하고 있다. 굳이 정의를 내리면 '채권의 내용을 실현하기 위하여 채권에 대하여 법이 인정하는 힘'으로 정의할 수 있다. 이 정의에 따를 때 대내적으로는 재판 외에서 청구할 수 있는 청구력, 실현강제력, 급부보유력이 있고, 대외적으로는 제3자의 불법한 침해에 대한 손해배상청구, 방해배제, 방해예방을 청구할 수 있다. 또한 책임재산의 보전을 위하여 채권자대위권과 채권자취소권이 있다. 한편 민법은 채무이행의 확정한 기한이 있는 경우에 채무자는 기한이 도래한 때로부터 지체책임이 있고, 채무이행의 불확정한 기한이 있는 경우에는 채무자는 기한이 도래함을 안 때로부터 지체책임이 있고, 채무이행의 기한이 없는 경우에는 채무자는 이행청구를 받은 때로부터 지체책임이 있다고 하고 있다민법 제387조. 뿐만 아니라 채무자는 담보를 손상, 감소 또는 멸실하게 한 때, 담보제공의 의무를 이행하지 아니한 때에는 기한의 이익이 상실된다고 하고 있다민법 제388조.

제3절 다수당사자의 채권관계

다수당사자의 채권관계라 함은 동일한 채권관계에 대하여 수인의 채권자 또는 채무자의 일방 또는 쌍방이 2인 이상인 채권관계를 말한다. 민법은 제408조 이하에서 수인의 채권자 및 채무자라는 이름으로 규정하고 있다.

1. 연대채무

수인의 채무자가 동일한 내용의 급부에 관하여 각각 독립해서 전부의 급부를 하여야 할 채무를 부담하고, 그 가운데의 한 사람의 채무자가 전부의 급부를 하면 채무자의 채무가 소멸하는 다수당사자 간의 채무이다. 이때 변제한 채무자는 타채무자에 대하여 구상권을 갖는다. 수인의 채무자가 채무 전부를 각자 이행할 의무가 있고 채무자 1인의 이행으로 다른 채무자도 그 의무를 면하게 되는 때에는 그 채무는 연대채무로 한다민법 제413조. 연대채무는 상호보증관계에 있다. 즉 연대채무자가 각자가 서로 자기의 부담부분에 관하여는 주채무자로서의 지위에 서고, 다른 자의 부담부분에 관하여는 보증인으로서의 지위에 선다.

2. 보증채무

2-1. 보증채무의 의의

보증채무란 주된 채무자가 그의 채무를 이행하지 않을 경우 이를 이행하여야 할 채무를 말한다. 이는 채권자와 보증인 사이의 계약에 의하여 이루어진다. 보증은 인적책임재산의 확장을 통한 담보방법이다. 보증채무는 주채무자의 담보를 목적으로 하므로 주채무와는 주종관계에 있다.

2-2. 보증채무의 성질

보증채무는 주채무와 독립한 별개의 채무지만 보증채무의 내용은 주채무자가 이행하지 아니하는 채무이기 때문에 채무내용은 주채무와 동일하다. 뿐만 아니라 주 채무가 무효, 취소, 내용변경, 소멸되면 보증채무도 그에 따라서 무효, 취소, 내용변경 등이 소멸된다. 이를 보증채무의 부종성이라 한다. 그리고 보증채무는 주채무가 이행되지 않을 때에 이행할 수 있다. 이를 보증채무의 보충성이라 한다.

2-3. 보증인의 항변권 및 구상권

채권자가 보증인에게 채무의 이행을 청구한 경우 보증인은 주채무자가 변제의 자제력이 있는 사실예컨대, 부동산이나 예금이 있는 사실 등 및 그 집행이 용이할 것을 증명하여, 먼저 주채무자에게 청구할 것과 그 재산에 대하여 집행할 것을 항변할 수 있다. 이것을 최고·검색의 항변권이라 하고, 연대보증의 경우에는 인정되지 않는다. 만약의 경우 보증인이 변제를 한 경우에는 주채무자에게 구상권을 행사할 수 있다.

2-4. 연대보증

연대보증이라 함은 보증인이 주채무자와 연대하여 채무를 부담함으로써 주채무의 이행을 담보하는 채무를 말한다. 이는 채권의 담보적 효력이 크기 때문에 금융기관 등에서 자주 이용하는데 이는 일반적인 보증단순보증과 성질이 거의 동일하나 채무자에게 최고·검색의 항변권이 인정되지 않는다는 것이 가장 큰 차이점이다. 즉, 연대보증을 선 경우에는 주채무자가 자력이 있더라도 연대보증인은 채권자의 청구가 있는 경우에는 이를 변제해야 하는 것이 원칙이다.

제4절 채권의 발생과 계약

1. 채권의 발생

민법상 채권의 발생원인은 계약, 사무관리, 부당이득, 불법행위 등이 있다. 채권의 발생원인은 그 성질에 따라 '법률행위'와 '법률행위가 아닌 것'으로 나눌 수 있다. 법률행위가 아닌 채권발생원인은 법률에 규정되어 있다. 그 결과 채권의 발생원인에는 '법률행위'와 '법률의 규정'에 의한 경우가 있다.

이 가운데 계약은 법률행위이고, 사무관리, 부당이득, 불법행위는 사실로서 법률의 규정에 따라 채권이 발생한다. 우리 민법은 제3편채권에서 채권의 발생원인 가운데 네 가지에 관하여만 개별적인 사항을 규정하고 있다. 즉, 계약, 사무관리, 부당이득, 불법행위가 그것이다. 그러나 이들은 채권의 발생원인 중 대표적인 것일 뿐이며, 그 전부가 아니다.

2. 계약

계약이란 2인 이상의 당사자가 서로 대립하는 의사표시의 합치로 성립시키는 법률행위를 말한다. 계약에 있어 근대에서는 당사자 사이의 자유가 최대한 보장되었지만, 공공복리를 최대의 이념으로 하는 현대에 와서는 계약자유에 많은 통제를 가하고 있다. 민법 제3편 제3장에 규정되어 있는 14가지의 계약을 '전형계약'이라 하고, 그 밖의 계약을 '비전형계약'이라고 한다. 전형계약이 법률적으로 특별한 의미가 있는 것은 아니고, 거래계에서 빈번히 발생하기 때문에 법이 그 유형을 정해 놓은 것인데, 증여, 매매, 소비대차, 임치, 도급 등 법률상 각각 특별한 이름이 붙여져 있다고 해서 이를 '유명계약'이라고도 부른다. 비전형계약은 법률상 그러한 특별한 이름이 없다고 해서 '무명계약'이라고도 부른다. 출판계약, 숙박계약, 연예인의 전속계약 등을 들 수 있다. 계약을 체결하고 계약서를 작성할 때 계약의 명칭을 붙이는 것이 원칙이지만, 민법이 규정한 전형계약 명칭대로 정확히 명칭을 붙이지 않아도 계약의 성립에는 아무런 지장이 없다.

제5절 민법상의 전형 계약

1. 증여 민법 제554조~제562조

1-1. 의의

증여는 당사자의 일방이 무상으로 재산을 상대방에게 수여하는 의사를 표시하고, 상대방이 이를 승낙함으로써 그 효력이 생기는 무상, 편무, 낙성, 불요식의 계약이다.

1-2. 증여의 효력

증여자는 증여의 목적인 물건 또는 권리의 하자나 흠결에 대하여 책임을 지지 아니한다. 그러나 증여자가 그 하자나 흠결을 알고 수증자에게 고지하지 아니한 때에는 그러하지 아니하다. 상대부담 있는 증여에 대하여 증여자는 그 부담의 한도에서 매도인과 같은 담보의 책임이 있다.

1-3. 증여의 해제

증여자가 해제할 수 있는 경우는, 서면이 아닌 경우, 수증자의 기망행위, 증여자의 재산상태 악화이다. 그러나 이러한 경우에도 이미 이행한 부분은 해제하더라도 유효하다민법 제558조.

(1) 서면이 아닌 경우

증여는 증여의 의사가 서면으로 표시되지 아니한 경우에는 이행이 있기 전에 각 당사자는 이를 해제할 수 있다.

(2) 기망행위

수증자가 기망행위를 한 때에도 해제할 수 있다. 기망의 사유는, 첫째, 증여자 또는 그 배우자나 직계혈족에 대한 범죄행위가 있는 때, 둘째, 증여자에 대하여 부양의무가 있는 경우에 이를 이행하지 아니하는 때이다. 이 해제는 해제의 원인이 있음을 안 날로부터 6월을 경과하거나, 증여자가 수증자에 대하여 용서의 의사를 표시한 때에는 소멸한다.

(3) 증여자의 재산상태 악화

증여계약 후에 증여자의 재산상태가 현저히 변경되고 그 이행으로 인하여 생계에 중대한 영향을 미칠 경우에는 증여자는 증여를 해제할 수 있다. 이는 사정변경의 원칙을 명문화한 것이다. 생계에 중대 영향 여부는 증여자의 계급·직업·지위 등에 비추어 객관적으로 결정한다.

2. 매매

매매는 당사자일방이 재산권을 상대방에게 이전할 것을 약정하고 상대방이 그 대금을 지급할 것을 약정함으로써 그 효력이 생기는 쌍무, 낙성, 불요식의 전형적인 유상계약이다. 금전이 목적이기 때문에 만약 재산권 이전에 대한 대가로 금전의 지급이 아닌 다른 재산권을 이전할 것으로 약정된 때는 매매가 아니라 교환이다민법 第596조. 매매의 목적은 재산권 이전에 있으므로 성질상 또는 법률상 처분이 금지되어 타인에게 이전될 수 없는 재산권은 매매의 대상이 될 수 없다. 그밖에 매매의 대상이 될 수 있는 재산권의 종류에는 제한이 없다.

매도인은 매수인에 대하여 매매의 목적이 된 권리를 이전하여야 하며 매수인은 매도인에게 그 대금을 지급하여야 한다. 이러한 쌍방의무는 특별한 약정이나 관습이 없으면 동시에 이행하여야 한다민법 第568조.

매매의 당사자일방이 계약당시에 금전 기타 물건을 계약금, 보증금 등의 명목으로 상대방에게 교부한 때에는 당사자 간에 다른 약정이 없는 한 당사자의 일방이 이행에 착수할 때까지 교부자는 이를 포기하고 수령자는 그 배액을 상환하여 매매계약을 해제할 수 있다민법 第565조.

3. 교환

교환은 당사자쌍방이 금전 이외의 재산권을 상호 이전할 것을 약정함으로써 성립하는 낙성, 쌍무, 유상, 불요식 계약이다민법 第596조. 목적물은 금전 이외에 재산권과 재산권 상호간 또는 권리의 상호교환 등으로 성립하며 일방당사자가 대금을 지급하는 매매와는 차이가 있다. 교환을 행하면서 일방이 금전을 더 지급할 것을 약정하는 경우가 있는데, 이것을 보충금이라 하며 당사자 일방이 금전의 보충지급을 약정한 때에는 그 금전에 대하여 매매대금에 관한 규정을 준용한다민법 第597조.

교환계약이 성립되면 당사자는 계약내용대로 이행받을 권리와 이행할 의무를 상호간에 부담하며 유상계약으로 매매에 관한 규정이 준용된다민법 第567조. 또한 당사자 쌍방 모두 담보책임을 부담하게 된다.

4. 소비대차

소비대차는 당사자일방이 금전 기타 대체물의 소유권을 상대방에게 이전할 것을 약정하고 상대방은 그와 같은 종류, 품질 및 수량으로 반환할 것을 약정함으로써 성립하는 무상, 편무, 낙성, 불요식 계약을 말한다민법 제598조. 이자부소비대차는 유상·쌍무계약이다. 금전의 소비대차가 가장 많고, 차주는 빌린 물건을 소비하고 다른 물건을 반환하기 때문에 소비대차라 한다.

소비대차의 목적물은 금전, 기타의 대체물에 한하기 때문에 비대체물에 대해서는 소비대차가 성립하지 않는다. 대주가 목적물을 차주에게 인도하기 전에 당사자일방이 파산선고를 받은 때에는 소비대차는 그 효력을 잃는다.

소비대차는 무상계약이므로 무이자가 원칙이나 최근에는 이자부 소비대차가 증가하고 있다. 이자부인 경우에는 이자제한법의 적용을 받게 된다. 이자부 소비대차는 차주가 목적물의 인도를 받은 때로부터 이자를 계산해야 하며, 차주가 그 책임 있는 사유로 수령을 지체할 때에는 대주가 이행을 제공한 때로부터 이자를 계산해야 한다민법 제600조. 이자 없는 소비대차의 당사자는 목적물을 인도하기 전에는 언제든지 계약을 해제할 수 있다. 그러나 상대방에게 생긴 손해는 이를 배상해야 한다. 반환시기에 관해서 약정이 있으면 그 약정시기에 차주는 차용물을 반환하면 되고, 약정이 없으면 차주는 언제든지 반환할 수 있으나 대주는 상당한 기간을 정하여 반환을 최고催告해야 한다민법 제603조.

5. 사용대차

사용대차는 당사자일방이 상대방에게 무상으로 사용, 수익하게 하기 위하여 목적물을 인도할 것을 약정하고 상대방은 이를 사용, 수익한 후 그 물건을 반환할 것을 약정함으로써 발생하는 낙성, 불요식, 편무, 무상 계약이다민법 제609조. 빌린 물건을 그대로 반환한다는 점에서 소비대차와 다르고, 물건의 이용대가를 지급하지 않으므로 임대차와 다르다.

6. 임대차

당사자의 일방임대인이 상대방임차인에게 목적물을 사용·수익하게 할 것을 약정하고, 상대방은 이에 대해 차임의 지급을 약정하는 낙성諾成, 유상, 쌍무, 불요식不要式 계약이다민법 618조. 빌린 물건 자체를 임차인이 반환해야 한다는 점에서 소비대차와 구별되고, 차임의 지급이 필요하다는 점에서 사용대차와 다르다. 따라서 임대차의 목적물은 원칙적으로 사용·수익으로 소멸되지 않는 유체물에 한하며 차임은 반드시 금전이어야 하는 것은 아니다.

임대차가 성립하기 위해서는, 임대인의 소유권 존속기간이 임대차 계약기간 이상이어야 하고, 임차인은 배타적 점유권을 행사할 수 있어야 한다. 임대차는 일상생활에서 유익한 법률수단으로 많이 이용된다.

임대차는 상가임차인의 보호를 목적으로 하는 상가건물임대차보호법, 상행위를 목적으로 하는 선박의 임대차,[118] 주거용 건물의 임대차에 관하여 민법에 대한 특례를 규정함으로써 국민 주거 생활의 안정을 보장하고, 임차인은 보증금 중에서 일정액을 다른 담보 물권자보다 우선하여 변제받을 권리가 있는 '주택 임대차 보호법' 등이 있다.

7. 고용

고용은 당사자일방이 상대방에 대하여 노무를 제공할 것을 약정하고 상대방이 이에 대하여 보수를 지급할 것을 약정함으로써 그 효력이 발생하는 낙성諾成, 유상, 쌍무, 불요식不要式 계약이다민법 655조. 단체협약에서는 서면의 작성이 요구 된다노동조합 및 노동관계조정법 제31조. 오늘날은 노동법의 발달로 민법의 고용계약은 그 의미를 상실하고 있다.

고용에 있어 보수 또는 보수액은 당사자의 계약으로 정하고 만약, 약정이 없는 때에는 관습에 의하여 지급하여야 한다. 보수는 약정한 시기에 지급하여야 하며 시기의 약정이 없으면 관습에 의하고 관습이 없으면 약정한 노무를 종료한 후 지체 없이 지급하여야 한다.

사용자는 노무자의 동의 없이 그 권리를 제3자에게 양도하지 못한다. 노무자는 사용자의

118) 선장을 선임, 감독하는 권한이 선주에게 있지 않고 선박 임차인에게 있는 점이 용선과 다르다.

동의 없이 제3자로 하여금 자기에 가름하여 노무를 제공하게 하지 못한다. 만약 당사자 일방이 이것을 위반하면 상대방은 계약을 해지할 수 있다.

8. 도급

도급은 당사자일방이 어느 일을 완성할 것을 약정하고 상대방이 그 일의 결과에 대하여 보수를 지급할 것을 약정함으로써 그 효력이 발생하는 낙성, 유상, 쌍무, 불요식의 계약이다민법 제664조. 도급은 노무공급계약의 일종이지만 일의 완성을 목적으로 하는 계약이므로 고용, 위임과 다르다. 보수는 그 완성된 목적물의 인도와 동시에 지급하여야 한다. 그러나 목적물의 인도를 요하지 아니하는 경우에는 그 일을 완성한 후 지체 없이 지급하여야 한다.

9. 현상광고

광고자가 어떤 행위를 한 자에게 일정한 보수를 지급할 의사를 표시하고, 이에 응한 자가 그 광고에 정한 행위를 완료함으로써 성립하는 유상, 편무, 낙성, 요물 계약이다민법 제675조. 광고에 그 지정한 행위의 완료기간을 정한 때에는 그 기간만료 전에 광고를 철회하지 못한다. 그러나 광고에 행위의 완료기간을 정하지 아니한 때에는 그 행위를 완료한 자가 있기 전에는 그 광고와 동일한 방법으로 광고를 철회할 수 있다. 광고에 정한 행위를 완료한 자가 수인인 경우에 그 우수한 자에 한하여 보수를 지급할 것을 정하는 때에는 그 광고에 응모기간을 정한 때에 한하여 그 효력이 생긴다. 우수한 자가 없다는 판정은 할 수 없다. 그러나 광고 중에 다른 의사표시가 있거나 광고의 성질상 판정의 표준이 정하여져 있는 때에는 그러하지 아니하다.

10. 위임

당사자 일방위임인이 상대방에 대하여 '사무의 처리'를 위탁하고, 상대방수임인이 이를 승낙함으로써 성립하는 계약이다민법 제680조. 위임은 무상이 원칙이지만 보수특약이 있으면 유상으로 할 수 있다. 수임인은 위임의 본질에 따라 선량한 관리자의 주의로써 위임사무를 처리하여야 하고, 위임인의 승낙이나 부득이한 사유 없이 제3자로 하여금 자기에 갈음하여 위임사무를 처리하게 하지 못한다.

11. 임치

당사자의 일방임치인이 상대방에 대하여 '금전이나 유가증권 기타의 물건의 보관'을 위탁하고 상대방수치인이 이를 승낙함으로써 성립하는 계약이다민법 제693조. 원칙은 무상, 편무, 낙성, 불요식 계약 이고 보수특약이 있으면 유상, 쌍무계약으로 할 수 있다. 임치물의 소유권은 수치인에게 이전하지 않는다. 수치인은 임치인의 동의 없이 임치물을 사용하지 못한다. 보수 없이 임치를 받은 자는 임치물을 자기재산과 동일한 주의로 보관하여야 한다. 임치물에 대한 권리를 주장하는 제3자가 수치인에 대하여 소를 제기하거나 압류한 때에는 수치인은 지체 없이 임치인에게 이를 통지하여야 한다. 임치인은 임치물의 성질 또는 하자로 인하여 생긴 손해를 수치인에게 배상하여야 한다. 그러나 수치인이 그 성질 또는 하자를 안 때에는 그러하지 아니하다. 임치기간의 약정이 있는 때에는 수치인은 부득이한 사유 없이 그 기간 만료 전에 계약을 해지하지 못한다. 그러나 임치인은 언제든지 계약을 해지할 수 있다. 임치기간의 약정이 없는 때에는 각 당사자는 언제든지 계약을 해지할 수 있다. 임치물은 그 보관한 장소에서 반환하여야 한다. 그러나 수치인이 정당한 사유로 인하여 그 물건을 전치한 때에는 현존하는 장소에서 반환할 수 있다.

12. 조합

2인 이상이 금전 기타 노무를 상호 출자하여 공동사업을 경영할 것을 약정함으로써 성립하는 낙성, 유상, 쌍무계약이다민법 제703조. 공동사업의 종류나 내용은 제한이 없다. 따라서 영리·비영리, 공익·사익, 계속적·일시적 사업도 불문한다. 모든 당사자는 출자의무가 있고, 출자는 금전 기타 재산 또는 노무로 할 수 있다. 조합원의 출자 기타 조합재산은 조합원의 합유로 한다.

13. 종신정기금

종신정기금계약은 당사자일방이 자기, 상대방 또는 제3자의 종신까지 정기로 금전 기타의 물건을 상대방 또는 제3자에게 지급할 것을 약정함으로써 그 효력이 발생하는 유상, 쌍무 또는 무상, 편무, 낙성, 불요식계약이다민법 제725조. 예컨대, 을에게 신세를 진 갑이 을의 아들에게 매년 10만 원씩 송금을 하겠다고 약정하는 경우이다. 계약이 아니라고 하는 학설도 있다. 종신정기금은 그밖에도 유증에 의해서도 발생하지만민법 제730조, 민법상 종신정기금이 발생하는 경우는 드물다.

14. 화해

계약당사자가 상호 양보하여 당사자 간의 분쟁을 정지할 것을 약정함으로써 효력이 생기는 유상, 쌍무, 낙성, 불요식의 계약이다민법 제731조. 분쟁의 대상이 되었던 법률관계는 화해계약의 내용에 따라 확정되고, 당사자는 화해계약의 내용에 따라 의무를 이행하고 권리를 승인하여야만 한다. 화해는 화해 전 법률관계를 소멸시키고 화해에 의해 새로운 법률관계를 창설함을 내용으로 한다. 화해계약은 계약당사자와 그 특별승계인에게만 효력을 가지며, 제3자에게는 효력이 미치지 않는다. 화해계약은 착오를 이유로 하여 취소하지 못한다. 그러나 화해당사자의 자격 또는 화해의 목적인 분쟁 이외의 사항에 착오가 있는 때에는 그러하지 아니하다.

제6절 법률의 규정에 의한 채권발생원인

1. 사무관리

법률상 또는 계약상의 의무 없이 타인을 위하여 그의 사무를 처리해 주는 준법률행위 중 혼합사실 행위를 말한다. 예컨대, 이웃사람의 부재 시 고장 난 수도를 고쳐 주는 것을 말한다. 사무관리자는 사무관리의사는 필요하고, 사무관리의 내용이 되는 행위는 사실행위 또는 법률행위이다. 예컨대, 이웃집의 부서진 집을 고쳐 주는 것은 사실행위이고, 수선을 위하여 관리자가 인부와 계약을 맺는 것은 법률행위이다.

관리자는 그 사무의 성질에 쫓아 가장 본인에게 이익되는 방법으로 이를 관리하여야 하고, 본인의 의사를 알거나 알 수 있는 때에는 그 의사에 적합하도록 관리하여야 하고, 관리자가 이에 위반하여 사무를 관리한 경우에는 과실 없는 때에도 이로 인한 손해를 배상할 책임이 있다. 그러나 그 관리행위가 공공의 이익에 적합한 때에는 중대한 과실이 없으면 배상할 책인이 없다. 관리자가 본인을 위하여 필요비 또는 유익비를 지출한 때에는 본인에 대하여 그 상환을 청구할 수 있다. 관리자가 사무관리를 함에 있어서 과실 없이 손해를 받은 때에는 본인의 현존이익의 한도에서 그 손해의 보상을 청구할 수 있다.

2. 부당이득

법률상 원인 없이 타인의 재산이나 노무로 인하여 얻은 이익을 얻고 이로 인하여 타인에게 손해를 준 자에 대하여 이득을 반환케 하는 제도민법 제741조이다. 법적성격은 사건이고,

원물반환이 원칙이고, 원물반환이 불능인 경우 예외적으로 가액반환이 가능하다수익자의 귀책사유 여부는 불문한다. 채무 없음을 알고 이를 변제한 때에는 그 반환을 청구하지 못한다비채변제. 변제기에 있지 아니한 채무를 변제한 때에는 그 반환을 청구하지 못한다. 그러나 채무자가 착오로 인하여 변제한 때에는 채권자는 이로 인하여 얻은 이익을 반환하여야 한다. 또한 채무 없는 자가 착오로 인하여 변제한 경우에 그 변제가 도의관념에 적합한 때에는 그 반환을 청구하지 못한다. 채무자 아닌 자가 착오로 인하여 타인의 채무를 변제한 경우에 채권자가 선의로 증서를 훼멸하거나 담보를 포기하거나 시효로 인하여 그 채권을 잃은 때에는 변제자는 그 반환을 청구하지 못한다. 이 경우에 변제자는 채무자에 대하여 구상권을 행사할 수 있다.

3. 불법원인급여

불법원인급여不法原因給與는 불법의 원인으로 재산을 급여하거나 노무를 제공하는 것을 말한다. 민법 제746조 "불법의 원인으로 인하여 재산을 급여하거나 노무를 제공한 때에는 그 이익의 반환을 청구하지 못한다."라고 하고 있다.

여기서의 '불법'은 부적법 일반不適法一般이 아니며 민법 제103조의 '선량한 풍속 기타 사회질서를 위반하는 것'을 의미한다고 보는 것이 판례·통설이다(예: 도박, 인신매매, 첩계약). 급부는 재산적 가치가 있는 종국적인 것이어야 하고, 동산·부동산의 경우 등기·인도까지 한 경우에 급부가 있다판례.

하지만 불법의 원인이 수익자에게만 있을 경우에는 반환을 청구할 수 있다. 또한 예컨대, 도박에 진 돈을 지급한 자는 그 반환을 청구하는 것이 허용되지 아니하나 도박에 진 돈을 지급하기 위하여 저당권의 설정등기를 한 자는 그 말소등기반환를 청구할 수 있다. 최근의 판례와 학설은 급여자에게 다소의 불법성이 있더라도 수익자 측의 불법성이 두드러진 경우에는 반환을 인정하는 경향이다.

4. 불법행위

불법행위란 고의 또는 과실로 위법하게 타인에게 손해를 가하는 행위를 말한다민법 제750조. 손해는 재산적·정신적 손해를 모두 포함한다. 불법행위는 과실책임주의의 원칙이고 무과실책임주의가 예외이고, 불법행위자는 손해를 배상할 책임이 있다. 불법행위가 성립하기 위해서는 다음과 같은 요건이 필요하다.

4-1. 가해자의 고의 또는 과실이 있어야 한다. 입증책임은 원고인 피해자이다.

4-2. 책임능력이 있어야 한다. 불법행위능력에 따라서 미성년자가 타인에게 손해를 가한 경우에 그 행위의 책임을 변식할 지능이 없는 때에는 배상의 책임이 없다. 또한 심신상실중에 타인에게 손해를 가한 자는 배상의 책임이 없다. 그러나 고의 또는 과실로 인하여 심신상실을 초래한 때에는 그러하지 아니하다. 입증책임은 피고인 가해자이다.

4-3. 위법성이 있어야 한다. 즉 위법성조각사유가 없어야 한다. 위법성조각사유는, ① 정당방위, ② 긴급피난, ③ 자구행위, ④ 피해자승낙, ⑤ 정당행위이다.

4-4. 불법행위와 손해의 발생과는 인과관계가 있어야 하고, 입증책임은 피해자이다.

손해배상의 방법은 금전배상이 원칙이고민법 제763조, 제394, 위자료의 경우 일시금배상을 원칙으로 하지만 정기금배상도 인정한다민법 제751조 2항. 하지만 타인의 명예를 훼손한 자에 대하여는 법원은 피해자의 청구에 의하여 손해배상에 갈음하거나 손해배상과 함께 명예회복에 적당한 처분을 명할 수 있다민법 제764조. 헌법재판소는 "명예회복에 적당한 처분에 사죄광고를 포함시키는 것은 헌법에 위반된다."라고 하였다헌재 89헌마 160.

손해배상의 범위는 불법행위 당시를 기준으로 하여 불법행위와 상당인과관계에 있는 모든 손해를 의미한다. 즉 통상손해를 한도로 하고 특별한 사정으로 인한 손해도 가해자의 예견가능성을 전제로 한다.

특수한 불법행위로는 책임무능력자의 감독자의 책임, 사용자 책임, 공작물 등의 점유자·소유자의 책임, 동물점유자의 책임, 도급인의 책임, 공동불법행위 책임 등이 있다.

제7절 채권의 소멸

채권이 객관적으로 그 존재를 상실하는 것을 채권의 소멸이라 한다. 민법에는 변제, 대물변제, 공탁, 상계, 경개, 면제, 혼동의 7개를 채권의 소멸원인으로 규정하고 있다.

1. 변제

채권의 내용인 급여를 실현하는 채무자의 행위를 말한다. 이행履行과 같은 뜻이다. 변제로 되는 급여는 노무의 제공과 같은 사실행위일 수도 있고, 대물변제와 같은 법률행위일 수도 있다. 유효한 변제를 할 수 있는 자는 채무자 및 제3자이고, 변제를 수령할 수 있는 권한을 가진 자는 채권자 및 그 대리인이다. 하지만 채권자일지라도 압류를 당하고 있다든가 파산했을 경우에는 수령권한이 없다. 다만 민법은 채권자 이외의 자라도 채권의 준점유자민법 제470조·영수증소지자민법 제471조 등에 대한 변제는 유효한 변제로 본다.

채무자는 원칙적으로 현실의 제공을 해야 하지만 채권자가 미리 수령을 거부하거나 또는 채무의 이행에 대하여 채권자의 행위를 요할 때에 한해 구두제공으로도 가능하다. 변제를 하면 채무자는 채무불이행에서 생기는 모든 책임을 면하고, 채권자는 동시이행의 항변권을 상실하고, 일정한 요건 밑에 수령지체가 된다. 변제비용은 다른 의사표시가 없으면 채무자의 부담으로 한다. 그러나 채권자의 주소이전 기타의 행위로 인하여 변제비용이 증가된 때에는 그 증가액은 채권자의 부담으로 한다.

2. 대물변제

대물변제는 본래의 급부에 갈음하여 현실로 다른 급부를 이행함으로써 채권을 소멸시키는 것을 말한다. 대물변제를 하기 위해서는 채무자는 반드시 채권자의 승낙을 얻어야 한다. 대물변제의 법적 성질은 계약설과 변제설이 대립되고 있자. 계약설이 통설이다. 대물변제의 요건으로는 ① 채권이 존재해야 하고, ② 행위능력이 있는 채권자의 승낙이 있어야 하고,

③ 본래의 급부와 다른 급부를 제공하여야 하고, ④ 다른 급부가 변제에 갈음하여 이루어져야 한다.

3. 공탁

공탁은 금전 또는 기타의 물건이나 유가증권 등을 공탁소에 맡기는 것을 말한다. 공탁은 목적에 따라 변제공탁·담보공탁·보관공탁·특수공탁 등으로 나누어진다. 민법에서 규정하고 있는 것은 변제공탁이다. 변제공탁은 채무의 소멸을 위해서 하는 공탁으로 공탁원인은 채권자가 수령거절, 수령불능 또는 채무자의 과실 없이 채권자를 확실히 알 수 없는 경우 등이다민법 제487조. 공탁자는 지체 없이 채권자에게 공탁통지를 하여야 한다. 채권자가 공탁을 승인하거나 공탁소에 대하여 공탁물을 받기를 통고하거나 공탁유효의 판결이 확정되기까지 변제자는 공탁물을 회수할 수 있다. 이 경우에는 공탁하지 아니한 것으로 본다. 또한 채무자가 채권자의 상대의무이행과 동시에 변제할 경우에 채권자는 그 의무이행을 하지 아니하면 공탁물을 수령하지 못한다.

4. 상계

상계는 채권자와 채무자가 서로 같은 종류의 채권과 채무를 가지는 경우에 일방 당사자의 의사표시로 쌍방의 채권과 채무를 대등액에서 소멸케 하는 일방적 의사표시이다. 상계제도를 두는 이유는 시간과 비용의 낭비를 줄이고, 또한 양당사자 가운데 어느 일방의 자력이 악화된 경우 다른 당사자에게 채무의 전액변제를 요구하는 것은 불공평하기 때문이다.

상계가 이루어지기 위해서는 상계 요건을 구비해야 하는데, 이를 상계적상相計適狀이라 한다. 그 요건으로는 대립하는 양 채권이 동종의 급부 실현을 목적으로 하고, 변제기에 도달해 있어야 한다. 그러나 채무의 성질이 상계를 허용하지 아니하는 경우와 서로 현실적인 이행을 하지 않으면 채권의 목적을 달성할 수 없는 채무는 상계가 허용되지 않는다. 또한 수동채권이 고의의 불법행위로 생긴 경우, 자동채권에 질권이 설정되어 있거나 동시이해의 항변권이 붙어 있을 때는 상계가 금지된다. 예컨대, 갑이 을에게 받을 1000만 원의 채권이 있고, 을은 갑에게 물건을 인도 받을 채권이 있다면, 을은 갑에 대한 항변권이 있다. 이 경우 갑이 을에게 받을 자동채권은 온전한 채권이 아니라 상대방 을이 동시이행항변권이 붙어있는 경우이다. 따라서 이러한 갑의 채권을 일방적인 의사표시인 상계로 소멸한다면 상대방의 항변권을 부당하게 소멸시키는 것이므로 금지된다.

상계는 상대방에 대한 의사표시로 하고, 이 의사표시에는 조건 또는 기한을 붙이지 못한다. 상계의 의사표시는 각 채무가 상계할 수 있는 때에 대등액에 관하여 소멸한 것으로 본다.

5. 경개

채무의 중요한 부분을 변경하여 신채무를 성립시킴과 동시에 구채무를 소멸케 하는 유상계약을 말한다민법 제500조. 따라서 경개는 소멸하는 채무가 있어야 하고, 신채무가 성립하여야 하고 채무의 중요한 부분 내지 요소에 변경이 있어야 한다. 경개는 구채무의 소멸과 신채무의 성립은 서로 조건을 이루는 것이므로 유인계약有因契約이다. 한편 대물변제는 본래의 변제에 대신하여 급부가 현실적으로 행하여지는 데 반하여, 경개는 구채무가 소멸하고 신채무가 성립한다는 점에서 차이가 있다. 경개는 현행 민법상 채권양도와 채무인수가 규정되어 있어 사회적 의의는 그다지 크지 않다.

6. 면제

면제는 채권자가 채무자에게 무상으로 채무를 소멸시키는 행위를 말한다. 채무면제는 채권자의 단독행위이며, 결국 채권의 포기이다. 채무면제는 채권의 처분권한을 가진 자만이 할 수 있고, 채무자에 대한 채권자의 일방적 의사표시로 성립한다. 별도의 방식은 필요하지 않으며, 채무면제의 의사표시는 명시적이든 묵시적이든 묻지 않는다. 채권자는 원칙적으로 자유로이 면제할 수 있으나, 그 채권에 관하여 정당한 이익을 가지는 제3자에게 대항하지 못한다민법 제506조의 단서.

7. 혼동

혼동은 채권과 채무가 동일한 주체에 귀속한 때에 물권·채권·채무의 소멸원인이 되는 것을 말한다. 그러나 그 채권이 제3자의 권리의 목적인 때에는 그러하지 아니하다. 혼동이 일어나는 원인은 상속·합병 등의 포괄승계나 매매 등의 특정승계를 불문한다. 물권의 혼동 민법 제191조에는 소유권과 제한물권과의 혼동, 제한물권과 그 제한물권을 목적으로 하는 제한물권의 혼동이 있다.

제7장

친족상속법

친족상속법은 가족 및 친족의 공동생활과 공동생활에 기초한 재산의 승계관계를 규율하는 법으로서 가족법이라고도 한다. 민법은 크게 친족과 상속으로 구분하고 있다. 친족편은 총칙, 가족의 범위와 자의성과 본, 혼인, 부모와 자, 후견, 친족회, 부양으로 규정하고 있고, 상속편은 상속, 유언, 유류분으로 규정하고 있다. 친족법이 원칙적으로 강행법인 데 대하여, 재산법특히 채권법은 대체로 임의법 성격이 강하다. 이에 비하여 상속법은 한편으로 재산승계를 친족공동체 중심으로 규율한다는 면에서 친족법적 성격을 갖지만, 다른 한편으로 소유권취득의 특수한 형태로서의 재산승계라는 점에서 재산법적 성질을 내포하고 있다.

제1절 친족법

1. 친족의 의의

친족이란 배우자, 혈족 및 인척을 친족으로 한다.

1-1. 배우자

배우자는 법정배우자를 말하며, 사실혼의 배우자는 제외된다. 단 주택임대차보호법 제9조[119]의 경우에는 사실혼의 배우자도 보호를 받으며, 상속에 있어서 법정상속자가 없는 경우에는 특별연고자로서 상속재산에 대한 분여청구권을 갖는다민법 제1057조의2.

1-2. 혈족

혈족이란 혈통이 이어진 친족이나, 법률이 입양入養 등의 사실에 입각하여 친족과 동일한 관계로 인정한 사람을 말한다. 자기의 직계존속과 직계비속을 직계혈족이라 하고 자기의 형제자매와 형제자매의 직계비속, 직계존속의 형제자매 및 그 형제자매의 직계비속을 방계혈족이라 한다. 법정혈족은 법률이 입양 등의 사실에 입각하여 혈연관계가 없는 사람 상호간에 자연혈족과 동일한 관계가 있는 것으로 인정한 사람을 말한다.

1-3. 인척

인척이란 혼인 관계를 통하여 맺어진 친척을 말한다. 민법은 혈족의 배우자, 배우자의 혈족, 배우자의 혈족의 배우자를 인척으로 규정하고 있다민법 제769조. 1990년 민법의 개정으로 '혈족의 배우자의 혈족'은 삭제되었다. 인척관계는 혼인의 취소 또는 이혼으로 인하여 종료하고, 부부의 일방이 사망한 경우 생존 배우자가 재혼한 때에도 종료한다.

119) 임차인이 상속인 없이 사망한 경우에는 그 주택에서 가정공동생활을 하던 사실상의 혼인 관계에 있는 자가 임차인의 권리와 의무를 승계한다(1항). 임차인이 사망한 때에 사망 당시 상속인이 그 주택에서 가정공동생활을 하고 있지 아니한 경우에는 그 주택에서 가정공동생활을 하던 사실상의 혼인 관계에 있는 자와 2촌 이내의 친족이 공동으로 임차인의 권리와 의무를 승계한다(2항).

2. 친족의 범위

민법은 친족의 범위를 넓게 정하고 있다민법 제777조. 즉 친족관계로 인한 법률상 효력은 이 법 또는 다른 법률에 특별한 규정이 없는 한, ①8촌 이내의 혈족 ②4촌 이내의 인척 ③배우자를 친족으로 보고 있다. 친족은 출생, 혼인, 인지, 입양, 친양자 등으로 발생하고, 입양으로 인한 친족관계는 입양의 취소 또는 파양으로 인하여 종료된다. 또한 부부일방이 사망한 경우 사망자와 직접 연결된 친족관계는 소멸하나 그 자를 통하여 연결된 생존자와의 친족관계는 소멸되지 않는다.

3. 가족의 범위와 자子의 성과 본

3-1. 의의

가족이란 부부를 중심으로 하여 그로부터 생겨난 아들, 딸, 손자, 손녀 등 가까운 혈육들로 이루어지는 집단 또는 그 구성원을 말한다.

3-2. 가족의 범위

가족으로는 배우자, 직계혈족 및 형제자매, 직계혈족의 배우자, 배우자의 직계혈족 및 배우자의 형제자매이다. 다만 직계혈족의 배우자, 배우자의 직계혈족 및 배우자의 형제자매는 생계를 같이 하여야 한다.

3-3. 자의 성姓과 본本

(1) 성姓 주체

자의 성은 의 부계혈통주의 원칙에 따라 부의 성과 본을 따른다. 다만, 부모가 혼인신고 시 모의 성과 본을 따르기로 협의한 경우에는 모의 성과 본을 따른다. 하지만 모의 성과 본을 따르기로 합의한 내용이 혼인신고 시에 등재되지 않았다면 모의 성과 본으로 출생신고하는 것은 받아들여지지 않는다.

부와 모의 성이 아닌 제3자의 성과 본을 선택하는 것은 허용되지 않는다. 사실혼의 경우

모의 성과 본을 따른다. 모의 성과 본으로 출생신고 한 후 부의 인지를 거쳐 다시 부의 성과 본으로 변경할 수 있다.

부가 외국인인 경우에는 자는 모의 성과 본을 따를 수 있다. 부를 알 수 없는 자는 모의 성과 본을 따른다. 부모를 알 수 없는 자는 법원의 허가를 받아 성과 본을 창설한다. 다만, 성과 본을 창설한 후 부 또는 모를 알게 된 때에는 부 또는 모의 성과 본을 따를 수 있다. 혼인 외의 출생자가 인지된 경우 자는 부모의 협의에 따라 종전의 성과 본을 계속 사용할 수 있다. 다만, 부모가 협의할 수 없거나 협의가 이루어지지 아니한 경우에는 자는 법원의 허가를 받아 종전의 성과 본을 계속 사용할 수 있다. 자의 복리를 위하여 자의 성과 본을 변경할 필요가 있을 때에는 부, 모 또는 자의 청구에 의하여 법원의 허가를 받아 이를 변경할 수 있다. 다만, 자가 미성년자이고 법정대리인이 청구할 수 없는 경우에는 민법 제777조의 친족의 규정에 따른 친족 또는 검사가 청구할 수 있다.

(2) 자의 성과 본의 변경

성과 본이 결정되면 원칙적으로 변경할 수 없다. 예외적으로 '입양촉진및절차에관한특례법'에 의하여 입양된 양자가 입양이 취소되거나 파양이 되어 본래의 성으로 회복하는 경우, 자의 복리를 위하여 성과 본을 변경하는 경우가 있다.

4. 약혼과 혼인

4-1. 약혼

(1) 약혼의 의의 및 해제

약혼이란 장차 혼인하여 부부가 되기로 하는 남녀 사이의 합의이다. 약혼식을 하는 경우가 일반적이지만, 특별한 방식이 있는 것은 아니다. 약혼에 대한 계약서를 작성한다면 증거를 남긴다는 면에서 도움이 될 것이다. 성년에 달한 자는 자유로 약혼할 수 있다민법 제800조. 혼인하려는 양 당사자의 합의로 성립한다. 만 18세가 된 사람은 부모 또는 후견인의 동의를 얻어 약혼할 수 있다. 배우자 있는 자의 약혼이나, 이중약혼은 원칙적으로 무효이다. 다만 당사자 일방 또는 쌍방이 그 혼인을 해소한 후에 부부가 된다는 합의는 사정에 따라 사회질서에 반하지 않는 한 유효하다. 하지만, 배우자의 사망이나 이혼을 전제로 한 혼인예약 등은 무효이다. 근친관계에 있는 자 사이의 약혼은 혼인불능을 목적으로 한 것이므로 무효이다. 조건이나 기한을 붙이는 약혼은 선량한 풍속 사회질서에 반하지 않는 한 허용된다. 이 점은 조건과 기한을 붙일 수 없는 혼인과 비교된다.

약혼은 강제이행을 청구하지 못한다. 결혼을 강제할 수는 없다. 신분행위는 당사자의 진의를 중요시하기 때문이다. 약혼을 하게 되면 장래에 혼인할 의무를 부담하게 되고, 만약 당사자가 혼인을 지연시키거나 파혼을 하게 되면 손해배상의무를 부담하게 된다. 약혼을 한다고 하더라도 이는 결혼과 달라서 친족관계 등이 생기지 않아 법률적으로는 남남이다. 약혼 중의 자는 혼인 외 출생자가 되나 그 후 혼인하면 혼인 중의 출생자로 된다민법 제855조 2항.

약혼은 민법 제804조의 사유가 있는 때에 상대방은 약혼을 해제할 수 있다. 정당한 약혼해제사유가 없다면, 약혼의 부당파기 내지 약혼의무의 불이행이 된다. 만약 약혼해제의 정당성을 입증하지 못한다면, 약혼을 파기한 자는 해제로 인하여 발생한 재산상, 정신상 손해에 대하여 손해배상책임을 진다민법 제806조 1항, 2항. 약혼 당사자의 부모도 부당파기에 가담한 경우에는 손해배상책임을 지고 정신적 고통을 받은 부모는 손해배상을 청구할 수 있다 대법원 1975. 1. 14. 74므11.

(2) 약혼예물반환청구권

① 대법원은 약혼예물에 관하여 이는 약혼의 성립을 증명하는 증거이며 또한 혼인의 불성립을 해제조건혼인이 불성립되면 반환하여야 하는 것임으로 하는 증여라고 보고 있다.

② 약혼이 해제되어 혼인이 되지 않는 것으로 확정되면 증여가 무효가 되는 것이므로민법 제548조 약혼예물의 반환을 청구할 수 있다.

③ 반환청구가 제한되는 경우

해제에 책임이 있는 당사자는 반환청구를 할 수 없다. 약혼예물의 수수는 혼인 불성립을 해제조건으로 하는 증여와 유사한 성질이기는 하나 약혼의 해제에 관하여 과실이 있는 유책자로서는 그가 제공한 약혼예물은 이를 적극적으로 반환을 청구할 권리가 없다대법원 1976. 12. 28. 76므41.

4-2. 혼인

(1) 혼인의 성립

현행 민법상 혼인이 성립하려면 실질적으로 혼인의사부존재할 경우 무효, 제815조 1항와 혼인신고가 있어야 한다법률혼주의. 혼인이 성립하더라도 혼인장애사유가 있으면 성립했던 혼인이 무효 또는 취소된다. 형식적으로는 가족관계의 등록 등에 관한 법률에 정한 바에 의하여 신고하여야 하고, 신고는 당사자쌍방과 성년자인 증인 2인의 연서한 서면으로 하여야 한다.

(2) 혼인신고의 법적 성질

혼인신고는 부부관계 및 가족적, 친족적 관계가 형성되는 창설적인 것창설적 신고이다.

(3) 혼인의 무효와 취소

1) 혼인의 무효

① 당사자 간에 혼인의 합의가 없는 때

가장혼인, 심신상실자가 혼인신고 당시에 의사능력을 결여하고 있을 경우, 당사자의 일방 또는 쌍방이 혼인신고를 수리하기 전에 혼인의사를 철회한 경우 등이다. 대법원은 "혼인이 유효하기 위하여는 당사자 사이에 혼인의 합의가 있어야 하고, 이러한 혼인의 합의는 혼인신고를 할 당시에도 존재하여야 한다. 혼례식을 거행하고 사실혼관계에 있었으나 일방이 뇌졸중으로 혼수상태에 빠져 있는 사이에 혼인신고가 이루어졌다면 특별한 사정이 없는 한 위 신고에 의한 혼인은 무효"라고 하고 있다대법원 1996. 6. 28. 94므1089.

② 혼인이 제809조 1항의 규정을 위반한 때

8촌 이내의 혈족친양자의 입양 전의 혈족을 포함한다 사이에서는 혼인하지 못한다. 부계, 모계, 자연, 법정혈족 모두 포함된다.

③ 당사자 간에 직계인척관계直系姻戚關係가 있거나 있었던 때

나를 기준으로 자, 손자, 부모, 조부모의 배우자이거나 이었던 사람들과는 혼인할 수 없다.

④ 당사자 간에 양부모계의 직계혈족관계가 있었던 때

양부모계의 8촌 이내의 혈족 사이에는 혼인이 금지된다. 양친자관계가 해소된 경우에는 그 금지범위가 6촌 이내로 축소되며, 직계혈족관계가 있었던 때에 한하여 무효로 된다.

2) 혼인의 취소

혼인의 취소사유가 있는 경우에 취소권자는 가정법원에 우선 조정을 신청하고, 조정이 성립하지 않으면 혼인취소청구소송에 의하여 혼인을 취소할 수 있다.

주의할 것은 혼인취소원인이나 취소권자와 관련하여 민법총칙상의 의사표시의 취소에 관한 규정은 적용되지 않는다는 점과 혼인취소의 효과는 소급하지 않는다는 점이다혼인무효나 재산법상의 취소에는 소급효가 있다는 점과 차이가 있다.

혼인취소의 사유는, ①혼인이 민법 제807조혼인연령위반, 민법 제808조동의가 없는 경우, 민법 제809조근친혼, 近親婚 또는 민법 제810조중혼의 규정에 위반한 때, ②혼인당시 당사자일방에 부부생활을 계속할 수 없는 악질 기타 중대한 사유 있음을 알지 못한 때, ③사기 또는 강박으로 인하여 혼인의 의사표시를 한 때이다민법 제816조.

(4) 혼인의 효력

1) 일반적 효력

① 친족관계 발생

친족관계가 발생한다. 즉 부부는 배우자로서 서로 친족이 되고민법 제777조 3호, 상대방의 4촌 이내의 혈족과 4촌 이내의 혈족의 배우자 사이에 인척관계가 생긴다민법 제777조 2호.

② 부부의 성姓

혼인 전 각자의 성이 그대로 유지된다.

③ 동거, 부양, 협조의 의무와 정조의무민법 제826조

부부는 동거의무가 있다. 부부의 동거 장소는 부부의 협의에 따라 정한다. 그러나 협의가 이루어지지 아니하는 경우에는 당사자의 청구에 의하여 가정법원이 이를 정한다. 부부사이의 부양의무는 경제적 여유가 있을 때에만 부양하는 친족적 부양과는 달리 무조건적 부양이다. 부양의무는 재산적인 것으로 부양청구심판을 청구할 수 있으며, 부양이행명령이 있

음에도 불구하고 이행하지 않는 경우에는 가사채무의 이행확보절차에 따른 강제집행이 가능하다. 부양의무위반은 악의의 유기 또는 혼인을 계속하기 어려운 중대한 사유에 해당되므로 이혼원인이 될 수 있다. 동거의무를 위반한 자의 부양료청구는 인정되지 않는다대법원 1991. 12. 10. 91므245.

부부는 서로 협조의무가 있다. 이를 이행하지 않는 경우, 이에 대한 강제이행방법은 없으며, 이혼원인에 해당될 뿐이다. 정조의무는 명문의 규정은 없지만, 중혼금지규정이나 배우자의 부정행위를 재판상 이혼원인으로 규정한 것으로 보아 인정할 수 있다. 당사자 일방이 정조의무를 위반한 경우에는 이혼원인이 되고, 그 일방은 손해배상책임을 부담한다민법 제843조, 제806조. 부정행위의 상대방도 배우자 있음을 알고서 정을 통한 때에는 공동불법행위자로서 배상책임을 지게 된다제760조. 정조의무를 위반한 부정행위가 자녀들에 대해서도 불법행위를 구성하는가에 대해서 판례는 특별한 사정이 없는 한 이를 부정한다대법원 80다1295.

④ 성년의제

혼인을 하면 성년으로 의제된다. 따라서 혼인한 자에 대한 친권행사와 후견이 종료되고, 혼인한 미성년자는 민법상 행위능력을 가지며, 자기의 자녀에 대해서 친권을 행사할 수 있다. 후견인, 유언증인, 유언집행자가 될 수 있고, 소송능력도 인정된다. 하지만 성년의제가 있더라도 만 17세 미만인 자의 유언은 유언능력이 없어 무효이다. 혼인하더라도 선거법, 청소년기본법, 청소년보호법, 근로기준법, 조세법 등에서는 여전히 미성년자이다.

2) 내외적 권한과 책임

부부간에는 일상가사 대리권이 있다. 즉, 부부는 일상의 가사에 관하여 서로 대리권이 있다. 그러나 선의의 제3자에게 대항하지 못한다. 일상가사란 가정생활상 상시 행하여지는 행위로서, 부부가 혼인 및 가정생활을 유지하기 위하여 각각 필요한 범위 내의 법률행위를 말한다. 부부의 일방이 일상의 가사에 관하여 제3자와 법률행위를 한 때에는 다른 일방은 이로 인한 채무에 대하여 연대책임이 있다. 그러나 이미 제3자에 대하여 다른 일방의 책임이 없음을 명시한 때에는 그러하지 아니하다.

5. 이혼

5-1. 이혼이란

이혼이란 유효한 혼인을 부부가 서로의 합의나 재판에 따라 혼인 관계를 끊고 헤어지는 것을 말한다. 이혼에는 협의이혼과 재판상 이혼이 있다.

5-2. 협의이혼

부부는 협의에 의하여 이혼할 수 있다. 협의이혼이 성립하려면 이혼의사의 합치가 있어야 한다. 이혼의사가 무엇이냐에 대해서는 실질적 의사설과 형식적 의사설이 대립한다. 최근 판례는 "청구인은 피청구인이 외국이민을 떠났다가 3년 후에 다시 귀국하여 혼인신고를 하여 주겠다고 하여 이를 믿고 이혼신고를 하였다면 별다른 사정이 없는 한 당사자 간에 일시적이나마 법률상의 부부관계를 해소할 의사가 있었다고 할 것이니 그 이혼신고는 유효하다고 할 것이다."라고 하여 형식적 의사설을 취하여 가장이혼이라고 해서 반드시 무효가 되는 것은 아니라고 하는 경향에 있다대법원 1981. 7. 28. 80므77. 이혼의사는 이혼신고서의 작성 시에는 물론이고, 그 서면이 수리되는 때에도 존재하여야 한다.

협의상 이혼은 가정법원의 확인을 받아 「가족관계의 등록 등에 관한 법률」의 정한 바에 의하여 신고함으로써 그 효력이 생긴다. 한편 충동에 의한 이혼, 자녀의 복리가 전혀 고려되지 않는 채 이루어지는 이혼 등으로 많은 문제가 제기되자, 2008년 6월 22일부터 이혼숙려기간제도가 도입했다. 즉 협의상 이혼을 하려는 자는 가정법원이 제공하는 이혼에 관한 안내를 받아야 하고, 가정법원은 필요한 경우 당사자에게 상담에 관하여 전문적인 지식과 경험을 갖춘 전문상담인의 상담을 받을 것을 권고할 수 있다.

이혼숙려기간은 부부에게 임신 중인 자를 포함하여 양육하여야 할 미성년 자녀가 있는 경우에는 3개월, 성년이 된 자녀가 있는 경우에는 1개월이다. 따라서 협의이혼하려는 부부는 위 이혼숙려기간이 지나야 판사 앞에서 협의이혼의사를 확인받을 수 있다. 그리고 그 확인서 등본을 첨부하여 구청, 읍, 면사무소에 이혼친권자지정신고서를 제출함으로써 이혼이 성립된다.

5-3. 재판상 이혼

재판상 이혼은 법원의 재판에 의해 성립하는 것으로서 재판상 이혼을 하려는 자는 먼저 가정법원에 조정을 신청하여야 하고 그 후에 서면으로 심판을 청구할 수 있다. 재판상 이혼 사유로는, ①배우자에 부정한 행위가 있었을 때, ②배우자가 악의로 다른 일방을 유기한 때, ③배우자 또는 그 직계존속으로부터 심히 부당한 대우를 받았을 때, ④자기의 직계존속이 배우자로부터 심히 부당한 대우를 받았을 때, ⑤배우자의 생사가 3년 이상 분명하지 아니한 때, ⑥ 기타 혼인을 계속하기 어려운 중대한 사유가 있을 때이다.

5-4. 유책주의와 파탄주의

파탄주의破綻主義는 재판 이혼 시 쌍방의 책임 여부와 상관없이 이혼을 인정하는 것을 말하고, 유책주의有責主義는 파탄에 책임이 있는 배우자의 이혼 청구권을 원칙적으로 인정하지 않는 것을 말한다. 따라서 파탄주의破綻主義는 이혼 파탄의 책임이 있는 배우자라도 이혼 청구가 가능하다. 유럽을 중심으로 많은 나라가 파탄주의를 취하고 있다. 파탄주의나 유책주의 모두 재판상 이혼에 해당하는 것으로 협의 이혼과는 관련이 없다. 우리나라는 남편이 아내를 강제적, 일방적으로 쫓아내는 축출이혼을 방지하고 사회적 약자를 보호하기 위해 민법상 유책주의를 원칙으로 채택하여왔다.

최근 우리 대법원은 "민법 제840조 제6호 이혼사유에 관하여 유책배우자의 이혼청구를 허용할 것인지 여부와 예외적으로 유책배우자의 이혼청구를 허용할 수 있는 경우 및 판단 기준을 대법원 전원합의체에서 제시하였다. 이혼에 관하여 파탄주의를 채택하고 있는 여러 나라의 이혼법제는 우리나라와 달리 재판상 이혼만을 인정하고 있을 뿐 협의상 이혼을 인정하지 아니하고 있다. 우리나라에서는 유책배우자라 하더라도 상대방 배우자와 협의를 통하여 이혼을 할 수 있는 길이 열려 있다. 이는 유책배우자라도 진솔한 마음과 충분한 보상으로 상대방을 설득함으로써 이혼할 수 있는 방도가 있음을 뜻하므로, 유책배우자의 행복추구권을 위하여 재판상 이혼원인에 있어서까지 파탄주의를 도입하여야 할 필연적인 이유가 있는 것은 아니다"라고 판결하였다대법원 2015. 9. 15. 2013므568.

6. 입양Adoption

6-1. 입양의 의의

자연혈연적인 친자관계가 없는 사람들 간의 친자관계를 법적으로 의제하는 것을 목적으로 하는 신분행위를 말한다.

6-2. 입양의 요건과 효력

성년이 된 사람은 입양을 할 수 있다. 미성년자를 입양하려는 사람은 가정법원의 허가를 받아야 한다. 가정법원은 양자가 될 미성년자의 복리를 위하여 그 양육 상황, 입양의 동기, 양부모의 양육능력, 그 밖의 사정을 고려하여 입양의 허가를 하지 아니할 수 있다. 양자가 될 사람이 13세 이상의 미성년자인 경우에는 법정대리인의 동의를 받아 입양을 승낙한다. 양자가 될 미성년자는 부모의 동의를 받아야 한다. 배우자가 있는 사람은 배우자와 공동으로 입양하여야 한다. 배우자가 있는 사람은 그 배우자의 동의를 받아야만 양자가 될 수 있다. 존속이나 연장자를 입양할 수 없다. 양자는 입양된 때부터 양부모의 친생자와 같은 지위를 가진다. 양자의 입양 전의 친족관계는 존속한다.

베이비 박스

베이비 박스는 영아 살해가 많았던 중세 유럽에서 교회나 병원 입구에 아이를 두고 갈 수 있도록 만든 통이었다. 중세나 지금이나 아기를 맡기는 사람의 신원을 알 수 없게 한 것이 특징이다. 독일과 폴란드, 이탈리아, 러시아 등 유럽 일부 국가에 아직 베이비 박스가 존재한다.

그동안 우리나라는 당사자 간 합의만으로 쉽게 입양이 이뤄지고, 출생신고가 안 된 아이를 입양 부모의 친자로 등록하는 것이 관행이었다. 그러나 아동 인권 측면에서 향후 성인이 된 입양 아동이 자기 출생의 기원을 찾기 힘들어 인권 침해라는 지적을 받아 왔다. 따라서 개정 입양특례법은 국가기관인 법원이 개입해 입양 허가를 받게 했고, 친부모가 출생신고를 한 후 입양이 가능하도록 했다. 그러다 보니 아기를 자신의 가족등록부에 올려 '기록'이 남는 것을 원치 않는 미혼모들이 '베이비 박스'를 자주 이용하고 있다.

입양특례법 개정 이후 베이비 박스의 적법성을 둘러싼 논란은 아예 뒤로 밀린 상황이다. 베이비 박스는 설치 초기부터 "영아 유기를 조장한다."라는 비판과 "버려지는 아기들의 생명을 지켜주는 수단"이라는 주장이 맞서고 있다.

7. 친권자

미성년자에게 친권을 행사할 권리와 의무가 있는 사람을 말한다. 부모는 미성년자인 자의 친권자가 된다. 양자의 경우에는 양부모養父母가 친권자가 된다민법 제909조 제1항. 친권은 부모가 혼인 중인 때에는 부모가 공동으로 이를 행사한다. 그러나 부모의 의견이 일치하지 아니하는 경우에는 당사자의 청구에 의하여 가정법원이 이를 정한다민법 제909조 제2항. 혼인 외의 자가 인지된 경우와 부모가 이혼하는 경우에는 부모의 협의로 친권자를 정하여야 하고, 협의할 수 없거나 협의가 이루어지지 아니하는 경우에는 가정법원은 직권으로 또는 당사자의 청구에 따라 친권자를 지정하여야 한다. 다만, 부모의 협의가 자子의 복리에 반하는 경우에는 가정법원은 보정을 명하거나 직권으로 친권자를 정한다민법 제909조 제4항. 가정법원은 자의 복리를 위하여 필요하다고 인정되는 경우에는 자의 4촌 이내의 친족의 청구에 의하여 정하여진 친권자를 다른 일방으로 변경할 수 있다민법 제909조 제6항.

최진실법

부부가 이혼 후 단독 친권자로 정해진 부모의 일방이 사망한 경우, 생존하는 다른 부 또는 모의 친권이 당연히 부활되는 지가 문제 되었다. 종전에는 대법원 가족관계 등록예규나 판례에 따라 단독 친권자가 사망한 경우 생존하는 부모의 친권이 자동 부활하는 것으로 해석되었다. 그러나 2008년 배우 최00의 사망 후 자녀들에 대한 친권이 재혼한 親父인 조00에게 인정되는 것이 바람직한가에 대해 사회적으로 큰 논란이 되었다.

즉, 생존 부모의 자녀에 대한 의무이행정도(양육비지급, 면접교섭 등의 성실성), 자녀의 의사 등을 고려하지 않은 채 당연히 생존 부모의 친권이 부활하도록 하는 것은 오히려 자녀의 복리에 악영향을 끼칠 수 있으므로, 자녀의 복리를 증진할 수 있는 친권제도의 개선의 시급성이 대두되었다.

이에 국회와 법무부는 민법을 개정하여 단독친권자가 사망한 경우 생존한 부 또는 모, 미성년자, 미성년자의 친족이 가정법원에 생존한 부 또는 모를 친권자로 지정할 것을 청구할 수 있고, 가정법원은 직권 또는 신청으로 친권자나 미성년후견인을 선정할 수 있게 되었다(민법 제927조의2). 이것이 오늘날 통용되고 있는 '최진실법'이다.

제2절 상속법

1. 상속의 의의

피상속인의 사망에 의해 상속인이 피상속인에 속하던 모든 재산상의 권리·의무를 포괄적으로 승계하는 것을 말한다. 상속에는 재산상속과 호주상속이 있는데, 호주상속은 폐지되어, 현재는 재산상속만 존재한다.

2. 상속순위

상속에 있어서 순위는, ①피상속인의 직계비속, ②피상속인의 직계존속, ③피상속인의 형제자매, ④피상속인의 4촌 이내의 방계혈족 순이다. 태아는 상속순위에 관하여는 이미 출생한 것으로 본다. 피상속인의 배우자는 ①피상속인의 직계비속, ②피상속인의 직계존속이 있는 경우에는 그 상속인과 동순위로 공동상속인이 되고 그 상속인이 없는 때에는 단독 상속인이 된다. 상속인이 될 직계비속 또는 형제자매가 상속개시 전에 사망하거나 결격자가 된 경우에 그 직계비속이 있는 때에는 그 직계비속이 사망하거나 결격된 자의 순위에 갈음하여 상속인이 된다.

형제와 사위의 상속

Q. 수백억대 부자인 甲과 그의 무남독녀인 딸 乙이 비행기 사고로 사망하였다. 甲의 유족으로는 의사인 사위 丙과 甲의 형제들이 있다. 이 경우 甲의 재산은 누가 상속할까?

A. 민법상으로는 1순위 상속인은 배우자와 직계비속(직계후손), 2순위는 배우자와 직계존속(직계선조), 3순위는 형제자매, 4순위는 4촌 이내의 방계혈족(3촌, 4촌을 말함)으로 되어 있다. 그런데 위의 경우 甲이 먼저 사망하였다면 딸인 乙이 재산을 상속하고, 그 다음 딸인 乙이 사망하여 그 배우자인 의사사위 丙이 다시 상속하는 형태로 될 것이고, 만약 딸인 乙이 먼저 사망하였다면 그 배우자인 의사 丙은(자녀가 있는 경우 자녀와 함께) 딸인 乙의 재산만 상속하게 되고 甲과는 아무런 관계가 없게 되어 甲의 재산인은 3순위 상속인인 형제자매에게 갈 수 있다.
그런데 우리 민법은 '대습상속'이라는 제목하에서 원래 딸인 乙이 甲의 재산을 상속하여야 하는데 딸이 먼저 죽어버린 경우 그 배우자인 의사(그 자녀들)는 甲보다 먼저 죽은 딸이 상속하였어야 할 甲의 재산을 딸인 처를 대신하여 상속하도록 하고 있다.
한편 위와 같은 경우를 '동시사망'이라 하는데 위와 같이 본다면 딸이 甲보다 먼저 죽든 늦게 죽든 甲의 재산은 甲의 형제간이 아니라 사위와 그 자녀(장인을 기준으로 하면 외손자)가 상속받게 된다. 대법원도 사위에게 상속권을 인정하였다.

3. 상속인의 결격사유

3-1. 고의로 직계존속, 피상속인, 그 배우자 또는 상속의 선순위나 동순위에 있는 자를 살해하거나 살해하려한 자

3-2. 고의로 직계존속, 피상속인과 그 배우자에게 상해를 가하여 사망에 이르게 한 자

3-3. 사기 또는 강박으로 피상속인의 상속에 관한 유언 또는 유언의 철회를 방해한 자

3-4. 사기 또는 강박으로 피상속인의 상속에 관한 유언을 하게 한 자

3-5. 피상속인의 상속에 관한 유언서를 위조 · 변조 · 파기 또는 은닉한 자

4. 상속의 효력

상속인은 상속개시된 때로부터 피상속인의 재산에 관한 포괄적 권리의무를 승계한다. 그러나 피상속인의 일신에 전속한 것은 그러하지 아니하다. 상속인이 수인인 때에는 상속재산은 그 공유로 한다. 공동 상속인 중에 피상속인으로부터 재산의 증여 또는 유증을 받은 자가 있는 경우에 그 수증재산이 자기의 상속분에 달하지 못한 때에는 그 부족한 부분의 한도에서 상속분이 있다.

5. 기여분

공동 상속인 중에 상당한 기간 동거·간호, 그 밖의 방법으로 피상속인을 특별히 부양하거나 피상속인의 재산의 유지 또는 증가에 특별히 기여한 자가 있을 때에는 상속개시 당시의 피상속인의 재산가액에서 공동상속인의 협의로 정한 그 자의 기여분을 공제한 것을 상속재산으로 보고 민법 제1009조 및 제1010조에 의하여 산정한 상속분에 기여분을 가산한 액으로써 그 자의 상속분으로 한다.

6. 상속분

동순위의 상속인이 수인인 때에는 그 상속분은 균분으로 한다. 피상속인의 배우자의 상속분은 직계비속과 공동으로 상속하는 때에는 직계비속의 상속분의 5할을 가산하고, 직계존속과 공동으로 상속하는 때에는 직계존속의 상속분의 5할을 가산한다.

7. 상속의 승인 및 포기

상속인은 상속개시가 있음을 안 날로부터 3월 내에 단순승인이나 한정승인 또는 포기를 할 수 있다. 그러나 그 기간은 이해관계인 또는 검사의 청구에 의하여 가정법원이 이를 연장할 수 있다. 그러나 이에 불구하고 상속인은 상속채무가 상속재산을 초과하는 사실을 중대한 과실 없이 3월 내에 알지 못하고 단순승인을 한 경우에는 그 사실을 안 날부터 3월 내에 한정승인을 할 수 있다. 또한 상속인이 무능력자인 때에는 3개월의 기간은 그 법정대리인이 상속개시 있음을 안 날로부터 기산한다.

8. 단순승인

상속인이 채무를 포함한 피상속인의 모든 재산의 권리, 의무를 제한 없이 승계할 것을 승인하는 상속인의 의사 표시이다. 즉 단순승인은 적극재산이건 소극재산이건, 현금이건 빚이건 간에 모두 상속받겠다는 것을 말한다.

상속인이 단순승인을 한 때에는 제한 없이 피상속인의 권리의무를 승계한다. 단순승인의 의사표시가 없더라도, ①상속인이 상속재산에 대한 처분행위를 한 때, ②상속인이 상속개시 있음을 안 날로부터 3월 내에 한정승인 또는 포기를 하지 아니한 때, ③상속인이 한정승인 또는 포기를 한 후에 상속재산을 은닉하거나 부정소비하거나 고의로 재산목록에 기입하지 아니한 때에는 법적으로 단순승인을 한 것으로 본다.

9. 한정승인

한정승인은 상속인이 상속에 의하여 받은 재산의 한도 안에서만 피상속인의 채무나 증여를 갚을 책임을 지는 것을 조건으로 하는 상속의 승인을 말한다. 상속인이 수인인 때에 각 상속인은 그 상속분에 응하여 취득할 재산의 한도에서 그 상속분에 의한 피상속인의 채무와 유증을 변제할 것을 조건으로 상속을 승인할 수 있다.

상속인이 한정승인을 함에는 상속인이 상속개시가 있음을 안 날로부터 3월내 또는 상속인은 상속채무가 상속재산을 초과하는 사실을 중대한 과실 없이 3개월의 기간 내에 알지 못하고 단순승인 한 경우에는 그 사실을 안 날부터 3월내에 상속재산의 목록을 첨부하여 법원에 한정승인의 신고를 하여야 한다. 한정승인을 하더라도 상속인이 상속재산을 은닉하거나, 부정소비하거나, 고의로 재산목록에 기입하지 않는 때는 단순승인으로 본다.

10. 상속포기

상속포기는 상속인이 피상속인의 모든 재산을 포기하겠다는 의사표시이다. 상속인이 상속을 포기할 때에 상속인은 상속개시가 있음을 안 날로부터 3월내에 가정법원에 포기의 신고를 하여야 한다. 상속의 포기는 상속개시가 된 때에 소급하여 그 효력이 있다. 상속인이 수인인 경우에 어느 상속인이 상속을 포기한 때에는 그 상속분은 다른 상속인의 상속분의 비율로 그 상속인에게 귀속된다.

11. 유언

11-1. 유언의 의의

유언자의 사망과 동시에 일정한 법률효과를 발생시키는 것을 목적으로 하여 일정한 방식에 따라서 일정한 법정사항에 대하여 행하는 상대방 없는 단독의 의사표시이다. 만 17세에 달하지 못한 자는 유언을 하지 못한다. 유언은 재산상속과 밀접한 연관성이 있기 때문에 엄격한 방식을 요구하고 있다. 대법원은 주소없이 동洞만 쓴 유언장은 효력이 없다고 하였다.[120]

11-2. 유언의 방식

유언의 방식은 자필증서, 녹음, 공정증서, 비밀증서와 구수증서의 5종이 있다.

120) 유언자 배00는 자기의 모든 재산을 아들 윤00에게 유증한다는 유언장을 작성하면서 작성연월일, 주민등록번호, 이름을 쓴 뒤 날인했고, 그 옆에 명확한 주소를 쓰지 않은 채, '암사동에서'라고 기재한 경우, 1, 2심은 피상속인의 주된 생활 근거지가 암사동으로 보이고, 유언장에 주민등록번호가 기재되어 있어 유언장은 효력이 있다고 했지만, 대법원은 민법 제1066조 1항에 따라 주소를 명확히 기재하여야 한다고 하여, 유언장은 무효라고 하였다.

(1) 자필증서에 의한 유언

자필증서에 의한 유언은 유언자가 그 전문과 연월일, 주소, 성명을 자서하고 날인하여야 한다. 이 경우 증서에 문자의 삽입, 삭제 또는 변경을 함에는 유언자가 이를 자서하고 날인하여야 한다.

(2) 녹음에 의한 유언

녹음에 의한 유언은 유언자가 유언의 취지, 그 성명과 연월일을 구술하고 이에 참여한 증인이 유언의 정확함과 그 성명을 구술하여야 한다.

(3) 공정증서에 의한 유언

공정증서에 의한 유언은 유언자가 증인 2인이 참여한 공증인의 면전에서 유언의 취지를 구수하고 공증인이 이를 필기 낭독하여 유언자와 증인이 그 정확함을 승인한 후 각자 서명 또는 기명날인 하여야 한다.

(4) 비밀증서에 의한 유언

비밀증서에 의한 유언은 유언자가 필자의 성명을 기입한 증서를 엄봉날인하고 이를 2인 이상의 증인의 면전에 제출하여 자기의 유언서임을 표시한 후 그 봉서표면에 제출 연월일을 기재하고 유언자와 증인이 각자 서명 또는 기명날인 하여야 한다. 이 경우 유언봉서는 그 표면에 기재된 날로부터 5일 내에 공증인 또는 법원서기에게 제출하여 그 봉인상에 확정 일자인을 받아야 한다. 비밀증서에 의한 유언이 그 방식에 흠결이 있는 경우에 그 증서가 자필증서의 방식에 적합한 때에는 자필증서에 의한 유언으로 본다.

(5) 구수증서에 의한 유언

구수증서에 의한 유언은 질병 기타 급박한 사유로 인하여 전4조의 방식에 의할 수 없는 경우에 유언자가 2인 이상의 증인의 참여로 그 1인에게 유언의 취지를 구수하고 그 구수를 받은 자가 이를 필기 낭독하여 유언자의 증인이 그 정확함을 승인한 후 각자 서명 또는 기명날인하여야 한다. 또한 구수증서의 방식에 의한 유언은 그 증인 또는 이해관계인이 급박한 사유의 종료한 날로부터 7일 내에 법원에 그 검인을 신청하여야 한다.

11-3. 증인의 결격사유

미성년자, 피성년후견인과 피한정후견인, 유언으로 이익을 받을 사람, 그의 배우자와 직계혈족, 공정증서에 의한 유언에는 「공증인법」에 따른 결격자는 증인이 되지 못한다.

11-4. 유언의 효력

유언은 유언자가 사망한 때로부터 그 효력이 생긴다. 유언에 정지조건이 있는 경우에 그 조건이 유언자의 사망 후에 성취한 때에는 그 조건성취한 때로부터 유언의 효력이 생긴다. 유증을 받을 자는 유언자의 사망 후에 언제든지 유증을 승인 또는 포기할 수 있다. 이 경우의 승인이나 포기는 유언자의 사망한 때에 소급하여 그 효력이 있다.

대법원판결 **유언의 효력**

녹십자 허OO 전 회장은 2008년 11월 19일 뇌종양 수술을 받았던 서울대병원의 세미나실에서 보유 주식(약 670억 원)을 사회로 넘기고, 일부만 부인 정씨 및 차남·삼남에게 상속하라고 구술유언을 하고, 2009년 11월 사망하였다. 하지만 허 전 회장의 장남인 허OO는 전 녹십자 부사장이 어머니 정OO 씨 등을 상대로 "아버지가 인지 능력이 없는 상태에서 작성된 유언장은 무효"라고 소송을 제기하였다. 이에 대법원은 2012년 12월 27일 대법원은 "허 전 회장이 아들들에게 재산을 적게 나눠 주고 재산을 사회에 환원하며 특히 장남을 상속자에서 제외한다는 뜻을 유언으로 남긴 게 분명하고, 유언은 허 전 회장의 진정한 의사에 따라 작성된 것으로 판단된다."라고 하였다. 그러나 사망 1년 전 이내에 증여를 했다면 유류분 반환청구소송의 대상이 될 수 있기 때문에 논란의 가능성은 있다.

12. 유류분

12-1. 의의

상속 재산 가운데 상속을 받은 사람이 다른 일정한 상속인을 위해 반드시 남겨 두어야 할 일정한 부분을 말한다. 유류분 제도는 사람이 자기의 재산을 자기의 의사에 따라 자유로이 처분할 수 있다는 사상과 재산은 가급적 가족에게 남겨주자는 사상과의 타협에서 성립한 것으로서, 1977년 민법의 일부개정으로 신설했다.

12-2. 상속인의 유류분

(1) 피상속인의 직계비속은 그 법정상속분의 2분의 1

(2) 피상속인의 배우자는 그 법정상속분의 2분의 1

(3) 피상속인의 직계존속은 그 법정상속분의 3분의 1

(4) 피상속인의 형제자매는 그 법정상속분의 3분의 1

12-3. 유류분의 산정

유류분은 피상속인의 상속개시에 있어서 가진 재산의 가액에 증여재산의 가액을 가산하고 채무의 전액을 공제하여 이를 산정한다. 증여는 상속개시 전의 1년간에 행한 것에 한하여 그 가액을 산정한다. 당사자쌍방이 유류분 권리자에 손해를 가할 것을 일고 증여를 한 때에는 1년 전에 한 것도 같다. 증여에 대하여는 유증을 반환받은 후가 아니면 이것을 청구할 수 없다. 반환의 청구권은 유류분 권리자가 상속의 개시와 반환하여야 할 증여 또는 유증을 한 사실을 안 때로부터 1녀 내에 하지 아니하면 시효에 의하여 소멸한다. 상속이 개시한 때로부터 10년을 경과한 때도 같다.

12-4. 유류분제도의 위헌여부

유류분제도는 1977년 당시 상속에서 배제되던 여성 배우자와 여성 자녀 보호와 유족들의 생존권 보장 차원에서 시작되었다. 하지만 2000년 초반까지 남성과 장남 중심의 상속문화가 만연하여 사문화되었다가 최근 개인의 권리에 대한 인식이 확대되며 유류분 소송수가 급속하게 증가하고 있다. 이에 법원은 2020년 1월 28일 "유류분 제도는 피상속인의 재산처분 자유를 심각하게 침해하고, 재산형성 과정에 기여가 없고 불효나 불화 등으로 관계가 악화된 자녀들에게 재산이 무조건 귀속되도록 강제한 현행 법률의 합리적 이유를 찾기 어렵다"는 이유로 위헌법률심판을 헌법재판소에 제청하였다. 그러나 2010년 헌법재판소는 "피상속인의 재산처분의 자유를 보장하면서도 유족들의 생존권을 보호한다"는 측면에서 합헌결정을 하였다헌재 2010. 12. 28. 2009헌바20. 미국·독일·일본 등에서도 유류분 제도는 여전히 통용되고 있다.

제8장

상법

제1절 서설

상법은 1962년 1월 20일 법률 제1000호로 제정·공포되어 1963년 1월 1일부터 시행되어 온 현행 상법전을 말한다. 상법은 영리를 목적으로 활동하는 '상인'을 그 적용대상으로 하는 점에서 대표적인 특별사법이다. 현행 상법전의 내용으로는 총칙, 상행위, 회사, 보험, 해상으로 구성되어 있다.

1. 상법의 의의

상법이란 '상商'[121]에 관한 법으로서, 실질적 의의와 형식적 의의로 구분할 수 있다. 전자는 '기업관계에 특유한 사법법규私法法規의 총체'라 할 것이다. 후자는 상법전을 말하며, 현재 총칙, 회사, 보험, 해상 등 5편으로 나누어져 있다. 1962년에 공포되어, 1963년부터 시행되었

121) 商이란 경제학상 개념으로서 '공급자와 수요자간에 재화의 이전을 매개하는 행위'를 말한다.

다. 그리고 2011년 건국 이래 최고의 상법개정이 있었다. 그 주요내용은 다음과 같다.

2. 개정상법의 내용

2-1. 다양한 형태의 회사 설립 가능

기존 상법상의 회사는 '합명 · 합자 · 유한 · 주식회사' 로 4가지였는데, '합자조합'과'유한책임회사' 등이 추가되어 6가지가 되었다. '합자조합'은 회사 경영을 맡은 업무집행조합원무한책임조합원과 여기에 투자를 하는 유한책임조합원으로 구성된 회사형태를 말한다. 합자조합은 정관을 작성할 필요가 없고, 조합계약서를 작성하고 등기 하여 합자조합을 설립할 수 있다. 무한책임조합원은 경영을 하고 사업상 발생한 채무에 대하여 개인적 재산으로도 무한책임을 지는 반면, 유한책임조합원으로서 경영에는 관여하지 않고, 사업상 발생한 채무에 대하여 출자한 만큼의 책임을 진다개정 상법 제86조의2부터 제86조의9.

'유한책임회사'는 주식회사처럼 출자자들이 유한책임을 지면서도 이사나 감사를 의무적으로 선임하지 않아도 되는 회사를 말한다. 이는 게임회사 등과 같은 청년 창업에 적합하다고 본다개정 상법 제287조의2부터 제287조의45.

2-2. 여러 가지 형태의 주식발행 가능

다양한 형태의 주식 발행이 가능하다. 즉 현재의 보통주에서 '의결권이 없는 보통주', '일부에 대해서만 의결권이 없는 보통주' 발행이 가능하다. '이익배당우선주'의 발행도 가능하게 된다. 사실 개미투자자의 경우 의결권보다는 가격이 낮은 주식을 선호한다. 본인들의 의견들이 주주총회에서 반영될 확률이 없기 때문이다. 이렇게 되면 중소기업이 효율적으로 자금을 조달할 수 있을 확률이 높다.

2-3. 최저자본금 제도 폐지

지금까지는 주식회사를 설립하기 위해서는 많은 돈을 자본금으로 의무적으로 넣는 소위 '최저자본금제도'가 운영되고 있다. 이는 자금이 없는 사람들이 회사를 설립하기 힘든 제도였다. 따라서 이번 상법 개정에는 기존의 액면주식뿐만 아니라, 주식의 액면가가 없는 '무액면주식'을 발행할 수 있도록 하였다. 즉 무액면주식과 액면주식 한 종류를 선택하여 회사를 설립할 수 있게 되었다.

2-4. 기타

준법과 윤리경영을 강화하기 위해 금융기관에만 설치되어 있던 '준법감시인 제도'를 규모가 큰 일반 기업에도 설치하도록 하였고, 정관에서 배당에 관한 결정 권한을 이사회에 부여할 수 있도록 하고, 금전배당 외에 '현물배당'도 가능하도록 하였다.

제2절 상법의 이념과 법원

1. 기업의 유지강화

상법은 기본적으로 기업의 형성과 유지를 위한 실체법이다. 기업이 해산된다면 기업뿐 만 아니라 국가도 큰 손해를 입게 되고, 국민경제적 입장에서도 중요한 의의가 있다. 따라서 상법은 기업의 유지와 강화를 위하여 필요한 각종의 제도와 규정을 다각적으로 마련해 놓고 있다. 그 대표적인 것이 ①영리성 보장 ②자본집중 촉진 ③노동력 보충 ④기업의 독립성 보전 ⑤소유와 경영의 분리이다.

2. 기업활동의 합리화상거래의 신속, 안전화

기업활동의 왕성과 상거래의 신속 안전화를 위해, 단기소멸시효, 계약체결방법의 간이·신속발신주의, 신고의무제도, 공시주의상업등기제도, 외관을 신뢰하고 거래한 자를 보호하는 외관주의금반언의 원칙, 엄격책임주의공중접객업자, 운송주선인, 운송인, 해상운송인, 창고업자의 엄격한 책임 등을 규정하고 있다.

3. 상법의 법원과 효력

상법의 법원은 상법전, 상사특별법령 및 상사관계조약, 상관습법[122], 상사관습법회사의 정관, 증권거래서의 업무규정 등이 있다. 법규적용의 순서는 자치법정관 → 상사특별법령 및 조약 → 상법전 → 상관습법 → 상사판례법 → 민사특별법 → 민법전 → 민사판례법 → 조리 순이다.

제3절 상인商人

1. 상인의 개념

자기의 책임 및 계산으로 상업을 경영하는 자를 말한다. 즉 거래로 인해 발생하는 권리를 취득하고 의무를 부담하는 자를 말한다. 변호사·의사·공인회계사 · 예술가 등의 자유직업인은 임금을 받을 목적으로 노무에 종사하기 때문에 상인으로 보지 않는다. 상인의 개념을 정하는 입법주의에는 실질주의·형식주의·절충주의의 3가지가 있다.

2. 상인에 대한 입법주의

2-1. 실질주의상행위법주의

실질주의는 실질적인 상행위를 열거하여 열거된 상행위를 영업으로 인정하는 것으로서 프랑스와 스페인의 상법이 여기에 속한다. 상법은 제4조에서 당연상인當然商人을 규정하고 있다.

---

122) 사실인 상관습이 사회의 법적 확신에 의해 지지를 받게 된 법규범.

2-2. 형식주의상인법주의

행위의 실질적인 성질을 구별하지 않고 어떠한 행위든지 일정한 형식을 갖추고 상인적 방법으로 영업을 하는 자를 상인으로 간주한다스위스의 채무법. 상인개념을 정하고, 상행위를 결정하고, 상법 제5조에서 의제상인으로 규정하고 있다.

2-3. 절충주의

현행상법현행상법은 상법 제4조와 제5조에서 양 주의를 모두 병행이며 '실질에 의한 상인'과 '경영형식에 의한 상인'의 2종류를 인정하는 것으로 독일과 일본의 상법이 여기에 속한다.

3. 당연상인

자기명의로 상행위를 하는 자를 말한다.[123] 상법 제46조에는 당연상인의 상행위를 22개로 규정하고 있다. 즉 ①매매행위, ②임대차행위, ③제조·가공 또는 수선에 관한 행위, ④전기·전파·가스 또는 물의 공급에 관한 행위, ⑤작업 또는 노무 도급의 인수, ⑥출판·인쇄 도급의 인수, ⑦광고·통신 또는 정보에 관한 행위, ⑧자금·환금 기타의 금융거래, ⑨객客의 집래集來를 위한 시설에 의한 거래, ⑩상행위 대리의 인수, ⑪중개에 관한 행위, ⑫위탁매매 기타의 주선에 관한 행위, ⑬운송의 인수, ⑭임치任置의 인수, ⑮신탁의 인수, ⑯무진無盡, ⑰보험, ⑱광물 또는 토석의 채취에 관한 행위, 기계, 시설, 그 밖의 재산의 금융리스에 관한 행위, 상호·상표 등의 사용허락에 의한 영업에 관한 행위 영업상 채권의 매입·회수등에 관한 행위, 신용카드, 전자화폐 등을 이용한 지급결제 업무의 인수 등이다.

123) 그러나 오로지 임금을 받을 목적으로 물건을 제조하거나 노무에 종사하는 자의 행위는 그러하지 아니하다.

4. 의제상인상법 제5조

4-1. 설비상인

점포, 기타 유사한 설비에 의해서 상인적 방법으로 영업을 하는 자로 상행위를 하지 않더라도 상인으로 본다상법 제5조 1항.

4-2. 민사회사

회사는 상행위를 하지 않더라도 상인으로 본다상법 제5조 2항.

5. 소상인小商人

1000만 원 미만의 자본금을 가지고 영업을 하는 상인으로서, 지배인, 상호, 상업장부, 상업등기의 규정은 적용하지 않는다상법 제9조.

제4절 상업사용인商業使用人

1. 의의

상업사용인이란 특정 상인에 종속하여 상인의 대외적인 영업활동을 보조하는 자를 말하며, 고용계약이 반드시 요구되지는 않는다. 대내적 보조자운전기사, 청소부 등는 상업사용인이 아니다. 대리권의 범위에 따라 지배인, 부분적 포괄대리권을 가진 사용인, 물건판매점포의 사용인으로 구분된다.

2. 종류

2-1. 지배인

지배인이란 상인의 영업전반에 걸쳐 포괄적 대리권을 갖고 보조하는 사람이다. 즉 영업주에 갈음하여 그 영업에 관한 재판상, 재판 외의 모든 행위를 할 수 있는 대리권을 가진 상업사용인을 말한다. 지배인은 영업주인 상인이나 그의 대리인의 명시적 의사표시에 의하여 선임되며, 소상인은 지배인을 선임할 수 없다상법 제11조. 지배인의 선임과 종임은 등기사항이며 상법 제13조, 선임과 종임의 사실이 있다하더라도 등기하지 않는 한 선의의 제3자에게 대항할 수 없다.

2-2. 부분적 포괄대리권을 가진 사용인상법 제15조

지배인 다음가는 상업사용인으로서 영업의 특정한 종류 또는 특정한 사항에 대하여 대리권이 있는 상업사용인이다. 이에는 부장, 과장, 계장, 주임 등이 있다. 이러한 사용인의 대리권에 대한 제한으로 선의의 제3자에게 대항하지 못한다. 외관책임의 요건을 갖추면 소위 '표현과장'의 성립이 가능하다.

2-3. 물건판매점포의 사용인상법 제16조

물건을 판매하는 점포의 사용인은 그 판매에 관한 모든 권한이 있는 것으로 본다. 영업주가 그의 의사에 의하여 고객과의 거래를 위하여 점포에 사용하는 한 반드시 고용계약이 존재하지 않더라도 소유권의 이전을 가져오는 판매에 관하여 대리권이 있는 것으로 의제하는 것이다. 또한 상대방이 선의인 경우이어야 한다상법 제14조 1항, 제16조 2항. 이러한 대리권은 거래가 점포에서 체결되었거나 적어도 점포에서 개시된 경우에 인정된다.

3. 상업사용인의 의무

상업사용인은 영업주의 영업에 관하여 대리권이 있고, 또 영업의 내용에 관하여 잘 알고 있으므로 영업주와 상업사용인 사이에는 고도의 인적 신뢰관계가 유지되어야 한다. 따라서 상법은 다음과 같은 부작위 의무를 과하고 있다.

3-1. 경업피지의무의 내용상법 제17조 1항

상업사용인은 영업주의 허락 없이 자기 또는 제3자의 계산으로 영업주의 영업부류에 속한 거래를 하거나 회사의 무한책임사원, 이사 또는 다른 상인의 사용인이 되지 못한다.

3-2. 의무위반의 효과

영업주는 사용인에 대하여 계약의 해지 또는 손해 배상을 청구할 수 있다. 이러한 권리는 영업주가 그 거래를 안 날로부터 2주간을 경과하거나 그 거래가 있은 날로부터 1년을 경과하면 소멸한다.

제5절 상호商號

1. 상호의 의의

상인이 영업을 할 때 자기 상점이나 회사를 표시하기 위하여 쓰는 이름을 말한다. 즉 상인이 영업상 자기를 표시하기 위해 사용하는 명칭을 말한다. 따라서 상인 이외의 자가 사용하는 명칭은 상호가 아니다. 상인은 그 성명이나 기타의 명칭으로 상호를 자유로이 선정·사용할 수 있지만상호자유선정주의, 상법 제18조, 회사의 상호에는 그 종류에 따라 합명회사, 합자회사, 유한책임회사, 주식회사 또는 유한회사의 문자를 사용하여야 한다동법 제19조. 회사가 아니면 상호에 회사임을 표시하는 문자를 사용하지 못한다. 회사의 영업을 양수한 경우에도 같다. 타인이 등기한 상호는 동일한 특별시·광역시·시·군에서 동종영업의 상호로 등기하지 못한다. 또한 누구든지 부정한 목적으로 타인의 영업으로 오인할 수 있는 상호를 사용하지 못한다. 이에 위반하여 상호를 사용하는 자가 있는 경우에 이로 인하여 손해를 받을 염려가 있는 자 또는 상호를 등기한 자는 그 폐지를 청구할 수 있다.

2. 상호의 선정

상호는 자유이다. 따라서 상인은 그 성명 또는 기타 명칭으로 상호를 정할 수 있다상법 제18조. 하지만 회사의 상호는 합명·합자·주식·유한회사라는 종류의 문자를 표시하여야 한다상법 제19조. 하지만 부정한 목적으로 타인의 영업으로 오인할 수 있는 상호는 사용이 금지된다상법 제23조 1항.

3. 상호권

상인이 자신의 상호에 대해 가지는 권리를 말한다. 여기에는 타인에게 방해받지 않고 상호를 자유로이 사용할 수 있는 상호 사용권과 타인이 부정 경쟁의 목적으로써 동일 또는 유사한 상호를 사용하는 것을 배제할 수 있는 상호 전용권이 있다. 만약 타인이 부정한 목적으로 동일 또는 유사상호를 사용할 경우에는 손해를 받을 염려가 있는 자 또는 상호를 등기한 자는 손해배상청구, 상호사용의 폐지청구, 상호등기 말소청구를 할 수 있다. 판례에 의하면 '허바허바칼라'라는 상호를 양도한 후 '새 허바허바칼라'라는 상호로 영업을 개시한 경우는 부정목적이 인정되고,[124] '고려당'과 '신용의 양과 서울 고려당 마산분점' 사이에는 부정목적이 없다고 하였다.

124) 대법원 2004. 3. 26. 선고 2001다2081 판결.

상호전용권 침해의 요건

1. 타인이 자기의 영업으로 오인할 수 있는 상호를 사용하여야 한다. 여기에는 자기의 상호와 동일한 경우뿐만 아니라 유사한 상호의 경우도 포함한다.
2. 타인에게 부정한 목적이 있어야 한다. 부정한 목적 상호권의 침해의사가 없더라도 자기의 상호를 일반 공중에게 동종영업의 타인의 동일상호로 오인시키려는 목적이 있는 것을 말한다.
3. 상호권자에게 손해 받을 염려가 있어야 한다. 손해를 받을 염려란 타인이 부정한 목적으로 상호를 사용함으로써 미등기 상호권자가 손해를 받을 염려가 있는 것을 의미하며, 여기에는 현재의 손해뿐만 아니라 장래에 발생할 염려가 있는 손해도 포함된다. 이 때 상호권자가 손해를 받을 염려가 있음을 입증하여야 한다.

4. 상호의 등기

개인상인은 등기여부가 자유이지만, 회사의 경우 상호는 설립등기가 필수요건이다. 타인이 등기한 상호는 동일한 특별시·광역시·시·군에서 동종영업 상호로 등기하지 못한다. 한편 상법은 제22조의2에서 상호의 등기요건이 갖추어지기 전에 타인이 동일 또는 유사상호를 등기함으로 인해 받을 수 있는 불이익을 줄이기 위하여 상호가등기 제도를 규정하고 있다.

제6절 상업장부

상업장부란 상인이 그 영업상의 재산 및 손익의 상황을 명백히 하기 위하여 작성하는 장부를 말한다. 회계장부 및 대차대조표의 2종이 있다. 회계장부는 상인이 영업상 재산에 영향 있는 사항을 기재하는 장부를 말하며, 대차대조표는 상인의 영업용 재정 상태를 한눈에 볼 수 있게 도식화한 표를 말한다. 상인은 10년간 상업장부와 영업에 관한 중요서류를 보존하여야 한다. 다만, 전표 또는 이와 유사한 서류는 5년간 이를 보존하여야 한다.

제7절 상업등기

상법의 규정에 의하여 법정 사항을 공시公示할 목적으로 상업 등기부에 등기하는 것을 말한다상법 제34조. 영업에 관한 사항으로서 제3자의 이해관계가 깊은 것을 공시하고, 영업 활동을 원활하고 안전하게 할 수 있도록 하는 제도이다. 등기할 사항은 당사자의 신청에 의하여 영업소의 소재지를 관할하는 법원의 상업등기부에 등기한다. 본점의 소재지에서 등기할 사항은 다른 규정이 없으면 지점의 소재지에서도 등기하여야 한다. 상업등기는 상업등기부의 기재 외에 법원의 공고가 있어야 효력이 발생하고, 등기하지 아니하면 선의의 제3자에게 대항하지 못한다. 하지만 악의의 제3자에게는 등기전이나 공고 전에 대항할 수 있다.

제8절 영업양도

영업양도는 당사자 간의 계약에 의하여 인적·물적 조직을 영업의 동일성을 유지하면서 이전하기로 하는 채권계약을 말한다. 영업양도의 유형에는 세 가지가 있다. 첫째, 영업의 전부 또는 중요한 일부의 양도, 둘째, 영업 전부의 임대 또는 경영위임, 타인과 영업의 손익 전부를 같이 하는 계약, 그 밖에 이에 준하는 계약의 체결·변경 또는 해약, 셋째, 회사의 영업에 중대한 영향을 미치는 다른 회사의 영업 전부 또는 일부의 양수 등이다.

대법원판결 **성매매 영업양도 반사회적 법률행위**

성매매 영업을 할 것을 알고도 양도계약을 체결했다면 이는 반사회적 법률행위로 무효라는 대법원의 판단이 나왔다. 대법원은 성매매 업주 이모(41) 씨가 "영업양도 대금 중 잔금을 지급하라."라며 업소 양수인 박모(49) 씨를 상대로 낸 대여금 청구소송 상고심에서 원고 패소 판결한 원심을 확정하였다. 재판부는 "이 씨와 박 씨가 체결한 영업양도계약은 '성매매알선 등 행위'를 목적으로 하는 법률행위"라며 "반사회질서적인 동기가 상대방에게 알려진 경우에 해당해 계약 자체가 무효라고 본 원심의 판단은 정당하다."라고 판시했다. 이 씨는 2008년 12월 서울 광진구에서 운영하던 성매매업소를 박 씨와 남편에게 1억500만 원에 양도하는 계약을 체결하면서 잔금 5000만 원에 대한 차용증을 받았으나, 박 씨가 자신은 중개인에 불과하다며 발뺌하자 소를 제기했다. 1심은 원고 승소 판결했으나, 2심은 "이 계약이 반사회질서적 법률행위에 해당해 처음부터 당연무효"라며 1심 판결을 뒤집고 이 씨에게 잔금을 주지 않아도 된다고 판단했다(대법원 2012. 3. 19. 2011다26445).

제9절 상행위

2010년 4월 21일 상법 총칙·상행위편 개정안이 국회에서 통과되었다. 그 주요내용은 금융리스·가맹업·채권매입업 등에 대한 기본적인 법률관계를 규율하고, 신용카드·전자화폐 등 지급결제업무의 인수를 새로운 상행위로 규정하는 등 현행 규정의 미비점을 보완하였다. 또한, 공중접객업자가 고객으로부터 임치물을 보관 받은 경우에 불가항력을 증명한 경우에만 책임을 면할 수 있도록 한 현행 규정은 현실에 맞지 않는 과도한 입법이라는 점이 지적되어, 공중접객업자가 임치물 보관에 관하여 주의를 게을리 하지 아니하였음을 증명하면 손해배상책임을 면할 수 있도록 개정하여 변화된 경제현실을 반영하였다.

뿐만 아니라 기업회계기준과의 불일치를 해소하였다. 즉 상법에 규정된 자산평가 원칙이 변화하는 기업회계기준 등 회계 관행과 불일치하여 기업 회계실무에 애로가 발생하여, 상법의 자산평가 규정을 삭제함으로써 기업회계에 대한 상법의 관여를 최소화하고 기업이 준수해야 할 회계기준을 일원화하였다.[125)]

---

125) 자세한 내용은 법무부 홈페이지 참조.

1. 상행위의 의의와 종류

1-1. 기본적 상행위의 개념

상행위란 실질적의미의 상법으로는 상인의 영업행위를 말하고, 형식적 상법상으로는 상법 및 특별법에서 규정된 행위를 말한다. 상법 제46조에서는, 영업으로 22개의 행위를 열거하고 있다. 그러나 오로지 임금을 받을 목적으로 물건을 제조하거나 노무에 종사하는 자의 행위는 상행위로 보지 않는다. 따라서 상행위는 상법 제46조의 각 호에 열거된 행위한정성, 그 21가지 행위를 영업으로 할 때영업성, 그리고 기업성을 갖출 때만 상행위로 보고 있다.[126)]

2. 상행위의 종류상법 제46조

2-1. 기본적 상행위

①동산, 부동산, 유가증권 기타의 재산의 매매, ②동산, 부동산, 유가증권 기타의 재산의 임대차, ③제조, 가공 또는 수선에 관한 행위, ④전기, 전파, 가스 또는 물의 공급에 관한 행위, ⑤작업 또는 노무의 도급의 인수, ⑥출판, 인쇄 또는 촬영에 관한 행위, ⑦광고, 통신 또는 정보에 관한 행위, ⑧수신·여신·환 기타의 금융거래, ⑨공중公衆이 이용하는 시설에 의한 거래, ⑩상행위의 대리의 인수, ⑪중개에 관한 행위, ⑫위탁매매 기타의 주선에 관한 행위, ⑬운송의 인수, ⑭임치의 인수, ⑮신탁의 인수, ⑯상호부금 기타 이와 유사한 행위, ⑰보험, ⑱광물 또는 토석의 채취에 관한 행위, ⑲기계, 시설, 그 밖의 재산의 금융리스에 관한 행위리스, 신설[127)], ⑳상호, 상표 등의 사용허락에 관한 영업행위프랜차이즈, 신설[128)], ㉑영업상 채권의 매입, 회수 등에 관한 행위팩토링, 신설[129)], ㉒신용카드, 전자화폐 등을 이용한 지

126) 판례는, 새마을 금고의 회원에게 자금을 대출하는 행위는 일반적으로 영리를 목적으로 하는 행위로 보지 않고 있다.

127) 금융리스 거래가 활발히 이루어지고 있음에도 이에 대한 법률관계가 상법에 명확히 규정되어 있지 않아, 약관이나 공법 규정에 따라 금융리스의 법률관계 해석을 의존하여 왔다.

128) 가맹업자와 가맹상의 의무를 명확히 규정하여 분쟁을 예방하고, 가맹상과 가맹업자는 부득이한 사정이 있는 때에는 가맹계약의 해지가 가능하도록 하여 가맹업의 상호 자율성을 제고하였다.

129) 채권매입업의 의의를 명확히 하고, 거래 현실을 반영하여 부진정팩토링(제3채무자가 채무를 이행하지 않는 경우 채권매입업자가 거래 상대방에게 채권액의 상환 청구 가능)을 채권매입업의 원칙적인 형태로 규정하여 채권매입업의 발전 기반을 마련하였다.

급결제 업무의 인수카드, 화폐, 신설[130)]

2-2. **보조적 상행위**상법 제47조

상인이 영업을 위하여 하는 행위와 상인의 행위는 영업을 위하여 하는 것으로 추정한다. 예컨대, 영업자금의 차입, 영업소의 매입, 영업을 위한 보험가입, 사용인의 고용 등을 말한다. 판례는 점포구입, 영업양수, 상업사용인 등의 고용을 통한 개업준비행위를 착수하였을 때 상인 자격을 취득하는 것으로 본다.

제10절 상행위 각론

1. 대리상

일정한 상인을 위하여 항시 그 영업부류에 속하는 거래의 대리 또는 중개를 영업으로 하는 자를 말한다. 독립된 상인이라는 점에서 상업사용인과 구별되고, 특정다수인과 거래를 대리하거나 중개하는 점에서 불특정다수인을 위하여 거래를 하는 중개인이나 위탁매매인과도 구별된다. 이 가운데 대리를 영업으로 하는 자를 체약대리상, 중개를 영업으로 하는 자를 중개대리상이라 한다.

---

130) 신용카드·전자화폐 등을 이용한 전자상거래 발전에 따라 인터넷 상점, 소비자, 은행 등 3자 사이의 지급결제 업무를 인수하여 중개하는 영업을 상행위로 규정할 필요가 높아짐에 따라, 신용카드 등 지급결제업무 인수 행위에 적용되는 법률관계는 상법에 따라야 함을 명확히 하였다.

2. 중개업

타인 간의 상행위를 중개하는 영업으로 하는 자를 말한다. 즉 중개를 영업으로 하는 독립된 상인이다. 중개인은 타인 간의 상행위를 중개함으로 일방은 상인이어야 하고, 자기의 명의 또는 타인의 대리인으로 하는 법률행위자가 아니다. 한편 상행위를 중개한 자이기 때문에 민사법상의 혼인, 비상인 간의 매매 중개인과는 구별된다.

또한 중개인은 선관주의의무, 견품보관의무, 결약서 교부의무, 장부작성 의무, 교부의무, 이행담보책임 등이 있고, 반면 보수를 청구할 권리가 있다상법 제100조.

3. 위탁매매업

자기명의로써 타인의 계산으로 물건 또는 유가증권의 매매를 영업으로 하는 자를 위탁매매인이라 한다상법 제101조. 위탁매매인은 선관의무가 존재하고, 위탁자와 위탁매매인 간, 위탁자와 제3자 사이에서 물건, 유가증권 등은 위탁자의 소유로 본다. 따라서 위탁매매인이 판매대금을 소비하면 형법상 배임죄가 아니라 횡령죄가 성립하는 것이 판례이다.

4. 운송주선인

자기의 명의로 물건운송의 주선을 영업으로 하는 자를 운송주선인이라 한다상법 제114조. 운송주선인은 위탁매매인에 관한 규정의 준용하고, 자기나 그 사용인이 운송물의 수령, 인도, 보관, 다른 운송주선인의 선택, 기타 운송에 관하여 주의를 해태하지 아니하였음을 증명하지 아니하면 운송물의 멸실, 훼손, 연착으로 인한 손해를 배상할 책임을 면하지 못한다상법 제115조. 이는 입증책임이 전환된 과실책임주의이다.

한편 운송주선인은 별도 규정은 없으나 비용상환청구권이 있고, 보수청구권상법 제119조 1항, 유치권상법 제120조, 개입권상법 제116조 등이 있다.

5. 운송업

육상 또는 하천, 항만에서 물건 또는 여객의 운송을 영업으로 하는 자를 운송인이라 한다상법 제125조. 운송인은 선관주의의무, 화물상환증 교부의무상법 제128조 1항, 운송물처분의무상법 제139조, 운송물 인도의무가 있다.

6. 공중접객업

극장, 여관, 음식점, 그 밖의 공중이 이용하는 시설에 의한 거래를 영업으로 하는 자를 공중접객업자公衆接客業者라 한다. 공중접객업자는 자기 또는 그 사용인이 고객으로부터 임치任置받은 물건의 보관에 관하여 주의를 게을리하지 아니하였음을 증명하지 아니하면 그 물건의 멸실 또는 훼손으로 인한 손해를 배상할 책임이 있다상법 제152조 1항. 또한 공중접객업자는 고객으로부터 임치받지 아니한 경우에도 그 시설 내에 휴대한 물건이 자기 또는 그 사용인의 과실로 인하여 멸실 또는 훼손되었을 때에는 그 손해를 배상할 책임이 있다상법 제152조 2항. 고객의 휴대물에 대하여 책임이 없음을 알린 경우에도 공중접객업자는 상법 제152조 1항과 상법 제152조 2항의 책임을 면하지 못한다상법 제152조 3항.

한편 화폐, 유가증권, 그 밖의 고가물高價物에 대하여는 고객이 그 종류와 가액價額을 명시하여 임치하지 아니하면 공중접객업자는 그 물건의 멸실 또는 훼손으로 인한 손해를 배상할 책임이 없다상법 제153조.

7. 창고업

타인을 위해 창고에 물건을 보관함을 목적으로 하는 영업을 말한다. 소비임치는 불포함한다. 창고업자는 물건의 보관의무, 창고증권의 교부의무, 검사, 견품적취, 보존처분에 응할 의무, 임치물의 훼손, 하자 등의 통지, 처분의무, 손해배상 책임이 있다. 즉 창고업자는 자기 또는 사용인이 임치물의 보관에 관하여 주의를 해태하지 아니하였음을 증명하지 아니하면 임치물의 멸실 또는 훼손에 대하여 손해를 배상할 책임을 면하지 못한다상법 제160조.

8. 금융리스업 2010. 5. 14. 신설

금융리스이용자가 선정한 기계, 시설, 그 밖의 재산이하 "금융리스물건"이라 한다을 제3자이하 "공급자"라 한다로부터 취득하거나 대여 받아 금융리스이용자에게 이용하게 하는 것을 영업으로 하는 자를 금융리스업자라 한다상법 제168조의2. 금융리스업자는 금융리스이용자가 금융리스계약에서 정한 시기에 금융리스계약에 적합한 금융리스물건을 수령할 수 있도록 하여야 한다. 금융리스이용자는 금융리스물건을 수령한 이후에는 선량한 관리자의 주의로 금융리스물건을 유지 및 관리하여야 한다. 금융리스물건의 공급자는 공급계약에서 정한 시기에 그 물건을 금융리스이용자에게 인도하여야 한다. 금융리스물건이 공급계약에서 정한 시기와 내용에 따라 공급되지 아니한 경우 금융리스이용자는 공급자에게 직접 손해배상을 청구하거나 공급계약의 내용에 적합한 금융리스물건의 인도를 청구할 수 있다. 금융리스이용자의 책임 있는 사유로 금융리스계약을 해지하는 경우에 금융리스업자는 잔존 금융리스료 상당액의 일시 지급 또는 금융리스물건의 반환을 청구할 수 있다. 금융리스이용자는 중대한 사정변경으로 인하여 금융리스물건을 계속 사용할 수 없는 경우에는 3개월 전에 예고하고 금융리스계약을 해지할 수 있다. 이 경우 금융리스이용자는 계약의 해지로 인하여 금융리스업자에게 발생한 손해를 배상하여야 한다.

9. 가맹업2010. 5. 14. 신설

자신의 상호·상표 등을 제공하는 것을 영업으로 하는 자로부터 그의 상호 등을 사용할 것을 허락받아 가맹업자가 지정하는 품질기준이나 영업방식에 따라 영업을 하는 자를 가맹상加盟商이라 한다. 가맹업자는 가맹상의 영업을 위하여 필요한 지원을 하여야 한다. 가맹업자는 다른 약정이 없으면 가맹상의 영업지역 내에서 동일 또는 유사한 업종의 영업을 하거나, 동일 또는 유사한 업종의 가맹계약을 체결할 수 없다. 가맹상은 가맹업자의 영업에 관한 권리가 침해되지 아니하도록 하여야 한다. 가맹상은 계약이 종료한 후에도 가맹계약과 관련하여 알게 된 가맹업자의 영업상의 비밀을 준수하여야 한다. 가맹계약상 존속기간에 대한 약정의 유무와 관계없이 부득이한 사정이 있으면 각 당사자는 상당한 기간을 정하여 예고한 후 가맹계약을 해지할 수 있다.

10. 채권매입업 2010. 5. 14 신설

타인이 물건·유가증권의 판매, 용역의 제공 등에 의하여 취득하였거나 취득할 영업상의 채권을 매입하여 회수하는 것을 영업으로 하는 자를 채권매입업자라 한다. 영업채권의 채무자가 그 채무를 이행하지 아니하는 경우 채권매입업자는 채권매입계약의 채무자에게 그 영업채권액의 상환을 청구할 수 있다. 다만, 채권매입계약에서 다르게 정한 경우에는 그러하지 아니하다.

제11절 회사법

1. 회사의 의의와 요소

회사란 상행위 기타 영리를 목적으로 하여 설립된 사단법인이다 상법 제169조. 따라서 회사는 영리사단법인이다. 회사는 크게 영리성, 사단성, 법인성 등의 3요소로 구성되어 있다.

1-1. 영리성

회사는 회사의 경제적 이익의 추구 이외에 그 구성원인 사원에게 분배하는 영리성을 가진다. 따라서 영리추구가 목적이 아닌 상호보험회사, 중소기업협동조합 등은 회사가 아니다.

1-2. 사단성

회사의 사단성은 회사의 설립 및 존속을 위한 복수인 단체를 말한다. 즉 회사가 되기 위해해서는 2인 이상의 사원이 필요하다. 다만 주식회사의 1인 회사제도를 인정하고 있다상법 제517조.[131] 1인 회사는 주주총회 소집절차·결의방법에 관한 규정은 엄격히 지켜지지 않아도 되고, 1인 주주와 1인 회사는 별개 인격이므로, 이사의 자기거래제한은 적용되고, 대법원은 1인 주주가 회사 자금을 유용한 경우 업무상배임죄 또는 업무상횡령죄가 성립한다고 하고 있다.

1-3. 법인성

회사는 법인으로 한다상법171조 1항. 회사는 법인격을 취득하여야 하며, 회사 자체가 권리와 의무의 주체가 되고 소송당사자가 된다. 또한 회사의 재산과 사원의 재산은 별개의 독립 재산이다. 대법원은 최근 '편의치적 사건'[132]에서 법인격부인의 법리를 인정하고 있다. 법인격의 박탈되면, 설립의 무효·취소·해산명령·해산판결제도·휴면회사가 된다.

---

131) 주식회사의 경우 1인 회사가 해산사유가 아니다.

132) 편의치적(flag of convenience)이란, 내국인이 외국에서 선박을 매수하고도 우리나라에 등록하지 않고 등록절차, 조세, 금융 면에서 유리하고 선원임금이 저렴한 제3의 국가에 서류상의 회사(paper company)를 만들어 그 회사 소유의 선박으로 등록하는 것을 말한다. 대법원은 1994년 편의치적의 방법으로 외국의 선적을 취득하게 한 다음 국내에 반입하여 사용하면서 단순한 하역이나 선적 또는 수리 목적 등으로 입항한 것처럼 허위로 신고한 경우에는 비록 선박이 대한민국 국적을 취득하지 않았다고 하더라도 실질적으로는 선박이 수입된 것으로 인정하였다.

대법원판결 **편의치적**

2011년 7월 27일 대한해운 OO 회장은 조세피난처에 설립한 특수목적회사(SPC)를 통해 선박 160여 척을 소유하면서 소득세와 법인세를 포탈하였다. OO 회장은 회사에서 발생한 주주배당금을 소득으로 잡지 않거나 배당금이 없는 것처럼 가장하였다. 검찰과 법원은 편의치적 자체는 위법이 아니지만 세금 포탈의 수단으로 이용되는 경우에는 불법이라는 입장이다. 국세청이 OO 회장을 고발한 직후인 지난 2011년 4월 14일 대법원은 편의치적 선박에 취득세를 부과한 것은 정당하다는 확정 판결을 하였다.

대한해운은 해외 조세피난처에 설립한 SPC를 통해 선박 12척을 샀고, 인천 중구청은 해당 SPC가 경제적 실체가 없다고 판단해 한국에 있는 대한해운 법인에 대해 취득세 40여억 원을 부과했다. 대한해운은 "편의치적은 한국을 비롯해 세계적으로 해운업계에서 통용되고 있는 관행"이라고 부과처분 취소소송을 내며 맞섰다. 1심에서는 중구청의 과세가 정당하다고 봤지만 2심에서는 "대한해운의 SPC가 한국의 정책적 규제를 회피하고 국제금융시장에서 선박취득자금을 확보하기 위한 목적 등이 있어 조세를 회피하기 위해서만 설립됐다고 보기는 어렵다."는 등 이유로 부당한 과세라고 판단했다.

대법원은 그러나 해당 SPC들이 아무런 인적 조직과 물적 시설을 갖추지 않은 페이퍼컴퍼니라는 점을 들어 과세해야 한다고 판결했다. 헌법재판소도 편의치적한 선박을 선적, 하역 및 수리의 목적으로 일시적으로 우리나라의 항구에 입항시킨 것도 관세법 제180조 1항의 "사위 기타 부정한 방법으로 관세를 포탈하는 경우"에 해당된다는 기존의 대법원 판례의 입장을 인정하였다. (대법원 2011. 4. 14. 2008두10591)

(출처 : 대법원 2011. 4. 14. 선고 2008두10591 판결 [취득세등부과처분취소] 〉 종합법률정보 판례)

2. 회사의 종류

2011년 4월 14일 상법의 개정으로, 상법이 인정하는 회사는 합명회사, 합자회사, 유한책임회사, 주식회사와 유한회사의 5가지가 있다상법 제170조. 기존의 4가지에 유한책임회사가 추가되었고, 이는 사원의 책임에 따른 구분이다. 또한 새로운 기업 형태인 '합자조합'[133]을 설립하였다.

상법에서 회사의 종류를 명확하게 열거한 것은 법률관계를 명확히 하여 사원을 보호하고 행정상 감독을 쉽게 하기 위한 것이다.

그 외에 영업목적에 따라 상사회사, 민사회사, 사원의 개성과 회사와의 밀접도에 따라 인적회사와 물적회사, 주식의 양에 따른 모회사[134]와 자회사가 있다. 이하에서는 상법상의 분류에 따른 회사만 설명한다.

2-1. 합명회사合名會社, Unlimited Partnership

회사의 채무에 대하여 2인 이상이 직접 연대하여 무한 책임을 지는 사원만으로 구성되는 회사로서, 서로 신뢰관계에 있는 소수의 사원으로 구성되고, 법률관계에 있어서 사원의 개성이 강하고 회사의 인적 요소에 중점이 주어지므로 인적회사人的會社의 전형이라고 할 수 있다. 상법은 모든 회사를 일률적으로 사단법인으로 규정하고 있으나, 합명회사의 실질은 조합이다. 따라서 회사의 내부관계에 관하여는 정관 또는 상법에 다른 규정이 없으면 조합에 관한 민법의 규정을 준용한다. 출자대상으로 노무·신용을 인정한다상법 제222조.

회사는 무한책임을 지기 때문에 정관에 특별한 규정이 없는 한 회사의 업무를 직접 집행하고 회사를 대표할 권한을 가진다.

합명회사의 설립에는 2인 이상의 사원이 공동으로 정관을 작성하여야 하고, 정관은 법정사항의 기재와 총사원의 기명날인·서명이 필요하다. 정관의 변경에는 총사원의 동의가 필요하다. 등기를 하여야 법인격을 취득하고, 설립등기는 본점소재지에서 2주 내에 하여야 한다. 정관의 절대적 기재사항이 기재되지 않고, 사원이 심신상실이 되면 설립이 무효가 된다.

각 사원은 회사의 업무를 집행할 권리와 의무가 있다상법 제200조. 그러나 정관으로 사원의 1인 또는 수인을 업무집행사원으로 정할 수 있고상법 제201조, 정관으로 수인의 사원이 공동으로만 업무를 집행하게 할 수 있다상법 제202조. 사원은 다른 사원의 동의가 없으면 자기 또는 제3자의 계산으로 회사의 영업부류에 속하는 거래를 하지 못하며 동종영업을 목적으로 하는 다른 회사의 무한책임사원 또는 이사가 되지 못한다경업피지의무. 또한 사원은 다른 사

133) 2012년 4월 15일부터 시행되었다.

134) 다른 회사의 주식을 발행주식 총수의 50%를 초과하여 취득한 회사를 말한다(상법 제342조의2).

원 과반수의 결의가 있는 때에 한하여 자기 또는 제3자의 계산으로 회사와 거래를 할 수 있다자기거래 제한.

회사의 외부관계에 있어서는, 각 사원이 단독으로 대표하는 것이 원칙이다. 그러나 정관 또는 총사원의 동의로 회사를 대표할 자를 결정할 수 있다상법 제207조. 또한 정관 또는 총사원의 동의로 공동대표를 정할 수 있고, 제3자의 회사에 대한 의사표시는 그 중 1인이 하면 된다상법 제208조 2항.

사회사원의 대외적 책임에 있어, 모든 사원은 회사의 채권자에 대하여 직접·연대·무한의 책임을 진다. 따라서 채권자는 어느 사원에게도 채권의 전액변제를 주장할 수 있고, 변제한 사원은 다른 사원들에게 구상권을 행사할 수 있다.

2-2. 합자회사合資會社, Limited Partnership

무한책임사원과 유한책임사원으로 조직된 회사를 말한다. 즉 경영을 책임지는 무한책임사원과 자본을 제공하는 유한책임사원으로 구성된다.[135] 무한책임사원은 직접·연대·무한 책임을 지나, 유한책임사원은 출자가액의 한도에서 책임을 진다. 유한책임사원이 있는 것이 합명회사와 다른 점이다. 사단법인이지만 사원간의 개인적 신뢰를 기초로 하기 때문에 실질적으로 조합적 성격을 가지며 인적 회사人的會社에 속한다. 상법은 합자회사에 관해 다른 규정이 있는 사항을 제외하고는 합명회사에 관한 규정을 준용한다.

무한책임사원과 유한책임사원 각 1인 이상이 정관을 작성하고 등기를 함으로써 설립된다. 정관 및 등기사항에 사원의 책임의 종류와 유한책임사원에 관한 내용이 포함되는 것을 제외하고는 합명회사와 동일하다상법 제270조, 상법 제271조.

출자에 있어 무한책임사원은 재산, 노무, 신용 등 그 목적의 제한이 없으나, 유한책임사원은 신용 또는 노무를 출자 하지 못하고 금전 기타 재산만 출자할 수 있다상법 제272조. 사원자격에 있어 무한책임사원은 자연인, 유한책임사원은 회사 기타 법인도 가능하다. 책임에 있어 유한책임사원은 업무집행이나 회사를 대표할 권한이 없으며, 단지 감시권만 있다. 무한책임사원 또는 유한책임사원의 전원이 퇴사하면 회사는 해산되고, 이 경우에 잔존한 무한책임사원 또는 유한책임사원은 전원의 동의로 새로 유한책임사원 또는 무한책임사원을

---

135) 합자회사는 10세기 이래 이탈리아의 해상무역에서 유행한 기업가와 자본가의 조합인 코멘다(commenda) 계약에서 유래되었다.

가입시켜서 회사를 계속할 수 있다. 또한 사원전원의 동의로 그 조직을 합명회사로 변경하여 계속할 수 있다.

2-3. 주식회사株式會社, Company Limited by Shares

(1) 주식회사의 개념

주식의 발행을 통해 여러 사람으로부터 자본을 조달해 만든 회사를 말하고, 사원은 회사에 대하여 출자액을 한도로 책임을 진다유한책임. 즉 주주는 그가 인수한 주식의 인수가액을 한도로 회사에 대해 출자의무를 부담할 뿐 회사 채무에 대해서는 직접 책임을 지지 않는다. 따라서 주식회사의 법률적 특질은 자본·주식·주주의 유한책임의 3가지의 특색이 있다.

(2) 주식회사의 개념요소

① 자본

회사채권자를 위해 회사가 보유하여야 할 책임재산의 최저한도로서 회사가 발행한 주식의 액면총액을 말한다상법 제451조. 즉, 주식회사에서 자본은 원칙적으로 "발행주식의 가액총액상법 제451조"이며, 이에 대한 예외로 상환주식의 상환상법 제345조과 주식의 이익소각상법 제343조 단서이 있다. 또한 자본은 회사가 보유할 재산액을 표시하는 것으로서, 회사보유재산의 총액인 회사재산과는 다르며, 자본은 회사채권자에 대한 최소한도의 담보액이다. 따라서 자본 확정의 원칙, 자본유지의 원칙, 자본불변의 원칙이 적용되고 있다. 즉 정관에 자본총액이 기재되고, 설립 시 자본액의 전부에 대한 인수가 확정되어야 한다자본 확정의 원칙, 회사는 채권자 보호를 위하여 자본액에 상당하는 재산을 확보하고 있어야 하고자본유지의 원칙, 엄격한 절차에 의하지 않고는 자본액을 변경시킬 수 없다자본불변의 원칙.

② 주식

주식株式, Shares, Stocks이란 사원인 주주가 주식회사에 출자한 일정한 지분 또는 이를 나타내는 증권을 말한다. 원래 주식의 어원은 회사에 대한 사원의 청구권을 의미하지만,[136] 오늘날은 자본의 구성 및 사원의 지위라는 의미를 가지고 있다.

---

136) K. Lehmann, Geschichtliche Entwicklung, S.9.

주식회사의 지분인 주식과 인적회사의 지분은 모두 사원의 지위를 의미한다는 점에서는 같으나, 주식은 지분이 균등한 비율적 단위로 세분화되고 1인이 복수의 지분을 갖는다는 점에서 유한회사의 지분과 같고, 각 사원이 1개의 지분을 갖고, 다만 그 지분의 양이 각 사원의 출자액에 따라 다른 인적회사의 지분의 경우와 다르다.

③ 주주의 유한책임

주주의 책임은 그가 가진 주식의 인수가액을 한도로 한다상법 제331조. 즉 주주는 회사에 대하여 자기가 인수한 주식액의 한도로 재산상 의무를 지고 그 이외의 아무런 책임도 지지 않는다.

(3) 주식회사의 기관

주식회사는 법인이므로 회사의 의사를 결성하고, 행동하며, 결정된 의사를 대외적으로 표시하기 위한 기관이 필요하다. 즉 따라서 주식회사는 주주총회, 이사회, 감사를 두어야 한다.

① 주주총회

주주총회는 상법 또는 정관에 의한 회사의 기본적 의사를 결정하는 필요적 기관으로서 정기적으로 또는 필요에 의하여 소집하는 회의체형식의 의사결정기관이다. 주주총회의 소집은 상법에 다른 규정이 있는 경우 외에는 이사회가 이를 결정한다. 소수주주100분의 3이상의 주식 소유자는 회의의 목적사항, 소집의 이유를 기재한 서면을 이사회에 제출하여 임시총회의 소집을 청구하고, 만약 이사회가 지체 없이 소집절차를 밟지 않은 때는 법원의 허가를 얻어 직접 소집한다상법 제366조 2항.

② 이사회

상법, 정관에서 주주총회의 권한으로 정한 사항 이외의 업무집행사항에 대한 의사결정기관을 말한다. 회사대표권을 가진 자를 대표이사라 하며 이사회에서 선정한다. 대표이사는 대내적으로 업무집행, 대외적으로 회사를 대표하는 필요적 상설기관이다. 이사회 고유의 권한은 사채의 발행, 주식양도의 승인, 회사의 업무집행·지배인의 선임·해임·지점의 설치·이전·폐지, 이사의 직무집행의 감독권, 주주총회 소집결정 등이다.

③ 감사

감사는 회사의 업무 및 회계를 감사하는 필요적상설기관이다. 주주총회에서 선임하며, 발행주식 총수의 3/100을 초과하는 주식을 가진 주주는 초과하는 주식에 대하여 의결권 행사는 불가능하다상법 제409조 2항. 감사는 회계 및 업무감사권, 이사회 출석 및 의견진술권, 해임에 관한 의견진술권, 총회소집권 등이 있다.

2-4. 유한회사有限會社, Private Company

유한회사는 출자의무가 한정된 유한책임을 지는 유한책임사원으로 조직된 회사를 말한다. 따라서 유한회사는 사원이 회사에 대하여 원칙적으로 출자금액을 한도로 책임을 질 뿐, 회사채권자에 대하여는 아무 책임도 지지 않는다. 물적회사와 인적회사의 요소를 가미한 중간형태의 회사라고 볼 수 있다.

자본·출자에 따른 지분·유한책임 등 기본적인 특징에 있어서는 주식회사와 같으나 중소기업에 적합한 회사형태라는 점에서 주식회사와 다르며, 사원의 유한책임은 회사에 대한 것이고 회사채권자에 대한 것이 아니라는 점에서 합자회사의 유한책임사원 규정과 다르다. 유한회사에는 1인 또는 수인의 이사를 두어야 하며, 이사가 회사를 대표한다. 유한회사를 설립함에는 사원이 정관을 작성하여야 하고, 출자 1좌의 금액은 100원 이상으로 균일하게 하여야 한다. 사원은 그 지분의 전부 또는 일부를 양도하거나 상속할 수 있다. 다만, 정관으로 지분의 양도를 제한할 수 있다.

2-5. 유한책임회사有限責任會社, Limited Liability Company

유한책임회사란 경직된 지배구조의 주식회사보다 신속하고 유연하며 탄력적인 지배구조를 가지고 있으며, 출자자가 직접 경영에 참여할 수 있고, 각 사원이 출자금액만을 한도로 책임을 지게 된다. 고도의 기술을 보유하고 있으며 초기 상용화에 어려움을 겪는 청년 벤처 창업에 적합한 기업유형이 될 것으로 보이며, 2012년 4월 15일 부터 시행되고 있다. 예컨대 갑, 을, 병이 빵을 만드는 기술을 가지고 있는데, 갑은 반죽에 소질이 있고, 을은 오븐 전문가이고, 병은 디자인 기술자이다. 갑은 500만 원, 을은 200만 원, 병은 300만 원을 마련하여 빵 제조에 투자하였다. 수익금에 대해서는 자유롭게 정할 수 있고, 만약 실패하더라도 출자한 금액만큼만 책임지면 된다. 이 때 회사를 설립하여 브랜드를 런칭하는 데까지 성공하면 1억 원을 투자하겠다는 A가 나타났다. 이 경우에 만약 주식회사를 설립하려면 대표이사, 이사, 감사 등을 선임하여야 하고, 이사회, 주주총회 등을 정기적으로 거쳐야 하는 번거로움이 있다. 하지만 유한책임회사는 이러한 조직이 필요 없고 3명이 모두 경영에 참여할 수 있고, 수익, 지분 양도의 문제도 자율적으로 정할 수 있다.[137)]

제12절 어음수표법

1. 유가증권有價證券

유가증권이란 재산적 가치가 있는 권리를 증권과 결합시킨 것을 말한다. 유가증권은 권리의 이전·행사를 원활하고 안전하게 하며 유통성을 높이기 위해 근대자본주의가 발달시킨 제도이다. 따라서 유통·이전을 목적으로 하지 않으면 입장권·승차권·상품권과 같이 유가적인 것을 표시하고 있어도 그것을 유가증권이라고 하지 않는다.

또한 유가증권은 재산가치가 있는 사권을 표창하고 있으므로, 투표권과 같은 공권을 표창하거나 사권이라도 재산가치가 없는 친권과 같은 것을 표창하는 것은 유가증권이 아니다. 그리고 유가증권은 권리를 표창하고 있다는 점에서 단순히 어떠한 사실이나 권리의 존재를 증명하는 방법으로 사용되는 영수증이나 차용증과 같은 증거증권과는 다르다.

가장 일반적인 유가증권은 채권과 주식이다.[138)] 채권은 돈을 빌려 쓰고 원금과 이자를 지급한다는 증서로서, 국가에서 발행하는 국채, 지방자치단체에서 발행하는 지방채, 주식회사

137) 133) 유한책임회사는 주식회사의 경직된 지배구조보다는 신속하고 유연하며 탄력적인 지배구조를 가지고 있다. 또한 출자자가 직접 경영에 참여할 수 있고, 출자금액 한도 내에서만 책임을 지기 때문에 주식회사보다는 유리하다.

138) 상법상 유가증권에는 화물상환증·창고증권·주권·신주인수권증서·채권·약속어음·환어음·수표·보험증권·선하증권(船荷證券) 등이 있다.

에서 발행하는 회사채 등이 있다. 주식은 주식회사의 투자금에 해당하는 지분의 증서로서 보통주, 우선주, 후배주, 혼합주 등이 있다. 그 외에 기업어음, 수익증권, DR, 유가증권옵션 등이 있다.

2. 어음과 수표

2-1. 어음bill

일정한 금액의 지급을 목적으로 발행된 유가증권이다. 어음은 일정한 금액의 지급을 목적으로 어음법상의 요건어음법 제75조을 갖추어 발행된 후, 제3자 사이를 유통하다가 지급인환어음의 인수인 또는 약속어음의 발행인이 만기에 어음소지인에게 어음금액을 지급함으로써 모든 어음관계가 소멸한다.

어음은 어음요건인 필요적 기재사항 중 하나라도 기재하지 아니하면 원칙적으로 무효가 되는 엄격한 요식증권이며, 어음상의 권리는 어음의 작성에 의하여 발생하므로 설권증권이다. 또한 어음은 본래 지시 식으로 발행할 수 있지만 지시 문구를 기재하지 아니한 경우에도 법률상 당연한 지시증권으로서 배서에 의하여 양도할 수 있다.

어음에는 발행인이 수령인 기타 정당한 소지인에게 일정한 지급을 약속하는 약속어음과 발행인이 제3자지급인에 대하여 수령인 기타 정당한 소지인에게 일정한 금액의 지급을 위탁하는 환어음이 있다. 환어음은 국제거래에서 중요한 송금수단으로 사용되나, 약속어음은 송금수단으로 중요한 작용을 하지 않는다. 또한 신용수단으로서는 채무자가 어음채무자로 되어 있는 환어음을 사용하는 일도 있으나, 주로 약속어음을 이용한다.

2-2. 수표手票, Check

수표는 발행인이 지급인은행에 대하여 정당한 소지인에게 일정한 금액의 지급을 위탁하는 지급위탁증권이다. 환어음과는 양자 모두 지급위탁을 본질로 하는 것은 공통점이 있지만, 수표는 지급용구로서 현금의 대체물이고, 환어음은 금전의 지급에 관한 시간적 간격을 극복하는 수단이다. 한편 수표의 도난·분실에 의한 위험방지를 위해 수표의 발행인 또는 소지인이 수표 면에 두 줄을 그은 횡선수표crossed cheque가 있다. 은행은 횡선수표를 자행의 거래

선 또는 타 은행으로부터 제시되는 경우 이외에는 대금을 지급하지 않게 된다. 따라서 부정한 소지인은 지급은행과 직접거래가 없는 한 이 수표를 제시하고 지급을 받을 수 없다.

제13절 보험과 해상법

1. 보험법保險法

1-1. 보험의 의의와 종류

보험이란 우연한 사고를 당한 사람에게 재산적 급여를 함으로써 경제생활의 불안을 없애거나 덜게 하고자 하는 제도이다. 보험은 크게, 공보험과 사보험, 사회보험과 사보험, 영리보험과 상호보험, 손해보험[139]과 인보험[140] 등이 있다. 이 가운데 손해보험은 보험사고로 인하여 생길 피보험자의 재산상의 손해를 보상할 것을 목적으로 하는 보험으로 화재보험, 운송보험, 해상보험, 책임보험 등을 말한다. 인보험은 사람의 생명 또는 신체에 관하여 보험사고가 생길 경우에 보험금액 등의 급여를 하기로 하는 보험을 말한다. 이에는 생명보험, 손해보험, 의료보험 등이 있다.

(1) 생명보험

보험자가 피보험자의 생명에 관한 보험사고가 생길 경우에 약정한 보험금액을 지급하기로 하는 인보험상법 제730조으로서, 저축성과 보장성의 두 가지 기능을 가지고 있다.

(2) 상해보험

보험자가 피보험자의 신체의 상해에 관한 보험사고가 생길 경우에 보험금액 기타의 급여

139) 상법상 손해보험에는 화재보험, 운송보험 , 해상보험 , 책임보험, 자동차보험이 있다.

140) 상법상 생명보험, 손해보험이 있다.

를 할 책임을 지기로 하는 인보험이다상법 제737조. 상해보험은 보험의 객체가 사람이라는 점에서 생명보험과 더불어 인보험에 속하지만, 피보험자의 물건이나 재산상의 손해를 보상할 것을 목적으로 하는 손해보험과는 다르다.

2. 해상법Maritime Law

2-1. 해상법 개념

선박과 해운을 규율하는 법규의 총체이다. 해상법은 실질적 의의로는 상법의 일부이며, 해상기업에 특유한 법으로서의 해상법을 말하고, 형식적 의의로는 상법이 정한 해상에 관한 규정으로서 우리나라 상법전 제5편이 이에 해당된다. 실질적 의의의 해상법은 영리를 추구하는 해상기업에 관한 법으로서 상행위 기타 영리를 목적으로 하는 선박을 그 대상으로 한다.

2-2. 선박

상법상 '선박'이란 상행위나 그 밖의 영리를 목적으로 항해에 사용하는 선박을 말한다상법 제740조, 제741조. 즉 상법상의 선박은, 사회통념상의 선박, 상행위선·영리선, 항행선을 말하고, 단정短艇, 보트, 주로 노 또는 상앗대로 운전하는 선박은 제외한다. 선박법상의 선박과 해상법과의 관계에 있어서, 선박법 제29조는 국유 또는 공유의 선박을 제외하고 항해에 사용하는 한 비영리선에도 해상법의 규정을 준용하도록 함으로써 해상법의 적용범위를 실질적으로 해상기업관계 이외에도 확장하고 있다. 한편 총톤수 20톤 이상의 선박은 부동산과 같이 취급하여 이른바 선박등기를 인정하고 있고, 20톤 미만의 선박의 경우는 선박등기와 등록에 관한 규정에 의하여 총톤수 20톤 미만의 선박에는 적용하지 않는다선박등기법 제2조, 제4조. 이 경우 소형 선박은 동산으로서의 성질을 가진다.

2-3. 해상기업의 조직

(1) 선박소유자

광의로는 해상기업의 주체로서 선박의 소유권자이고, 협의로는 자기가 소유하는 선박을 해상기업 목적으로 항해에 사용하는 자를 말한다. 해상법상으로는 보통 후자를 의미한다.

선박소유자는 기업 상의 채무에 무한책임을 지지만, 해상기업의 특수성과 보호를 위하여 금액책임주의를 취하고 있다.

(2) 선박임차인

광의로는 타인의 선박을 임차한 사람을 말하고, 협의로는 타인의 선박을 임차하여 상행위 기타 영리를 목적으로 항해에 사용하는 사람을 말하는데, 일반적으로 해상법상 선박임차인은 후자의 뜻으로 사용되고 있다.

(3) 정기용선자

일정기간 동안 타인소유의 선원부 선박의 사용수익권을 얻어 그 선장과 해원의 노무의 공급을 받으면서 이것을 자기의 해상기업에 이용하는 자를 말한다.

(4) 선장의 의의

선장은 해상기업의 보조자로서, 특정선박의 항해를 지휘하고, 또한 선박소유자의 대리인으로서 공법상·사법상의 법정권한을 가진 자를 말한다. 선장은 선박소유자가 선임 또는 해임할 수 있고, 선박소유자가 정당한 사유 없이 선장을 해임한 때에는 선장은 이때문에 생긴 손해의 배상을 청구할 수 있다. 한편 선장은 불가항력으로 인하여 그 직무를 집행하기가 불가능한 때에 법령에 다른 규정이 있는 경우를 제외하고는 자기의 책임으로 타인을 선정하여 선장의 직무를 대신 집행하게 할 수 있다.

2-4. 해상운송

해상운송이란 해상에서 선박에 의하여 물건 또는 여객을 운송하는 것을 말한다. 물건운송과 여객운송으로 나누어진다. 상법상 해상물건운송계약에는 용선계약과 개품운송계약으로 구분하고 있다. 용선계약에는 전부용선계약, 일부용선계약, 항해용선계약, 기간용선계약, 주용선계약, 재용선계약 등이 있다.

항해용선계약은 특정한 항해를 할 목적으로 선박소유자가 용선자에게 선원이 승무하고 항해장비를 갖춘 선박의 전부 또는 일부를 물건의 운송에 제공하기로 약정하고 용선자가 이에 대하여 운임을 지급하기로 약정함으로써 그 효력이 생긴다상법 제827조.

개품운송계약은 운송인이 개개의 물건을 해상에서 선박으로 운송할 것을 인수하고, 송하인이 이에 대하여 운임을 지급하기로 약정함으로써 그 효력이 생긴다상법 제791조. 한편 해상운송인은 선박이 안전하게 항해할 수 있도록 할 감항능력주의의무 및 성실의무가 있다.

2-5. 해상기업위험

해상기업은 바다를 이용하기 때문에 항상 위험이 따른다. 이에 따라 상법은 공동해손, 선박충돌, 해난구조 등이 있다.

(1) 공동해손

해난海難을 당했을 때, 선박 및 선박에 실은 화물의 공동 위험을 피하기 위하여 선장이 배를 좌초시키거나 화물을 버리거나 함으로써 생기는 손해와 비용. 관계자들이 공평하게 분담하는 것을 말한다상법 제865조. 공동해손의 요건이 성립되려면, ①선박과 적하의 공동위험을 면하기 위한 것이어야 하고, ②공동위험이란 선박과 적하의 전부에 대한 위험을 말하고, 이 가운데 일부에 대해서만 위험이 있으면 공동해손은 성립되지 않고, ③위험은 곧 그 대책을 세우는 것이 바람직하다는 정도의 절박한 것이면 되고 급박한 위험이어야 하는 것은 아니다.

(2) 선박충돌

2척 이상의 독립한 선박 사이의 충돌이어야 하며 적어도 한쪽은 항해선이어야 한다. 또 직접·간접으로 수면에서 선박 사이에 접촉하여야 하며 충돌로 인하여 손해가 발생하여야 하고, 손해배상청구는 반드시 해양안전심판절차를 거쳐야 한다상법 제876조.

선박충돌이 불가항력 또는 원인불명으로 인한 충돌일 때는 배상청구가 불가능하고, 선원 일방의[141] 과실이 있을 때에는 그 가해선박소유자는 피해자에게 손해를 배상할 책임을 진다. 쌍방의 과실 경중을 판정할 수 있을 때에는 그 경중에 따라 각 선박소유자는 손해배상책임을 분담하고 과실의 경중을 판정할 수 없을 때에는 각 선박소유자가 손해액을 균분하여 부담한다.

---

141) 선원의 과실이라 함은 과실 있는 선박의 운항에 관여한 자의 과실로서 선장, 선원, 도선사 등의 과실을 포함한다.

(3) 해난구조

해난구조라 함은 광의로는 해난에 조우한 선박 또는 적하를 구조하는 것이고, 협의로는 의무 없이 해난을 당한 선박 또는 적하를 구조하는 것을 말한다상법 제849조. 해난구조의 요건은, ①선박 또는 적하가 해난에 부딪혔어야 하고, ②선박 또는 적하의 전부 또는 일부가 멸실·훼손할 염려가 있어야 하고, 위험은 반드시 급박하여야 하는 것은 아니나, 현실로 예견할 수 있어야 하며, 수면에서의 위난인 한 호천·항만을 불문한다. 구조자는 구조의 결과에 따라 상당한 보수를 청구할 수 있다. 구조의 보수에 관한 약정이 없는 경우에 는 그 금액에 대하여 당사자 사이에 합의가 성립하지 아니한 때에는 법원은 당사자의 청구에 의하여 구조된 선박 · 재산의 가액, 위난의 정도, 구조자의 노력과 비용, 구조자나 그 장비가 조우했던 위험의 정도, 구조의 효과, 환경손해방지를 위한 노력, 그 밖의 제반사정을 참작하여 그 금액을 정한다상법 제883조.

제14절 항공운송

항공운송이란 항공기로 사람이나 화물 등을 수송하는 사업을 통틀어 이르는 말이다. 상법상 항공기란 상행위나 그 밖의 영리를 목적으로 운항에 사용하는 항공기를 말한다. 다만, 대통령령으로 정하는 초경량 비행장치超輕量 飛行裝置는 제외한다상법 제896조. 운항용 항공기에 대하여는 상행위나 그 밖의 영리를 목적으로 하지 아니하더라도 상법의 규정을 적용한다. 다만, 국유國有 또는 공유公有 항공기에 대하여는 운항의 목적·성질 등을 고려하여 이 편의 규정을 준용하는 것이 적합하지 아니한 경우로서 대통령령으로 정하는 경우에는 그러하지 아니하다. 운송인이나 항공기 운항자의 손해배상책임과 관련하여 운송인이나 항공기 운항자가 손해배상청구권자의 과실 또는 그 밖의 불법한 작위나 부작위가 손해를 발생시켰거나 손해에 기여하였다는 것을 증명한 경우에는, 그 과실 또는 그 밖의 불법한 작위나 부작위가 손해를 발생시켰거나 손해에 기여한 정도에 따라 운송인이나 항공기 운항자의 책임을 감경하거나 면제할 수 있다.

제9장

노동법

제1절 노동법의 의의와 특성

1. 노동법의 의의

근로자들의 인간다운 생활을 보장하고, 노동쟁의 등의 노동관계를 규정하기 위한 법규를 통틀어 말한다. 즉 노사 간의 실질적 대응을 확보하고, 근로자의 생존권의 확보를 위한 법이다.

오늘날과 같은 노동법은 18세기에 비롯되었으며, 이는 산업혁명, 18세기 계몽운동, 프랑스 혁명과 이들 역사적 운동으로 생겨난 정치세력들의 영향을 받으며 발전해 왔다. 처음에 노동법이 제정된 것은 기계화가 진행되면서 작업장에서 새로운 방식에 의해 혹사당하는 노동자 계급을 보호하기 위해서였다. 어린이들을 학대고용에서 보호하기 위한 최초의 법률이 1802년 영국에서 제정되었다. 그러나 유럽 노동법의 대부분은 19세기말에 제정되었고, 미국에서는 1930년대에 제정되었다. 노동조합 활동을 위해 모일 수 있는 노동자들의 권리를 인정하는 법률은 정치변화의 영향을 크게 받아 왔으며, 오늘날에 와서도 정치적 변동에 매

우 민감한 노동법의 한 분야로 남아 있다.[142)]

2. 노동법의 특성

2-1. 종속노동관계를 규율하는 법이다판례·통설. 즉, 사용자의 지휘·명령 하에서 노무를 제공하는 관계를 말한다.

2-2. 근로자의 기본적 인권과 생활을 특별히 보호하는 법이다.

2-3. 국가가 근로관계에 개입하는 법이다.

시민법원리인 소유권절대의 원칙과 계약자유의 원칙을 수정하여 노사 간의 실질적인 평등을 도모하고, 구체적인 인간을 대상으로 근로관계를 개별적이고 다양하게 규율한다. 노동법은 근로계약에 있어서 최저기준만을 정함하고, 구체적인 근로계약은 당사자 간의 노사자치에 의해 실현되고 있다.

2-4. 공법과 사법의 성격을 공유하는 법이다.

노동법은 강행적 효력근로조건보호를 위해 국가권력개입과 사적자치의 영역근로계약 및 단체협약 등이 교차하고 있다.

2-5. 국제적·통일적 경향을 가지는 법이다.

통일적·세계적 경향이 지배하고, 국제노동기구ILO에 의한 국제노동기준이 확대되고 있다. 자유권적 기본권보다 생존권확보를 보장하기 위한 법이다.

3. 노동법의 기본원리와 목적

노동법은 실질적으로 경제적·사회적인 약자인 근로자를 보호하고, 노사간의 실질적인 평

142) 브리태니커 사전 참조.

등을 도모한다. 따라서 노동법의 기본원리는 자본주의 시민법원리의 수정, 근로자의 노동기본권인정, 근로조건 기준의 법정화, 근로자의 단결활동 보장, 취업과 고용안정을 보장한다.

제2절 근로기준법

1. 근로기준법의 의의와 특징

1-1. 근로기준법의 의의와 목적

개별적 근로관계에 있어서의 개개의 근로자의 보호를 목적으로 하는 법이다. 근로기준법 제1조는 "이 법은 헌법에 따라 근로조건의 기준을 정함으로써 근로자의 기본적 생활을 보장, 향상시키며 균형 있는 국민경제의 발전을 꾀하는 것을 목적으로 한다."라고 규정하고 있다.

1-2. 근로기준법의 특징

근로기준법은 생존권보장이념의 구체화, 근대적 노사관계의 확립, 근로조건의 국제적 수준화, 여성과 연소자에 대한 특별보호조치, 감독행정 등에 의한 법의 실효성 확보 등을 특징으로 하고 있다.

2. 근로기준법의 적용대상

2-1. 근로자

(1) 근로자란 직업의 종류와 관계없이 임금을 목적으로 사업이나 사업장에 근로를 제공하는 자를 말한다근로기준법 제1조. 구체적으로, 직업의 종류에 있어 근무형태는 근로자 여부의

판단기준이 되지 않고, 임금을 목적으로, 계약의 형식에 관계없이 사업이나 사업장에서 근로를 제공하는 자종속노동관계를 말한다. 대법원은 근로기준법상 근로자 여부 판단기준을 계약의 형식보다는 그 실질에 있어 종속관계 여부를 판단하고 있다.[143)]

(2) 근로기준법과 노동조합 및 노동관계조정법이하 노조법상 근로자의 구별하며 근로기준법상 근로자의 개념은 최저임금법, 산업안전보건법, 산업재해보상보험법에도 적용된다. 노조법상으로는 해고자, 실업자, '해고의 효력을 다투는 자'도 근로자로 본다.

(3) 근로기준법상 근로자의 여부대법원판례

근로자의 지위를 인정한 사례	근로자의 지위를 부정한 사례
• 채용내정된 졸업예정자인 실습생 • 맹인 안마사, 광업소장 • 의과대학 소속의 전공의·수련의 • 불법체류외국인 근로자 • 광고영업사원광고수탁·광고료 수금 업무자 • 일용직원, 일정한 노무를 담당하는 이사 • 한국야구위원회 소속 심판원 • 대학입사학원 종합반 강사, 대학 강사 • 직장예비군중대장, 외국인 연수자 • 시청료징수원한국방송공사소속 • 수습기간 중인 일당제 代務운전기사 • 신문사의 광고 외근원신문판매 확장업무수행1년 단위 위탁계약, 수당에 의존함 • 골프장캐디사용자가 봉사료를 받아 일괄 관리하여 배분한 경우: 임금으로 판단함. 93년	• 지입차주, 자영업사 • 레미콘운송차주, 유흥업소 가수 • 해고의 효력을 다투고 있는 자, 실업자 • 특정간병인협회 소속 간병인 • 보험회사의 외무원모집인 • 업무집행권을 가진 이사 • 프로야구선수, 도급계약에 의한 수급인 • 입시학원 단과반 강사수입금이 분배됨 • 향토지역예비군중대장 • 전기회사의 수금원한국전력공사소속 • 버스회사의 일용예비운전사 • 郡이 지원하는 죽세공예센터의 수강생과 강사 • 애니메이션회사의 채화 작업자 • 골프장캐디96년 대법원: 내장객으로부터 직접 캐디 피fee라는 명목으로 봉사료를 받음

2-2. 사용자

사용자란 사업주 또는 사업 경영 담당자, 그 밖에 근로자에 관한 사항에 대하여 사업주를 위하여 행위하는 자를 말한다. 따라서 사용자는 근로조건의 최저기준을 준수해야 할 의무의 주체자, 사용자는 근로자도 될 수 있으므로 상대적인 지위에 있다.

---

143) 대법원 2006. 12. 7. 선고 2004다29736 판결.

2-3. 근로기준법과 노조법상의 근로자와 사용자의 개념 비교

구분	근로기준법	노동조합 및 노동관계조정법
근로자	• 직업의 종류를 불문하고 사업 또는 사업장에서 임금을 목적으로 근로를 제공하는 자제2조 1항 1호 • 사업장에 고용된 것을 전제로 함 • 근로관계가 있는 이상 휴직자도 근로자로 인정 • 실업자나 해고자는 제외됨	• 직업의 종류를 불문하고 임금, 급료 기타 이에 준하는 수입에 의하여 생활하는 자제2조 1호 • 고용을 전제로 하지 않음 • 현실적인 근로를 제공하는 자뿐만 아니라 실업자, 해고자도 포함 • 해고의 효력을 다투는 자도 포함
사용자	• 사업주법인자체, 개인기업의 경우는 사장 또는 사업경영담당자대표이사, 공장장, 이사 등 기타 근로자에 관한 사항에 대하여 사업주를 위하여 행위 하는 자경영담당자의 지휘명령권을대행하는 자 • 근로기준법의 준수의무자 ➤ 사용자의 지위에 있는 자사용자개념의 상대성 ➡ 양벌규정 • 직접법률상 의무부과 • 사용자개념의 상대성	• 노동조합의 상대방, 단체교섭의 상대방 • 부당노동행위의 수규자 ➤ 사업주법인자체, 개인기업의 경우 사장, 사업경영 담당자대표이사, 공장장, 이사 등 또는 그 사업의 근로자에 관한 사항에 대하여 사업주를 위하여 행동하는 자경영담당자의지휘명령권을 대행하는 자 ➡ 양벌규정 • 사용자개념의 절대성: 사용자는 동시에 근로자가 될 수 없는 배타적인 지위에 있음

3. 근로기준법의 적용범위

3-1. 적용범위

(1) 원칙

상시 5인 이상의 근로자를 사용하는 모든 사업(장)에 적용한다.

(2) 예외

① 동거의 친족만을 사용하는 사업(장)과 가사사용인

② 일부규정의 적용: 상시 4인 이하의 근로자를 사용하는 사업(장)

③ 일부규정의 적용제외

4주 동안 평균하여 1주 소정근로시간이 15시간 미만의 단시간근로자의 경우에는 근로기준법 제18조 3항에 따라 주휴일근로기준법 제55조, 연차유급휴가근로기준법 60조의 규정과 근로자퇴직급여법 제4조 1항에 따른 퇴직금의 규정은 적용되지 않는다.

3-2. 적용사업의 예외

(1) 동거의 친족만을 사용하는 경우

동거는 생계를 같이 하는 것을 의미한다. 다만, 동거의 친족 이외의 근로자가 1명이라도 있으면 해당 사업(장)은 근로기준법을 적용한다.

(2) 가사사용인의 경우

가사사용인지의 여부는 가정의 사생활에 관한 것인지를 판단실질적인 판단 要한다. 가사사용인으로 인정되는 자는 가정부, 파출부, 정원사, 요리사, 개인자가용운전사 등이고, 인정되지 않는 자는 출장파출부, 아파트 경비원, 출장요리업의 요리사 등이다. 가사와 다른 업무와 겸임하는 경우는 본래의 업무가 무엇인지에 따라 판단한다.

3-3 근로기준법의 적용제외

(1) 특별규정우선적용의 원칙

공무원 및 행정기관의 잡급직원임시직 공무원, 사립학교법에 의한 교원, 청원경찰, 선원법에 의한 신원이 해당 법을 적용한다.

(2) 특별법에 규정이 없는 사항에 대해서는 근로기준법이 적용

4. 연소자의 근로

4-1. 연소자의 의의

근로기준법상 연소자는 18세 미만자를 말한다. 따라서 사용자는 연소자를 야간근로오후 10시부터 오전 6시까지 및 휴일에 근무시키지 못한다근로기준법 제70조. 여기서 휴일은 주휴일, 근로자의 날과 관공서의 휴일에 관한 규정상의 휴일을 말하며 사업장에서 정한 약정휴일은 해당되지 않는다. 단, 근로자의 동의와 고용노동부장관의 인가를 얻은 경우에는 가능하다.

4-2. 연소자의 사용금지직종

(1) 사용자는 18세 미만인 자를 도덕상 또는 보건상 유해·위험한 사업에 근로자로 사용하지 못한다근로기준법 제65조. 또한 산업보건기준에관한규칙 제69조 2호 및 3호에 따른 고압작업 및 잠수작업, 건설기계관리법, 도로교통법 등에서 18세 미만인 자에 대하여 운전조종면허 취득을 제한하고 있는 직종 또는 업종의 운전·조정업무 등에는 사용하지 못한다.

(2) 청소년보호법 등 타 법률에서 18세 미만 청소년의 고용이나 출입을 금지하고 있는 직종 또는 업종

1) 청소년출입·고용금지업소

① 유흥주점·단란주점

② 비디오방, 노래방 청소년 출입허용시설업소는 가능

③ 무도학원업, 무도장업

④ 사행행위영업

⑤ 전화방, 성기구취급업소

2) 청소년 고용금지 업소

① 숙박업·이용업, 목욕장업 중 안마실을 설치하거나 개실로 구획하여 하는 영업

② 유독물 제조·판매·취급업

③ 소위 티켓다방휴게음식점 영업으로서 주로 다류를 조리·판매하는 다방중 종업원에게 영업장을 벗어나 다류등을 배달·판매하게 하면서 소요기간에 따라 대가를 수수하게 하거나 이를 조장 또는 묵인하는 형태로 운영되는 다방

④ 주류판매 목적의 소주방·호프·카페 등 형태의 영업

⑤ 음반판매업, 비디오물 판매·대여업

⑥ 일반게임장

⑦ 만화대여업

3) 교도소 또는 정신병원에서의 업무

4) 소각 또는 도살의 업무

5) 유류를 취급하는 업무주유업무는 제외한다

6) 2-브로모프로판[144)]을 취급하거나 노출될 수 있는 업무

7) 그 밖에 고용노동부장관이 산업재해보상보험 및 예방심의위원회의 심의를 거쳐 지정하여 고시하는 업무

제3절 노동기본권

노동기본권은 근로자의 생존을 확보하기 위한 필요불가결한 기본적인 권리이다. 여기서 노동기본권은 근로권과 근로3권노동3권을 말한다.

2. 근로권

2-1. 의의

국민이 자주적으로 근로의 기회를 얻지 못한 경우에 국가에 대하여 근로의 기회 또는 생활유지에 필요한 자금의 지급을 요구할 수 있는 권리이다.

2-2. 근로권의 법적성질

취업의 자유를 의미한다는 견해자유권설, 근로자의 인간다운 생활을 보장하기 위한 생존권이라는 견해가 대립되고 있지만, 생존권설이 통설이다

2-3. 주체

원칙적으로 국민의 권리이다. 다만, 외국인은 인간의 존엄성을 보장하기 위한 경우에만

144) 전자부품을 세척하는 데 사용되는 유기용제로 불임을 일으키는 것으로 알려졌다. 1995년 8월 한 전자부품 제조업체에서 여성 노동자 28명에게 생리중단·빈혈·불임 등을 유발시킨 것으로 확인되었고, 남성의 경우에는 저정자증이 유발되었다.

인정된다. 고용증진과 관련된 사회적·경제적 정책을 요구할 수 있는 권리는 외국인에게 인정되지 않는다. 법인은 포함되지 않는다.

3. 근로3권노동3권

3-1. 의의

근로자들이 근로조건의 향상과 인간다운 생활을 확보하기 위하여 자유로이 단결하고 교섭하며 단체행동을 할 수 있는 단결권, 단체교섭권, 단체행동권을 총칭하는 개념이다. 사용자와 실질적인 대등성을 확보하여 노사자치주의 실현을 위한 것이 목적이다.

3-2. 단결권結權, right to organize

(1) 의의

근로자가 노동조합을 조직하고 이에 가입하는 권리이다. 즉 근로자가 노동조합을 조직할 수 있는 권리와 또 그가 원하는 기존 노동조합에 가입할 수 있는 권리가 근로자 개인이 누리는 단결권의 내용이다. 헌법 제33조에서 이를 보장하고, 노동조합 및 노동관계조정법은 제1조 등에서 자주적인 근로3권의 보장을 천명하고 있다. 헌법은 단결권의 보장을 단순히 소극적인 의미에서 자유권自由權의 하나로서만 보장하는 것이 아니라 노사의 실질적인 평등을 확보하기 위하여 적극적인 생존권生存權의 하나로서 이를 보장하고 있다. 근로자의 단결권을 침해하거나 지배·개입하는 사용자의 행위는 부당노동不當勞動행위로서 엄격히 규제되어 있다.

(2) 단결권의 종류

① 개인적 단결권

조합을 결성·가입할 수 있는 권리, 조합원이 조합운영활동에 참여할 수 있는 권리이다.

② 집단적 단결권

조합조직을 유지·확대·운영할 수 있는 권리, 단결체의 존립자체와 그 활동에 관하여 필요한 보호를 받을 수 있는 권리이다.

3-3. 단체교섭권團體交涉權, right to bargain collectively

(1) 의의

노동조합과 사용자 또는 그 단체가 근로조건 또는 기타사항에 대하여 교섭할 수 있는 권리이다. 근로조건의 유지·개선에 관한 교섭이라는 점에서 사용자와 사업장 내 근로자 사이에 생산성 향상이나 근로자의 복지증진에 관하여 협의하는 '근로자참여 및 협력증진에 관한 법률' 상의 노사협의회와 구별된다.

헌법은 이를 근로3권의 하나로서 보장하고 있다제33조 1항. 이에 따라 노동조합 및 노동관계조정법도 단체교섭권의 법률적인 보장을 확인하고제1조, 노동조합이 단체교섭을 요구할 수 있는 권한제29조과 사용자가 단체교섭에 응할 의무제81조 3호를 규정하고 있다. 단체교섭은 폭력이나 파괴행위에 의한 교섭이 아닌 한 정당행위로 간주되어 형사책임이 면책된다노동조합 및 노동관계조정법 제4조. 그리고 민사책임 또한 단체교섭권의 정당한 행사에 기인된 사용자의 손해에 대하여 법상 책임이 없다제3조.

(2) 내용

① 근로조건뿐만 아니라 근로자의 사회적·경제적 지위향상도 단체교섭의 내용이 된다.

② 단체교섭내용이나 단체교섭상의 행위가 모두 정당해야 한다.

③ 단체협약의 체결이 가장 이상적이나 반드시 그것을 목적으로 할 필요는 없다.

④ 사용자가 단체교섭 거부가 정당한 이유가 없는 경우 부당노동행위가 된다.

3-4. 단체행동권團體行動權, right of collective action

(1) 의의

단체교섭을 근로자에게 유리하게 전개되도록 하기 위해서 근로자에게 보장된 집단적 행동에 관한 권리이다. 즉 단체행동권은 단결체의 존립과 목적활동을 실력으로 관철하기 위한 근로자의 투쟁수단으로서 인정된 권리이다. 우리 헌법憲法도 이 권리를 보장하고 있다헌법 제33조 1항. 이러한 근로자의 단체행동권은 근로자의 지위향상을 위한 것이므로 최대한으로 보장되어야 하나, 그 과도한 행위는 사용자에게 부당한 손해를 끼치고, 나아가서 국민경제를 위협하므로 노동조합 및 노동관계조정법은 일정한 행위의 제한·금지를 규정하고 있다 노동조합 및 노동관계조정법 제41조~제44조. 즉 폭력이나 파괴행위 등은 정당한 행위라 할 수 없다. 근로자의 단체행동권의 행사방법에는 파업罷業·태업 등이 있다. 이에 대응하여 사용자는 근로자의 파업·태업 등에 대하여 직장폐쇄lockout로 대항할 수 있다.

(2) 주체

1차적으로는 근로자 개인이나 실제로는 노동조합 등의 단결체가 주체가 된다.

(3) 내용

① 단체행동권에는 쟁의권과 조합활동권이 있다. 쟁의권은 조합이 자신의 주장을 관철할 목적으로 업무의 정상적 운영을 저해하는 행위로서 파업 태업, 피케팅 등 쟁의행위를 할 수 있는 권리이다. 조합활동권이란 업무의 정상적 운영을 저해하지 않는 한도 내에서 리본패용, 유인물배포 등으로 사용자에 대하여 요구, 시위, 청원, 선정활동을 할 수 있는 권리이다.

② 정당한 단체행동권행사시는 민·형사상 책임이 면책된다.

③ 쟁의권에 대해서는 법률로서 광범위한 제한이 있다.

대법원판결 **대법원의 근로자의 정당한 행동 요건**

근로자의 쟁의행위가 형법상 정당행위가 되기 위해서는 첫째 그 주체가 단체교섭의 주체로 될 수 있는 자이어야 하고, 둘째 그 목적이 근로조건의 향상을 위한 노사간의 자치적 교섭을 조성하는 데에 있어야 하며, 셋째 사용자가 근로자의 근로조건 개선에 관한 구체적인 요구에 대하여 단체교섭을 거부하였을 때 개시하되 특별한 사정이 없는 한 조합원의 찬성결정 및 노동쟁의 발생신고 등 절차를 거쳐야 하는 한편, 넷째 그 수단과 방법이 사용자의 재산권과 조화를 이루어야 함은 물론 폭력의 행사에 해당되지 아니하여야 한다는 여러 조건을 모두 구비하여야 한다(대법원 1998. 1. 20. 97도588).

3-5. 근로3권의 제한

(1) 본질적 한계

근로3권은 목적이 아니고 수단이기 때문에 자체적 한계가 존재한다. 따라서 근로조건의 향상과 관계없는 정치적 행동 등은 보장의 대상이 되지 않으며, 임금 등의 근로조건의 개선을 목적으로 하는 쟁의만 인정된다.

(2) 공무원 및 교원에 대한 제한

① 법률이 정하는 자지식경제부 소속의 현업기관과 국립의료원의 작업현장에서 사실상 노무에 종사하는 기능직 공무원과 고용직공무원 가운데 일정한 자는 근로3권이 인정된다.

② 6급 이하의 공무원은 단결권과 단체교섭권이 인정된다.

③ 사립, 국·공립학교 교원은 단결권, 단체교섭권만 인정된다.

(3) 방위산업체종사에 대한 제한

① 법률이 정하는 주요방위산업체에 종사하는 근로자의 단체행동권은 법률이 정하는 바에 의하여 이를 제한하거나 인정하지 아니할 수 있다헌법 제33조 3항.

② 방위사업법에 의하여 지정된 주요방위산업체에 종사하는 근로자 중 전력, 용수 및 주로 방산물자를 생산하는 업무에 종사하는 자는 쟁의행위를 할 수 없으며 주로 방산물자를 생산하는 업무에 종사하는 자의 범위는 대통령령으로 정한다노조법 제41조 2항.

③ 주요방위산업체에 종사하는 근로자라 할지라도 위의 자를 제외한 근로자는 단체행동권을 행사할 수 있다.

제10장

국제법

제1절 국제법의 개념

1. 국제법의 의의

국제법의 개념에 대해서는 다툼이 있으나, 국가 상호간 권리·의무를 규율할 뿐만 아니라 국가 이외에 국제기구, 교전단체, 개인, NGO 등의 상호관계도 규율하는 법이다. 즉 국제법이 국가 간의 법으로만 보는 것이 아니라 국제사회의 법으로도 보기 때문에 국가뿐만 아니라 국가기구, 개인[145) 등도 국제법의 주체가 된다고 할 수 있다.

문제는 교전단체[146), 반도단체, 망명정부, 자유시[147), 민족해방단체 등이 국제법의 주체가 될 수 있는가이다.

145) 개인의 국제법의 주체가 되는 가에 대해서는 다툼이 있으나, 권리와 권리의 침해 시 이행확보수단이 국제법과 국제절차에 규정된 경우에 개인의 국제법 주체성을 인정하는 것이 통설적 견해이다.

146) 교전단체도 잠정적, 일시적인 국제법의 주체가 된다. 문제는 북한도 국제법의 주체가 되는가이다. 북한은 대한민국의 입장에서 '교전단체'로서 국제법의 주체이나, 북한을 국가로 승인한 국가와의 관계에서는 '국가'로서 국제법의 주체로 볼 수 있다. 남북한은 1991년 9월 17일 공동으로 국제연합에 가입했으므로 그 이후 북한은 국제연합과의 관계에서 국가이다. 하지만 1992년에 체결한 '남북기본합의서'에서는 남북한이 상호 국가가 아니라고 선언하여 북한은 대한민국의 입장에서 국가가 아니다.

147) 자유시라 함은 한 국가와 다른 국가의 경계에 위치하거나 한 국가의 영토에 의해 둘러싸여져 있으면서 그 국가와의 관계를 지배하는 다른 국가와의 국제적 규정에 따라 독자적으로 통치행위를 하는 정치적, 영토적 실체를 말한다. 단찌히 자유시가 대표적이다.

2. 국제법의 용어

국제법이라는 용어는 로마법상의 'jus gentium'에서 유래되었다. 'jus gentium'은 로마인과 외국인 상호 간 관계를 규율하는 법을 말한다. 그 후 1780년 벤담이 국제법을 영어로 'international law'라고 칭하였다.

3. 국제법의 성격과 부인

국제법은 국내법과 달리 강제성이 없어 국제법을 부인하는 자가 있다. 그러나 특정국가가 다른 국가를 무력으로 침공하면, 법적책임요구예: 이라크의 쿠웨이트 침공, 특정국의 해안봉쇄 등 제재를 가하고 있다. 따라서 각국은 국제법을 국내법과 동일한 효력이 있다고 명시하고 있다.

국제법을 부인하는 대표적인 사람은 푸펜도르프, 오스틴 등이 있다. 푸펜도르프S. Pufendorf는 자연법만이 유일한 법이라고 생각하였기 때문에 조약이나 관습에 기초하고 있는 국제법은 법이 아니라고 주장하였다. 오스틴J. Austin은 법을 제재에 의해 뒷받침되는 주권자의 명령이라고 정의함으로써 제재에 의해 뒷받침되지 않는 국제법은 '실정도덕'에 불과하다고 보고 국제법의 법적 성격을 부인하였다.

제2절 국제법의 법원法源

1. 법원의 의의

국제법의 법원sources of law이란 일반적으로 국제법의 존재형식 또는 인식자료를 말한다.

즉 국제법이란 어떤 기초하에 성립하며, 구속력을 갖는가 하는 문제를 다루는 것이다. 이에 대하여 자연법론자들은 인간의 이성에, 실정법론자들은 제국의 합의공동의사의 국제법의 기초라고 본다.

2. 법원의 종류

2-1. 국제사법재판소ICJ

국제사법재판소ICJ 규정 제38조 1항에서는 국제법의 법원으로 조약, 관습, 법의 일반원칙, 학설과 판례, 형평과 선 등을 규정하고 있다. 조약과 관습에 대해서는 연원성에 의문이 없으나, 법의 일반원칙에 대해서는 연원성에 다툼이 있고, 학설, 판례, 형평은 국제법의 연원으로 인정되지 않는다.

2-2. 새로운 연원

현대 국제법에서는 국제기구의 결의나 지역공동체의 결의, 규칙 등에서도 그 법원성이 논의되고 있다.

2-3. 조약treaty

국제법하에서 2개 이상의 국가 사이에 맺어진 계약 또는 서면약속을 말하는 것으로서 그 명칭에 관계없이 국제법 주체 상호간 법적 구속력을 의도하고 국제법의 규율을 받는 국제협정을 말한다. 협정convention·협약agreement·합의arrangement·의정서protocol·결의서act 등의 용어로도 사용된다.

그러나 국가 간에 문서에 의한 합의라 할지라도 신사협정은 법적 구속력이 없다. 1992년 남북기본합의서, 1975년 헬싱키 최종의정서 등은 신사협정으로 인정되고 있다.

조약에 관한 규정은 1969년 '조약법에 관한 비엔나 협약'과 1986년 '국가와 국제기구 또는 국제기구 상호간의 조약법에 관한 비엔나협약'이 있다. 전자는 국가 간 체결된 조약만을 다루나, 후자는 국가와 국제기구 및 국제기구 상호간에 체결되는 조약에 적용된다.

2-4. 국제관습법

국제관습법이란 일반적으로 승인된 국제관행이 법적확신을 얻어 법으로서의 효력을 갖는 것을 말한다. 국제사법재판소규정 제38조 1항 b호에 따르면 국제관습법이란 '법으로 수락된 일반관행의 증거'를 말한다.

국제관습법이 성립하기 위해서는 객관적 요건과 주관적 요건이 성립되어야 한다. 먼저 객관적 요건으로는 국제사회에서 동일한 형태의 실행이 반복되어 내려오는 일반적 관행이 있어야 하고, 주관적 요건으로는 법적확신opinio juris이 있어야 한다. 여기서 법적확신opinio juris이란 어떠한 관행이 국제법상 필요하다는 신념을 가지고 행동하는 것을 말한다.

2-5. 법의 일반원칙

ICJ규정 제38조 1항 c호에 의하면 '문명국에 의해 인정된 법의 일반원칙'을 조약, 관습 다음의 국제법의 법원으로 규정하고 있다. 법의 일반원칙에 대해서는 국제법의 법원성을 부정하는 자도 있지만,[148] 재판관의 독단적·자의적 판결을 방지하는 역할을 한다.

2-6. 형평과 선

형평과 선이란 재판관 개인의 정의에 대한 법감정을 말하는 것으로서 독자적으로는 법원성이 인정되지 않으며, 형평과 선에 따른 재판을 위해서는 분쟁당사자의 명백한 동의를 필요로 한다.

148) 부정하는 자들은 법실증주의자들로서 국가의 의사를 반영한 조약과 관습법만이 국제법의 연원이라고 보고 국가의 의사에 기초하지 않은 법의 일반원칙은 국제법의 법원이 아니라고 본다.

국제사법재판소(International Court of Justice)

국제연합(UN)의 주요사법기관으로 국제분쟁의 법적해결을 위해 설치된 기관이다. 제2차 세계대전 후 상설국제사법재판소를 계승한 것으로 1946년 네덜란드 헤이그에서 발족했다. 국가 간의 분쟁에 대한 판결을 내리는 것이 재판소의 기능이므로, 오직 국가만이 당사자가 될 수 있다. 재판소는 15명의 재판관으로 구성되는데, 전원 국적이 달라야 하며 총회와 안전보장이사회에서 선출한다. 분쟁 당사국의 국적을 가진 재판관이라도 특별한 기피 사유가 없는 한 재판에 참여할 수 있다.우리나라는 1991년 9월 17일, 국제연합에 가입함에 따라 국제사법재판소 당사국이 되었다. 현재 독도 관할권의 문제로 일본은 계속하여 국제사법재판소에 제소할 것을 요구하고 있다.

제3절 국제법의 주체

국제법의 주체란 국제법상 권리, 의무의 귀속자가 될 수 있는 자를 말한다. 이에 대해서는 국제법에 명문규정을 갖고 있지 않고, 학자에 따라 국제법 주체의 개념정의가 다양하다. 대체적으로 국가, 국제조직, 개인, 교전단체, 망명정부, 민족해방운동단체, 자유시, 반도단체 등을 말한다.

1. 국제법의 주체 종류

1-1. 국가

국가는 국내법상 법인격뿐 아니라 국제법상 법인격도 가진 국제법의 주체이다. 국가는 전형적, 능동적, 항구적 국제법 주체이다. 연방국은 외교능력이 연방에 완전히 이양되어 있어 국제법의 주체가 아니나, 국가연합confedereations은 완전한 국제법 주체이다.

1-2. 국제조직

국제조직의 국제법주체성에 대해서는 논란이 있지만, 국가와 구별되는 독자적인 국제법의 주체라고 보는 것이 통설이다. 국제조직은 조약체결권, 특권과 면제, 소송권 등의 능력을 갖는다.

1-3. 개인

개인에 대하여 국제법 주체성에 대해 의문이 있으나, 권리와 권리의 침해 시 이행확보수단이 국제법과 국제절차에 규정된 경우에 개인의 국제법 주체성을 인정하는 것이 통설적 견해이다.

1-4. 교전단체

중앙정부에 대하여 반란을 일으킨 단체가 하나의 사실상 정부를 수립하고 중앙정부의 권력이 이곳에 미치지 못할 경우 이를 교전상태라고 한다. 이때 중앙정부와 교전단체간의 전쟁이 교전단체의 승리로 종료되면 정부의 승인을 받거나 국가의 승인을 받게 되어 교전단체는 소멸한다. 그러나 이는 잠정적, 일시적인 국제법의 주체에 불과하다.

1-5. 반도단체

교전단체交戰團體로 승인을 받기 이전의 내란의 주체를 말하는 것으로서, 아직 교전의 승인의 요건을 충족시키지 못한 경우에도, 외국으로서는 통상의 필요에 의해서나 어떤 사실상의 교섭을 할 필요가 있기 때문에 이에 대해 '반도단체의 승인'을 할 수 있다. 이는 반란군을 단순한 범법자로 취급하지 않고 잠정적으로나마 반란군과의 관계를 정상적으로 유지할 목적에서 생긴 것이다. 그러나 이것은 교전상태의 승인과 같은 국제법상의 명확한 지위를 인정하는 것이 아니라 단순한 사실의 인지에 지나지 않으며, 외국은 평화시와 같은 불간섭의 의무를 질 뿐 교전단체의 승인과 같은 중립관계가 발생하지는 않는다.

1-6. 망명정부

쿠데타가 벌어지거나 국가가 외국에 침략 당했을 때 정부가 제3국으로 건너가 그곳에서 정권을 유지하는 것을 말한다. 대표적인 망명정부로는 대한민국 임시정부, 팔레스타인 해방기구, 티베트 망명정부 등이 있다. 망명정부는 그것이 교전단체 또는 반도단체의 정부인 경우 반도단체 또는 교전단체로서 국제법의 주체가 될 수 있으나 그 자체로는 국제법의 주체로 볼 수 없다. 망명정부가 본래의 영토에 대한 영유권을 갖고 있는 경우 국제법의 주체로 인정된다.

1-7. 자유시

자유시라함은 한 국가와 다른 국가의 경계에 위치하거나 한 국가의 영토에 의해 둘러싸여져 있으면서 그 국가와의 관계를 지배하는 다른 국가와의 국제적 규정에 따라 독자적으로 통치행위를 하는 정치적, 영토적 실체를 말한다. 단찌히 자유시를 예로 들 수 있다. 베르사이유 평화조약 제108조, 제102조에 따라 독일로부터 영유권을 분리하여 설치되었다. 자유시는 국제적 규정에 따라 국제법상 제한된 법인격이 인정된다.

2. 국가

2-1. 성립요건

국제법상 국가로서 성립하기 위해서는 국민, 영토, 정부, 독립의 4가지 요건이 필요하다. 이 밖에도 국가는 국제법의 준수하며 타국과 법적관계를 맺을 능력이 필요하다.

2-2. 국가승인

(1) 의의

국가의 승인이란 국가가 새로 성립한 국가를 국제법의 주체로 인정하는 의사표시이다. 국가승인은 새롭게 국가가 형성될 때 발생하는 문제이다. 신생국의 성립에는 분리, 독립, 분열, 합병 등이 있다. 병합의 경우 신생국이 성립되지 않으므로 국가승인의 대상이 아니다.

(2) 신국가의 지위

이에 대해서는 창설적 효과설과 선언적 효과설이 있다. 전자는 신 국가는 국가요소를 구비하였다 하더라도 반드시 승인을 받아야만 국가가 될 수 있다는 것이고,[149] 후자는 신 국가가 국가의 성립요건을 갖추면 당연히 국가로 성립된다는 것이다.[150]

(3) 승인의 요건

①사실상의 국내법상 국가로 성립하여야 한다. ②국제법 준수의 의사와 능력을 가져야 한다. ③일정 정도 이상의 문명이 필요하다. 국가가 이러한 요건을 갖추었더라도 승인을 해야 할 국제법상의 의무는 없다. 승인요건이 갖추어지기 전에 부여하는 승인을 상조의 승인 premature recognition이라 하는데, 이는 본국에 대한 내정간섭이며, 시기상조의 승인은 무효로 간주된다(예: 1903년의 미국의 파나마 승인). 한편 신생국가가 국제법을 위반하여 성립한 경우에 다른 국가는 그러한 국가에게 국가승인을 하지 않아야 한다는 '스팀슨원칙'이 있다.[151]

2-3. 정부승인

(1) 의의

정부승인이란 국내법상 비합법적인 수단(예: 쿠데타)에 의해 교체된 정부에 대해 타 국가가 신정부를 그 국가의 대외적 대표기관으로 인정하는 단독행위이다. 그러나 정부의 변경에 의해 '국가'의 권리와 의무는 변경되지 않는다. 이를 국가계속성의 원칙이라 한다. 특히 하나의 국가에 두 개의 정부가 경쟁하는 경우 어느 정부를 합법정부로 승인할 것인가가 문제된다한국, 중국의 경우.

(2) 요건

①신정부는 그 국가 일반에 대하여 실효적 지배를 하여야 한다. 즉 일반적 사실상의 정부의 성립이 필요하다. ②신정부가 국가를 대표할 의사와 능력을 가져야 한다. 이 두 가지 요건 외에 입헌주의의 정통성을 요건으로 주장하는 견해가 있었다. 1907년 에콰도르의 외무부장관인 '토바르'는 쿠데타 등의 위헌적으로 집권한 정부는 승인해서는 안 된다고 주장하면서 유래하였다. 이를 토바르주의Tobar doctrine라고 한다. 그러나 이에 반하여 정부교체수단

149) Tiepel, Oppenheim, Lauterpacht, Anzilotti, Kelsen 등이 주장.

150) Verdross, Brierly, Scelle 등이 주장.

151) 이 원칙은 미국무장관 스팀슨이 부전조약에 위반하는 방법으로 성립한 만주국을 승인하지 않기 위해 동 원칙을 주장하였다. 그러나 이는 국제법상 확립된 원칙은 아니다.

인 합헌성 여부와 관계없이 신정부를 승인해야 한다는 '에스트라다주의Estrada doctrine'[152]가 있다.

2-4. 교전단체승인

(1) 의의

본국정부 또는 제3국이 내란 중 반도단체叛徒團體가 사실상의 정부를 수립한 경우 반도단체叛徒團體를 국제법상의 전쟁주체로 승인하는 행위를 말한다. 이는 본국정부가 반도단체 지배지역에서 발생하는 책임을 회피하고, 반도단체와의 전쟁에 대하여 국제법을 적용함으로써 전쟁의 참화를 감소시키려고 하는 데 그 취지가 있다.

(2) 요건

교전단체의 승인요건으로는, ①내란이 국제전쟁의 수준에 달하여야 하고, ②지방적 사실상의 정부가 수립되어야 하고, ③전쟁법 준수의 의사와 능력이 존재하여야 하고, ④반도의 점령지역 내에서 자국민의 생명·재산 등을 보호하고, ⑤본국정부의 승인은 별도의 요건을 요하지 않으나, 제3국이 승인하는 경우 엄격하게 요건을 구비해야 한다. 승인의 방식에는 본국정부의 경우, 반란세력에 대한 포로대우를 들 수 있고, 제3국의 경우, 중앙정부와의 사이에 중립선언, 반도 측 군함에 대한 임검臨檢을 묵인하는 경우 등이 있다.

(3) 효과

본국정부가 반도단체를 교전단체로 승인하면, 반도단체는 교전단체가 되어 제3국은 본국과 교전단체에 대하여 중립의 지위에 서게 된다. 또한 제3국이 승인하면, 교전단체는 승인을 한 국가에 대하여 국제법상의 책임을 지고, 본국정부의 책임은 면제된다.

2-5 국가형태confederation

(1) 국가연합

둘 이상의 국가들이 조약에 의해 결합하여 외교적 기능을 공동으로 행사하는 국가결합으로 조약의 한도 내에서 제한된 외교능력을 갖는 것을 말한다. 즉 독립적인 주권국가와 연

152) 1930년 멕시코 외부부장관인 '에스트라다'가 주장하였다.

방국가의 중간에 위치하는 국가 형태이다. 국가연합은 구성국들은 완전한 국제법 주체성을 가지고, 구성국 상호 간 무력분쟁은 전쟁으로 간주하고, 개별 구성국 국민에 영향을 주는 법은 개별국가가 각각 제정하고, 구성국의 국제위법행위에 대해 구성국이 각각 책임을 지는 것이 특징이다. 과거 구소련은 15개의 공화국으로 이루어진 연방국가였는데, 1992년 12월 31일 소련소비에트사회주의공화국연방: USSR이 해체된 후, 발트3국과 그루지야[153]를 제외한 11개 공화국이 국가연합체인 독립국가연합Commonwealth of Independent States/CIS을 형성했다.[154]

(2) 연방국가

연방국가는 둘 이상의 국가들이 헌법에 기초하여 결합하여, 복수의 지방국支邦國으로 구성된 국가로서 중앙조직연방만이 완전한 국제법상의 능력을 갖고, 그 지방은 내부적으로 국가적 성격을 보유하나 대외적으로 국제법상의 주체성이 인정되지 않는 것을 말한다. 따라서 구성국 간 무력분쟁은 내란으로 보고, 연방만이 구성국들의 국민에 영향을 주는 법을 제정할 수 있고, 구성국의 국제위법행위에 대해 연방이 책임을 지는 것이 특징이다.

(3) 영세중립국

이해관계국 간의 조약에 의하여 자국의 보호를 위한 전쟁 이외에는 전쟁을 하지 않으며 간접적 전쟁에 개입하지 않고 영구히 그 독립과 영토보전을 보장받는 국가를 말한다. 따라서 영구적으로 전시 중립을 지키고 평시 전쟁을 유발할만한 행동을 하지 아니할 의무를 부담하고, 동맹조약이나 안전보장조약을 체결할 수 없고,[155] 자국 내에 군사기지를 둘 수 없다. 스위스, 오스트리아, 바티칸시국, 라오스가 영세중립으로 인정되고 있고, 벨기에와 룩셈부르크는 1차 대전 이후 영세중립성을 상실하였고, 스위스[156]와 오스트리아는 유엔[157]에 가입하였다.

---

153) 그루지야는 2008년 8월 14일 EU 및 NATO에 가입하기 위해서 독립국가연합을 탈퇴하였다.

154) 2007년 한국과 몽골 간에 국가연합을 구성하자는 주장이 제기되었다.

155) 그러나 국제연합(UN) 에는 가입할 수 있다.

156) 스위스는 1815년 빈 회의에서 영세 중립국으로 인정받지만, 약 200년간 유엔에 가입하시 않고 있다가 2002년 9월 10일 190번째 정회원으로 가입하였다.

157) 오스트리아는 영세중립국의 지위와 유엔가입국의 지위가 양립하지 않는다는 샌프란시스코 회의 당시의 해석이 변경되어 1955년 12월에 유엔에 가입하였다.

제4절 국가의 관할권 행사와 면제

1. 국가의 관할권

1-1. 의의

국가는 국제법의 주체로서의 권리[158]가 있는 반면에 타국의 주권평등과 독립을 존중할 의무[159]도 있다. 따라서 국가는 국제법이 정한 범위 내에서 주권을 행사하여야 한다. 이와 같이 관할권이란 국가가 그 국내법을 일정 범위의 사람·재산·사항에 대하여 구체적으로 적용 및 행사하는 국제법상의 권능을 말한다.

1-2. 유형

관할권에는 국내법을 창설하는 권능을 가진 입법관할권, 국내법을 집행하는 권능을 가진 행정관할권, 사법기관이 국내법령을 적용하여 구체적 사안의 위법성을 판단하는 권능, 사법관할권으로 나눌 수 있다.

1-3. 관할권의 결정준칙

(1) 속지주의

범죄발생 국가에 관할권이 있는 것을 말한다. 국가영역 밖의 자국의 선박 및 항공기 내부에서 행해진 범죄도 자국 영역 내에서 행해진 것으로 본다.

(2) 주관적 속지주의

국내에서 범죄가 개시되어 외국에서 범죄가 종료된 경우 범죄가 개시된 영토를 지배하는 국가에 관할권이 있는 경우를 말한다. 예컨대, 한국인이 한국의 공항에서 일본국적의 비행기에 폭탄을 장치하였는데 그 비행기가 중국 상공에서 폭탄이 폭발하여 사고가 난 경우 범죄가 개시된 장소는 한국이기 때문에 한국에 관할권이 있게 된다.

158) 주된 권리로는 국가의 주권과 독립권, 평등권, 자위권 등이 있다.

159) 타국의 국내문제 불간섭의무, 무력금지 등.

(3) 객관적 속지주의

객관적 속지주의라 함은 어떤 범죄가 외국에서 개시되었더라도 그 영토 내에서 행위의 직접적인 결과가 발생한 국가가 당해 범죄 전체에 대해 형사관할권을 행사 할 수 있다는 원칙이다. 위의 예에서 일본과 중국에 관할권이 있게 된다.

(4) 속인주의

범죄자의 국적이 관할권을 행사할 수 있는 경우를 말한다. 이를 '적극적 국적'에 근거한 관할권 행사라 한다. 속인주의는 속지주의보다 먼저 생겼지만 유럽에서 영역을 국제법 질서의 기본단위로 사용함에 따라 속지주의가 더 우세하다.

(5) 수동적 속인주의

자국민이 외국에서 피해를 입은 경우 그 범죄피해자의 국적이 관할권 행사할 수 있도록 하는 것이다. 이는 아직 완성된 것이 아닌 생성단계에 있다. 따라서 국제관습법상 확립되었다고 볼 수 없다. 하지만 1979년 '인질납치방지를 위한 국제협약' 등 국제조약에서 점차 인정을 하는 추세에 있다.[160)]

(6) 보호주의

외국인이 자국의 사활적 국가이익, 국가안보, 영토보전 등을 침해한 경우 피해를 입은 국가가 관할권을 행사할 수 있는 경우를 말한다. 구체적으로 국가전복 음모, 통화위조, 여권위조, 공공문서 위조 등의 범죄를 들 수 있다.

(7) 보편주의

국제범죄를 저지른 개인에 대해 국적, 이익, 영토 관련성이 없이도 모든 국가가 관할권을 행사. 해적행위, 인도에 반하는 죄, 하이재킹, 제노사이드, 평화에 대한 죄 등이 보편관할권이 적용되는 범죄이다. 보편주의를 원용한 가장 중요한 사건으로는 유태인의 학살과 관련

---

160) 과거 영미법계 국가들은 수동적 속인주의를 인정하지 않았지만, 오늘날 국제테러, 해적 등의 출현으로 인해 그들도 점점 원용하고 있다. 미국은 1985년 이탈리아 선박인 '아킬레라우스'호 선상에서 테러리스트들이 미국인을 살해하자 수동적 속인주의를 입법화하였다.

된 1961년의 '아이히만 사건'을 들 수 있다.

보편주의는 국제 관습법상 모든 국가가 기소권을 가지는 진정한 보편적 주의와 다자조약상의 범죄에 대하여 인도 아니면 기소할 수 있는 유사보편주의가 있다. 전자의 예로는 해적행위, 노예무역, 제노사이드 등이 있다.

1961년 유태인학살의 주범 아이히만에게 보편주의를 적용하여 처형하였다. 이에 대하여 적용된 죄명은 이스라엘의 '나치와 그 부역자 처벌법Nazis and Nazi Collaborators Punishment Law, 5710 of 1950'위반이었다. 이 법은 중요한 범죄에 대해서는 공소시효를 배제하고 있을 뿐만 아니라 외국에 의해 처벌된 피고인에 대해서도 이스라엘 법원에 의해 처단될 수 있도록 규정하고 있었다.

(8) 효과주의

외국인의 외국에서의 행위가 자국에 영향을 주는 경우 영향을 받은 국가가 관할권을 행사할 수 있는 경우를 말한다. 1945년 미국의 Alcoa사건에서 유래하였다. 객관적 속지주의의 확장이론이라 할 수 있다.

1-4. 관할권의 집행의 문제

집행관할권은 원칙적으로 타국의 동의가 없는 한 그 타국이 영역 내에서 행사할 수 없다. 즉 관할권 집행은 영토적 제약 때문에 역외적용은 원칙적으로 인정되지 않는다는 것이다. 만약 타국의 동의 없이 관할권을 행사하면 타국의 영토주권을 침해하기 때문이다. 굳이 관할권을 행사하려면 범죄인도 제도를 통해 해결하여야 한다.

예컨대, '아이히만 사건'에서 이스라엘의 정부요원이 아르헨티나에 거주하고 있는 그를 납치한 것은 범인이 체류하고 있는 국가의 영토주권을 침해한 것이다. 이 납치사건에서 아르헨티나는 이에 즉각 항의하여 외교문제로 비화하였으나 이스라엘의 사과로 종결되었다. 명백한 주권침해였으나 6백만 명의 동족의 목숨을 잃은 이스라엘의 도덕적 위치를 국제사회가 인정하지 않을 도리가 없었다.

한편 관할권이 경합되었을 때 어떻게 해결해야 하는가가 문제이다. 관할권의 경합은 국가 간의 마찰을 불러일으킬 수 있을 뿐만 아니라 개인의 이중처벌가능성이 있다는 점에서 문제가 있다. 관할권의 경합에 있어서 어느 관할권이 우선한다는 국제법상 원칙은 없다.

보물선 프라우마리아호의 소유권

1700년대 러시아 상트페테르부르크에 에르미타주 박물관을 세운 예카테리나 2세는 유럽 각지에서 진귀한 예술품을 사들이도록 지시하자, 러시아 대사들은 많은 보물들을 수집하여 '프라우마리아호'에 싣고 네덜란드 암스테르담 항구를 출발하지만, 핀란드 바다에서 침몰한다. 이 배는 300여 년이 지난 1997년 한 난파선 전문가에 의해 발견되었다. '램브란트'의 초상화를 비롯한 배에 실린 물건들의 현재 가치는 최대 2조 원에 달한다. 특히 배의 상태가 불과 몇 년도 지나지 않은 것처럼 잘 보존되어 있어, 소유권 분쟁이 제기되고 있다. 네덜란드는 국제 해양법의 근거로 이 배가 자국의 배라는 이유로, 러시아는 자신들의 조상이 보물을 매입했다 이유로, 핀란드는 자신의 영해에서 발견되었다는 이유로 서로 다투고 있다. 러시아는 자체적으로 배를 인양하기 위해 계획을 세우지만, 핀란드가 군사적 대응을 하겠다며 엄포를 놓자 인양계획을 보류하고 있다. 현재 '프라우마리아호'가 세 나라의 소유권 주장으로 인해 17년 넘도록 바다 속에 방치돼 있는 가운데, 국제 문화재 보호 단체들은 하루 빨리 배를 인양하라고 경고하고 있다.

2. 국가면제

2-1. 의의

국가면제란 법정지국forum state[161)]이 외국 및 그 재산에 대해 자국관할권의 행사를 면제하는 행위를 말한다. 국가면제는 '주권면제'라고도 한다. 오늘날 국가거래는 국가 대 국가뿐만 아니라 한 국가와 타국의 국영기업이나 기관의 거래도 빈번히 일어나고 있다. 예컨대, 한 국가의 국영기업이 타국에서 유류오염, 비행기 충돌 등 사고를 발생했을 때 법정지국에서 관할권을 행사 하지 않는 것을 말한다.

161) 피해를 입은 사인의 국적국을 말한다.

2-2. 국가면제의 유형

(1) 절대적 면제이론

절대적 면제이론은 국가의 모든 행위에 대해 절대적으로 면제를 인정하는 이론이다. 19세기 자유방임주의의 영향을 받아 통용되었던 국제관행이었다. 따라서 절대적 면제론은 피해 사인의 보호를 충분히 해 주지 못한다는 점에서 문제가 있다. 다만, 절대적 면제론하에서도 부동산 소송은 면제가 되지 않는다. 이 이론의 특징은 상업적 활동은 사인의 손에 맡기고, 국가는 공적인 기능만 수행한다는 것이다. 즉 "대등한 자는 대등한 자에 대하여 통치권을 갖는다."라는 원칙이 확립되어 오늘날 국제 판례로 확립되었다. 1812년의 스쿠너 익스체인지호 사건Schooner Exchange Case에서 미국은 프랑스 군함에 대해 면제를 하였다.

(2) 제한적 면제이론

국가의 행위를 권력적 행위와 비권력적 행위로 구분하여 권력적 행위에 대해서만 관할권이 면제된다는 이론이다. 이는 19세기 말 자유방임주의의 쇠퇴로 정부의 관여가 증대되는 보호주의가 나타나기 시작하면서부터이다. 우리나라도 1998년 12월 미국을 피고로 한 해고무효확인사건에서 대법원 전원합의체로 1975년에 수용한 절대적 주권면제론을 제한적 주권면제론으로 변경하였다.

미국은 1976년 외국주권면제법, 영국은 1978년 국가면제법을 제정하였고, 조약으로는 1926년의 '국유선박의 면제에 관한 약간의 규칙통일에 관한 협약브뤼셀협약', 1972년 '유럽국가면제조약' 채택되었으나 이는 각각 선박과 유럽이라는 한계에 부딪혀 완전한 제한적 면제이론이라 할 수 없다. 이러한 한계를 탈피한 것은 2004년 12월 유엔총회의 '국가 및 그 재산의 관할권 면제에 관한 유엔협약'이다.

제5절 국가영역

1. 국가영역의 개념

국가영역은 국가가 배타적으로 권능을 행사할 수 있는 공간적 범위로서, 영토육지, 도서, 영수,[162] 영공으로 구성된다.

2. 국경선

영토관할권의 한계를 표시하는 선으로 자연국경으로는 산맥을 분수령으로 한다. 하천을 경계로 하는 경우에는 항해가 가능한 경우는 가항수로의 중간선을 국경으로 하고,[163] 항해가 불가능한 하천인 경우는 중간선을 경계로 한다. 과거 식민지국가가 독립된 경우 독립되기 전의 식민모국이 설정했던 경계를 국경선으로 그대로 인정하는 경우가 있다. 이를 현상유지Uti Possidetis원칙이라 한다. 예컨대, 남미지역 국가들이 스페인으로부터 독립한 이후에도 스페인이 구획한 행정구역을 국경선으로 인정한다는 원칙을 말한다.

3. 영토취득방법

영토의 취득방법으로는 자연작용, 할양, 병합, 정복, 선점, 시효 등이 있다.

3-1. 자연작용

자연의 지리적 변경에 의해 영토가 취득되는 것을 말한다. 화산활동에 의해 섬이 생기면 이는 연안국의 영토가 된다. 자연적 변경에 의해 영토가 확정된 대표적인 사례가 미국과 멕시코간의 '샤미잘Chamizal' 사건이다.

---

162) 내수(하천, 호소, 내해, 항, 만), 군도수역, 영해, 해협을 포함한다.

163) 이를 탈베크원칙(Thalweg)이라 한다.

3-2. 할양Cession

양도국과 양수국 간의 합의에 의하여 영토의 일부를 타국으로 양도하는 경우를 말한다. 양도에는 무상양도와 유상양도[164]가 있다. 국가 간의 합의에 의한 이전이라는 점에서 정복과 구별된다. 하지만 과거에는 실제로는 무력위협과 위장된 정복에 의한 경우가 많았다. 또한 영토의 일부를 이전한다는 점에서 영역 전부를 이전하는 병합과 구별된다.

3-3. 병합Annexation

양도국과 양수국 간의 합의에 의한 영역 전부를 이전하는 것을 말한다. 따라서 병합은 피병합국의 영역 전부를 취득하고 피병합국은 소멸하게 된다. 피병합국의 국민은 종래의 국적을 상실하고 병합국의 국적을 취득한다.

3-4. 정복Conquest

한 국가가 무력에 의해 타국의 영토를 강제적으로 취득하는 것을 말한다. 따라서 전쟁 시에 일시적으로 타국을 점령하는 것은 정복이 아니다. 정복이 되기 위해서는, ①정복국이 피정복국의 영역 전부를 실효적으로 점령해야 하고, ②정복국이 피정복국 영역 전부를 자국 영역으로 취득한다는 의사표시를 해야 한다. 이 요건이 갖추어지면, 정복국은 피정복국의 영역 전부를 취득하고, 피정복국은 영역 전부를 상실함으로써 국가가 소멸한다. 피정복국의 국민은 정복국의 국적을 취득한다.

과거 정복은 영역의 원시적 취득방법을 하나로 취급되어 제3국은 원칙적으로 이에 간섭할 권리가 없었고, 또한 제3국의 승인을 필요로 하지 않았다. 그러나 오늘날은 무력행사를 금지 내지는 불법화하고 있으므로 이에 위반하여 행해진 정복은 무효이다.

3-5. 선점Occupation

국가가 무주지역을 영유의사를 가지고 타국보다 먼저 실효적 점유에 의해 자기의 영역으로 취득하는 것을 말한다. 선점에 의해 영토가 취득되기 위해서는 다음의 요건을 갖추어야 한다.

164) 미국이 프랑스로부터 루이지애나 구매, 미국이 러시아로부터 알래스카 구매 등을 들 수 있다.

(1) 선점의 객체는 무주지terra nullius에 한한다. 무주지란 어느 국가에도 귀속되지 않은 지역을 말한다. 주민의 유무와는 무관하며, 일정한 문명수준에 이르지 않은 토착민이 거주하거나 사인자격으로 거주하는 지역은 선점할 수 있다. 그러나 주민을 대표하는 장을 가진 정치적·사회적 조직화가 이루어진 부족의 거주지는 무주지가 아니다서부사하라 사건, ICJ, 1975년.

(2) 선점의 주체는 국가이어야 한다. 사인이나 사조직이 선점하는 경우 사전에 국가의 위임을 받거나 사후에 국가의 추인을 받아야 한다.

(3) 주관적 요소로서 선점의사를 요한다. 영유의사란 무주지역을 자국 영역으로 취득하려는 의사를 말하며, 보통 타국에 대한 선언, 통고, 국기 및 그 밖의 표지의 설정 등에 의해 표시된다.

(4) 객관적 요소로서 실효적 지배가 있어야 한다. 실효적 지배란 선점의사를 가진 국가가 구체적으로 무주지에 대해 지배권을 행사해야 함을 의미한다. 실효성의 정도는 토지의 지리적 상황이나 거주인구의 밀도 등에 의해 결정된다. 즉, 노날의 난이, 인구의 다수에 따라 다르며, 지리적 조건에 따라서는 실효성의 원칙이 완화될 수 있다. 오늘날 요구되는 실효적 지배의 정도는 점점 엄격해지고 있다.

'클리퍼턴섬 사건'Clipperton Island, 1931에서 중재위원회는 공해상의 무인도인 '클리퍼턴섬'은 정주定住나 통치행위가 필요 없고 주권의 천명만으로 상징적 지배Symbolic Occupation를 인정하였으며, '동부그린란드Eastern Greenland 사건1933'에서 국제사법재판소ICJ는 이 지역에 덴마크가 실제로 식민하지는 않았지만 이 지역에 대한 권리주장을 하는 것만으로 실효적 점유에 관하여 상징적 지배Symbolic Occupation를 인정하였다.

(5) 마지막으로 선점의 사실의 이해관계국에 대한 통고를 요건으로 볼 것인가에 대하여는 견해가 대립된다. 통고의 요건성을 부인하고 있는 것이 다수의 견해이다. '팔마스섬Palmas 사건'에서는 통고성을 부정하였으나, 1885년 베를린회의에서 작성된 콩고의정서는 선점의 요건으로 통고의무를 규정하였다.

3-6. 취득시효prescription

장기간에 걸쳐 평온하게 타국 영토를 점유 · 지배함으로써 그 영토를 취득하는 제도를 말한다. 이는 선의bona fide 또는 악의mala fide를 묻지 않고 장기간 계속된 일정사태를 적법으로 간주하는 것이다.

취득시효로 영토를 취득하기 위한 요건으로는, ①국가가 영유의사로 타국영토를 점유 · 지배해야 한다. 이 점에서 무주지를 점유하는 선점과 다르다. ②장기적인 점유·지배이어야 한다. 기간에 대해서는 국제법상 확립된 바 없다. ③평화롭고 방해받지 않은 점유·지배여야 한다. 만일 외교적 항의로 반대의사를 표명한 경우에는 평온한 상태가 되지 않는다. ④공개적인 점유이어야 한다.

'샤미잘Chamizal지역 사건1911년'[165]에서 PCIJ 중재위원회는 미국의 점유가 방해받지 않고 차단되지 않는 점유에 해당하지 않는다고 보고 멕시코의 주장을 인용하였다.

제6절 해양법

1. 해양법의 연혁

해양법의 발전은 국제법의 발전은 해양법의 발전이라 할 정도로 서로 밀접한 관련이 있다. 1609년 국제법의 아버지라 불리어지는 그로티우스Grotius, 1583-1645의 '해양자유론'을 시작으로 해양법은 발전하기 시작하였다. 그 후 유엔의 기관인 국제법위원회International Law Commission: ILC에서 해양법에 관한 전반적인 연구를 하기 시작하였다. 결국 1958년 제1차 해양법회의가 열렸다. 여기서 국제법위원회의 초안에 따라 영해 및 접속수역, 공해, 공해상의 어업 및 생물자원 보존, 대륙붕에 관한 4개의 제네바협약을 체결하였다. 1960년 제2차 해

165) 멕시코의 영토였던 샤미잘지역이 홍수로 미국 측으로 넘어가자 미국은 이곳에서 공권력을 행사하고 취득시효에 의해 문제의 영토를 취득하였다고 주장하였고, 이에 대하여 멕시코가 항의를 한 사건.

양법회의는 영해범위 획정문제에 대한 이견으로 성과 없이 끝났다. 1982년 제3차 해양법회의에서 유엔해양법협약[166]이 채택되어, 1994년 11월 6일부터 효력이 발효되었다. 이 3차 협약의 주요내용은 영해의 폭을 12리로 확대, 군도수역, 배타적경제수역, 심해저제도, 해양환경오염의 방지를 위한 법규를 정비하였다는 점 등이다.

2. 내수

내수는 영해의 측정기준이 되는 기선의 육지 측 수역을 말하며, 호소, 하천, 운하, 항, 만, 내해로 구분된다. 호소湖沼, lake란 사방이 육지로 둘러싸여 있는 수역을 말한다. 호소 중에는 해양에 전혀 연결되지 않은 것과 하천이나 운하로써 해양에 연결된 것이 있다. 하천은 수원水源에서 하구河口까지 영토 내를 흐르는 것을 국내하천과 각국 영토 내를 흐르는 당해국의 내수인 국제하천이 있다. 운하는 인공적으로 조성된 수로를 말한다. 1869년에 개통된 수에즈운하, 파나마운하, 킬운하 등의 국제운하가 있다. 국제운하는 조약을 통해 모든 국가의 모선박이 자유롭게 항행할 수 있다. 그러나 군함정박이나 요새건설, 전투행위 등은 금지된다. 항港이란 선박이 정박하여 하역·승선·하선 등을 하기 위하여 인공적으로 해안에 설치한 시설을 말한다. 경계선은 보통 항 양단의 방파제이며, 방파제의 내측은 내수이며 외측은 영해이다. 연안국은 항에서 무해입항, 무해정박을 허용할 의무가 없으나 일반적으로 외국선에 개방된 항에서는 무해입항, 무해정박을 허용한다. 단, 예외적으로 선박의 고장이나 해난 등 불가항력인 경우 입항을 허용해야 한다. 만bay이란 일방의 입구가 해양에 접속된 수역으로 그 굴입도屈入度가 입구 폭에 비해 훨씬 깊어서 육지에 둘러싸인 수역을 포함하며, 또한 단순한 해안의 굴곡 이상의 것을 구성하는 수역을 말한다. 내해inland sea란 수역이 육지에 둘러싸여 있고 2개 이상의 입구에 의하여 배타적 경제수역 또는 공해와 접속된 수역을 말한다.

166) 320개 조문, 9개 부속서.

3. 군도수역archipelagic waters

군도국가의 외곽을 직선으로 연결하여 구성되는 내측의 수역을 말한다. 군도국가란 국가 전체가 1개 또는 다수의 군도로 구성된 국가를 말한다. 인도네시아, 필리핀 등이 대표적 군도국가이다. 군도수역과 군도국가는 제3차 해양법회의에서 창설되었다.

4. 영해territorial sea

영토의 해안선에 접속한 일정범위의 수역을 말하며, 연안국의 권익보호를 위해 창설되었다. 영해는 1702년 Cornelius von Bynkershoek가 그의 저서『영해론De Domino Maris』에서 3해리 설을 주장한 이래 대부분의 국가들은 3해리를 영해의 범위로 인정해 왔다. 그러나 1982년 제3차 해양법회의에서 영해범위를 12해리 범위 내에서 연안국의 재량적으로 정하도록 규정하였다.

영해의 폭을 측정함에 있어서 출발이 되는 기선에는 통상기선과 직선기선이 있다. 통상기선normal baseline이란 연안국이 공인하는 대축척지도에 기재되어 있는 썰물 때의 해안선저조선을 말한다. 직선기선straight baseline은 해안선이 굴곡deeply indented되고 돌입한 지역 또는 바로 인근에 많은 섬들이 흩어져 있는 경우 가장 외측의 섬들을 연결한 선을 말한다. 우리나라의 경우 동해안, 제주도, 울릉도, 독도는 통상 기선을, 서해안, 남해안은 직선기선으로 하고 있다. 직선기선은 1951년 '영국-노르웨이 어업사건'에서 국제사법재판소가 인정하면서 도입되었다. 그 후 1958년 '영해 및 접속수역에 관한 협약'에서 이를 성문화하였고 1982년 '해양법협약'에서 채택되었다.

영해에서는 연안국이 주권을 가지며, 특히 경찰권, 어업통제권, 연안무역권, 해양과학조사권 등을 배타적으로 갖는다.

5. 무해통항권

모든 국가의 선박이 연안국의 평화, 공공질서 및 안전보장을 침해하지 않고 영해를 통항하는 권리를 말한다. 1949년 '코르푸해협사건Corfu Channel Case'에서 국제사법재판소는 연안국이 외국선박에게 무해통항권을 인정해야 한다는 판결 이래, 1958년 '영해협약'이 이를 성문화하였고 1982년 '해양법협약'에서도 규정되었다. 무해통항이 인정되는 선박은 상선, 어선, 특수선박[167], 군함[168], 잠수함[169] 등이다.

6. 국제해협

해협strait이란 2개의 해양을 연결하는 자연적 수로를 말한다. 한편, 국제해협이란 '공해 또는 배타적 경제수역의 일부와 공해 또는 배타적 경제수역의 다른 부분'을 연결하여 국제항행에 사용되는 수로를 의미한다. 해협국은 무해통항권과 통과통항권[170]을 보장할 의무가 있다.

7. 한국의 해협

7-1. 대한해협

대한해협의 가장 좁은 폭은 23해리이다. 한국과 일본은 모두 12해리 영해를 인정하고 있다. 하지만 대한해협에서는 모두 3해리로 한정하고 있다. 따라서 대한해협은 중간에 '공해

167) 핵추진선박 및 핵 또는 기타 본질적으로 위험하거나 유해한 물질을 운반하는 선박은 서류를 휴대하고 국제협정에 의한 특수예방조치를 준수할 것을 조건으로 무해통항권이 인정된다(유엔해양법협약 제23조).

168) 군함의 무해통항권에 대해서는 해양법협약상 명확하게 규정되어 있지 않다. 제3차 유엔해양법회의에서도 논란이 많았고, 해양강국들은 군함에 대해서도 무해통항권을 인정하여야 한다고 강하게 주장하였다.

169) 잠수함은 수면위로 부상하여 국기를 게양할 것을 조건으로 무해통항권이 인정된다(유엔해양법협약 제20조).

170) 통과통항(right of transit passage)이란 국제항행용 해협의 일방수역인 공해 또는 배타적 경제수역과 타방수역인 공해 또는 배타적 경제수역 사이를 오로지 계속적이고 신속하게 통과하기 위한 목적으로 방해받지 않고 항행 또는 상공 비행하는 것을 말한다. 통과통항권이 인정되는 해협은 통항로의 양 입구가 모두 공해나 배타적 경제수역으로 연결된 국제항행용 해협이다.

대'가 존재하고 있으므로 국제항행해협이 아니다. 대한해협에서는 통과통항이 아닌 '자유통항'이 인정된다.

7-2. 제주해협

제주해협은 공해와 공해를 연결하는 해협이지만, 항행 및 수로상 특성에 관해 유사한 편의를 갖는 공해통과통로가 도서의 해양 측에 존재하고 있다. 따라서 제주해협에서는 통과통항권이 인정되지 않고 무해통항만 인정된다.

8. 접속수역

8-1. 개념

접속수역contiguous zone은 영해에 접속한 일정한 범위의 공해에 대하여 관세·재정·이민·위생 등의 사항에 관한 연안국의 국권행사가 인정된 수역을 말한다해양법협약 제33조. 접속수역은 확장된 '영해'가 아니라 국권행사가 인정되는 일정 범위의 '공해'이다. 따라서 접속수역은 공해사용의 자유에 대한 제한이 된다. 영해협약은 접속수역의 범위를 영해의 폭을 측정하는 기선으로부터 12해리를 초과할 수 없다고 규정하였으나제24조 2항, 해양법협약은 영해기선으로부터 24해리를 초과할 수 없다고 규정하고 있다제33조 2항. 따라서 접속수역의 실제상의 폭은 설정된 접속수역의 폭으로부터 인정된 영해의 폭을 공제한 부분이다. 접속수역에 대한 연안국의 통제사항은 관세, 재정, 이민, 위생법규의 위반에 관한 사항에 한정된다. 따라서 어업에 관한 사항이나 안전에 관한 사항에 관해서는 통제권이 미치지 아니한다.

9. 배타적 경제수역Exclusive Economic Zone

영해에 접속된 영해기준선으로부터 200해리까지의 특정수역으로서 연안국이 당해 수역의 상부수역, 해저 및 하층토에 있는 천연자원의 탐사 개발 및 보존에 관한 주권적 권리와 당해 수역에서의 인공섬 시설의 설치 사용, 해양환경의 보호 보존 및 과학적 조사의 규제에 대한 배타적 관할권을 행사하는 수역을 말한다. 이는 어족자원의 고갈을 막고 연안국이 어족자원을 효과적으로 보존하도록 하기 위한 것이다. 2000년 이후 106개국 이상의 국가들이 배타적경제수역을 선포하였다.

10. 대륙붕continental shelf

대륙의 가장자리에 이어지는 바다 밑의 완만한 경사를 이룬 부분으로 해안으로부터 수심 200m 정도까지의 지역을 말한다. 1945년 9월 미국의 트루먼 대통령은 보존수역 선언과 함께 미국연안에 인접한 공해의 대륙붕 자원이 미국에 속한다는 대륙붕 선언을 발표한 이래 많은 나라가 이와 유사한 대륙붕 선언을 발표했다. 이러한 영향으로 1958년 제1차 해양법회의에서 대륙붕 조약이 체결되었다. 이 조약은 대륙붕의 범위가 수심 200m까지지만 이것을 넘어 개발이 가능한 곳까지도 대륙붕으로 규정하는 2중의 규정을 채택해 기술적으로 가능하다면 수심에 관계없이 해저를 지배할 수 있다는 문제점을 남겼다. 그 후 1982년 제3차 유엔해양법협약에서 대륙붕의 범위를 대폭 확대해 200해리까지 대륙붕으로 규정하였다해양법 협약 제76조. 우리나라는 1952년 '인접해양에 대한 주권선언평화선 선언'을 통해 대륙붕에 대한 주권을 선언하였고, 1970년 1월 '해저광물자원개발법'을 제정·공포하고, 5월 30일 7개 광구에 대한 영유권을 주장하는 대륙붕 선언을 하였다.대륙붕은 얕은 수심을 가지는 관계로 수많은 식물성 플랑크톤이 많이 살고 있으며, 광합성 작용이 잘되고, 바닷물의 온도가 생물의 성장에 알맞은 곳이기 때문에 수많은 종류의 바다식물이 살고 있다. 세계해양의 7% 정도가 대륙붕이며, 현재 이곳에서는 광범위한 자원의 개발이 진행되고 있다.

11. EEZ와 대륙붕의 비교1982년 해양법협약

11-1. 구성범위

대륙붕은 해저의 해상sea bed, 해저지하subsoil로 구성되나1982년 해양법협약 제76조 3항, EEZ는 해저의 해상sea bed, 해저지하 및 상부수역superadjacent waters으로 구성된다동협약 제56조 1항 a호.

11-2. 자원관할

대륙붕은 무생물자원과 생물자원 중 정착성 어종만을 대상으로 하지만, EEZ의 경우 일체의 생물·비 생물자원에 미친다.

11-3. 횡적범위

대륙붕의 횡적범위는 200해리 또는 350해리 이내로 결정되나동협약 제76조 1항, 5항, EEZ는 수심에 관계없이 영해 기선으로부터 200해리를 초과하지 못한다동협약 제57조.

11-4. 상부수역의 법적지위

대륙붕의 상부수역은 공해로서의 성격을 갖고 있으나동협약 제78조, EEZ 상부수역은 공해인지 영해인지 또는 제3의 새로운 수역인지 확립되어 있지 않다. 해양법협약은 제3의 수역으로 본다동협약 제86조.

11-5. 취득방식

대륙붕에 관한 연안국의 권리는 당연히 당초부터ipso facto, ab initio 존재하므로 실효적으로나 관념적으로 점유나 명시적 선언 등에 의존하지 아니한다동협약 제77조 3항. 하지만 EEZ의 경우 연안국의 별도의 명시적 주장과 점유 등 명백한 법적 행위가 선행되어야 한다.

12. 공해high sea

국가의 내수, 군도수역, 영해 및 배타적 경제수역에 포함되지 않는 수역으로서 국가의 주권이 배타적으로 행사되지 않는 해양의 모든 부분을 말한다1982년 해양법협약 제86조. 따라서 공해는 특정국가 또는 각 국가의 영역에 속하지 않으며 어떤 국가도 배타적으로 관할할 수 없는 특수한 수역이다. 공해상에는 모든 국가의 자유가 인정된다. 1982년 해양법협약 제87조는 6가지의 자유를 예시하고 있다. 즉, 국제법상의 규칙을 준수하는 요건으로 항행의 자유, 어업의 자유, 해저전선 및 관선부설의 자유, 공해의 해저 지하의 탐사 및 개발의 자유, 과학적 조사의 자유, 국제법이 허용하는 인공섬 및 기타 시설을 설치하는 자유이다. 공해상에서 기국 이외의 국가가 관할권을 행사할 수 있는 경우는 해적행위, 노예수송, 무허가방송, 타국국기 게양이다. 국적이 알려져 있지 않는 선박에 대한 임검권right of visit, 추적권right of hot pursuit, 특정오염 문제, 해상충돌의 경우 기국 이외의 국가가 지니는 권리, 기국의 요청이 있는 경우 마약불법거래에 대한 임검권 등이다. 공해상의 선박충돌 시 형사재판관할권에 관해, 1982년 해양법협약은 공해상의 충돌 등 항행사고와 관련된 선장 등에 대한 형사소송은 '가해선의 기국'이나 '당해 선장 등의 국적국'에만 제기할 수 있다제97조 1항. 기국 이외의 국가는 비록 수사를 위해서라도 선박의 나포·억류를 명할 수 없다제97조 3항고 규정하고 있다. 1926년 터키 인근 공해상에서 프랑스기선 로터스호가 터키 석탄 운반선과 충돌하여 침몰시키고 수명의 터키인을 익사케 한 이 사건소위 로터스호에서 PCIJ는 양국 모두에 재판관할권이 있다고 판시하면서, 피해선박의 기국인 터키의 형사재판관할권을 인정하였다.

13. 심해저

심해저area란 연안국 주권하에 있는 대륙붕의 한계 외측에 위치하는 공해의 해저와 해양저ocean floor 및 그 하층토를 말한다1982년 해양법협약 제1조 1항. 유엔해양법협약 당사국들은 심해저활동을 조직하고 통제하기 위해 심해저기구를 만들었다. 심해저기구 산하에 심해저활동과 개발한 광물의 수송, 가공 및 판매를 직접 수행하기 위해 심해저기업Enterprise이 있다. 또한 심해저와 관련된 모든 법적 분쟁이 유엔헌장규정에 의한 임의적 해결방법에 의해 해결되지 않는 경우에 이를 전담하여 해결하기 위해 국제해양법원에 심해저분쟁재판부Sea-Bed Disputes Chamber를 설치하였다.

심해저의 범위는 연안국 주권하에 있는 대륙붕의 한계 외측에 있는 해저지역이다. 1982년 해양법협약에 의하면, 대륙붕의 자연연장이 영해측정기선으로부터 200해리 미만인 경우는 200해리까지, 200해리를 넘어 연장되는 경우 최대 350해리까지 대륙붕이 인정된다. 따라서 지질학적 심해저와 법률적 심해저가 항상 일치하는 것은 아니다.

14. 섬

섬이라 함은 바닷물로 둘러싸여 있으며, 밀물일 때에도 수면 위에 있는, 자연적으로 형성된 육지지역을 말한다해양법협약 제121조 1항. 따라서 섬에서는 사람이 거주하면서 독자적인 경제활동이 가능하다. 섬이 되기 위해서는 자연적으로 형성된 육지이어야 하고, 바닷물로 둘러싸여 있어야 하고, 만조시에도 수면 위에 있어야 한다. 1982년 해양법 협약 제121조는 "모든 섬은 영해는 물론 배타적경제수역, 대륙붕을 가질 수 있다. 다만 인간이 거주할 수 없거나 독자적인 경제활동을 지탱할 수 없는 바위섬rock은 배타적 경제수역이나 대륙붕을 가지지 아니한다."라고 규정한다.

독도가 섬인지 암석인지 논란이 많다. 당연히 독도는 위에서 언급한 섬의 요건 즉, 자연적 형성a natural formation, 육지지역an area of land, 물로써 둘러싸인surrounded by water, 만조시 노출emergence at high-tide 등 을 모두 갖추었다고 볼 수 있다. 또한 사람도 거주하고 있다.[171] 하지만 국제백과사전[172]과 해외웹사이트 약 3만 8500여 곳에서 암석으로 표기하고 있다.

제7절 외교사절과 영사

1. 외교사절

1-1. 의의

외교사절이란 외교교섭 기타 직무를 수행하기 위해 외국에 파견되는 국가의 대외적 대표기관을 말한다. 이는 13세기 이탈리아 도시국가에서 성립되어, 1648년 '웨스트팔렌회의' 이

171) 어민 최종덕 일가 5인 가족이 1965년부터 1987년 까지 독도서도에 집을 짓고 주민등록을 하고 거주했다. 또한 어민 송재욱은 1988년 독도에 거주하였다. 어선장 김성도와 처는 1991년 이래 현재까지 독도에 거주하고 있다.

172) 여기에는 리앙쿠르암석(Liancourt Rocks) 되어 있다.

후 확립되었다. 그 후 1815년 비엔나회의에서 '외교관의 석차에 관한 규칙'이 제정되었고, 1959년 유엔총회의 결의에 따라 이루어진 1961년 비엔나회의서 만장일치로 '외교관계에 관한 비엔나 협약'이하 비엔나협약이 체결되었다.

1-2. 외교사절의 종류와 계급

외교사절에는 접수국에 상주하여 본국과의 외교관계를 처리하는 상주사절과 특정의 외교교섭을 위하여 국제회의에 참석하거나 조약체결을 위하여 일시적으로 파견되는 임시외교사절이 있다. 외교사절의 계급은 비엔나협약 제14조 1항에서 세 가지로 구분하고 있다. ① 대사ambassador 또는 로마교황청대사 및 이들과 동등한 지위를 가지는 기타 사절단의 장, ② 공사minister 또는 로마교황청공사. ③ 대리공사이다.[173] ①과 ②는 국가원수에게, ③은 외무장관에게 파견한다. 파견될 외교사절의 계급은 관계국 간의 합의에 의하여 결정된다. 대리공사는 사절단의 유고시 파견되는 임시사절인 대사대리와는 구별된다. 외교사절단의 장의 석차는 그 계급에 따라 결정되고, 같은 계급을 갖는 사절 간의 석차는 그 직무를 개시한 일자와 시간의 순서로 정한다.

1-3. 파견·접수

외교사절이 그 직무를 수행하기 위해 파견되려면 접수국으로부터 사전 동의를 받아야 하고 파견국에서 보내는 신임장을 접수국에 제시하여야 한다. 구체적인 절차를 보면, 우선 파견국은 특정의 인물을 외교사절로 임명하기 전 접수국에 대해 사전 동의를 구하여야 한다. 이를 아그레망agrement의 요청이라고 하며, 동의하는 것을 아그레망의 부여라고 하는데 동의가 있으면 비로소 외교사절을 정식 임명하게 된다. 접수국은 아그레망을 요청받은 특정인이 자국의 이익을 위해 만족할 만한 인물이 아니라고 판단되면 이를 거부 할 수 있다persona non grata: 기피인물. 이때 파견국에 대하여 그 이유를 통지할 의무는 없다. 아그레망이 부여된 후 임명된 외교사절은 그 자격을 증명하는 일정형식의 문서, 즉 신임장[174]을 휴대한다. 외교사절은 신임장으로 정식접수가 성립하여 직무개시와 동시에 특권이 부여된다.

---

173) 외교사절의 계급은 1815년 비엔나회의에서는 대사, 전권공사, 대리공사의 3계급, 1818년 엑스라샤펠회의(Aix-Chapelle)에서는 전권공사와 대리공사 사이에 변리공사가 추가되어 4계급으로 유지되다가 1961년 비엔나협약에서 3계급으로 다시 축소되었다.

174) 신임장은 임명된 사절이 휴대하는 일정한 형식을 구비한 문서로 대사, 공사는 국가원수가 서명하여 접수국 국가원수에게 전달하고, 대리공사는 외무장관이 서명하여 접수국 외무장관에게 전달한다.

1-4. 외교사절의 특권과 면제

(1) 의의

외교사절이 파견국 대표로서 그 맡은 기능을 독립적·효율적으로 수행할 수 있도록 접수국 내에서 누리는 특별한 국제법상의 지위를 말한다. 외교사절이 향유하는 특권적 지위와 면제는 접수국의 실체법으로부터 적용이 제외되는 것이 아니라, 접수국의 절차법상 면제를 의미한다. 외교특권에는 치외법권과 불가침권이 있다.

이러한 외교특권의 인정하는 취지에 대해서는 치외법권설, 기능설, 국가대표자격설의 대립이 있다. 1961년의 비엔나 협약에서 "이는 개인의 이익을 위함이 아니라 국가를 대표하는 외교사절단의 임무의 능률적인 수행을 확보하는데 있다."라고 규정하고 있는 것으로 보아 '국가대표자격설'과 '기능설'이 결합된 것으로 여겨진다.

(2) 인정취지

전자에는 접수국의 형사 또는 민사재판권, 경찰권 및 과세권으로부터의 면제가 포함되며, 후자에게는 외교사절의 신체와 명예·관사 및 문서의 불가침이 그 주요내용이다. 외교특권의 향유기간은 관례상 외교사절이 접수국에 입국하였을 때부터 임무종료 후 상당한 기간동안 접수국을 퇴거할 때까지 인정된다. 또 외교사절이 공적목적으로 접수국을 출발하여 제3국을 여행하는 동안에는 원칙적으로 제3국에서의 외교특권은 인정되지 않으며, 무해통항권만 인정될 뿐이다. 임시외교사절의 특권은 상주외교사절의 특권과 같다. 한편 외교사절의 수행원은 관원·가족·신서사 및 사용인으로 구분되는데, 이 중 관원과 가족은 외교사절과 동일한 외교특권을 향유하나, 이 경우에도 어느 정도 제한적이라고 하겠다.

(3) 외교사절의 특권과 면제의 내용

① 불가침특권

불가침특권에는 신체의 불가침특권, 외교공관의 불가침특권이 있다. 신체의 불가침 특권은 외교사절의 신체와 명예에 대해서 침범하지 않는 것을 말한다. 그러나 외교관의 폭행, 방화 등 긴급한 경우 일시적 체포할 수 있고, 정당방위나 긴급피난의 대상이 될 수 있다. 하지만 어떤 경우도 형사처벌은 할 수 없다. 외교공관의 불가침특권은 접수국은 공관장의 동의 없이 외교공관에 들어갈 수 없는 것을 말한다.[175] 국제사법재판소는 테헤란 영사사건에서 '절대적 불가침'을 인정하였다. 한편 외교공관에서 자유로운 통신도 보장된다. 하지만 무선송신기는 접수국의 동의를 얻어야 설치·사용가능하다. 외교공관에서는 공문서뿐 아니라, 개인적 서류나 서신도 포함된다. 외교행낭diplomatic bag[176]은 개봉하거나 유치할 수 없다. 외교신서사[177]는 어떠한 형태의 체포나 구금도 당하지 않는다.

② 재판권 면제

외교사절은 형사관할권으로부터는 절대적으로 면제된다. 예외도 인정되지 않는다. 따라서 사적범죄행위라도 접수국 재판권으로부터 면제된다. 하지만 사적범죄행위는 외교관의 퇴임이후 소추·처벌가능하다. 외교사절은 형사 외의 민사·행정 재판권으로부터도 원칙적으로 면제되지만, 개인의 부동산, 상속, 상업적 활동에 관한 소송에 대해서는 면제되지 않는다. 한편 증언도 거부할 수 있다.

국가는 재판면제에 대하여 포기할 수 있다. 포기의 주체는 국가이지 외교관 개인이나 외교공관장이 아니며, 명시적 포기만 가능하다. 재판관할권 면제를 포기했더라도 '집행권의 면제'의 포기까지 효력이 유지되는 것은 아니다.

경찰면제는 면제가 원칙이나 긴급한 필요시 일시적으로 신체의 자유를 구속가능하고, 조세에 관하여도 면제가 원칙이지만 간접세, 상속세 등은 면제되지 않는다.

③ 특권면제의 범위

특권은 접수국 영역에 입국 시부터 출국하여 나올 때까지 적용되며, 외교관의 가족은 '접수국의 국민이 아닌 한' 외교관 본인과 동일한 특권·면제가 향유된다. 하지만 가족이 접수국 국민인 경우는 어떠한 특권·면제를 향유하지 못한다. 행정·기술직원은 형사관할권으로부터는 절대적으로 면제되지만, 민사·행정재판권으로부터는 '근무 중에 행한 행위'에 대해서만 적용된다.

---

175) 화재나 전염병 예방을 위해서는 동의 없이 들어갈 수 있다고 보는 견해도 있다.

176) 보통 파우치(pouch)라고 불리며, 한 나라의 본국 정부와 재외공관 사이에 문서나 물품을 넣어 운반하는 주머니를 말한다. 외교행낭을 구성하는 포장물은 그 특성을 외부에서 식별할 수 있는 표지를 달아야 한다.

177) 다른 나라에 주재하는 자기 나라의 대사관에 발송하는 외교 문건을 전달하는 사람을 말한다

2. 영사제도

2-1. 의의

영사는 파견국의 통상, 경제상 이익, 파견국 국민 보호를 위해 외국에 주재하는 국가기관을 말한다. 영사는 외교사절과 달리 국가를 대표할 수 없으며, 단순한 기능적·행정적 성격을 갖는다. 영사제도에 관해서는 오늘날 일반조약으로서 국제연합의 국제법위원회가 기초하여 1963년에 채택1967년 발효한 '영사관계에 관한 비엔나 협약'이하 비엔나 협약이 있다. 영사에는 오로지 영사의 임무수행을 위해 본국에서 파견된 위임영사와 접수국의 유력한 국민을 영사로 위촉한 명예영사[178]가 있다.

비엔나 협약은 영사를 총영사consular office·영사consul·부영사vice consul·영사대리consular agent의 4등급으로 분류하고 있다제9조. 영사관계가 수립되기 위해서는 영사위임장Consular commission과 영사 인가증Exequeteur이 존재하여야 한다.[179]

2-2. 영사의 임무

영사의 임무는 자국민의 보호와 감독에 관한 사항 외에 접수국과 파견국과의 통상·경제상 관계의 발전증진과 우호관계의 촉진, 접수국의 통상·경제상의 사정을 파견국 정부에 보고하거나 이해관계자에게 정보를 제공하며, 여권 및 사증의 발급, 호적사무, 유언의 증명, 증거조사, 소송서류의 송달 등을 포함한다비엔나협약 제5조.

2-3. 영사의 특권 및 면제

영사는 외교사절과 달리 형사사건에 있어 공적행위[180] 내에서만 면제된다. 경찰권의 경우도 외교사절과 달리 영사에게는 면제되지 않는다. 영사가 중대한 범죄를 범하고, 권한 있는 당국의 결정이 있는 경우 체포·미결구금을 할 수 있다.

---

178) 명예영사를 장으로 하는 공관의 불가침은 인정되지 않는다. 하지만 공문서와 서류의 불가침은 인정된다. 재판권면제는 본무영사와 동등한 범위 내에서 인정된다. 공무수행과 관련된 사항에 대해서는 증언의무를 지지 않는다.

179) 이는 아그레망(Agrement)과 신임장(Credential)으로 수립되는 외교사절과 구분된다.

180) '공적행위'에 관한 것이라 할지라도 민사소송에서 두 가지 예외가 있다. 즉 영사관 등이 파견국을 위하여 계약한다는 뜻을 표시하지 않고 체결한 계약에 관한 소송과 접수국에서 차량·선박·항공기에 의해 생긴 사고에서 기인하는 손해에 대해 제3자가 제기한 소송을 말한다.

접수국은 원칙적으로 영사기관장의 동의 없이 영사관에 들어갈 수 없다. 하지만 화재 기타 신속한 보호조치를 요하는 재해의 경우 영사기관장의 동의가 있는 것으로 간주한다. 영사는 '공적행위' 대해서는 증언할 의무가 없다. 하지만 그 밖의 사항에 대해서는 영사에게 증인으로 출두하도록 요구할 수 있다. 단, 영사가 증언을 거부한 경우 어떠한 강제조치나 형벌을 가할 수는 없다. 또한 영사의 주거와 개인적 서류에 대해서는 불가침성이 인정되지 않는다. 신체의 불가침도 인정되지 않는다.

2-4. 외교관과 영사의 비교

영사는 국가를 대표할 수 없으며, 대사관은 한 국가에 한 곳에만 설치할 수 있지만, 영사관은 접수국 내에 여러 개가 설치가 가능하다. 외교사절은 원칙적으로 자국민에 한하나, 영사는 외국인도 가능하다.[181] 외교사절 파견에는 아그레망을 요하나, 영사 파견에는 요하지 않는다. 단, 접수국은 양자 모두에 대해 '기피인물persona non grata'을 선언할 수 있다. 대사는 '신임장'을 제정해야 기능을 수행하나 영사는 '인가장'을 받아야 업무를 시작한다. 외교관은 사적행위에 대해서도 면제가 인정되나, 영사는 '공적행위'에 대해서만 면제가 인정된다.

제8절 국제조직

1. 국제조직의 의의와 발전

1-1. 국제조직의 의의

국제조직은 국제단체로서 다수의 국가가 공통된 사항을 처리하기 위하여 조약에 기초하여 설립한 국제적인 조직체를 말한다. 이는 국제조직법이 규정하는 범위 내에서 법률상의

181) 명예영사는 접수국 국민 중에서 선임한다.

능력 및 국제법 주체로서의 지위·능력을 가진다. 주된 국제조직으로는 국제 평화 유지를 주된 목적으로 하는 국제연합, 경제적·사회적 목적을 가진 국제 노동 기구, 문화적인 목적을 가진 국제연합 교육 과학 문화 기구UNESCO 등이 있다.

1-2. 국제조직의 성립과 발전

(1) 국제행정연합International Administrative Unions

19세기 후반 교통, 통신, 통상, 위생, 문화 등의 행정 사무에 관한 국제 협력을 목적으로 결성한 조직을 말한다. 즉 경제적·사회적·문화적 및 행정적인 분야에서 국제협력을 목적으로 설립된 것으로서, 오늘날 존재하는 다수의 전문적 국제기구의 맹아라고 할 수 있다. 제2차 세계대전 후 이들 중의 대부분은 국제연합과 협정을 체결하여 전문기구의 지위가 부여되어 있다. 만국전신연합1865, 만국우편연합1874, 만국도량형국1875, 만국저작권연합1886, 등이 대표적이다.

2. 국제연맹League of Nation

2-1. 탄생 배경

제1차 세계대전에서 승리한 연합국들이 주도하여 국제협력을 위해 세운 기구로서, 단순한 행정적·기술적인 사항 외에 국제평화와 안전에 관한 협력을 목적으로 최초의 보편적이고 일반적인 국제조직이다.

국제연맹 규약은 집단안보와 국제분쟁의 중재, 무기감축, 개방외교정책의 원칙을 그 내용으로 하고 있으며, 파리 평화회의1919에서 연합국이 그 안을 만들어 서명했다.

국제연맹이 주된 목적 중의 하나는 제1차 세계대전 뒤에 맺어진 평화조약에 따른 세계질서를 유지하려는 것이었다. 그러나 일본·이탈리아·독일이 규약을 위반하였는데 국제연맹은 아무런 조치도 취할 수 없었고, 결국 일본의 만주와 중국 침략, 이탈리아의 에티오피아 점령, 히틀러의 베르사유 조약 거부 등을 막지 못해 제2차 세계대전 중에 해체되었다. 그 후 1946년에 그 목적과 방식, 구조의 상당부분을 이어받은 국제연합UN이 발족되었다.

2-2. 주요기관

국제연맹의 주요기관은 모든 회원국의 대표들로 구성되는 총회와 주요연합국의 상임대표로 이루어지는 위원회총회에서 선출되는 비상임 이사국도 참석함, 사무총장이 책임자인 사무국집행부 등으로 구성되어 있다. 또한 자치기관으로서의 지위를 갖는 국제노동기구ILO, 상설국제사법재판소PCIJ가 있다. 총회의 표결방법은 절차사항이 과반수로서 결정되는 데 비하여 기타사항은 전원일치로서 결정된다.

3. 국제연합United Nations, UN

3-1. 창설과정

제2차 세계대전 후 평화와 안전의 유지, 국제우호관계의 증진, 경제석·사회적·문화직·인도적 문제에 관한 국제협력을 목적으로 창설된 국제기구이다. 1920년에 설립되었다가 세계대전으로 붕괴된 국제연맹을 계승한 것으로 유엔UN이라고도 한다.

1943년 모스크바 외상회의에서 미국, 영국, 소련의 3개국이 세계적 국제조직의 창설이 필요하다는 것을 인식하였다. 1944년 덤버튼 오크스 회의, 1945년 얄타회담,[182] 1945년 4월 샌프란시스코회담에서 회원국이 유엔헌장을 채택 · 서명함으로써 창설되었다.

유엔헌장에는 5개 언어중국어, 불어, 러시아어, 영어, 스페인어가 필수적이며, 원회원국 51국으로 출발하여, 1946년 1월 10일에 제1차 유엔총회를 개최하였다.

목적은 국제평화와 안전의 유지, 우호관계 촉진과 평화의 강화, 국제협력의 달성 등이며, 원칙은 주권평등, 헌장준수, 분쟁의 평화적 해결, 무력사용 및 위협 금지원칙, 회원국들의 유엔행동에 협력, 비회원국의 유엔원칙의 준수확보, 유엔의 국내문제 불간섭의무 등이다.

3-2. 가입, 탈퇴와 제명

(1) 가입

가입의 요건은 유엔헌장상의 의무를 수락하고 유엔에 의한 의무를 이행할 능력과 의사가

182) 상임이사국에 거부권을 부여하기로 합의함.

있는 평화애호국이어야 한다. 절차는 안전보장이사회의 권고로 총회가 결정한다. 안전보장이사회에서는 5개국 상임이사국미국, 영국, 중국, 러시아, 프랑스 전부를 포함한 9개국 이상이 찬성하여야 한다. 유엔총회에서는 출석·투표한 회원국 3분의 2의 찬성이 있어야 한다.

(2) 탈퇴와 제명

국제연맹규약과 달리 탈퇴에 관한 명문규정은 없고, '정당한 이유가 있고 부득이한 경우' 탈퇴는 인정된다. 제명에 관해서는 헌장에 명시적으로 규정하고 있다. 즉 헌장상의 원칙을 위반한 경우이다.

3-3. 주요기관

(1) 총회United Nations General Assembly[183)]

6개의 중요한 유엔기구 중 하나로서, 모든 국제연합 회원국으로 구성되어지고 매년 정기적인 회기를 통해 소집된다. 모든 회원국들로 구성되는 기관은 총회뿐이다.

총회의 주요임무는 토의와 회원국이나 안전보장이사회에 권고하는 것이다. 총회에는 매년 수많은 결의안이 제출되고 결의로 채택된다. 가장 유명한 국제연합 총회 결의는 세계인권선언이다. 결의는 권고적 효력만 있을 뿐 법적 구속력은 없다.

① 권한

㉠ 총회는 분쟁이나 사태를 포함하여 모든 문제에 대해 토의할 수 있으나, 분쟁이나 사태를 안전보장이사회가 취급하고 있는 동안에는 권고할 수 없다.

㉡ 총회는 단독으로 안전보장이사회의 비상임이사국 선출, 경제사회 이사회 이사국 선거, 신탁통치이사회 이사국 선거, 보고서 심의, 예산 승인, 회원국에 대한 경비 할당을 할 수 있다.

㉢ 가입, 권리와 특권의 정지, 사무총장임명, 국제연합회원국이 아닌 국가의 국제사법재판소규정의 당사국 결정은 안전보장이사회의 권고가 있어야 한다.

㉣ 국제평화와 안전을 위태롭게 할 사태에 대해 안전보장이사회에 주의를 환기할 수 있다.

183) http://www.un.org/ga/

ⓜ 국가 간 우호관계를 해칠 우려가 있는 사태에 대해 평화적 조정을 위한 권고를 할 수 있다.

② 표결

중요문제에 관해서는 출석하여 투표하는 국가의 3분의 2 다수결에 의한다. 이에 해당하는 것으로는 평화와 안전에 관한 권고, 안보리 비상임이사국 선거, 경제사회이사회 및 신탁통치이사회 이사국 선거, 회원국의 가입·제명·권리와 특권의 정지, 신탁통치제도 운영문제, 예산문제 등이 있다.

중요문제가 아닌 기타문제에 대해서는 출석·투표하는 국가의 과반수로 결정된다. 어떤 문제가 중요사항인지에 관한 결정도 기타문제와 같은 정족수로 표결한다.

(2) 안전보장이사회United Nations Security Council, UNSC

국제연합의 한 기관으로, 회원국의 평화와 안보를 담당하는 역할을 한다. 국제연합의 다른 기관들이 회원국 정부에 대해 조언recommendation만을 할 수 있는 것과 대조적으로, 안전보장이사회의 결정은 국제연합헌장에 의거해 회원국들이 반드시 따라야 한다.

① 구성

15개 회원국으로 구성된다. 즉 5개 상임이사국[184]과 10개 비상임이사국으로 구성된다. 비상임이사국은 임기 2년으로 매년 5개국씩 총회가 선출하고, 유엔의 목적에 대한 공헌도와 공평한 지리적 분포를 감안한다.

② 권한

국제평화와 안전에 대한 일차적 책임을 지고, 유엔회원국들은 안보리 결정을 이행할 의무가 있다. 주요권한으로는 군비통제안 작성과 권고, 분쟁의 평화적 해결, 강제조치, 지역안보문제 등이다.

184) 미국, 러시아, 중국, 영국, 프랑스.

③ 의결

절차사항procedural matters에 대해서는 안전보장이사회의 단순 9개국의 찬성으로 이루어진다. 비절차사항실질사항에 대해서는 5개 상임이사국 전부를 포함한 9개국의 찬성으로 이루어진다헌장 제27조 2항, 3항. 문제는 절차사항과 비절차사항의 구분이다. 이에 대해서는 명문규정이 없다. 하지만 샌프란시스코회의에서 예시한 바에 따르면, 유엔헌장 제28조 내지 제32조는 절차사항이고, 분쟁의 평화적 해결에 관한 권고나 강제조치는 비절차사항으로 보았다.

이 구분의 문제를 선결문제라 한다. 선결문제의 결정 시에 안전보장이사회의 거부권이 인정된다. 즉, 비절차사항실질사항이 되기 위해서는 상임이사국 전부를 포함하여 9개국의 찬성을 요한다.

한편 분쟁의 평화적 해결 시 분쟁당사국은 표결에 참가할 수 없다. 사태의 당사국인 상임이사국은 표결할 수 있으며, 안전보장이사회가 다루는 문제에 이해관계가 있는 당사국은 표결권 없이 토론에 참여할 수 있다.

3-4. 기타 기관

총회, 안전보장이사회 외에 경제사회이사회, 신탁통치이사회, ICJ, 사무국이 있다.

3-5. 보조기관과 전문기관

(1) 보조기관

총회의 보조기관으로는 국제법위원회ILC, 유엔무역및개발회의UNCTAD, 유엔개발계획UNDP, 국제상거래법위원회UNCITRAL가 있고, 안보리의 보조기관으로는 회원가입심사위원회, 군사참모위원회가 있다.

(2) 전문기관

유엔과 별개의 법인격으로 성립된 16개 기관으로, 경제사회이사회와 특별협정을 체결하여 유엔과 제휴관계로 설정된다. 특별협정은 유엔총회의 승인을 받아야 한다. 만국우편연합UPU, 국제전기통신연합ITU, 국제노동기구ILO, 유엔식량농업기구FAO, 유엔교육과학문화기구UNESCO, 국제민간항공기구ICAO, 국제통화기금IMF, 국제부흥개발은행IBRD, 세계보건기구WHO, 세계기상기구WMO, 국제해사기구IMO, 국제금융공사IFC, 국제개발협회IDA, 세계지적재산권기구WIPO, 국제농업개발기금IFAD, 유엔공업개발기구UNIDO가 있다. 전문기관이 아닌 것으로 IAEA,[185] OECD,[186] GATT,[187] WTO[188]가 있다.

185) 국제원자력기구로 원자력을 군사목적이 아닌 세계평화와 인류복지에 공헌하는 데 쓰도록 하기 위해 국제연합(UN)에서 설치한 독립기구.

186) 경제협력개발기구로 1961년 경제발전과 세계무역의 촉진을 위해 설립된 국제기구이다. 우리나라는 1990년 10월 비회원국으로는 처음으로 OECD 조선사업부에 가입했고, 1996년 12월 29번째 OECD 정회원국으로 가입하였다.

187) 관세 및 무역에 관한 일반협정으로 국제적인 자유통상체제확립을 위한 관세인하, 각종 무역제한의 철폐, 최혜국조항의 적용 등에 관한 다각적 협정을 실현하고 있다.

188) 세계무역기구로서 회원국들 간의 무역 관계를 정의하는 많은 수의 협정을 관리 감독하기 위한 기구로서, 1947년 시작된 관세 및 무역에 관한 일반협정(GATT) 체제를 대체하기 위해 등장했으며, 세계 무역 장벽을 감소시키거나 없애기 위한 목적을 가지고 있다.

제11장
형사소송법

제1절 형사소송의 기초

1. 형사소송의 의의

형사소송은 국가형벌권의 행사에 관한 일체의 절차를 말한다. 따라서 범죄의 수사절차, 공판절차, 재판절차의 집행절차 등도 포함된다. 이와 같이 범죄인에 대한 국가형벌권 행사의 전 과정을 형사소송이라 하고, 형사소송절차를 규정한 법률체계를 형사소송법이라고 한다. 형법은 형벌권의 내용과 조건을 정한 법임에 대하여 형사소송법은 형벌권의 실현방법을 정한 법, 즉 형법을 구체적으로 실현하는 절차에 관한 법이다.

2. 다른 소송과의 비교

2-1. 민사소송과의 비교

민사소송이란 사법상의 권리 또는 법률관계에 대한 다툼을 법원이 국가의 재판권에 의해 법률적 강제적으로 해결, 조정하기 위한 일련의 절차를 말한다. 따라서 민사소송은 원고가 소송을 제기하는 자에 따라 다를 수 있지만, 형사소송은 국가를 대표하는 검사가 원고가 된다. 입증책임에 있어서도 민사소송은 사건에 따라 다를 수 있지만, 형사소송은 검사가 된다.[189)]

2-2. 행정소송과의 비교

행정소송이란 행정기관의 위법한 처분, 그 밖에 공권력의 행사, 불행사 등으로 인한, 국민의 권리 또는 이익의 침해를 구제하고 공법상의 권리관계 또는 법적용에 관한 다툼을 해결하는 소송절차를 말한다. 행정소송이 행정기관을 상대로 한다는 점에서 형사소송과 차이가 있다.

2-3. 가사소송·비송사건과의 비교

가사소송이란 가정법원에서 가족 및 친족 간의 분쟁사건 기타 가정에 관한 사건을 해결하는 소송절차를 말한다. 가사소송은 민사사건 중 신분관계에 관한 분쟁을 대상으로 하고, 민사소송은 그 외의 분쟁을 대상으로 한다는 점이 다르다. 또한 가사소송이 가족·친족 간의 분쟁이혼, 상속 등에 관한 소송인 데 반해, 형사소송은 이들 간의 처벌을 다룬다는 섬에서 차이가 있다. 예컨대, 남편이 아내를 지속적으로 폭력을 행사하는 경우 아내가 남편을 상대로 이혼소송을 제기하면 이는 가사소송이 되고, 폭력에 대한 처벌을 요구하면 형사소송이 되고, 만약 위 사안에서 남편의 폭력을 말리는 과정에서 이웃사람이 재산적 손해를 당했다면 재산에 대한 손해배상청구권은 민사소송이 된다. 한편 비송사건이란 법원의 관할에 속하는 민사사건 중 소송절차로 처리하지 않는 것을 말한다. 따라서 형사소송·민사소송이 분쟁을 강제적으로 해결하는 절차인 데 반해, 비송사건은 법규적용 또는 강제적인 요소를 결여한 절차라는 점에서 차이가 있다. 위의 예에서 아내가 남편을 상대로 이혼소송을 제기하였지만 법원이 조정에 회부하여 이혼을 해결하였다면 비송사건이 된다.

189) 상해죄의 동시범, 명예훼손죄의 진실성과 공익성은 피고인에게 입증책임이 있다.

제2절 형사소송의 이념

1. 실체적 진실주의

법원이 소송의 실체에 관한 객관적인 진실을 발견하고 사안의 진상을 명백히 해야 한다는 원칙을 말한다. 형사소송은 피고인과 피해자 사이의 법적 분쟁을 해결하기 위한 개인적 관계가 아니라 국가형벌권國家刑罰權의 범위와 한계를 확정하여 형벌권을 실현하는 절차이므로 법원이 사안의 진상을 정확히 파악하는 것이 전제되어야 한다. 이러한 의미에서 실체적 진실의 발견은 형사소송의 최고의 목표이며 가장 중요한 지도이념이 된다.

실체적 진실주의는 형사소송법상 법원의 피고인 및 증인의 신문제도, 법원의 직권증거조사제도, 전문법칙, 상소上訴·재심제도 등에 의하여 구현된다. 다만 실체적 진실주의에 대하여는, 인간의 힘으로는 객관적 진실을 완전하게 밝혀내기 어렵다는 사실상의 제약과 형사절차를 통하여 얻어지는 이익보다 더 큰 공익을 위한 초소송법적 이익에 의한 제약이 있다.

여기에는 적극적실체적진실주의와 소극적실체적진실주의가 있다. 전자는 범죄사실을 밝혀 죄 있는 자를 빠짐없이 벌해야 한다는 것으로서 대륙법계의 직권주의 소송구조에서 강조되었다. 이에 반하여 후자는 죄 없는 자를 처벌해서는 안 된다는 것으로서 영미법계의 당사자주의 구조에서 강조되었다. 즉 '100명의 유죄자를 놓치더라도 한 사람의 무죄를 벌하지 말라', '의심스러운 때는 피고인의 이익으로'라는 격언들은 이 원칙을 강조하고 있는 것들이다. 현행 형사소송법은 소극적실체적진실주의에 중점을 두고 있다.

2. 적정절차의 원칙

헌법정신을 구현한 공정한 법정절차에 의하여 형벌권이 실현되어야 한다는 것이다. 헌법이 근간으로 하고 있는 법치주의원리를 바탕으로 하여 개인의 기본권보장을 위해 공정한 법적 절차에 따라 형벌권이 실현되어야 한다는 원칙이다. 적정절차의 원칙은 형사피고인의 인권을 존중할 뿐만 아니라, 공정한 형사절차를 유지함으로써 법질서에 대한 신뢰를 제공하고 국가의 형벌권의 남용을 견제하는 데에 그 의의가 있다.

적정절차의 원칙은 헌법에 의하여 선언되어 있으며헌법 제12조, 공정한 재판의 원칙과 과잉금지의 원칙을 내용으로 하고, 형사소송법상 공정한 재판을 위한 법관의 제척·기피·회피제도, 피고인에 대한 변호인의 조력권, 법원의 피고인에 대한 묵비권고지의무와 피고인의 묵비권, 구속적부심사제도, 비례성의 원칙, 피고인보호의 원칙 등에 의하여 구현된다.

3. 신속한 재판의 원칙

피고인의 인권을 보장하기 위해 재판을 가능한 한 신속히 진행하여 종료해야 한다는 원칙을 말한다. "사법은 신선할수록 향기가 높다.", "재판의 지연은 재판의 거부와 같다."라는 법언은 바로 신속성의 원칙과 관련된다. 신속한 재판의 원칙은 피고인의 부당한 장기구금과 재판의 지연으로 인해 발생할 수 있는 피고인의 방어력 약화를 방지하고, 피고인의 불안과 피고인에 대한 비난을 최소화하기 위한 것이다.

신속한 재판의 원칙은 헌법에 명시되어 있으며헌법 제27조, 형사소송법상 수사기관의 구속기간제한, 공소시효제도, 공판준비절차, 궐석재판제도, 집중심리주의, 구속기간 및 판결선고기간 제한, 신속한 상소심재판 등으로 구현된다.

제3절 형사절차의 참여자

1. 범죄자, 용의자, 피의자, 피고인

범죄자란 현실적으로 범죄를 저지른 자를 말한다. 용의자 또는 혐의자는 범죄수사상 추상적으로 범죄의 혐의를 받고 있는 자이다. 수사기관이 충분한 구체적 사실에 근거하여 수사에 착수하면 그때부터 피의자가 된다. 따라서 피의자는 구체적으로 혐의를 받고 있는 자를 말한다. 피의자에 대하여 검사가 공소를 제기하면 피의자는 그때부터 피고인이 된다.

1-1. 용의자

범죄 혐의가 뚜렷하지 않아 정식으로 입건하기에는 부족하지만 진정이나 투서가 있다든가 또는 진정 등이 없더라도 조사를 해 볼 필요가 있는 경우에 정식입건을 하지 않고 내부적으로 몰래 조사를 받는 자를 말한다. 이를 '내사자'라고 한다.

1-2. 피의자

'내사자'에 대하여 조사가 더 진행되어 범죄의 혐의가 인정됨으로써 정식으로 입건되면 그때부터는 '피의자'의 신분이 된다. 피의자가 되면 사건번호가 부여되고, 장차 소송주체로서 활동할 준당사자적準當事者的 지위에 있게 된다. 또한 피의자는 진술거부권헌법 제12조 2항, 형사소송법 제200조 2항, 변호인선임권 및 선임의뢰권형사소송법 제30조 1항, 제90조 1항, 제209조, 변호사와의 접견·교통권형사소송법 제34조·증거보전청구권형사소송법 제184조 등이 인정된다.

1-3. 피고인

피고인은 형사사건에 대하여 형사책임을 져야 할 자로 공소公訴가 제기된 자, 또는 제기된 것으로 취급된 자를 말한다. 피고인은 원고인 검사와 대등한 소송주체로서, 검사의 공격에 대하여 스스로 방어하는 당사자로서의 지위를 가진다. 또한 증거방법으로서의 지위를 가지며, 절차의 대상으로서의 지위를 가진다.

2. 검사와 사법경찰관리

법률상 수사할 권한이 인정되어 있는 국가기관을 말한다. 개정 형사소송법제196조은 사법경찰관은 모든 수사에 관하여 검사의 지휘를 받도록 하였으며, 사법경찰관은 범죄의 혐의가 있다고 인식하는 때에는 범인, 범죄사실과 증거에 관하여 수사를 개시·진행하여야 한다. 따라서 사법경찰관은 검사의 사전지휘가 없어도 독자적으로 수사를 할 수 있다.

또한 사법경찰관리는 검사의 지휘가 있는 때에는 이에 따라야 한다. 검사의 지휘에 관한 구체적 사항은 대통령령으로 정한다. 사법경찰관은 범죄를 수사한 때에는 관계 서류와 증거물을 지체 없이 검사에게 송부하여야 한다. 경사, 경장, 순경은 사법경찰리로서 수사의 보조를 하여야 한다.

2-1. 검사

검사는 형사소송에서 원고로서 검찰권을 행사하는 준사법기관이다. 현행법상 검사는 법무부에 속하는 단독제의 행정관청이며, 자기 이름으로 검찰사무를 행할 권한을 가진다. 검사는 국가 또는 공익의 대표자로서의 지위를 가지며, 원고로서 피고를 소추하고 구형하는 피고인의 반대 당사자이다. 그러나 동시에 법령의 정당한 적용을 청구하고, 피고인의 정당한 권리와 이익을 보호하며, 인권옹호에 관한 직무도 수행해야 할 지위도 가진다.

모든 검사는 검찰총장을 정점으로 피라미드형의 계층적 구조를 형성하고 있다. 이를 검사동일체의 원칙이라 한다. 검사동일체의 원칙은 검찰청법에서 삭제되었지만, 여전히 검사는 검찰사무에 관하여 소속 상급자의 지휘·감독을 받아야 한다고 규정하고 있다.

영미법계의 경우 범죄수사는 원칙적으로 사법경찰에 일임하고 공소제기만을 검사의 주된 직무로 하고 있으나, 우리나라는 인권침해의 위험성을 이유로 수사를 경찰에 일임하지 않고 검사의 주된 직무로 하고 있다.

2-2 사법경찰관리

사법경찰관리는 사법경찰관과 사법경찰리로 구분된다. 사법경찰관은 경위 이상의 계급을 말하고, 사법경찰리는 순경, 경장, 경사를 말한다. 문제는 사법경찰관이 수사의 주재자인가가 문제이다. 종래에는 사법경찰관은 검사의 보조기관이라는 것이 다수설이었지만 개정 형사소송법은 검사의 사전지휘가 없어도 독자적으로 수사를 할 수 있도록 하고 있기 때문에 수사의 주재자로 볼 수 있다. 그러나 여전히 사법경찰관은 모든 수사에 관하여 검사의 지휘를 받도록 하고 있어형사소송법 제196조 1항, 수사의 주재자로 보기는 무리이다.

3. 법원과 법관

3-1. 법원

법원法院은 소송의 주체로서 재판권의 주체가 되며, 사법권을 행사하는 국가기관이다. 사법권은 법관으로 구성된 법원에 속한다. 법원이라는 말은 두 가지 의미로 사용된다. 국법상 의미의 법원과 소송법상의 의미의 법원이 그것이다. 법원조직법에서 말하는 법원은 흔히 국법상 의미의 법원을 말한다.

소송법상의 의미의 법원은 개개의 소송사건에 관하여 실제로 재판권을 행사하는 재판기관을 말한다. 여기에는 1인의 법관이 담당하는 경우단독제와 수인이 담당하는 경우합의제가 있다. 형사소송법상의 법원은 대체로 이러한 의미로 사용된다. 소송법상 의미의 법원은 각각 독립하여 재판권을 행사하며 그 재판권행사에 관하여 상급법원 또는 소속법원의 장으로부터 지휘감독을 받지 아니한다.

한편 법률이 헌법에 위반되는 여부가 재판의 전제가 된 경우에 법원은 헌법재판소에 제청하여 그 심판에 의해서 재판한다. 명령, 규칙 또는 처분이 헌법이나 법률에 위반되는지의 여부가 재판의 전제가 된 경우에 대법원은 이를 최종적으로 심판할 권한을 가진다헌법 제107조. 또 대법원은 법률에 저촉하지 아니하는 범위 안에서 소송에 관한 절차, 법원의 내부규율과 사무처리에 관한 규칙을 제정할 수 있다헌법 제108조.

3-2. 법관

법관은 사법권을 행사하는 법원의 공무원이다. 법관에는 대법원 법관인 대법관과 하급법원 법관인 판사로 구분된다. 민사소송법·형사소송법 등은 대법관을 포함하여 지칭하는 경우에는 법관(예: 수명법관), 포함하지 않는 경우에는 판사로 구분하여 사용하고 있다.

수명법관은 법원합의부를 구성하는 자로서 특정한 소송행위를 위임받은 법관法官을 말한다. 수임판사는 수소법원과는 독립하여 소송법상의 권한을 행사할 수 있는 개개의 법관을 수임판사라 한다. 예컨대 수사기관의 청구에 의하여 각종의 영장을 발부하는 판사, 증거보전절차를 행하는 판사, 수사상의 증인신문을 하는 판사 등이 대표적이다. 수탁판사는 소송의 계속 중에 있는 법원의 촉탁을 받아서 일정한 사항을 처리하는 판사를 뜻한다. 예컨대 증인소재지 판사에게 증인신문을 촉탁하는 경우가 대표적이다.

4. 변호인과 보조인

4-1. 변호인

변호인이란 형사절차에서 피의자·피고인의 방어력을 보충해 주는 역할을 담당하는 보조자이다. 변호인 외에도 피의자나 피고인의 방어권을 보조하는 자를 보조인이라 한다. 변호인은 원칙적으로 변호사의 자격을 가진 자 중에서 선임된다형사소송법 제31조.

변호인에는 피고인 자신의 비용으로 선임하는 사선변호와 국가가 이를 선임하는 국선변호사가 있다. 어느 경우에도 변호인은 피의자나 피고인과 만날 수 있는 접견·교통권, 피의자신문참여권, 서류증거물을 읽거나 등사할 수 있는 권리 또는 증인신문이나 감정·검증 등에 참여할 수 있는 권리 등이 인정되어 있다.

변호인의 권리 중에 어떤 것은 피의자나 피고인의 권리를 대리함에 불과한 대리권과 어떤 것은 변호인이기 때문에 당연히 가지는 고유권이 있다. 대리권에는 본인의 명시적인 의사에 반하여 행사 가능한 독립대리권과 본인의 의사에 종속하여 행사하는 종속대리권이 있다. 고유권에는 변호인만 가지는 권리와 피의자나 피고인과 중복하여 가지는 권리가 있다. 전자에는 피의자신분참여권, 피의자··피고인과의 접견교통권 등이 있고, 후자에는 증인신문참여권, 증인신문권 등이 있다.

4-2. 보조인

보조인은 일정한 신분관계에 의한 정의情誼에 의하여 자진하여 피고인 또는 피의자의 이익을 보호하는 보조자를 말한다. 이는 보조인으로 된 자라는 점에서 법률전문가가 법률적 측면에서 피고인·피의자로 보조하는 변호인과 구별된다. 피고인·피의자의 법정대리, 배우자, 직계혈족, 형제자매는 보조인이 될 수 있다형사소송법 제29조 1항. 보조인은 피고인·피의자의 명시한 의사에 반하지 아니하는 소송행위를 할 수 있다. 신분관계에 있는 자가 보조인이 되려면 법원에 서면으로 신고하여야 한다. 보조인의 신고는 보조인이 되고자 하는 자와 피고인 또는 피의자와의 신분관계를 소명하는 서면을 첨부하여 심급마다 이를 제시 하여야 한다.

5. 증인, 참고인

5-1. 증인

증인이란 법원 또는 법관에게 자기가 과거에 경험한 사실을 진술하는 자로 피고인 이외의 제3자를 말한다. 피의자가 아닌 자로 수사기관에 대하여 진술하는 자를 참고인이라 한다. 따라서 증인과 참고인은 어디에서 진술하는가에 따라 차이가 있다.

증인은 자기가 견문한 사실을 진술하는 자인 점에서 특별한 지식·경험에 속하는 법칙이나 이를 구체적 사실에 적용하여 얻은 판단을 보고하는 감정인과 구별된다. 증인은 제3자여야 하며 그 사건에 관계하는 법관, 검사, 피고인, 변호사는 증인이 될 수 없다. 또한 공무원 또는 공무원이었던 자가 그 직무에 관하여 알게 된 사실에 관하여 비밀에 속한 사항일 때에는 그 소속 공무소 또는 감독관공서의 승낙 없이는 증인으로 신문하지 못한다형사소송법 제147조. 이를 증인거부권이라 한다. 이 증인거부권을 행사하면 증인적격이 부인되어 증인신문 자체가 허용되지 않고, 출석의무도 없다.

증인에게는 출석의무가 있다. 법원은 소환장의 송달, 전화, 전자우편, 그 밖의 상당한 방법으로 증인을 소환할 수 있다. 증인을 신청한 자는 증인이 출석하도록 합리적인 노력을 할 의무가 있다. 법원은 소환장을 송달받은 증인이 정당한 사유 없이 출석하지 아니한 때에는 결정으로 당해 불출석으로 인한 소송비용을 증인이 부담하도록 명하고, 500만 원 이하의 과태료를 부과할 수 있다형사소송법 제151조 1항. 소환된 경우는 정당한 사유가 없는 한 출두하여 선서하고 증언할 의무가 있다. 이를 거부하면 50만 원 이하의 과태료에 처할 수 있다형사소송법 제161조, 또한 소환에 불응하면 구인될 수 있고형사소송법 제152조, 허위의 증언을 하면 위증죄로 처벌받는다.

한편 증인은 증언거부권과 비용청구권이 있다. 증언거부권이란 증인이 증언을 거부할 수 있는 권리를 말한다. 증언거부권이 있더라도 출석자체를 거부할 수는 없다. 증언거부권이 인정되는 경우는 자기나 친족 또는 친족관계가 있었던 자 또는 법정대리인, 후견감독인의 어느 하나에 해당하는 관계가 있는 자가 형사소추 또는 공소제기를 당하거나 유죄판결을 받은 염려가 있는 때이다.

5-2. 참고인

참고인은 범죄혐의는 없지만 혐의를 입증하는 데 중요한 사람으로 어떤 범죄의 피해자로서 수사기관에 범죄사실을 신고해 범인의 처벌을 구하는 의사표시를 한 사람을 말한다. 즉 피의자 아닌 제3자를 말한다. 참고인은 증인과는 달리 강제로 소환당하거나 신문당하지 아니한다. 또한 참고인에 대해서는 진술거부권을 고지할 필요가 없다.

6. 범죄피해자

범죄피해자는 가해자로부터 범죄를 당한 자를 말한다. 헌법은 피해자의 재판진술권을 기본권으로 보장하고 있다. 2007년 형사소송법의 개정으로 피해자의 권리가 향상되었다. 즉 형사소송법 제294조의2, 1항은 피해자의 진술권을 피해자에서 그 법정대리인피해자가 사망한 경우에는 배우자·직계친족·형제자매까지 확대하였다. 또한 검사는 범죄로 인한 피해자 또는 그 법정대리인피해자가 사망한 경우에는 그 배우자·직계친족·형제자매의 신청이 있는 때에는 당해 사건의 공소제기여부, 공판의 일시·상소, 재판결과, 피의자·피고인의 구속·석방 등 구금에 관한 사실 등을 신속하게 통지하도록 하는 피해자 정보권을 신설하였다.

한편 피해자 진술의 비공개, 신뢰관계 있는 자의 동석 등을 신설하였다. 즉 법원은 범죄로 인한 피해자를 증인으로 신문하는 경우 증인의 연령, 심신의 상태, 그 밖의 사정을 고려하여 증인이 현저하게 불안 또는 긴장을 느낄 우려가 있다고 인정하는 때에는 직권 또는 피해자·법정대리인·검사의 신청에 따라 피해자와 신뢰관계에 있는 자를 동석하게 할 수 있도록 하였다.

형사소송법 외의 개별법으로는 범죄피해자보호법이 있다. 동법은 범죄피해자의 형사사법절차 참여 확대, 형사사법기관을 통해 야기될 수 있는 제2차 피해자의 예방을 위한 제도적 장치의 마련, 피해회복을 위한 개선방안의 강구 등이 규정되어 있다.

7. 배심제와 참심제

배심제는 법률전문가가 아닌 사회인사배심원들이 재판 또는 기소에 참여하여 사실문제에 관한 평결評決을 하고, 법관은 그 평결에 기속되는 제도를 말한다. 배심제에는 사실문제를 인정하고 심판하는 소배심심리배심·공판배심과 기소를 행하는 대배심기소배심이 있다. 미국은 수정헌법 제6조에 배심원제도를 규정하고 있다.

이러한 배심제도는 프랑스 혁명 후 프랑스에서 잠시 시행되었다가 폐지되었다. 독일도 일시 사용하였지만 폐지하고 참심제參審制를 취하고 있다. 참심제는 참심원이 법관과 함께 합의체合議體를 구성하여 평결하는 것을 말한다. 참심제는 사실의 인정, 법령의 적용 및 형의 양정에 있어서 법관과 동일한 표결권을 행사한다. 이러한 점에서 참심제는 배심원이 법관과 독립하여 평결을 하는 배심제와는 구별된다.

일본도 1923년에 심리배심제를 도입하였다가 1943년에 폐지하였다. 우리나라는 배심제와 참심제를 혼용한 '국민참여재판'이라는 독특한 제도를 2007년 6월 1일 공포된 '국민의 형사재판 참여에 관한 법률'을 근거로 2008월 1월 1일부터 시행하고 있다. 우리나라의 '국민참여재판'은 만장일치의 평결과 양형에 관한 의견만을 개진할 수 있다는 점에서는 배심제적 요소를 가지고 있고, 배심원의 영향에 관한 토의와 만장일치 평결에 이르지 못한 경우에 법관의 의견을 들어 다수결 평결을 한다는 점에서는 참심제의 요소를 내포하고 있다.

제4절 형사절차의 개관

형사소송 절차는 공소 전 절차와 공소 후 절차로 크게 나누어진다. 공소 전 절차는 수사절차와 공소절차로 나눌 수 있고, 수사절차는 강제수사절차와 임의수사절차로 나눌 수 있다. 임의수사가 원칙이다. 강제수사는 법률의 규정에 있어야 하며, 인권옹호를 위하여 구속·압수·수색영장제도, 묵비권·고문금지 등 특별한 적법절차가 요구된다. 수사가 끝나면 검사의 기소 또는 불기소절차가 행하여지며, 공소가 제기되면 공판절차가 개시된다.

공소 후의 소송절차는 판결절차와 집행절차로 나누어진다. 판결절차는 민사소송의 판결절차와 다름이 없으나, 직권주의가 민사소송보다 강하게 작용한다. 집행절차는 판결에 따라 '형의 집행 및 수용자의 처우에 관한 법률'에 따라 검사가 집행한다. 특별절차로서 약식명령절차와 간이공판절차 및 즉결심판절차가 있다.

1. 수사절차단계

형사절차는 수사로부터 시작된다. 수사는 형사절차의 제1단계이다. 수사는 범죄가 발생하였거나 발생한 것으로 생각되는 사정이 있는 경우에 범죄의 혐의 유무와 정상을 명백히 하여 공소의 제기 여부를 결정하기 위해서 또는 공소의 유지를 위한 준비로 범인을 발견하여 신체를 보전하고, 증거를 수집·확보하는 것을 말한다. 수사절차를 행하는 수사기관은 제1차적으로는 검사형사소송법 제196조이고, 제2차적으로는 사법경찰관리이다.

2. 공소제기단계

수사가 종결되면 검사는 공소를 제기한다. 공소는 검사가 법원에 특정한 형사사건의 심판을 요구하는 의사표시를 의미한다. 공소를 기소起訴 또는 소추訴追라고도 한다. 공소의 제기는 주체가 누구인가에 따라 공소제기의 권한을 국가기관에 전담하게 하는 국가소추주의와 사인私人의 공소제기를 인정하는 사인소추주의로 대립된다.

국가소추주의 가운데 국가기관인 검사가 공소제기를 담당하는 것을 검사기소주의라고 한다. 우리나라가 취하고 있는 형태이다. 우리나라는 검사만이 공소를 제기하고 수행할 권리를 갖는다는 점에서 기소독점주의를 채택하고 있다.

수사 결과 범죄의 객관적 혐의가 충분하고 소송조건을 구비하였다고 반드시 공소를 제기해야 하는 것은 아니며, 검사는 형법 51조범인의 연령, 성행, 지능과 환경, 피해자에 대한 관계, 범행동기, 수단과 결과, 범행 후의 정황의 사항을 참작하여 공소를 제기하지 아니할 수 있다형사소송법 제247조 1항고 규정하여 기소편의주의를 채택하고 있다.

3. 공판단계

검사가 소송을 제기하면 공판준비단계를 거쳐 공판이 열리게 된다. 이렇게 검사의 공소제기로 사건이 법원에 계속된 이후 그 소송절차가 종결될 때까지의 절차, 즉 법원이 사건에 대해 심리·재판하고 또 당사자가 변론을 행하는 절차단계를 말한다. 사건에 대한 법원의 심리는 모두 공판절차에서 행하여진다.

공판기일에서의 심문은 원칙적으로 법원 내의 공판정에서 이루어진다. 공판정에는 원칙적으로 법관·검사·피고인 및 변호인이 참석하며, 재판장이 법정경찰권을 행사하고 소송지휘를 하게 된다형사소송법 제275~279조. 통상 제1심의 공판절차는 모두절차冒頭節次·증거조사·변론·판결의 순서로 행하여진다. 공판절차의 기본원칙으로는 구두변론주의, 직접심리주의, 공개주의, 집중심리주의가 있다.

4. 상소

상소는 재판이 확정되기 전에 상급법원에 취소·변경을 구하는 불복신청을 말한다. 상소는 법관의 판단은 항상 정당하다고만 생각할 수 없으므로, 당사자에게 상급법원의 재판을 받을 기회를 주어 억울함을 해소하는 절차라 할 수 있다. 상소는 미확정의 재판에 대하여 하는 것이므로, 미확정재판에 대한 것이 아닌 재심의 소나 형사소송에서의 비상상고는 상소가 아니다. 또 상급법원에 대한 것이므로 같은 심급 내에서의 이의는 상소가 아니다.

제1심 판결에 불복하는 경우를 항소라 하고, 제2심 판결에 불복하는 경우를 상고라 한다. 판결 이외의 재판결정 및 명령에 대하여서는 항고·재항고·특별항고가 있다. 항소, 상고, 항고를 합하여 상소라 한다.

한편 피고인이 항소한 사건과 피고인을 위하여 항소한 사건에 대하여는 원심판결의 형보다 중한 형을 선고하지 못한다형사소송법 제368조. 이를 불이익변경금지의 원칙이라 한다. 이

원칙은 피고인이 안심하고 상소권을 행사하도록 하려는 정책적 고려에 의해서 채택하고 있으며, 피고인이 상소한 경우와 피고인을 위하여 상소한 사건인 경우에만 적용된다.

5. 비상구제절차

사건이 확정되면 확정력이 발생하게 되어 더 이상 그 재판의 당부를 다툴 수 없다. 그러나 아무리 정확하고 신중한 재판을 하더라도 확정판결에 오류가 없을 수는 없다. 따라서 입법자는 정의의 실현이라는 법의 이념의 관점에서 잘못된 재판을 바로잡는 법적 장치를 마련하고 있다. 이것이 바로 비상구제절차이다. 비상구제절차에는 재심과 비상상고가 있다. 재심은 유죄의 확성판결에 중대한 사실오인의 오류가 있는 경우 판결을 받은 자의 이익을 위하여 이를 시정하는 절차이고, 비상상고는 확정판결에 대하여 그 심판의 법령위반을 이유로 검찰총장이 대법원에 제기하는 비상구제절차를 말한다.

최근 재심 인용률이 높고 무죄도 많이 나오고 있다. 예컨대, 장준화 사건, 김지하 사건 등이 대표적이다. 특히 유신시대에 간첩 사건으로 연류된 많은 피고인들이 재심을 통하여 무죄를 선고받고 있다.

6. 특별절차

특별절차에는 약식절차, 즉결심판절차, 배상명령절차가 있다. 약식절차는 검사의 청구로 공판절차를 경유하지 않고 서면심리만으로 피고인에게 벌금, 과료, 몰수형을 선고하는 것을 말한다. 신속한 재판을 구현하기 위한 것이다. 즉결심판이란 20만 원 이하의 벌금·구류·과료에 처할 경미한 범죄에 대하여 공판절차를 경유하지 않고 '즉결심판에관한절차법'에 따라 신속하게 처리하는 것을 말한다. 배상명령절차는 피해자의 손해에 대해 직권 또는 피해자의 신청에 따라 피고인에게 손해배상을 명하는 것으로 피해자를 보호하기 위한 것이다. 이 절차는 '소송촉진등에관한특례법'에 규정되어 있다.

배상명령의 대상 사건은 상해죄, 중상해죄, 상해치사죄, 폭행치사상죄, 과실치사상죄, 절도죄, 강도죄, 사기죄, 공갈죄, 횡령죄, 배임죄, 손괴죄 등에 대하여 1심 또는 제2심의 형사공판 절차에서 유죄판결을 선고할 경우이다. 손해의 범위는 피고사건의 범죄행위로 인하여 발생한 직접적인 물적피해, 치료비 손해 및 위자료이다. 따라서 간접적 손해는 제외된다. 예컨대, 유리창의 손괴로 감기에 걸린 경우에는 제외된다.

7. 범죄피해자 구조제도

범죄피해자는 형사소송법상 고소권, 검찰항고권, 재정신청권, 압수장물피해자환부, 공판정 진술권, 배상명령신청권, 재판서 등본청구권, 공판기록 열람·등사권 등이 있지만 이러한 제도로는 피해자에 대한 보상이 미흡하다.

따라서 국가가 범죄피해자에 대한 적극적인 보호를 위하여 마련한 것이 범죄피해자구조법이다. 동법에 의하면, 범죄피해자가 사망하거나 상해 또는 중상해를 입은 경우만 가능하다. 중상해는 범죄피해자보호법의 개정으로 최근에 추가되었다.

하지만 가해자와 피해자 사이가 부부사실상의 혼인관계를 포함한다, 직계혈족, 4촌 이내의 친족, 동거친족인 경우에는 제외된다. 구조금을 받으려는 사람은 그 주소지, 거주지 또는 범죄 발생지를 관할하는 지방검찰청에 범죄피해구조심의회에 신청하여야 한다. 신청은 해당 구조대상 범죄피해의 발생을 안 날부터 3년이 지나거나 해당 구조대상 범죄피해가 발생한 날부터 10년이 지나면 할 수 없다.

8. 소년범의 형사절차

소년범은 소년법에 따라 처리된다. 여기서 소년이란 19세 미만자를 말한다. 소년법은 반사회성反社會性이 있는 소년의 환경 조정과 품행 교정矯正을 위한 보호처분 등의 필요한 조치를 하고, 형사처분에 관한 특별조치를 함으로써 소년이 건전하게 성장하도록 돕는 것을 목적으로 한다.

소년의 종류는 범죄소년, 촉법소년, 우범소년이 있다. 범죄소년은 죄를 범한 14세 이상

19세 미만의 자를 말한다. 촉법소년은 형벌 법령에 저촉되는 행위를 한 10세 이상 14세 미만인 소년을 말한다. 우범소년은 집단적으로 몰려다니며 주위 사람들에게 불안감을 조성하는 성벽性癖이 있는 자, 정당한 이유 없이 가출하는 자, 술을 마시고 소란을 피우거나 유해환경에 접하는 성벽이 있는 자로서 그의 성격이나 환경에 비추어 앞으로 형벌 법령에 저촉되는 행위를 할 우려가 있는 10세 이상 19세 미만의 소년을 말한다.

촉법소년과 우범소년은 경찰서장이 직접 관할 소년부에 송치送致하여야 한다. 범죄소년은 일단 검사에게 송치되어 검사의 판단을 받는다. 이를 검사선의주의라 한다. 검사는 소년에 대한 피의사건을 수사한 결과 보호처분에 해당하는 사유가 있다고 인정한 경우에는 사건을 관할 소년부에 송치하여야 한다. 소년부는 송치된 사건을 조사 또는 심리한 결과 그 동기와 죄질이 금고 이상의 형사처분을 할 필요가 있다고 인정할 때에는 결정으로써 해당 검찰청 검사에게 송치할 수 있다. 이때 검사는 다시 소년부에 송치할 수 없다.

한편 검사는 피의자에 대하여 범죄예방자원봉사위원의 선도, 소년의 선도·교육과 관련된 단체·시설에서의 상담·교육·활동 등을 조건으로 기소를 유예할 수 있다. 이를 선도조건부 기소유예라 한다. 또한 죄를 범할 당시 18세 미만인 소년에 대하여는 노역장 유치를 하지 못하고, 사형 또는 무기형無期刑으로 처할 경우에는 15년의 유기징역으로 한다. 소년이 법정형으로 장기 2년 이상의 유기형에 해당하는 죄를 범한 경우에는 그 형의 범위에서 장기와 단기를 정하여 선고한다. 다만, 장기는 10년, 단기는 5년을 초과하지 못한다.

제5절 수사와 공소

1. 수사

1-1. 수사의 의의

수사란 범죄혐의의 유무를 명백히 하여 공소의 제기와 그 유지여부를 결정하기 위하여 범죄사실을 조사하고 범인을 발견·확보하며 증거를 수집·보존하는 수사기관의 활동을 말한다. 수사는 공소제기 전에 하는 것이 일반적이나, 반드시 공소제기 전으로 제한되는 것은 아니다. 공소제기 후에도 공소유지를 위하거나 공소유지의 여부를 결정하기 위해서 수사를 할 수 있다.

1-2. 수사기관

수사기관이란 법률상 수사의 권한이 인정되어 있는 국가기관을 말한다. 수사기관에는 검사와 사법경찰관리가 있다. 검사는 수사의 주체로서 수사권, 수사지휘권과 수사종결권을 가지고 있으며 공소권의 주체로 기소독점권을 가지고 공소유지를 담당하고 있다. 사법경찰관리의 종류는 다음과 같다.

일반사법경찰관리와 특별사법경찰관리

구분		내용
일반사법경찰관리 형사소송법 제196조	사법 경찰관	• 범위: 수사서기관, 수사사무관, 경무관, 총경, 경정, 경감, 경위 • 성격: 검사의 지휘를 받아 수사를 하지만 수사의 주체이다. • 권한: 임의수사·강제수사권한과 수사개시권한이 있다.
	사법 경찰리	• 범위: 경사, 경장, 순경 • 성격: 수사의 주체가 아닌 수사의 보조기관이다. • 권한: 독자적인 수사권한이 없으나, 영장집행권한과 현행범 체포 및 인도를 받을 권한이 있다.
특별사법경찰관리 형사소송법 제197조		• 삼림, 해사, 전매, 세무, 군수사기관 기타 특별한 사항에 관하여 사법경찰관리의 직무를 행할 자와 그 직무의 범위는 법률로 정한다. • 「사법경찰관리의 직무를 행할 자와 그 직무범위에 관한 법률」에 의하면, 교도소장, 구치소장, 소년원장, 산림보호종사 공무원, 세관공무원, 근로감독관, 헌병, 국가정보원 직원, 선장·해원 등이 해당된다. • 권한의 범위가 지역적·사항적으로 제한되어 있을 뿐, 사법경찰관리로서의 권한과 지위는 일반사법경찰관리와 같다일반사법경찰관리는 권한이 포괄적·일반적.

1-3. 피의자

피의자란 수사기관에 의하여 범죄의 혐의를 받아 수사가 개시된 자로서 공소가 제기되지 아니한 자를 말한다. 피의자는 공소제기에 의하여 피고인의 지위를 갖는다. 피의자는 수사기관이 수사를 개시한 때부터이고 검사의 공소제기 또는 불기소 처분 확정이 되면 피의자는 종결된다.

피의자의 권리로는 압수·수색·검증의 참여권형사소송법 제121조, 형사소송법 제219조, 변호인선임권형사소송법 제30조 1항, 변호인 접견교통권형사소송법 제209조, 형사소송법 제89조, 증거보전청구권형사소송법 제184조, 진술거부권형사소송법 제244조의3, 구속의 통지를 받을 권리형사소송법 제87조, 형사소송법 제209조, 체포·구속적부심사청구권형사소송법 제214조의2, 구속취소청구권형사소송법 제209조, 형사소송법 제93조 등이 있다.

1-4. 수사의 조건

수사는 기본권의 침해를 수반하므로 수사의 개시를 제한 없이 수사기관의 재량에 맡길 수는 없다. 따라서 수사기관이 수사를 개시하는 데에는 일정한 전제조건이 제시될 필요가 있는데, 여기서 수사의 조건으로 수사의 필요성과 상당성이 문제된다. 수사의 필요성이란 수사는 임의수사이든 강제수사이든 수사의 목적을 달성하기 위하여 필요한 경우에만 할 수 있다는 것을 말하며, 이에는 범죄혐의의 인지와 소송조건이 있다. 수사의 상당성은 수사의 필요성이 인정되는 경우에도 수사의 수단은 수사의 목적을 달성하는 데 있어서 상당해야 한다는 원칙으로, 수사비례의 원칙과 신의칙을 그 내용으로 한다. 수사는 그 목적달성을 위해 필요한 최소한도에 그쳐야 하며, 수사로서 달성하려는 공익과 수사에 의한 법익침해가 부당하게 균형을 잃은 때에는 수사절차가 개시되어서는 안된다는 원칙을 말한다. 수사의 신의칙이란 수사는 국민의 신뢰를 침해하는 형태로 이루어져서는 안 된다는 원칙을 말한다. 사술금지원칙이라고도 하며, 적정절차원칙의 한 내용이다.

함정수사란 수사기관이 범죄를 교사한 후 그 실행을 기다려 범인을 체포하는 수사방법을 말한다마약범죄, 뇌물범죄, 조직범죄 등의 수사에서 많이 활용되고 있다. 이는 수사의 상당성 중 수사의 신의칙과 관련되어 논의된다. 기회제공형 함정수사는 이미 범죄의사를 가지고 있는 자에게 범죄를 범할 기회를 제공하는 경우이며 적법하다. 범의유발형 함정수사는 함정수사의 방법이 임의적이었다는 점과 마약사범 등의 검거에는 함정수사의 필요성이 인정된다는 점을 근거로 허용된다는 견해가 있으나, 수사의 상당성과 신의칙 및 적정절차의 법리 등을 고려할 때 허용되지 않는다.

1-5. 수사의 개시

수사는 수사기관의 주관적 혐의에 의하여 개시되는데 이러한 수사개시의 원인을 수사의 단서라고 한다. 검사와 사법경찰관은 수사, 공소제기 및 공소유지에 관하여 서로 협력하여야 하고형사소송법 제195조, 검사는 범죄의 혐의가 있다고 사료하는 때에는 범인, 범죄사실과 증거를 수사한다형사소송법 제196조. 경무관, 총경, 경정, 경감, 경위는 사법경찰관으로서 범죄의 혐의가 있다고 사료하는 때에는 범인, 범죄사실과 증거를 수사한다형사소송법 제197조 제1항. 경사, 경장, 순경은 사법경찰로서 수사의 보조를 하여야 한다형사소송법 제197조 제2항.

검사는 송치사건의 공소제기 여부 결정 또는 공소의 유지에 관하여 필요한 경우, 사법경찰관이 신청한 영장의 청구 여부 결정에 관하여 필요한 경우에는 사법경찰관에게 보완수사를 요구할 수 있다형사소송법 제197조의 2. 이 경우 사법경찰관은 정당한 이유가 없는 한 지체 없이 이를 이행하고, 그 결과를 검사에게 통보하여야 한다형사소송법 제197조의 2

고소·고발·자수의 경우에는 즉시 수사가 개시되며, 기타의 수사단서의 경우에는 즉시 수사가 개시되는 것이 아니라 범죄인지입건에 의하여 수사가 개시된다. 범죄인지란 수사기관이 고소·고발·자수 이외의 수사단서가 있는 경우에 범죄의 혐의가 있다고 판단하여 수사를 개시하는 것을 말한다.

(1) 고소

고소란 범죄의 피해자 또는 그와 일정한 관계에 있는 고소권자가 수사기관에 대하여 범죄사실을 신고함으로써 범인의 처벌을 구하는 의사표시를 말한다. 고소는 수사기관에 대하여 하여야 한다. 따라서 수사기관이 아닌 법원에 대한 진정서의 제출이나 피고인의 처벌을 구하는 증언은 고소가 아니다. 고소는 범죄사실에 대한 신고이다. 범죄사실은 특정되어야 하며, 특정의 정도는 고소인이 어떤 범죄사실을 지정하여 범인의 처벌을 구하는 의사를 확정할 수 있으면 족하다. 범행의 일시·장소·방법·죄명까지 상세하게 특정할 필요는 없다. 상대적 친고죄의 경우를 제외하고는 범인의 지정을 필요로 하지 않는다. 고소에는 범인의 처벌을 구하는 의사표시가 있어야 한다. 따라서 단순한 도난신고, 피해전말서의 제출 등은 피해사실을 신고함에 그치고 범인의 처벌을 구하지 않는 경우이므로 고소가 아니다.

고소는 고소권자에 의하여야 하며, 고소권이 없는 자의 고소는 그 효력이 없다. 고소권은 일신전속적인 권리로서 원칙적으로 상속 또는 양도할 수 없다. 범죄로 인한 피해자는 고소할 수 있다형사소송법 제223조. 피해자는 자연인 외에 법인·법인격 없는 사단·재단도 포함한다. 피해자는 범죄로 인한 직접적 피해자에 한하므로 간접피해자는 고소할 수 없다.

피해자의 법정대리인은 독립하여 고소할 수 있다형사소송법 제225조 1항. 여기서의 법정대리인은 무능력자의 행위에 대한 일반적 대리권을 가진 친권자·후견인을 말한다. 따라서 재산관리인·파산관재인·법인의 대표자는 제외된다.

피해자가 사망한 때에는 그 배우자, 직계친족 또는 형제자매는 고소할 수 있다. 단, 피해자의 명시한 의사에 반하지 못한다.형사소송법 제225조 2항 피해자의 법정대리인이 피의자이거나 법정대리인의 친족이 피의자인 때에는 피해자의 친족은 독립하여 고소할 수 있다형사소송법 제226조. 사자의 명예를 훼손한 범죄에 대하여는 그 친족 또는 자손은 고소할 수 있다형사소송법 제227조. 이때의 고소권은 고유권에 속한다.

친고죄에 대하여 고소할 자가 없는 경우에 이해관계인의 신청이 있으면 검사는 10일 이내에 고소할 수 있는 자를 지정하여야 한다형사소송법 제228조. 이해관계인이란 법률상 또는 사실상 이해관계를 가진 자를 말하며, 단순한 감정상의 관계는 해당되지 않는다. 고소는 대리인으로 하여금 하게 할 수 있다형사소송법 제236조. 고소는 수사의 단서에 불과하므로 고소가 있으면 수사기관은 범죄의 혐의를 전제로 수사를 개시하고 수사가 종료하면 검사는 고소인에 대하여 처분결과를 통지해야 한다. 친고죄의 경우에는 고소 자체가 소송조건이므로 고소가 없음에도 공소를 제기하면 공소제기가 부적법한 것이 되므로 법원은 판결로서 공소를 기각하여야 한다형사소송법 제327조.

고소는 수사의 단서에 불과하므로 고소기간의 제한은 없다. 다만, 친고죄의 경우 고소가 소송조건이므로 다음과 같은 고소기간의 제한이 있다. 친고죄에 대하여는 범인을 알게 된 날로부터 6월을 경과하면 고소하지 못한다형사소송법 제230조 1항. 다만, 『성폭력범죄의 처벌 및 피해자보호 등에 관한 법률』상의 성폭력범죄 가운데 친고죄는 그 고소기간이 1년이다동법 제19조 1항.

고소기간의 시기는 범인을 알게 된 날이다형사소송법 제230조 1항. 범인은 정범·공범을 불문하며, 범인이 누구인가를 특정할 수 있을 정도로 알아야 하지만, 범인의 성명·주소까지 알 필요는 없다. 법정대리인의 고소기간은 법정대리인 자신이 범인을 알게 된 날로부터 진행된다판례: 고유권설. 친고죄의 경우에 고소할 수 없는 불가항력의 사유가 있는 때에는 그 사유가 없어진 날로부터 기산한다형사소송법 제230조 1항 단서. 결혼목적 약취·유인죄형법 제291조로 약취·유인된 자가 혼인을 한 경우에는 혼인의 무효 또는 취소의 재판이 확정된 날로부터 고소기간이 진행된다형사소송법 제230조 2항.

자기 또는 배우자의 직계존속을 고소하지 못한다형사소송법 제224조. 다만, 성폭력범죄와 가정폭력범죄의 경우에는 자기 또는 배우자의 직계존속도 고소할 수 있다성폭력범죄의 처벌 및 피해자보호 등에 관한 법률 제18조, 가정폭력범죄의 처벌 등에 관한 특례법 제6조 2항. 간통죄형법 제241조의 경우에는 혼인이 해소되거나 이혼소송을 제기한 후가 아니면 고소할 수 없다형사소송법 제229조 1항. 이 경우에 다시 혼인을 하거나 이혼소송을 취하한 때에는 고소는 취소된 것으로 간주한다형사소송법 제229조 2항. 이혼소송을 취하한 때라 함은 이혼심판청구를 스스로 취하한 것뿐만 아니라 취하 간주된 때를 포함한다. 취하나 취하간주가 제1심 판결 선고 후라 할지라도 고소는 소급하여 효력을 잃게 된다소급적 소멸. 그러나 헌법재판소 판결로 현재 간통죄는 헌법에서 삭제 되었다.

이혼소송이 각하된 경우에도 동일하다. 고소의 취소란 고소 후에 범인에 대한 처벌희망의 의사표시를 철회하는 법률행위적 소송행위를 말한다. 고소의 취소에는 친고죄에 있어서 이미 행한 고소를 철회라는 경우와 반의사불벌죄에 있어서 처벌을 희망하는 의사표시를 철회하는 경우가 있다형사소송법 제232조 3항. 고소의 취소권자는 고유의 고소권자 또는 고소의 대리권자를 불문하고 고소를 한 고소인은 그 고소를 취소할 수 있다.

피해자는 고유의 고소권자이므로 고소의 대리권자가 한 고소를 취소할 수 있다. 그러나 고소의 대리권자는 피해자가 한 고소를 취소할 수 없다. 고소의 방식과 동일하다형사소송법 제239조. 다만 공소제기 이후에는 수소법원에 해야 한다.

고소취소는 대리인으로 하여금 하게 할 수 있다형사소송법 제236조. 간통죄로 고소를 한 자가 다시 그 배우자와 혼인을 하거나 이혼소송을 취하한 때 고소는 취소된 것으로 간주한다형사소송법 제229조 2항. 고소를 취소한 자는 다시 고소하지 못한다형사소송법 제232조 2항.

공소제기 전에 고소가 취소된 때에는 검사는 공소권 없음을 이유로 불기소처분을 하여야 한다. 공소제기 후에 고소가 취소된 때에는 법원은 소송조건의 흠결을 이유로 공소기각 판결을 하여야 한다형사소송법 제324조. 고소의 취소에도 고소불가분의 원칙이 적용된다. 따라서 친고죄의 공범 중 일부의 자에 대한 고소취소는 다른 공범자에 대하여도 효력이 있으며 주관적 불가분의 원칙, 한 개의 범죄사실의 일부에 대한 고소취소는 그 전부에 대하여 효력을 미친다객관적 불가분의 원칙. 고소의 포기란 친고죄의 고소기간 내에 장차 고소권을 행사하지 아니한다는 의사표시를 하는 것을 말한다. 반의사불벌죄의 경우에 처음부터 처벌을 희망하지 아니한다는 의사표시를 하는 것도 동일한 성격을 가진다.

(2) 고발

고발이란 고소권자와 범인 이외의 제3자가 수사기관에 범죄사실을 신고하여 범인의 소추를 구하는 의사표시를 말한다. 범인의 처벌을 바라는 의사표시가 있어야 하므로 단순한 피해신고나 범죄사실의 신고는 고발이 아니다.

누구든지 범죄가 있다고 사료하는 때에는 고발할 수 있다형사소송법 제234조 1항. 단, 고소와 마찬가지로 자기 또는 배우자의 직계존속은 고발하지 못한다는 제한이 있다형사소송법 제235조.

고발과 그 취소의 절차와 방식은 고소의 경우와 동일하다형사소송법 제237조, 형사소송법 제238조, 형사소송법 제239조. 다만, 고소와 구별되는 점은 대리인에 의한 고발이 허용되지 않고, 고발기간에 제한이 없으며, 고발을 취소한 후에도 다시 고발할 수 있다는 점이다.

(3) 자수

자수란 범인이 스스로 수사기관에 대하여 자신의 범죄사실을 신고하여 그 수사 및 소추를 구하는 의사표시를 말한다. 자수는 형법상 형의 임의적 감면사유이나 형사소송상 수사의 단서이다.

(4) 변사자의 검시

변사자의 검시란 사람의 사망이 범죄로 인한 것인가를 판단하기 위하여 수사기관이 변사자의 상황을 조사하는 것을 말한다. 변사자란 통상의 병사·자연사가 아닌 사체로서 범죄로 사망했다고 의심되는 있는 사체를 말한다. 따라서 범죄와 무관함이 명백한 사체 (예: 익사 또는 천재지변으로 인한 사망)는 변사자가 아니다.

(5) 불심검문

불심검문이란 경찰관이 거동이 수상한 자를 발견한 때에 이를 정지시켜 질문하는 것을 말하며, 직무질문이라고도 한다.

불심검문의 대상은 거동불심자擧動不審者이다경찰관직무집행법 제3조 1항. 그 판단은 합리적으로 보아 형식적으로 이상한 거동이 있었는가 이외에 경찰관의 지식·정보 또는 관찰의 결과를 고려해서 해야 한다. 거동불심자는 다음과 같다. 수상한 거동 기타 주위의 사정을 합리적으로 판단하여 어떠한 죄를 범하였거나 범하려고 하고 있다고 의심할 만한 상당한 이유가 있는 자, 이미 행하여진 범죄나 행하여지려고 하는 범죄행위에 관하여 그 사실을 안다고 인정되는 자이다.

(6) 소지품검사

소지품검사란 불심검문을 하면서 흉기 기타 물건의 소지 여부를 확인하기 위해 거동불심자의 착의 또는 휴대품을 조사하는 것을 말한다.

(7) 자동차검문

자동차검문이란 범죄예방과 범인검거를 목적으로 통행 중인 자동차를 정지시켜 운전자 또는 동승자에게 질문하는 것을 말한다. 자동차검문에는 교통검문, 경계검문, 긴급수배검문이 있다.

고소장 양식

고 소 장

1. 고소인 인적사항
2. 피고소인 인적사항
3. 고소취지

고소인은 피고소인을 ○○죄로 고소하오니 처벌하여 주시기 바랍니다.

4. 범죄사실

범죄사실은 형법 등 처벌법규에 해당하는 사실에 대하여 일시, 장소, 범행방법, 결과 등을 구체적으로 특정하여 기재해야 하며, 고소인이 알고 있는 지식과 경험, 증거에 의해 사실로 인정되는 내용을 기재하여야 한다.

5. 고소이유

고소이유에는 피고소인의 범행 경위 및 정황, 고소를 하게 된 동기와 사유 등 범죄사실을 뒷받침하는 내용을 간략, 명료하게 기재하여야 한다.

본 고소장에 기재한 내용은 고소인이 알고 있는 지식과 경험을 바탕으로 모두 사실대로 작성하였으며, 만일 허위사실을 고소하였을 때에는 형법 제156조 무고죄로 처벌받을 것임을 서약합니다.

년 월 일

고소인 (인)
제출인 (인)

○○경찰서 귀중

※ 자세한 내용은 경찰청 홈페이지 신고민원포탈에서 다운받으면 됨.

제6절 수사의 방법

1. 임의수사

수사의 방법에는 임의수사와 강제수사가 있다. 임의수사란 강제력을 행사하지 않고 상대방의 동의 · 승낙을 받아서 행하는 수사를 말하며, 강제수사란 상대방의 의사 여하를 불문하고 강제적으로 행하는 수사를 말한다.

수사는 원칙적으로 임의수사에 의하고, 강제수사는 법률에 규정된 경우에 한하여 예외적으로 허용된다는 원칙을 말한다형사소송법 제199조 1항.

수사상의 강제처분은 법률에 특별한 규정이 없으면 하지 못한다는 원칙을 말한다. 임의수사의 원칙과 표리관계에 있으며, 영장주의의 전제가 된다. 형사절차상 강제처분은 법원 또는 법관이 발부한 영장에 의하여야 한다는 원칙을 말하며, 법관발부의 원칙·사전영장의 원칙 · 일반영장금지의 원칙 · 영장제시의 원칙을 내용으로 한다. 형사소송법에 근거한 강제처분이라 할지라도 그때문에 생긴 기본권침해는 사건의 의미와 기대되는 형벌에 비추어 상당성이 유지되어야 한다는 원칙을 말한다.

2. 임의수사의 방법

현행 형사소송법이 규정하고 있는 임의수사의 방법으로는 피의자의 신문, 피의자 이외의 자의 조사 및 사실조회가 있다. 피의자신문이란 검사 또는 사법경찰관이 수사에 필요한 경우 피의자를 출석시켜 신문하고 진술을 듣는 것을 말한다형사소송법 제200조.

검사 또는 사법경찰관은 피의자를 신문하는 경우, 피의자가 신체적 또는 정신적 장애로 사물을 변별하거나 의사를 결정·전달한 능력이 미약한 때, 피의자의 연령·성별·국적 등의 사정을 고려하여 그 심리적 안정의 도모와 원활한 의사소통을 위하여 필요한 경우 직권 또는 피의자·법정대리인의 신청에 따라 피의자와 신뢰관계에 있는 자를 동석하게 할 수 있다형사소송법 제244조의5.

검사 또는 사법경찰관은 수사에 필요한 때에는 피의자 아닌 자참고인의 출석을 요구하여

진술을 들을 수 있다형사소송법 제221조. 이를 참고인조사라 한다.

검사 또는 사법경찰관은 수사에 필요한 경우 감정·통역 또는 번역을 위촉할 수 있다형사소송법 제221조 2항. 이는 임의수사이므로 위촉받은 자의 수락 여부는 자유이고, 출석을 거부하거나 출석 후 퇴거하는 것도 자유이다. 수사기관은 수사에 관하여는 공무소 기타 공·사 단체에 조회하여 필요한 사항의 보고를 요구할 수 있다형사소송법 제199조 2항.

3. 강제처분과 강제수사

강제처분이란 광의로는 소송의 진행과 증거를 수집·확보하거나 형의 집행을 확보하기 위하여 강제력을 사용하는 일체의 처분을 말한다. 협의로는 광의의 개념에서 증거조사에 관한 처분만을 제외한 강제처분을 의미한다. 강제처분은 법원과 수사기관의 처분을 모두 포함하나 강제수사는 수사기관에 의한 강제처분만을 의미한다. 형사소송법은 "강제처분은 이 법률에 특별한 규정이 있는 경우에 한하며, 필요한 최소한도의 범위 안에서만 하여야 한다형사소송법 제199조 1항 단서."라고 하여 강제처분법정주의를 규정하고 있다.

3-1. 피의자체포

체포는 피의자에 한하며, 체포영장에 의한 체포통상체포, 긴급체포, 현행범체포가 있다. 여기서 체포영장에 의한 체포가 원칙으로 영장주의가 적용된다형사소송법 제200조의2. 그러나 긴급체포와 현행범체포는 영장 없는 체포로서 체포한 피의자를 구속하고자 할 때에는 구속영장을 청구하면 족하며 사후에 체포영장을 발부받아야 하는 것은 아니다. 구속에는 수사기관에 의한 피의자구속과 법원에 의한 피고인구속이 있다. 구속사유가 있으면 체포절차를 거치지 않고 곧바로 구속영장에 의한 구속이 가능하다. 그리고 반드시 사전영장에 의한 구속이 이루어져야 한다사후영장에 의한 긴급구속제도는 폐지되었음.

3-2. 체포영장에 의한 체포

체포영장에 의한 체포통상체포란 상당한 범죄혐의가 있고 일정한 체포사유가 존재할 경우에 사전영장에 의하여 일정한 시간동안 구속에 선행하여 피의자에게서 인신의 자유를 빼앗는 수사처분을 말한다.

체포의 요건으로는 범죄혐의의 상당성과 체포사유로서 출석요구의 불응 또는 불응의 우려가 필요하다. 피의자가 정당한 이유 없이 죄를 범하였다고 의심할 만한 상당한 이유가 있어야 한다형사소송법 제200조의2 1항. 범죄혐의는 수사기관의 주관적 혐의로는 부족하고 객관적 혐의, 즉 무죄추정을 깨뜨릴 수 있을 정도의 유죄판결에 대한 고도의 개연성이 있어야 한다. 피의자가 정당한 이유 없이 수사기관의 출석요구에 응하지 아니하거나 응하지 아니할 우려가 있어야 한다형사소송법 제200조의2 1항. 그러나 구속사유주거부정, 도망염려, 증거인멸의 염려는 요건이 아니므로 이러한 사유가 없어도 체포가 가능하다. 다액 50만 원 이하의 벌금, 구류 또는 과료에 해당하는 경미사건에 관하여는 피의자가 일정한 주거가 없는 경우 또는 정당한 이유 없이 출석요구 불응한 경우에 한하여 체포할 수 있다형사소송법 제200조의2 1항 단서. 체포의 필요성은 체포의 적극적 요건이 아니라 그 부존재가 명백한 경우에 체포를 허용하지 않는 소극적 요건에 해당한다. 체포영장의 청구를 받은 판사는 체포의 사유가 있다고 인정되는 경우에도 피의자의 연령과 경력, 가족관계나 교우관계, 범죄의 경중 및 태양 기타 제반 사정에 비추어 피의자가 도망할 염려가 없고 증거를 인멸할 염려가 없는 등 명백히 체포할 필요가 없다고 인정되는 때에는 체포영장의 청구를 기각하여야 한다.

체포한 피의자를 구속하고자 할 때에는 체포한 때부터 48시간 이내에 구속영장을 청구하여야 하고, 그 기간 내에 구속영장을 청구하지 아니하는 때에는 피의자를 즉시 석방하여야 한다형사소송법 제200조의2 5항. 구속영장의 청구는 48시간 내에 구속영장을 청구하면 되며 구속영장이 발부될 것을 요하지 않는다.

3-3. 긴급체포

긴급체포란 중대한 죄를 범하였다고 의심할 만한 상당한 이유가 있는 피의자를 수사기관이 법관의 체포영장을 발부받지 않고 체포하는 것을 말한다.

긴급체포는 영장주의의 예외가 인정되는 영역이고 수사기관에 의한 남용될 위험이 존재하므로, 그 요건들은 엄격하게 해석되어야 하고, 요건을 갖추었는지 여부는 체포 당시의 상황을 기초로 판단한다. 피의자가 사형·무기 또는 장기 3년 이상의 징역이나 금고에 해당하는 죄를 범하였다고 의심할 만한 상당한 이유가 있어야 한다형사소송법 제200조의3 1항. 통상 체포와 범죄혐의 정도에 차이가 없다객관적 혐의. 긴급체포를 위해서는 구속사유, 즉 증거를 인멸할 염려가 있거나 도망 또는 도망할 염려가 있어야 한다. 단, 구속사유중 주거부정은 포함되지 않는다. 긴급을 요하여 지방법원판사의 체포영장을 발부받을 수 없을 것을 요한다형사소송법 제200조의3 1항. 긴급을 요한다 함은 '피의자를 우연히 발견한 경우' 등과 같이 체포영장을 받을 시간적 여유가 없는 때를 말한다형사소송법 제200조의3 1항 후단.

검사는 긴급체포한 피의자를 구속하고자 할 때에는 체포한 때로부터 48시간 이내에 관할 지방법원판사에게 구속영장을 청구하여야 한다.

사법경찰관은 검사에게 신청하여 검사의 청구로 관할 지방법원판사에게 구속영장을 청구하여야 한다. 청구 시에는 긴급체포서를 첨부하여야 한다형사소송법 제200조의4 1항. 체포한 때로부터 48시간 이내에 구속영장을 청구하면 되며 영장이 발부되어야 하는 것은 아니다.

긴급체포한 후 48시간 이내에 구속영장을 청구하지 않거나, 청구를 하였지만 구속영장을 발부받지 못한 때에는 피의자를 즉시 석방하여야 한다형사소송법 제200조의4 2항. 48시간 이내에 구속영장을 청구하지 아니하거나 발부받지 못하여 석방된 자는 영장 없이는 동일한 범죄사실에 과하여 다시 체포하지 못한다형사소송법 제200조의4 3항. 따라서 체포영장 또는 구속영장을 발부받은 때에는 다시 체포 또는 구속할 수 있다.

3-4. 현행범 체포

현행범 체포란 현행범인 또는 준현행범인을 누구나 영장 없이 체포할 수 있는 제도를 말한다형사소송법 제212조. 범죄증거가 명백하여 수사기관의 권한남용의 염려가 없고, 초동수사의 필요성이 높으므로 영장주의의 예외를 인정하는 것이다. 체포의 시점에서 특정 범죄의 범인임이 명백하여야 한다. 따라서 외형상 죄를 범한 것처럼 보일지라도 범죄가 성립하지 않을 경우에는 체포할 수 없다예: 위법성조각사유·책임조각사유의 존재가 명백한 경우. 따라서 형사미성년자의 경우 현행범인으로 체포하지 못한다. 소송조건의 존재는 체포의 요건이 아니므로 친고죄에 있어서 고소가 없는 경우에도 체포할 수 있으나, 고소의 가능성조차 없는 경우에는 수사를 할 수 없으므로 현행범인으로 체포할 수 없다. 현행범인의 체포에 있어서는 긴급체포와 달리 명문의 규정이 없어 구속사유증거인멸 염려, 도망 또는 도망할 염려가 필요한가에 대해서 견해가 대립된다. 판례는 현행범체포에는 체포의 필요성, 즉 도망 또는 증거인멸의 염려가 있어야 한다고 한다. 다액 50만 원 이하의 벌금·구류 또는 과료에 해당하는 죄경미사건의 현행범인에 대하여는 범인의 주거가 분명하지 아니한 때에 한하여 현행범인으로 체포할 수 있다형사소송법 제214조.

현행범인은 누구든지 영장 없이 체포할 수 있으므로형사소송법 제212조, 수사기관뿐만 아니라 사인도 체포할 수 있다. 다만, 사인은 체포권한만 있고 체포의무는 없다. 국회의원의 불체포특권은 현행범인인 경우에는 인정되지 않는다헌법 제44조 1항. 검사 또는 사법경찰관리가 아닌 자, 즉 사인이 현행범인을 체포한 때에는 즉시 검사 또는 사법경찰관리에게 인도하여야 한다형사소송법 제213조 1항. 따라서 사인이 체포한 현행범인을 인도하지 않고 석방하는 것은 허용되지 않는다. 사법경찰관리가 현행범인의 인도를 받은 때에는 체포자의 성명, 주거, 체포의 사유를 물어야 하고 필요한 때에는 체포자에 대하여 경찰관서에 동행함을 요구할 수 있다형사소송법 제213조 2항. 체포한 피의자를 구속하고자 할 때에는 체포한 때부터 48시간 이내에 구속영장을 청구하여야 하고, 그 기간 내에 구속영장을 청구하지 아니한 때에는 피의자를 즉시 석방하여야 한다형사소송법 제213조의2, 형사소송법 제200조의2 5항. 현행범인으로 체포된 자에 대한 수사기관의 구속기간은 체포한 날로부터 기산한다형사소송법 제203조의2.

3-5. 피고인의 구속

구속이란 형사절차를 관철시키기 위해서 피의자 또는 피고인의 신체의 자유를 체포에 비하여 장기간에 걸쳐 제한하는 대인적 강제처분이다. 구속은 구인과 구금을 포함하는 개념으로서, 피의자 구속과 피고인 구속으로 나누어진다. 전자는 수사기관이 법관의 영장을 발부받아서 하는 구속이고, 후자는 공소제기 후에 법원이 피고인을 구속하는 경우이다. 구속은 사전에 발부된 구속영장에 의한 구속만 인정된다는 점에서 영장 없는 체포도 인정되는 체포제도와 구별된다.

구속의 요건에는 범죄혐의의 상당성, 일정한 구속사유, 구속의 비례성이 있다. 형사소송법은 구속사유로 일정한 ①주거가 없을 때, ②증거를 인멸할 염려가 있는 때, ③도망 또는 도망할 염려가 있는 때로 규정하고 있다형사소송법 제70조 1항. 법원은 구속사유를 심사함에 있어서 범죄의 중대성, 재범의 위험성, 피해자 및 중요 참고인 등에 대한 위해 우려 등을 고려하여야 한다형사소송법 제70조 2항. 범죄의 중대성과 재범의 위험성은 도망할 염려를 판단할 적극적 요소가 되며, 피해자 및 중요 참고인 등에 대한 위해의 우려는 증거인멸의 염려를 판단하는 중요한 기준이 된다.

증거인멸이란 인적·물적 증거수단에 대해 부정하게 영향을 미쳐서 법원 또는 수사기관의 진실발견을 어렵게 만드는 것을 말한다. 증거인멸의 위험은 구체적 사실을 기초로 증거인멸이 이루어질 고도의 개연성을 말한다. 증거물의 위조·변경, 공범자·증인에 대한 허위진술의 부탁은 구속사유이나, 단순히 수사의 미종결을 이유로 또는 피의자가 피의사실을 다투거나 자백을 거부한다는 이유만으로 증거인멸의 위험을 인정해서는 안 된다.

도망은 형사소송이나 형의 집행을 지속적 또는 일시적으로 회피하는 것을 말한다. 주거부정은 독자적인 구속사유는 아니고 도망의 염려를 판단하는 구체적 자료가 될 뿐이라는 것이 일반적 견해이다. 그러나 경미사건다액 50만 원 이하의 벌금·구류·과료에 해당하는 범죄의 경우에는 주거부정만이 구속사유가 되므로, 이때에는 독자적인 구속사유가 된다. 즉, 경미한 사건의 경우에는 도망이나 증거인멸의 염려를 이유로 구속할 수 없다.

구속영장실질심사제도란 일정한 자의 신청이 있는 경우에 구속영장의 청구를 받은 판사가 피의자를 직접 심문하여 구속영장의 여부를 결정하는 제도이다.

사법경찰관이 피의자를 구속한 때에는 10일 이내에 피의자를 검사에게 인치해야 한다. 인치하지 아니하면 석방하여야 한다형사소송법 제202조. 검사가 피의자를 구속한 때 또는 사법경찰관으로부터 인치받은 후 10일 내에 공소를 제기하지 않으면 석방하여야 한다형사소송법 제203조. 단, 수사를 계속함에 상당한 이유가 있다고 인정한 때에는 10일을 초과하지 않는 범위에서 1차에 한하여 지방법원판사의 허가를 얻어 연장이 가능하다형사소송법 제205조 1항. 구속기간의 연장신청은 검사만이 할 수 있으며, 구속기간 연장신청에 대한 결정은 준항고의 대상이 아니다. 별건구속이란 수사기관이 본래 수사하려는 사건본건에 대해서는 구속의 요건이 구비되지 못하였기 때문에 본건의 수사에 이용할 목적으로 구속요건이 구비된 다른 사건별건으로 피의자를 구속하는 것을 말한다.

4. 체포·구속적부심사제도

체포·구속적부심사제도란 수사기관에 의하여 체포 또는 구속된 피의자에 대하여 법원이 체포 또는 구속의 적법 여부와 계속의 필요성을 심사하여 체포·구속이 위법·부당한 경우에 피의자를 석방하는 제도를 말한다형사소송법 제214조의2 1항.

2007년 개정 형사소송법은 영장에 의하여 체포 또는 구속된 자 이외에 긴급체포나 현행범으로 체포된 피의자 등에 대해서도 적부심사의 청구를 인정하고 체포·구속적부심사의 심문기일을 일률적으로 48시간 이내로 제한했다. 체포·구속적부심사의 청구권자는 체포영장 또는 구속영장에 의하여 체포·구속된 피의자, 그 피의자의 변호인·법정대리인·배우자·직계친족·형제자매·가족·동거인 또는 고용주이다형사소송법 제214조의2 1항. 피고인은 청구권자가 아니다.

그 사유에는 특별한 제한이 없어 체포 또는 구속이 불법한 경우뿐만 아니라 부당한 경우도 포함된다. 체포 또는 구속이 불법 또는 부당하면 되고 체포영장 또는 구속영장의 발부가 위법할 것을 요하는 것은 아니다.

5. 압수·수색

압수란 증거방법으로 의미가 있는 물건이나 몰수가 예상되는 물건의 점유를 취득하는 강제처분이다. 압수에는 압류, 영치 및 제출명령이 있다.

수색은 압수할 물건 또는 체포할 사람을 발견할 목적으로 주거·물건·사람의 신체 또는 기타 장소에 대하여 행하는 강제처분을 말한다. 수색은 주로 압수와 함께 행하여지고 실무상으로도 압수·수색영장이라는 단일영장을 사용하고 있다.

제7절 수사의 종결

수사의 종결이란 공소제기의 여부를 결정할 수 있을 정도로 피의사건이 해명되었을 때 검사가 수사절차를 종료하는 처분을 말한다. 수사종결처분의 종류에는 공소제기가 있는데 검사는 수사의 결과 범죄의 객관적 혐의가 충분하고 소송조건을 구비하여 유죄판결을 받을 수 있다고 인정할 때에는 공소를 제기한다형사소송법 제246조. 약식명령을 할 수 있는 경우에는 공소제기와 동시에 약식명령을 청구할 수 있다형사소송법 제449조.

불기소 사유

혐의 없음 무혐의	피의사실이 인정되지 아니하거나 피의사실을 인정할 만한 충분한 증거가 없는 경우 또는 피의사실이 범죄를 구성하지 아니하는 경우
죄가 안 됨 범죄불성립	피의사실이 범죄구성요건에 해당하나 법률상범죄의 성립을 조각하는 사유가 있어 범죄를 구성하지 아니하는 경우 예: 위법성조각사유 또는 책임조각사유가 있는 경우
공소권 없음	피의사건에 관하여 소송조건이 결여되었거나 형이 면제되는 경우 예: 확정판결 또는 사면이 있는 경우, 공소시효가 완성될 경우, 범죄 후 법률의 개폐로 형이 폐지된 경우, 친고죄에서 고소가 없는 경우 등

불기소처분의 종류는 다음과 같다. 협의의 불기소처분은 혐의 없음, 죄가 안 됨, 공소권 없음 이다.

기소유예는 피의사건에 관하여 범죄의 혐의가 인정되고 소송조건이 구비되었으나, 범인의 연령, 성행, 지능과 환경, 피해자에 대한 관계, 범행의 동기, 수단과 결과, 범행 후의 정황 등을 참작하여 공소를 제기하지 아니하는 경우를 말한다형사소송법 제247조 1항. 『국가보안법』 제20조의 공소보류도 기소유예의 특별한 형식에 속한다.

기소중지는 검사가 피의자의 소재불명 등의 사유로 수사를 종결할 수 없는 경우에 그 사유가 해소될 때까지 하는 처분으로 이는 수사의 종결이라기보다는 잠정적인 수사중지처분에 속한다고 할 수 있다. 다만, 피의자의 소재불명의 경우라도 협의의 불기소처분 또는 기소유예를 할 수 있다.

재정신청이란 고소권자로서 고소를 한 자『형법』 제123조부터 제125조까지의 죄에 대하여는 고발을 한 자를 포함한다가 검사로부터 공소를 제기하지 아니한다는 통지를 받은 때에 그 검사 소속의 지방검찰청 소재지를 관할하는 고등법원에 그 불기소처분의 당부에 관한 재정을 신청하는 것을 말한다형사소송법 제260조. 2007년 개정법은 재정신청의 대상범죄를 모든 범죄로 확대하였다.

제8절 공소의 제기

공소란 법원에 대하여 특정한 형사사건의 심판을 요구하는 검사의 법률행위적 소송행위를 말한다. 공소권이란 검사가 특정사건에 관하여 공소를 제기하고 수행하는 권한을 말한다. 공소권은 법원의 심판권·피고인의 방어권변호권과 함께 형사소송법의 기본개념으로 검사의 권리이다.

1. 공소제기의 기본원칙

국가소추주의란 공소제기의 주체가 개인이 아닌 국가임을 말한다. 우리 형사소송법도 "공소는 검사가 제기하여 수행한다형사소송법 제246조."라고 규정하여 국가소추주의를 규정하고 있다. 국가소추주의에 대립되는 것을 사인소추주의라 하는데, 사인소추주의에는 피해자소추주의영국와 공중소추주의미국가 있다.

기소독점주의란 국가기관 중에서 검사만이 공소를 제기하고 수행할 권한을 갖는 것을 말한다. 형사소송법 제246조는 국가소추주의와 함께 기소독점주의를 규정하고 있다.

기소편의주의란 수사결과 범죄의 객관적 혐의가 충분히 인정되고 소송조건을 갖춘 경우에도 검사의 기소유예를 허용하는 원칙을 말한다. 형사소송법은 "검사는 형법 제51조의 사항을 참작하여 공소를 제기하지 아니할 수 있다형사소송법 제247조 1항."라고 규정하여 기소편의주의를 채택하고 있다.

2. 공소제기의 효과

형사절차는 공소제기에 의해 수사절차로부터 법원의 공판절차로 이행된다. 이때 피의자는 피고인으로 전환되어 법원, 검사와 함께 소송주체의 지위를 가지게 된다. 법원의 심판범위는 공소장의 공소사실에 제한되고 공소시효의 진행은 정지된다.

3. 공소시효

공소시효란 범죄행위가 종료한 후 검사가 일정기간 공소를 제기하지 않고 방치하는 경우에 국가의 소추권이 소멸되는 제도를 말한다.

3-1. 공소시효기간

공소시효는 다음 기간의 경과로 완성한다형사소송법 제249조 1항.

① 사형에 해당하는 범죄에는 25년

② 무기징역 또는 무기금고에 해당하는 범죄에는 15년

③ 장기 10년 이상의 징역 또는 금고에 해당하는 범죄에는 10년

④ 장기 10년 미만의 징역 또는 금고에 해당하는 범죄에는 7년

⑤ 장기 5년 미만의 징역 또는 금고, 장기 10년 이상의 자격정지 또는 벌금에 해당하는 범죄에는 5년

⑥ 장기 5년 이상의 자격정지에 해당하는 범죄에는 3년

⑦ 장기 5년 미만의 자격정지, 구류, 과료 또는 몰수에 해당하는 범죄에는 1년

3-2. 의제공소시효

공소제기 후 확정 판결 없이 25년을 경과하면 공소시효가 완성된 것으로 간주한다형사소송법 제249조 2항. 이는 피고인의 소재불명으로 인한 영구미제사건을 종결처리하기 위한 규정이다.

제9절 공판

1. 공판절차

공판절차란 넓은 의미로는 공소제기 후 소송계속이 종료할 때까지 법원이 행하는 심리와 재판의 전 과정을 말한다. 좁은 의미로는 공판기일에 공판정에서 행하는 심리와 재판만을 의미한다. 공판절차에 있어서는 피고인의 권리보호 및 법률관계의 공정을 기하기 위해 공개주의, 구두변론주의, 직접주의, 집중심리주의가 지배한다. 이것을 공판절차의 기본원칙이라 한다.

공개주의란 일반국민에게 법원의 심리에 대한 방청을 허용하는 주의이다. 구두변론주의란 법원이 당사자의 구두에 의한 변론주장·입증을 근거로 심리·재판을 해야 한다는 원칙을 말한다. 판결은 법률에 다른 규정이 없으면 구두변론에 의거하여야 한다형사소송법 제37조 1항. 구두변론주의는 구두주의와 변론주의를 그 내용으로 한다. 구두주의란 법원이 구두에 의하여 제공된 소송자료를 근거로 재판해야 한다. 변론주의란 당사자의 변론주장·입증에 의하여 재판을 하는 주의로서, 당사자주의의 중요한 내용이 된다. 직접주의란 법원이 공판기일에 공판정에서 직접 심리·조사한 증거만을 재판의 기초로 삼을 수 있다는 원칙을 말한다. 집중심리주의란 심리에 2일 이상을 요하는 사건은 연일 계속적으로 심리해야 한다는 원칙을 말하며, 계속심리주의라고도 한다.

2. 공판기일의 절차

공판준비절차가 종료된 후 수소법원이 지정된 공판기일을 열어 피고사건에 대한 실체심리를 하게 된다. 공판기일의 절차, 즉 제1심의 공판절차는 모두절차와 사실심리절차, 판결선고 절차로 나눌 수 있다.

2-1. 모두절차

(1) 진술거부권의 고지

모두절차는 진술거부권의 고지에서 시작한다. 재판장은 피고인에게 진술하지 아니하거나 개개의 질문에 대하여 진술을 거부할 수 있음을 고지하여야 한다형사소송법 제283조의2 2항. 재판장은 인정신문을 하기 전에 진술거부권과 이익이 되는 사실을 진술할 수 있음을 알려주어야 한다형사소송 규칙 제127조.

(2) 인정신문

인정신문이란 실질심리 이전에 피고인으로 출석한 자가 공소장에 기재된 피고인과 동일한 자인지를 확인하는 절차를 말한다. 형사소송법은 "재판장은 피고인의 성명·연령·등록기준지·주거와 직업을 물어서 피고인임에 틀림없음을 확인해야 한다형사소송법 제284조."고 규정하고 있다.

(3) 검사의 모두진술

검사는 공소장에 의하여 공소사실·죄명 및 적용 법조를 낭독하여야 한다. 다만, 재판장은 필요하다고 인정하는 때에는 검사에게 공소의 요지를 진술하게 할 수 있다형사소송법 제285조. 이를 검사의 모두진술이라고 한다.

(4) 피고인의 모두진술

피고인은 검사의 모두진술이 끝난 뒤에 공소사실의 인정 여부를 진술하여야 한다. 다만, 피고인이 진술거부권을 행사하는 경우에는 그러하지 아니하다형사소송법 제286조 1항. 공소사실의 인정 여부를 진술하게 함으로써 의견서 제출제도형사소송법 제266조의2의 도입과 함께 사건의 쟁점을 조기에 파악하여 신속한 심리를 가능하게 하였다.

(5) 재판장의 쟁점정리 및 검사·변호인의 증거관계 등에 대한 진술

재판장은 피고인의 모두진술이 끝난 다음에 피고인 또는 변호인에게 쟁점의 정리를 위하여 필요한 질문을 할 수 있다형사소송법 제287조 1항.

2-2. 사실심리절차

(1) 증거조사

증거조사란 법원이 피고사건에 대한 사실인정과 양형에 관한 심증을 얻기 위하여 각종의 증거방법을 조사하여 그 내용을 감지하는 소송행위를 말한다. 사실심리절차는 증거조사에 의하여 시작된다.

(2) 피고인신문

피고인신문이란 피고인에 대하여 공소사실과 정상에 관한 필요사항을 직접 신문하는 절차를 말한다.

2-3. 판결의 선고

피고인의 최후변론을 끝으로 종결되고 판결의 선고만 남게 되는데, 이를 결심이라고 한다. 그러나 법원은 필요하다고 인정하는 때에는 직권 또는 검사, 피고인 또는 변호인의 신청에 의하여 결정으로 종결한 변론을 재개할 수도 있다형사소송법 제305조.

판결의 선고는 변론을 종결한 기일에 하여야 한다. 다만, 특별한 사정이 있는 때에는 따로 선고기일을 지정할 수 있다형사소송법 제318조의4 1항. 이 경우 선고기일은 변론종결 후 14일 이내로 지정하여야 한다형사소송법 제318조의4 3항. 변론을 종결한 기일에 판결을 선고하는 경우에는 선고 후 5일 내에 판결서를 작성하여야 한다형사소송규칙 제146조.

3. 공판절차의 특칙

간이공판절차란 피고인이 공판정에서 자백한 경우에 형사소송법이 규정하는 증거조사절차를 간이화하고 증거능력의 제한을 완화하여 심리를 신속하게 진행하기 위한 공판절차를 말한다.

4. 국민참여재판

국민의 형사재판 참여에 관한 법률에 의하여 2008년 1월 1일부터 배심원제도가 시행되었다. 배심원제도는 국민 중에서 선정된 배심원이 형사재판에 참여하여 사실인정과 형의 양정에 관한 의견을 제시하게 함으로써 사법의 민주적 정당성과 이에 대한 국민의 신뢰성을 높이기 위하여 도입되었다국민의 형사재판 참여에 관한 법률 제1조.

국민참여재판의 대상사건은 중죄사건이며, 국민의 형사재판참여에 관한 법률 5조 1항에서 규정하고 있는 중죄사건 등이 그 대상이 된다. 다만, 피고인이 국민참여재판을 원하지 않는 경우 대상사건에서 제외된다동법 제5조 2항. 피고인이 공소사실을 인정하고 있는가의 여부는 문제되지 아니한다.

법원은 대상사건의 피고인에 대하여 국민참여재판을 원하는지 여부에 관한 의사를 서면 등의 방법으로 반드시 확인하여야 한다동법 제8조 1항.

국민참여재판에 관하여 변호인이 없는 때에는 법원은 직권으로 변호인을 선정하여야 한다동법 제7조.

배심원은 만20세 이상의 대한민국 국민 중에서 무작위의 방법으로 선정된다. 배심원이 되는 것이 상당하지 않는 자는 배심원으로 선정될 수 없다동법 제16조 내지 제19조. 만70세 이상인 사람, 법령에 의하여 체포 또는 구금되어 있는 사람, 중병·상해 또는 장애로 인하여 법원에 출석하기 곤란한 사람 등 기타 부득이한 사유로 배심원 직무를 수행하기 어려운 사람에 대하여는 배심원 직무의 수행을 면제할 수 있다동법 제20조. 배심원은 국민참여재판을 하는 사건에 관하여 사실의 인정, 법령의 적용 및 형의 양정에 관한 의견을 제시할 권한이 있다동법 제12조 1항. 다만, 배심원의평결과 의견은 법원을 기속하지 못한다동법 제46조 5항. 배심원은 법령을 준수하고 독립하여 성실히 직무를 수행해야 하며동법 제12조 2항, 직무상 알게 된 비밀을 누설하거나 재판의 공정을 해하는 행위를 하여서는 아니 될 의무가 있다동법 제12조 3항.

법원은 배심원 또는 예비배심원이 그 의무를 위반하거나 직무를 행하는 것이 적당하지 아니한 때 또는 불공평한 판단을 할 우려가 있는 등 일정한 사유가 있는 때에는 직권 또는 검사 · 피고인 · 변호인의 신청에 의하여 해임할 수 있다동법 제32조. 배심원과 예비배심원은 직무를 계속 수행하기 어려운 사정이 있는 때에는 사임할 수 있다동법 제33조.

국민참여재판에 있어서 배심원은 유 · 무죄에 관하여 평가할 뿐 아니라, 양형에 관하여 토의하고 그에 관한 의견을 개진한다. 그러나 배심원의 평결과 의견은 법원을 기속하지 아니한다동법 제46조 5항.

판결의 선고는 변론을 종결한 기일에 하여야 한다. 다만, 특별한 사정이 있는 때에는 변론종결 후 14일 이내 따로 선고기일을 지정할 수 있다동법 제48조 1항 3항. 변론을 종결한 기일에 판결을 선고하는 경우에는 판결서를 선고 후에 작성할 수 있다동법 제48조 2항. 재판장은 판결 선고 시 피고인에게 배심원의 평결결과를 고지하여야 하며, 배심원의 평결 결과와 다른 판결을 선고하는 때에는 피고인에게 그 이유를 설명하여야 한다동법 제48조 4항.

누구든지 배심원·예비배심원 또는 배심원후보자인 사실을 이유로 해고하거나 그 밖의 불이익한 처우를 하여서는 아니 된다. 누구든지 당해 재판에 영향을 미치거나 배심원 또는 예비배심원이 직무상 취득한 비밀을 알아낼 목적으로 배심원 또는 예비배심원과 접촉하여서는 아니 된다. 또한 배심원의 개인정보도 공개할 수 없다동법 제52조.

재판장은 배심원 또는 예비배심원이 피고인이나 그 밖의 사람으로부터 위해를 받거나 받을 염려가 있다고 인정하는 때 또는 공정한 심리나 평의에 지장을 초래하거나 초래할 염려가 있다고 인정하는 때에는 배심원 또는 예비배심원의 신변 안전을 위하여 보호 · 격리 · 숙박 그 밖에 필요한 조치를 취할 수 있으며, 검사·피고인·변호인·배심원 또는 예비배심원은 재판장에게 신변보호조치를 취하도록 요청할 수 있다. 배심원과 관계되는 죄에는, 배심원 등에 대한 청탁죄동법 제56조, 배심원 등에 대한 위협죄동법 제57조, 배심원의 비밀누설죄동법 제58조, 배심원의 금품수수죄동법 제59조 등이 있다.

제10절 증거

1. 증거능력

증거가 엄격한 증명의 자료로 사용될 수 있는 법률상의 자격을 말하며, 이러한 증거능력은 법률에 의하여 형식적·객관적으로 결정되어 있다.

2. 증명력

증명력이란 문제되는 사실을 증명할 수 있는 증거의 실질적 가치를 말한다. 증명력의 판단은 법관의 자유심증에 의하여, 증명력은 증거능력이 있음을 전제로 문제된다.

3. 거증책임의 전환

거증책임의 전환이란 원칙적으로 검사가 부담하는 거증책임이 예외적으로 피고인에게 전가되는 경우를 말한다. 현행법상으로는 ①상해죄의 동시범의 특례형법 제263조와 ② 명예훼손죄에서 적시사실의 진실성·공익성형법 제310조이 있다.

4. 위법수집증거배제법칙

4-1. 위법수집증거배제법칙의 의의

위법수집증거배제법칙이란 위법한 절차에 의하여 수집된 증거의 증거능력을 부정하는 증거법칙을 말하며, 위법수집증거는 수사기관 뿐만 아니라 법원의 절차위법에 의한 경우도 포함한다.

4-2. 위법수집증거배제법칙의 인정여부

종래 위법수집증거배제법칙에 대한 근거규정이 없어 위법하게 수집된 증거의 증거능력에 관해 학설은 진술증거·비진술증거 모두에 대해 위법수집증거배제법칙을 적용하여 증거능력을 부정하였고, 판례는 진술증거에만 적용하고 비진술증거에는 적용을 부정하여 위법하게 압수한 증거물의 증거능력을 인정하여 왔다.

그러나 개정형사소송법은 "적법한 절차에 따르지 아니하고 수집한 증거는 증거로 할 수 없다형사소송법 제308조의2."라고 명문으로 규정하여 학설과 판례의 대립을 입법적으로 해결하였고, 2007년 대법원전원합의체 판결도 "헌법과 형사소송법이 정한 절차에 따르지 아니하고 수집된 증거는 기본적 인권 보장을 위해 마련된 적법한 절차에 따르지 않은 것으로서 원칙적으로 유죄 인정의 증거로 삼을 수 없다."라고 하여 법이 정한 절차에 따르지 아니하고 수집된 압수물의 증거능력을 부인하였다.

위법수집증거배제법칙의 이론적 근거는 위법하게 수집된 증거는 적정절차의 보장이라는 관점에서 증거능력이 부정되어야 하며, 위법수사를 방지·억제하기 위한 점에 있다.

4-3. 위법수집증거배제법칙의 효과

위법하게 수집된 증거는 증거능력이 부정된다. 따라서 당사자가 증거동의를 하더라도 증거능력이 인정되지 않고, 탄핵증거로도 사용할 수 없다통설.

4-4. 독수과실이론毒樹果實理論

독수의 과실이론이란 위법하게 수집된 제1차 증거독수에 의하여 발견된 제2차 증거과실의 증거능력을 부정하는 이론이다독수·독과의 이론. 독수의 과실이 증거능력을 인정하면 위법수집증거배제법칙이 무의미해지므로, 수사활동의 공정성을 담보하고, 위법수사로부터 국민의 기본적 인권을 보다 철저하게 보장하려는 고려에서 통설·판례는 독수의 과실이론을 긍정한다.

오염된 제1차적 증거가 없었더라도 파생적 증거가 다른 경로를 통해 불가피하게 발견되었을 것으로 증명할 수 있을 경우에는 그 증거능력을 인정할 수 있다는 견해이다. 예컨대, 경찰관이 피의자에 대한 위법한 신문으로 사체의 소재를 알게 된 경우에 다른 방법에 의해서도 사체를 발견했을 것이라는 점이 증명된 경우에는 증거로 할 수 있다.

제11절 재판

1. 재판의 의의

재판이란 협의로는 피고사건의 실체에 대한 법원의 공권적 판단, 즉 유죄·무죄의 실체적 종국재판을 의미한다.

광의로는 소송법상 재판은 법원 또는 법관의 법률 행위적 소송행위를 총칭하는 개념으로 쓰인다.

2. 재판의 성립

재판은 내부적으로 의사결정이 있고 결정된 의사가 외부적으로 표시됨으로써 성립하는 법률행위적 소송행위이다. 따라서 재판의 성립은 내부적 성립과 외부적 성립으로 나누어진다.

3. 재판의 구성과 방식

재판은 주문과 이유로 구성된다. 주문이란 재판대상이 된 사실에 대한 최종적 결론을 말하며, 이유는 주문에 이르게 된 논리적 과정을 설명한 것을 말한다. 재판에는 이유를 명시하여야 하나, 상소를 불허하는 결정이나 명령은 예외로 한다형사소송법 제39조. 판결에 이유를 붙이지 아니하거나 이유에 모순이 있는 때에는 절대적 항소이유가 된다형사소송법 제361조의5.

4. 종국재판

4-1. 유죄판결

유죄판결이란 피고사건의 실체에 관하여 범죄의 증명이 있는 때에 선고하는 재판을 말한다. 유죄판결은 실체판결이며 종국재판이다. 유죄판결은 형선고의 판결, 형면제의 판결, 형의 선고유예의 판결이 있다. 피고사건에 대하여 범죄의 증명이 있는 때에는 형의 면제 또는 선고유예의 경우 외에는 판결로써 형의 선고를 하여야 한다. 피고사건에 대하여 형의 면제 또는 선고유예를 하는 때에는 판결로써 선고하여야 한다.

4-2. 무죄판결

무죄판결이란 피고사건에 대하여 형벌권의 부존재를 확인하는 판결을 말한다. 피고사건이 범죄로 되지 아니하거나 범죄사실의 증명이 없는 때에는 판결로써 무죄를 선고하여야 한다.

4-3. 면소판결

면소판결이란 피고사건에 대하여 실체적 소송조건이 결여된 경우에 사건의 실체에 대한 직접적인 판단 없이 소송을 종결시키는 재판을 말한다. 면소판결은 형식재판이면서 기판력 일사부재리의 효력이 인정되는 특색이 있다.

4-4. 공소기각의 재판

공소기각의 재판결정과 판결은 피고사건에 대하여 관할권 이외에 형식적 소송조건이 결여된 경우에 절차상의 하자를 이유로 하여 사건에 대한 실체 심리 없이 소송을 종결시키는 재판을 말한다. 공소기각의 재판은 형식재판인 동시에 종국재판이다.

4-5. 관할위반의 판결

관할위반의 판결이란 피고사건이 법원의 관할에 속하지 아니할 때에 하는 판결로써 관할위반의 선고를 하여야 한다. 관할위반의 판결은 형식재판인 동시에 종국재판이다.

5. 재판의 확정과 효력

재판의 확정이란 재판이 통상의 불복방법에 의해서는 다툴 수 없게 되어 그 내용을 변경할 수 없게 된 상태를 말하며, 이와 같은 상태에 있는 재판을 확정재판이라고 한다.

재판이 확정되면 재판의 확정력이 발생하며, 이는 형식적 확정력과 내용적 확정력으로 구분된다.

재판이 통상의 불복방법에 의하여 다툴 수 없게 된 상태를 형식적 확정이라 하며, 재판의 형식적 확정에 의한 불가쟁적不可爭的 효력을 형식적 확정력이라고 한다. 실체재판과 형식재판의 모두에 대하여 발생한다.

재판이 형식적으로 확정되면 그에 따라 재판의 의사표시적 내용이 확정되는데, 이를 내용적 확정이라 하며, 재판의 내용적 확정에 의하여 재판의 판단 내용인 일정한 법률관계가 확정되는 효력을 내용적 확정력이라고 한다. 내용적 확정력은 형식재판과 실체재판 모두에 인정되며, 특히 유죄·무죄의 실체재판이나 면소판결에 있어서의 내용적 확정력을 특히 실체적 확정력이라고 한다. 이 실체적 확정력에 의해 동일사건에 대해 재소가 금지되는 일사부재리의 효력이 발생한다.

기판력의 개념에 대해 여러 가지 견해가 있으나 통설은 실체재판의 내용적 확정력의 대외적 효과인 일사부재리의 효력과 동일시한다. 따라서 기판력이란 유죄·무죄의 실체판결과 면소판결이 확정된 경우에 동일 사건에 대하여 다시 심리·판결하는 것을 허용하지 않는 일사부재리의 효력을 의미한다.

제12절 상소, 비상구제절차, 특별절차

1. 상소

1-1. 상소의 의의

상소란 미확정의 재판에 대하여 상급법원에 구제를 구하는 불복신청제도를 말한다. 상소는 법원의 '재판'에 대한 불복신청이다. 따라서 검사의 처분에 대한 불복신청인 검찰항고·재정신청은 상소가 아니다.

상소는 '미확정'의 재판에 대한 불복신청이다. 따라서 확정재판에 대한 비상구제절차인 재심 또는 비상상고는 상소가 아니다.

상소는 '상급법원'에 대한 불복신청이다. 따라서 재판을 한 당해 법원이나 동급법원에 대하여 구제를 구하는 이의신청이나 약식명령·즉결심판에 대한 정식재판의 청구는 상소가 아니다.

1-2. 상소의 종류

상소에는 항소, 상고, 항고의 세 종류가 있다. 항소·상고는 판결에 대한 상소방법이며, 항고는 결정에 대한 상소방법이다.

1-3. 상소권

상소권이란 형사재판에 대하여 상소할 수 있는 소송법상의 권리를 말한다. 상소권자에는 고유의 상소권자와 상소대리권자가 있다.

1-4. 상소의 이익

상소는 오판의 시정당사자의 권리구제과 법령해석의 통일을 위한 재판에 대한 불복신청이므로 그 재판이 자기에게 불이익할 것을 전제로 한다. 따라서 당사자는 원심재판으로 인해 법적으로 보호된 이익에 대한 침해가 있어야 하는데, 이를 상소의 이익 또는 상소의 필요성이라 한다.

1-5. 상소의 제기 및 포기·취하

상소의 제기는 상소제기기간 내에 서면으로 원심법원에 제출하여야 한다. 교도소·구치소에 있는 피고인이 상소제기기간 내에 상소장을 교도소장 또는 구치소장 또는 그 직무를 대리하는 자에게 제출한 때에는 상소의 제기기간 내에 상소한 것으로 간주된다.

상소제기에 의하여 재판의 확정과 집행이 정지된다. 재판확정정지의 효력은 상소에 의하여 언제나 발생하나, 집행정지의 효력은 예외가 인정된다. 즉, 항고는 즉시항고를 제외하고는 집행정지의 효력이 없으며, 재산형의 가납판결은 즉시집행이 가능하므로 상소에 의하여 집행이 정지되지 않는다.

상소의 포기란 상소권자가 상소제기기간 내에 법원에 대해 상소하지 않겠다고 적극적으로 의사를 표시하는 것을 말한다. 상소의 포기는 상소제기 이전의 소송행위로서 단순한 상소권의 불행사와 구별된다.

상소의 취하란 일단 제기한 상소를 철회하는 의사표시로서, 상소제기 이후의 소송행위이다.

2. 항소

2-1. 항소의 의의

항소란 제1심 판결에 불복하여 제2심 법원에 제기하는 상소를 말한다. 따라서 제1심 판결에 대해 대법원에 상소하는 비약적 상고는 항소가 아니며, 판결에 대한 불복이므로 결정이나 명령에 대해서는 항소할 수 없다.

항소심은 사실오인과 양형부당을 중점적으로 다루는 점에서 법리오해를 중점적으로 다루는 상고심과 구별된다.

2-2. 항소이유

항소이유란 항소권자가 적법하게 항소를 제기할 수 있는 법률상의 이유를 말한다. 형사소송법은 항소인 또는 변호인에게 항소이유서를 항소법원에 제출하도록 하고 있고, 항소이유서를 제출하지 않으면 항소기각결정의 사유가 된다. 「형사소송법」상 항소이유의 제한은 제한적 열거이다.

(1) 법령위반

판결에 영향을 미친 헌법·법률·명령 또는 규칙의 위반이 있는 때이다. 법령위반에는 법령적용의 착오와 소송법규의 위반이 포함된다.

(2) 법령위반 이외의 항소이유

사실오인이 판결에 영향을 미친 때에 인정된다. 사실오인이란 원심법원이 인정한 사실과 객관적 사실 사이에 차이가 있는 것을 말한다. 판결 후 형의 폐지·변경·사면이 있을 때, 재심청구의 사유가 있는 때, 형의 양정이 부당하다고 인정할 사유가 있는 때이다.

2-3. 항소심의 절차

항소는 7일 이내에 항소장을 원심법원에 제출하여야 한다. 항소장에는 항소제기의 취지와 그 대상이 되는 판결을 기재하여야 한다. 항소 이유는 기재할 필요가 없으나 기재하는 것이 금지되는 것은 아니다.

항소인 또는 변호인은 소송기록의 접수통지를 받은 날로부터 20일 이내에 항소이유서를 항소법원에 제출하여야 한다. 항소이유서를 제출받은 항소법원은 지체 없이 그 부본 또는 등본을 상대방에게 송달하여야 한다.

2007년 11월 23일 「형사소송법」을 개정하여 항소이유서의 제출에 관하여 재소자에 관한 특칙이 적용되도록 하였다.

항소이유서의 부본 또는 등본을 송달받은 상대방은 송달을 받은 날로부터 10일 이내에 답변서를 항소법원에 제출하여야 한다. 답변서를 제출받은 항소법원은 지체 없이 그 부본 또는 등본을 항소인 또는 변호인에게 송달하여야 한다.

3. 상고

3-1. 상고의 의의

상고란 제2심 판결에 대해 대법원에 제기하는 상소를 말한다. 상고는 원칙적으로 제2심 판결에 대해 허용되나, 예외적으로 제1심 판결에 대하여 항소의 제기 없이 곧바로 상고가 인정되는 경우비약적 상고도 있다. 상고도 상소의 일종으로서 오판을 시정하여 당사자의 권리를 구제하는 기능을 하나, 상고심의 주된 기능은 법령해석의 통일에 있다.

3-2. 상고이유

판결에 영향을 미친 헌법·법률·명령 또는 규칙의 위반이 있는 때, 판결 후 형의 폐지나 변경 또는 사면이 있는 때, 재심청구의 사유가 있는 때, 사형·무기 또는 10년 이상의 징역이나 금고가 선고된 사건에 있어서 중대한 사실의 오인이 있어 판결에 영향을 미친 때 또는 형의 양정이 심히 부당하다고 인정할 현저한 사유가 있는 때, 이는 특히 중형을 선고받은 피고인의 이익을 위하여 피고인이 상고하는 경우에만 적용되며, 검사는 사실오인 또는 양형부당을 이유로 상고할 수 없다통설·판례.

3-3. 상고심의 절차

상고는 상고기간 내에 상고장을 원심법원에 제출함으로써 이루어진다. 상고법원은 대법원이며, 상고기간은 7일이다. 재소자에 대한 특칙이 준용된다. 상고인 또는 변호인은 소송기록접수를 통지받은 날로부터 20일 이내에 상고이유서를 상고법원에 제출하여야 한다. 이 경우에도 2007년 11월 23일 법이 개정되어 재소자의 특칙에 관한 규정이 준용된다. 상고이유서에는 소송기록과 원심법원의 증거조서에 표현된 사실을 인용하여 그 이유를 명시하여야 한다. 상고이유서를 제출받은 상고법원은 지체 없이 그 부본 또는 등본을 상대방에게 송달하여야 한다. 상대방은 이 송달을 받은 날로부터 10일 이내에 답변서를 상고법원에 제출할 수 있다. 답변서의 제출을 받은 상고법원은 지체 없이 그 부본 또는 등본을 상고인 또는 변호인에게 송달하여야 한다.

3-4. 비약적 상고

비약적 상고란 제1심 판결에 대해 항소를 제기하지 않고 직접 대법원에 상고하는 것을 말한다.

비약적 상고는 법령해석의 통일에 신속을 기하고 피고인의 이익을 조기에 회복시키기 위해 인정된 제도이다.

4. 항고

4-1. 항고의 의의

항고란 법원의 결정에 대한 상소를 말한다. 항고는 법원이 판결에 이르는 과정에서 문제되는 절차상의 사항에 관하여 행한 종국 전 재판이라는 점에서, 종국재판인 판결에 대한 상소인 항소 또는 상고와 구별된다.

4-2. 항고심의 절차

항고를 함에는 항고장을 원심법원에 제출하여야 한다. 즉시항고의 제기기간은 3일이다. 보통항고는 원심결정 취소의 실익이 없게 된 때를 제외하고는 언제든지 할 수 있다.

즉시항고에는 재판집행이 정지되는 효력이 있으나, 보통항고에는 집행정지의 효력이 없다. 다만, 원심법원 또는 항고법원은 결정으로 항고에 대한 결정이 있을 때까지 집행을 정지할 수 있다.

4-3. 준항고

준항고란 법관의 일정한 재판이나 수사기관의 일정한 처분에 대해 불복이 있는 때, 그 재판 또는 처분의 취소 또는 변경을 법원에 구하는 불복신청방법을 말한다.

5. 비상구제절차

5-1. 재심

(1) 재심의 의의

재심이란 유죄의 확정판결에 중대한 사실오인이나 그 오인의 의심이 있는 경우에 판결을 받은 자의 이익을 위하여 그 오류를 시정하는 비상구제절차를 말한다.

재심은 확정판결에 대한 비상구제절차라는 점에서, 미확정재판에 대한 불복신청제도인 상소와 구별된다.

재심은 확정판결의 사실오인을 시정하여 유죄판결을 받은 자를 구제하기 위한 제도라는 점에서, 법령위반의 시정을 통하여 법령해석의 통일을 목적으로 하는 비상상고와 구별된다.

(2) 재심의 대상

재심의 대상은 유죄의 확정판결과 상소기각판결이다. 재심의 대상은 원칙적으로 '유죄'의 확정판결이다. 확정된 약식명령·즉결심판도 확정된 유죄판결과 동일한 효력이 있으므로 재심의 대상이 된다. 따라서 무죄·면소·공소기각·관할위반의 판결은 재심의 대상이 아니다. 재심의 대상은 유죄의 '확정판결'이다. 따라서 결정·명령은 재심청구의 대상이 아니다.

재심은 항소 또는 상고를 기각한 판결도 그 대상으로 한다. 이는 상소기각판결 자체가 유죄판결인 것은 아니나, 그 확정에 의해 원심의 유죄판결이 확정된다는 점에서 재심의 대상으로 인정하는 것이다. 여기서의 상소기각판결은 상소기각판결 자체를 뜻하며, 상소기각판결에 의하여 확정된 하급심판결을 의미하지 않는다.

(3) 재심개시절차

재심청구는 원판결의 법원이 관할한다. 원판결의 법원이란 재심청구인이 재심청구의 대상으로 하고 있는 판결을 한 법원을 의미한다. 따라서 재심청구인이 제1심 판결을 재심청구의 대상으로 하는 경우에는 제1심 법원이, 상소법원의 상소기각판결과 파기자판을 재심청구의 대상으로 하는 경우에는 상소법원이 재심청구사건을 관할한다.

5-2. 비상상고

(1) 비상상고의 의의

비상상고란 확정판결에 대하여 그 심판의 법령위반을 시정하기 위하여 인정되는 비상구제절차를 말한다. 비상상고의 목적은 법령의 해석·적용의 통일에 있고, 피고인의 불이익 구제는 부차적이다.

(2) 비상상고의 대상

① 확정판결

비상상고의 대상은 모든 확정판결이다. 따라서 유죄·무죄의 실체판결에 한하지 않고 공소기각·관할위반·면소 등 형식재판도 포함하며, 그 심급 여하도 불문한다.

약식명령·즉결심판도 확정되면 확정판결과 동일한 효력이 발생하므로 비상상고의 대상이 된다.

당연무효의 판결이라도 판결은 확정되어 존재하므로 비상상고에 의해 무효를 확인할 필요가 있어 비상상고의 대상이 된다.

② 상소기각결정

항소기각의 결정과 상고기각의 결정은 판결은 아니나 원판결을 확정시키는 효력을 갖는 종국재판이므로 비상상고의 대상이 된다.

③ 비상상고의 이유

비상상고는 판결이 확정된 후 그 사건의 심판이 법령에 위반한 것을 발견한 때에 할 수 있다. 심판이란 심리와 판결을 의미하므로, 심판의 법령위반이란 '판결의 법령위반'뿐만 아니라 판결에 이르는 데까지의 '소송절차의 법령위반'도 포함한다.

비상상고제도는 법령적용의 오류를 시정함으로써 법령의 해석·적용의 통일을 도모하려는 데에 주된 목적이 있는 것이므로 '그 사건의 심판이 법령에 위반한 것'이라고 함은 확정판결에서 인정한 사실을 변경하지 아니하고, 이를 전제로 한 실체법의 적용에 관한 위법 또는 그 사건에 있어서의 절차법상의 위배가 있음을 뜻하는 것이다.

④ 비상상고의 절차

검찰총장은 판결이 확정된 후 그 사건의 심판이 법령에 위반한 것을 발견한 때에는 대법원에 비상상고를 할 수 있다. 즉, 비상상고의 신청권자는 검찰총장이며 관할법원은 대법원이다.

6. 특별절차

6-1. 약식절차

약식절차란 공판절차를 거치지 아니하고 서면심리만으로 피고인에게 벌금·과료 또는 몰수를 과하는 간이한 형사절차를 말한다. 약식절차에 의한 형선고의 재판을 약식명령이라고 한다.

약식절차는 경미한 사건을 신속히 처리하고 공개재판에 따른 피고인의 사회적·심리적 부담을 덜어주기 위한 제도, 즉 소송경제와 피고인의 이익을 보호하는 두 가지 기능을 가진 제도라고 할 수 있다.

약식명령의 청구권자는 검사이다. 청구의 대상은 지방법원관할에 속하는 사건으로서 벌금·과료또는 몰수에 처할 수 있는 사건에 한정된다.

여기서 지방법원의 관할은 단독판사 또는 합의부의 관할을 불문하고, 벌금·과료·몰수는 법정형에 선택적으로 규정되어 있으면 족하다.

약식명령의 청구는 검사가 공소제기와 동시에 서면으로 하여야 한다. 약식명령을 청구함에는 이에 필요한 증거서류 및 증거물도 함께 법원에 제출하여야 한다. 따라서 약식절차에는 공소장일본주의가 적용되지 않는다.

정식재판의 청구는 약식명령의 고지를 받은 날로부터 7일 이내에 약식명령을 한 법원에 서면으로 하여야 하고, 법원은 지체 없이 검사 또는 피고인에게 그 사유를 통지하여야 한다. 이 경우에는 이미 피고인에게 공소장부본과 동일한 내용의 약식명령서가 송달되어 있으므로 공소장부본을 송달할 필요는 없다.

6-2. 즉결심판절차

즉결심판이란 20만 원 이하의 벌금, 구류 또는 과료에 처할 경미한 범죄에 대하여 지방법원·지원 또는 시·군법원의 판사가 공판절차에 의하지 아니하고 즉결심판에 관한 절차법에 의해 신속하게 처리하는 심판절차를 말한다.

즉결심판절차는 경미한 형사사건의 신속·적절한 처리를 통하여 소송경제를 도모하고 피고인을 정신적·시간적 부담으로부터 빨리 해방시켜 피고인의 이익도모를 위해 인정된다.

즉결심판의 청구권자는 경찰서장관할경찰서장 또는 관할해양경찰서장이다. 청구권자의 청구는 보통의 공판절차에서 검사의 공소제기에 해당되는 소송행위이다. 이러한 의미에서 즉결심판의 청구는 검사의 기소독점주의에 대한 예외가 된다.

즉결심판에 의하여 선고할 수 있는 형의 종류는 20만 원 이하의 벌금·구류·과료에 한한다. 판사는 유죄의 선고뿐만 아니라 무죄·면소 또는 공소기각을 함이 명백하다고 인정할 때에는 이를 선고·고지할 수 있다.

피고인이 정식재판을 청구하고자 하는 경우에는 즉결심판의 선고 또는 고지를 받은 날로부터 7일 이내에 정식재판청구서를 경찰서장에게 제출하여야 한다. 정식재판청구서를 받은 경찰서장은 지체 없이 판사에게 이를 송부하여야 한다.

제13절 국민참여재판

1. 국민참여재판의 의의

국민참여재판이란 일반 국민이 형사재판에 직접 참여하는 것을 말한다. 이러한 형태로는 영·미의 배심제와 유럽의 참심제가 있다. 배심제란 일반시민으로 구성된 배심원단이 직업법관과 독립하여 형사사건에서는 유·무죄의 판단 등 사실문제에 대한 평결을 내리고, 법관이 그 사실판단에 대한 평결 결과에 구속되어 양형 재판하는 제도를 말한다. 이에 비해 참심제란 일반시민인 참심법관이 직업법관과 함께 재판부의 일원으로 참여하여 직업법관과 동등한 권한을 가지고 사실문제 및 법률문제를 모두 판단하는 제도를 말한다.

우리나라는 이 두 제도를 혼합한 「국민의형사재판참여에관한법률」이라는 특별법을 제정하여 2008년 1월 1일부터 한국형 선진형사재판제도인 국민참여재판제도를 시행하고 있다.

2. 국민참여재판의 특징

국민참여재판제도는 배심제와 참심제 중 어느 한 제도를 그대로 도입하지 않고 양 제도를 적절하게 혼합, 수정한 독특한 제도이다. 그 특징은 ①배심원은 원칙적으로 법관의 관여 없이 평의를 진행한 후 만장일치로 평결에 이르러야 하는데, 만약 만장일치 평결에 이르지 못한 경우 법관의 의견을 들은 후 다수결로 평결할 수 있고, ②배심원은 심리에 관여한 판사와 함께 양형에 관하여 토의하면서도 표결을 통하여 양형 결정에 참여하는 것이 아니라 양형에 관한 의견을 밝힐 수 있으며, ③배심원의 평결은 법원을 기속하지 않고 권고적 효력을 가지는 것이다.

3. 대상사건

국민참여재판의 대상은, 법원조직법 제32조 제1항제2호 및 제5호는 제외한다에 따른 합의부 관할 사건과 이에 해당하는 사건의 미수죄·교사죄·방조죄·예비죄·음모죄에 해당하는 사건 및 병합사건 그리고 형사소송법 제11조에 따른 관련 사건으로서 병합하여 심리하는 사건이다.

하지만 피고인이 국민참여재판을 원하지 아니하거나 '국민의형사재판참여에관한법률' 제9조 제1항에 따른 배제결정이 있는 경우는 국민참여재판을 하지 아니한다.

4. 배심원의 수

법정형이 사형·무기징역 또는 무기금고에 해당하는 대상사건에 대한 국민참여재판에는 9인의 배심원이 참여하고, 그 외의 대상 사건에 대한 국민참여재판에는 7인의 배심원이 참여한다. 다만, 법원은 피고인 또는 변호인이 공판준비절차에서 공소사실의 주요 내용을 인정한 때에는 5인의 배심원이 참여하게 할 수 있다. 또한 법원은 사건의 내용에 비추어 특별한 사정이 있다고 인정되고 검사·피고인 또는 변호인의 동의가 있는 경우에 한하여 결정으로 배심원의 수를 7인과 9인 중에서 제1항과 달리 정할 수 있다.

5. 배심원 선정절차 및 자격

배심원은 만20세 이상의 대한민국 국민 중에서 선정되며, 배심원 선정절차는 각급 법원별로 작성된 배심원 후보예정자 명부로부터 일정 수의 배심원 후보자를 무작위로 추출하여 선정기일을 통지한 후 법원에 출석한 배심원 후보자에게 질문하여 그 자격을 확인하고 공정하게 판단할 수 있는지를 판단하여 배심원과 예비배심원을 선정한다. 배심원은 성실의 의무, 공정의 의무, 비밀엄수의 의무를 진다. 그리고 정무직 공무원, 법관, 검사, 공안직 공무원, 경찰, 군인, 군무원, 소방공무원 등은 배심원이 될 수 없다.

5. 국민참여재판의 흐름도

배심원 선정절차 → 공판절차 → 평의절차 → 판결선고

6. 배심원의 보호조치

누구든지 배심원·예비배심원 또는 배심원후보자인 사실을 이유로 해고하거나 그 밖의 불이익한 처우를 하여서는 아니 되며, 당해 재판에 영향을 미치거나 배심원 또는 예비배심원이 직무상 취득한 비밀을 알아낼 목적으로 배심원 또는 예비배심원과 접촉하여서는 아니 되고, 배심원 또는 예비배심원이 직무상 취득한 비밀을 알아낼 목적으로 배심원 또는 예비배심원의 직무에 종사하였던 사람과 접촉하여서는 아니 된다. 다만, 연구에 필요한 경우는 그러하지 아니하다. 또한 법령으로 정하는 경우를 제외하고는 누구든지 배심원·예비배심원 또는 배심원후보자의 성명·주소와 그 밖의 개인정보를 본인의 동의가 없이 공개하여서는 아니 된다.

7. 최근 국민참여재판 예

7-1. 배드파더스Bad Fathers 사이트 명예훼손죄

배드파더스 사이트 운영자는 이혼 뒤 자녀 양육비를 주지 않는 전 배우자의 신상정보를 배드파더스 사이트 홈페이지에 공개했다. 이에 피해자들이 사이트 운영자들을 명예훼손죄로 고소하였고, 검사가 벌금 300만 원으로 약식기소하였다. 이에 법원은 '사정을 살펴볼 필요가 있다'며 직권으로 정식재판에 회부 하였다.

배드파더스의 신상 공개가 명예훼손인지 아니면 아동 보호를 위한 공익적 목적이 있는지가 첨예하게 대립 되었다. 배드파더스 사이트에 대해 검찰은 피고인이 '사람을 비방할 목적으로 정보통신망을 통해 공공연하게 사실을 드러내 다른 사람의 명예를 훼손한 자'정보통신망법 제70조1항에 해당한다고 주장했고, 변호인들은 피고인이 배드파더스를 운영한 사실 등 사실관계 자체는 인정하면서도 범죄 성립 여부 등에 대해선 법리적 다툼의 여지가 있다고 보았다. 즉 "비방할 목적도 없었고, 신상공개의 공익적 목적이 더 크다"는 것이었다. 국민참여재판으로 진행된 재판에서 배심원 전원은 양육비를 미지급했던 자들의 신상 공개가 '공익적인 목적이 더 큰 상황이다'고 판단하였다.

이에 법원은 배심원들의 평결을 받아들여 "피고인은 양육비 미지급 문제로 신상을 공개한 활동에 대해 그 어떠한 대가를 받는 등 이익을 취한 적이 없고, 또한 대상자를 비하하거나 고의 악의적으로 공격한 점도 찾아볼 수 없고, 피고인의 활동은 양육비를 제대로 받지 못한 많은 양육자가 고통받는 상황을 널리 알리고 양육비 지급을 촉구하기 위한 뚜렷한 목적이 있기 때문에 공공의 이익을 위한 것으로 간주할 수 있다"라는 이유로 무죄를 선고하였다수원지방법원 2020.1.15.

영국, 호주, 북유럽의 선진국들은 양육비를 지급하지 않는 배드파더스Bad Fathers들에게 '운전면허취소' 등과 같은 강력한 조치가 있지만 우리나라에서는 그런 제재가 없다. 그렇다보니 배드파더스Bad Fathers등은 양심의 가책조차 느끼지 못하고 있다.

본 사건은 비록 수원지방법원의 판단이지만 배드파더스Bad Fathers들의 초상권보다 아이의 생존권이 더 존중되어야 할 가치라는 믿음을 준 판결이라 할 수 있다.

7-2. 상주 '농약사이다' 사건

2015년 7월 피고인83세은 사이다에 농약메소밀을 몰래 넣어 이를 마신 할머니 6명 가운데 2명을 숨지게 하고 4명을 중태에 빠뜨린 혐의로 재판에 넘겨졌다. 국민참여재판으로 진행된 1심은 배심원 7명의 전원일치 유죄 평결을 받아들여 피고인에게 무기징역을 선고했다. 1심은 "사건 당시 피고인이 입고 있던 옷과 전동차, 지팡이 등에서 모두 농약인 '메소밀'이 검출되었고, 이는 피해자들이 마신 사이다 속에 있던 메소밀로 인정된다"고 판단했다. 치열하게 진행되었던 국민참여재판에서 검사들조차도 피고인이 과연 범인일까 의문이 들었지만, 피고인에 유·불리한 증거를 모두 모아 객관적으로 분석한 결과 피고인이 범인이 맞다는 결론을 내렸다. 당시 변호인들은 과도한 상상이라며 반박하면서 항소를 하였다.

하지만 2심도 "증거 하나하나로는 피고인이 범인이라고 단정하기에 다소 부족할 수 있어도 증거를 다 모아놓고 봤을 때는 피고인을 범인으로 보는 데 전혀 부족함이 없다"며 1심과 같이 무기징역을 선고했고, 대법원도 살인과 살인미수 혐의로 기소된 피고인에 대해 무기징역을 선고한 원심을 확정했다대법원 2016.08.29..

7-3. 아파트 방화 살인사건

2019년 4월 17일 피고인은 자신의 아파트에 불을 지르고 주민들에게 흉기를 휘둘러 5명을 숨지게 하고 17명을 다치게 하였다. 총 22명의 사상자를 낸 피고인은 살인·현주건조물방화죄 등의 혐의로 기소되었다. 형법 제164조는 "불을 놓아 사람이 주거로 사용하거나 사람이 현존하는 건조물, 기차, 전차, 자동차, 선박, 항공기 또는 광갱을 소훼한 자는 무기 또는 3년 이상의 징역에 처하고, 현주건조물 등에 방화로 사람을 상해에 이르게 한 때에는 무기 또는 5년 이상의 징역에 처한다. 사망에 이르게 한 때에는 사형, 무기 또는 7년 이상의 징역에 처한다"라고 규정되어 있다.

국민참여재판으로 진행된 1심에서 검찰은 "미리 기름통과 흉기를 사는 등 철저하게 계획하고 범행을 저질렀다"고 심신미약도 인정하지 않았다. 변호인들은 검찰의 공소 사실은 인정한다면서도 피고인이 조현병 환자이고, 또한 "사물을 가릴 능력이나 의사를 결정할 능력이 없는 상태고 객관적으로 심신미약을 입증할 필요가 있다"는 견해를 밝혔다. 이에 국민참여재판에 참여한 배심원 9명8명은 사형, 1명은 무기징역은 전원 유죄라는 결론을 내렸다. 법원은 배심원 다수 의견을 반영하여 살인 및 살인미수, 특수상해, 현주건조물방화치사상죄 등을 적용하여 법정 최고형인 사형을 선고하였다창원지방법원 2019.11.27..

찾아보기

ㄱ

ㄴ

ㄷ

ㅅ

ㅇ

ㅊ

ㅋ

ㅌ

ㅍ

ㅎ

교양법학 개정판

2020년 3월 4일 개정판 1쇄 발행

지은이	박상식
펴낸이	이상경
부장	박현곤
행정팀장	김성균
디자인	이희은
편집보조	이희성

펴낸곳	경상대학교출판부 | 출판등록 1989년 1월 7일 제16호
주소	경남 진주시 진주대로 501
전화번호	055) 772-0801(편집), 0802(디자인), 0803(도서 주문)
팩스	055) 772-0809
전자우편	gspress@gnu.ac.kr
홈페이지	http://gspress.gnu.ac.kr
페이스북	https://www.facebook.com/gnupub
블로그	https://gnubooks.tistory.com

책값은 뒤표지에 있습니다.

이 도서의 국립중앙도서관 출판시도서목록(CIP)은 서지정보유통지원시스템 홈페이지(http://seoji.nl.go.kr)와 국가자료공동목록시스템(http://www.nl.go.kr/kolisnet)에서 이용하실 수 있습니다.
(CIP제어번호: 202008139)